【著】……西海賢二

山村の生活史と民具

古橋懐古館所蔵資料からみる

【古橋暉皃(1813~1892)】

一般財団法人古橋会◉発行
岩田書院◉発売

刊行にあたって

一般財団法人古橋会 理事長　古橋 源六郎

一　財団法人古橋会の歴史

三河古橋家は今から約三〇〇年前の享保二年（一七一七）、初代源六郎義次が、中津川から稲橋村（現在の豊田市稲武町）に移住したことに始まる。初代は、父を助け中津川で用水を開設した後、遠州秋葉神社参拝の旅の途中、稲橋村で酒の醸造が中止され地域の住民が不便をしていることを知り、この地で酒造業を始めた。以後古橋家は代々酒造を業としてきた。六代暉皃（てるのり）は国学に傾倒し、文久三年（一八六三）江戸に赴き、平田門に入門し、これを機に、国学者・儒学者・勤王家・経世家などの書画を収集した。

その子七代義真は、明治の変革期に当たりその広い交友関係とその歴史観による一貫した思想の基に収集の分野を広めるとともに、その子八代道紀（ちのり）もよくこれを護持継承した。終戦の年の昭和二〇年（一九四五）一二月二九日、八代はその死去に際し、先祖代々の家訓であった公益事業を振興するため、山林一千余町歩とともにこれら収蔵品を併せ寄付し、これを基に財団法人古橋会を設立することを遺言とした。

遺言に基づき、昭和二一年三月二三日、財団法人古橋会が設立され、初代理事長には八代の実弟で私の実父である川村貞四郎が就任し、昭和六二年六月一八日、初代理事長の死去により二代目理事長に義兄である古橋茂人が就任した。平成二四年四月一日以降は、公益法人制度改革により財団法人古橋会は一般財団法人となり、八代の遺言により九代目当主となっていた私が三代目の理事長に就任した。

設立当初の財団の主な事業は、公民館・保育園・病院・学生寮の建設・運営などであったが、社会経済情勢の変化によりこれらの事業は現在行っていない。しかし、①先哲の顕彰、②社会教育の推進、③学術・技芸の普及奨励、④農林業その他産業の奨励、⑤公益事業の助成及び救恤という財団の大きな目的は設立以来一貫して変わっていない。

二　古橋懐古館の歴史

社会教育の一環としての古橋懐古館については、昭和三三年、七代義真の五〇年祭を記念し、展示館(現二号館)が建設され、六代から八代にわたり収蔵されてきた書画の一部が展示された。しかし非公開であったので、明治維新百年(昭和四三年)の記念事業として、旧味噌蔵(現三号館)を改造して陶磁器・民具・備荒米を展示するとともに、これを二号館と直結し、昭和四一年に古橋懐古館として公開した。懐古館長には当時の古橋茂人常務理事が就任した。さらに昭和四五年から翌年にかけて病院として使用していた旧酒蔵を改造し、本館と接続して一号館とし、ここに玄関も移し開館した。ここには明治維新前夜の動乱に活躍した群像並びに古橋家及び財団法人古橋会に関係する資料が展示された。

懐古館の開設の趣旨は、単にこれを美術・骨董の展示会場としてではなく、館の入口に提示してある初代理事長の「古橋懐古館建設の記」に明らかなように、「父祖三代にわたる志を弘めようとする」ものである。すなわち、「時代の先覚者として混迷期に挺身し、報国の誠をいたした志士・仁人・先哲の遺墨を通じ、その人格思想にふれ、参観される方々が現代に生きるものとしての覚悟を新たにされることを切に期待している」ものである。

展示品には簡単な説明が付されているが、これらを体系的かつ深く理解するためには、より詳細な解説書が必要である。

昭和五〇年、古橋茂人常務理事が稲武町長に就任したのを機に、その妻であり私の実姉である古橋千嘉子が館長に就任した。千嘉子館長は、かねてより書画目録を調整しており、その中で逐次解読が進められていた。その地道な努力により、平成六年から書画を解説する資料集第1～第5が順次刊行されたが、千嘉子館長は資料集第6の原稿を書き終えた直後の平成二五年一二月二八日急逝した。

また、古橋家の古文書については、昭和三五年から当時の東京教育大学講師の芳賀登先生（後に筑波大学名誉教授、東京家政学院理事長、平成二四年二月二六日逝去）を長とする古橋家文書研究会による整理が毎年開催された。平成八年の夏の研究会の際、芳賀先生から古橋茂人理事長に、川村前理事長の一〇年祭の記念事業として文書目録を発行したい旨の話があり、平成九年から平成二五年までに五冊の文書目録（第1集～第4集、平成二〇年に古橋家現蔵書目録・和装本が別冊で発行）が財団から刊行された。すべての文書目録には、目録とともに研究会における先生方の討議を基に、責任者の先生によりまとめられた適切な解題が付されている。この文書目録以外に、研究会活動の過程において多くの研究論文・著書が発行され、その中で古橋家の公益に尽くした歴史と世直しの精神が紹介されている。

一方、三号館の民具については、千嘉子館長の解説文が壁に添付されているのみで、体系的な解説書はなかった。理事長に就任した私はかねてより三号館の充実を考えていた。自然との共生を図りながら山村での生活を営んできた先人の知恵について、民具を通じ地元の人に再認識し誇りを持ってもらうとともに、都市部の人にもそれを理解してもらい、都市部と山村との交流により稲武町の活性化を図りたいと考えたからである。そのためには展示物に対する解説書がなによりも必要であると考え、千嘉子館長とも相談していた。

三　著者西海先生との出会い

平成二四年八月一四日、古橋懐古館に隣接したゼミセンター〈昌徳寮〉で、私が理事長になって以来最初の古橋家文書研究会の先生方との懇親会が行われた。懇親会の席で、昭和五二年（一九七七）以来古橋家文書研究会の一員として、芳賀登先生の下で古橋家の古文書の解読・整理にあたっていただいた西海賢二先生と親しく懇談する機会を得た。西海先生に私の三号館充実に関する考え方に基づき、民具展示の目録の作成についてお願いしたところ、快く了承していただいた。その後の先生との話し合いで、『山村の生活史と民具―古橋懐古館所蔵資料からみる―』と題する先生の著書を財団で発行することになった。

先生から著書に関する方針を伺ったところ、古橋家文書研究会の作成した文書目録、特に第3集に収められた年中行事・人生儀礼等に関する古文書〈史料〉を活用しながら、資料としての民具資料と伝承資料を解説すること、さらに、先生が『稲武町史』及び各種雑誌に掲載された稲武町の民具に関する資料を活用するとともに、民具のうち昭和二三年以降の使用が確認されるものについては、それを実際に使用した時の郷土料理について千嘉子館長から聞き取り調査するとのことであった。

今回のこの著書では、この方針が正に貫かれているとともに、平成二二年から二五年の四年間に撮影された二〇〇〇点の展示品のうち九二〇枚の写真が掲載され、その目録も付されている。先生の稲武町の歴史と民具に関する広くかつ深いご見識と、真摯な民俗学的追究の情熱に驚嘆するとともに、歴史学と民俗学双方に深い見識を持っておられる先生だからこそ、このような立派な著書が完成したのだと再認識した。また、財団としても最も適任の方に執筆をお願いしたことは幸運であったと感じた。

平成二五年一二月二八日の千嘉子館長の急逝に伴い、私は後任の懐古館長の選任に当たった。その時すぐに後任の適任者として頭に浮かんだのは西海先生である。既に上記の『山村の生活史と民具—古橋懐古館所蔵資料からみる—』と題する先生の著書を財団から刊行することが決まっていた。早速、先生に第三代の古橋懐古館の非常勤館長就任をお願いしたところ、快くお引き受けいただき安堵した。また、先生は財団のすぐ近くの空き家住宅を借りられ、懐古館に勤務されるときは、稲武地区の住民といろりを囲み団欒される機会を持たれることになった。

四　安倍総理の所信表明演説と本著書発行—地域資源としての民具—

平成二六年九月二九日、第一八七臨時国会における安倍総理の所信表明演説の締めくくりにおいて、安倍政権の最重要課題の一つである地方創生の先達として、曽祖父の古橋源六郎暉皃の業績が紹介された。

「天は、なぜ、自分を、すり鉢のような谷間に生まれさせたのだ?」

三河の稲橋村に生まれた、明治時代の農業指導者、古橋源六郎暉皃は、と、貧しい村に生まれた境遇をこう嘆いていたと言います。しかし、ある時(明治一一年：引用者註。以下同じ)、峠(伊勢神峠)の上から、周囲の山々や平野を見渡しながら、一つの確信に至りました。

「天は、水郷には魚や塩、平野には穀物や野菜、山村にはたくさんの樹木をそれぞれ与えているのだ。」

そう確信した彼は、植林、養蚕、茶の栽培など、土地にあった産業を興し、稲橋村を豊かな村へと発展させることに成功しました。

総理はその演説で、地方創生のためには、地域住民が地域の自然的、歴史・社会的資源をまず認識し、その資源を活かし、自主的・自立的かつ自信を持って前向きに活動することが必要であることを述べられたものだと拝察している。総理の演説で示された地域の創生に努力した暉兒の業績は、懐古館の展示及びそれを解説した本書からも理解することができる。

本書の目的は、先生が明らかにされているように、「古橋懐古館の旧味噌蔵に保存展示されてきた名もなき「民具たち」に、山村の生活史の一端を語ってもらうことである。民俗資料としての民具・文献・民間伝承は、当地域に活きて暮らしてきた私たち先祖の足跡を明らかにし、町民一人一人の立っている場（ポジション）を確認するもの」である。地球温暖化が進む中で、自然と共生するライフスタイルの必要性が叫ばれるとともに、少子・高齢化と過疎化が急速に進む山村でその活性化が必要な現在においては、三号館自身を地域創生の歴史・社会的資源として認識し、活用することが必要である。

本書の発行により、山村地域の住民が、自然との共生を図りながら地域資源を活用した生活史を学び、今後の地域の活性化のため努力されることを期待するとともに、都市住民も山村生活史に関心を持ち、都市と山村の交流が活発化することを心から期待している。


終わりに、西海賢二先生に対し、著書発行までの並々ならぬご尽力に心から敬意を表し感謝申し上げるとともに、発行にご協力いただいた岩田書院にも感謝の念を表したい。

平成二六年一一月吉日

山村の生活史と民具　目次

序章　山村の歴史と民俗的世界

一　稲武の歴史と民俗

稲武町《いなぶちょう》（現・愛知県豊田市稲武町）は、愛知県の北東部に位置し、東は長野県下伊那郡根羽村・愛知県北設楽郡津具村、西は愛知県東加茂郡足助町（現・愛知県豊田市足助町）・同郡旭町（現・愛知県豊田市旭町）、南は愛知県北設楽郡設楽町、北は岐阜県恵那郡上矢作町（現・岐阜県恵那市上矢作町）・同郡串原村（現・岐阜県恵那市串原）と接している。木曽山脈の南端に位置し、当町北部大野瀬には奇岩として知られる玄武岩（亀甲岩）がある。

また三河・信濃・美濃三国の国境には三国山（一一六二メートル）が、南東端の津具村との境の茶臼山高原道路近くには天狗棚（一二四九メートル）や井山（一一九五メートル）などの一二〇〇メートル級の山々が連なる。

当町域は海抜三〇〇メートルから八〇〇メートルほどの山間地からなり、矢作川支流の名倉川・根羽川・野入

大野瀬の玄武岩（亀甲岩）

大野瀬国界橋

川・水別川・段戸川・小田木川などが流れている。

町域の八〇パーセント以上が山林で占められているため林業が中心をなし、稲橋・中当・野入・押山・黒田・小田木などに微小の水田耕作がみられるが、農地は五パーセントに満たない。交通網としては、名古屋から長

大安寺付近、大野瀬

野県飯田市に至る国道一五三号と恵那市（岐阜県）から浜松市（静岡県）に至る国道二五七号が、稲橋の町役場（現・豊田市稲武支所）付近で交差している。

先土器時代の遺跡が広田遺跡をはじめとして数ヵ所確認されるほか、縄文時代の遺跡も多数確認されている。

なかでも昭和三十六年に発掘された大安寺遺跡（大野瀬）は、当町を代表する古代遺跡で、発掘調査により多量の縄文土器の破片と住居跡が発見され、縄文早期ないしは前期のものであるとされる。

大安寺遺跡は矢作川支流の根羽川に面する段丘にあり、愛知県教育委員会の報告によれば、土器の一部に他の矢作川流域から発掘されたものと類似したものが確認されることから、縄文時代にはすでに稲武の町域が矢作川を通じて三河・美濃・信濃と文化交流のあったことがうかがわれる。

当町域では縄文遺跡が比較的多く確認されるのに対して、弥生時代および古墳時代の遺跡は少ない。しかし、今後の発掘状況によって新たな遺跡が確認される可能性はある。

古代の律令体制下の当町域について確たる資料は未見であるが、一般的には三河国加茂郡に属していたとされる。中世には足助荘に属したといわれるが、これも確たる資料は少ない。ただ、民間伝承としては今日でも足助荘や、南朝に関係する伝説が多い。例えば野入の「親王様とぶな清水」などのように、後醍醐天皇と、その孫で宗良親王の子尹良《ゆきよし》親王にまつわるものがあり、御所《ごしょ》貝津でも同じような伝説が語られている。

『信濃史料叢書』『伊那史料叢書』によってすでによく知られた「浪合記」（尹良親王とその子良子二代の事績を記したもの。一四八八年成立。長野県下伊那郡浪合の地で尹良親王が没したとされることから、この書名で呼ばれる）では、尹良親王は遠江国井伊城中で生まれ、吉野で成人し、正平年間（一三四六〜七〇）のころに遠江国引佐郡宇津城に移ったとされている。応永五年（一三九八）、世良田・桃井などの新田一族に迎えられ、上野国片岡郡寺尾城（群馬県高崎市周辺と太田市寺井周辺の二説あり）に入ったが、同十九年には上杉憲定に攻められ信濃国に逃亡、諏訪の千野頼憲がいる島崎城に身を寄せることになった。同三十一年、親王は三河国に逃れようと杖突峠を南下して伊那谷に入るも、八月十五日、浪合で飯田太郎・駒場小次郎らの攻撃をうけ、桃井・世良田・熊谷らは討ち死にし、親王も自害したとされている。歴史家は「浪合記」を偽書とみなし、親王の記述については信憑性に乏しいとする傾向にある。しかし、浪合は十七世紀後半ごろから尹良親王終焉の地として伝承され、とくに木地師の定住にともなって、三河・遠江・尾張・美濃、さらには上野などでもこの伝承が今日でも語られている。当町域でも中馬街道沿いに実に多くの尹良親王をめぐる伝承が語られ、この伝承が十七世紀後半を画期として親王の虚像と実像が混在化して展開していったことを想起させる。

黒田町の正寿寺には史実と伝説の谷間を埋めるかのように、親王をめぐる諸史料が確認される。親王直筆と伝えられる「ほのぼのと明行空を詠むれば月ひとり住西の山影」と認められた和歌の小切が残っている。また親王ゆかりの硯や親王が書写したという大般若経三巻などがある。さらに隣村御所貝津にも親王ゆかりの遺品がある。

御所貝津の親王ゆかりの遺品に伴う伝説が『稲武の伝説』（稲武町教育委員会、一九七七年）のなかに次のように紹介されている。

①尹良親王の遺品

笹平の青木克孝さんの家には、親王のご使用になったと伝えられる福州青磁の皿と桑の木の膳があります。桑の木の膳は漆塗りで、古風なぶどうの絵と、梅にうぐいすの絵を描いたものです。

②龍の駒のひずめあと

笹平の青木克孝さんの家と蔵の間に、尹良親王の愛馬、龍の駒のひづめ跡がついているといわれる石がある。今は風化してよくわからなくなっていますが、同家では敬い、不浄なことのないように気をつけている。

③かんばあき

青木銀造さんの家のあたりが、尹良親王の愛馬の草を刈った所だと言われています。神馬草をいつのまにか、かんばあきといっている。

④真弓橋

黒田と御所貝津の境の橋で、今は永橋がかかっていますが、昔は、この橋より少し下流に丸木橋がかかっていました。この橋は昔、尹良親王が弓を杖にして渡られたので、真弓橋と名づけられたといわれている。

⑤尹良親王腰掛石（写真参照）

この石は、親王が腰を掛けて休まれた所と伝えられています。石を踏み台にして馬に乗ったり、この前を馬に乗ったまま通ると、必ず落馬するといわれています。神聖な石として、灯籠を立ててまつってあります（この石はかつては御所貝津本郷の堂貝戸橋のたもとにあったが、国道拡張の際、一五〇メートルほど東方の消防器具置場に移動した。毎年四月二十三日の夜、宵祭りとして団子をつくりお祭りをしている。腰掛石の脇には秋葉山の道標もある）。

⑥青木家の先祖

尹良親王に仕えてきた青山師重は、浪合で討ち死にし、その子どもたちは四方に離散したと伝えられています。その子の一人に青山三郎兼重という人があり、かねて縁故のあった笹平にのがれてきて、青木権六と名前をかえました。権六は、親王、お后、殉死の忠臣、父祖らをまつりながら農業を営んでいたとのことです。

桑原にある龍光院の開基堂には、

大照院直信義功大居士　　正二位青山美作守綱重

照光院清岩智浄大居士　　従二位青山石浜之介師重

義光院清明覚信大居士　　青山次郎房重

の三人の位牌がまつってあり、かれらは親王と行をともにした人々であるといわれています。これに桃井・世良田・羽川といった忠臣の人々を加え、八王子としてまつっていたとのことです。なお、権六は系図には、

永照院清智大居士、文安二年二月十二日死

青山三郎兼重改青木権六行年六十九才

と記されています。五三〇年前のことです。没落の時、系図を失ってしまい、現在、その消息を知ることはできません。

当町域には、このほかにも南朝伝説にかかわる尹良親王をめぐる伝承が散見されるが、これらは、文字からみる稲武の姿にはない「木地師」の移動と定着によって語

尹良親王腰掛石

木地屋の看板

武節城址を望む

られてきた民俗文化の証ともいえる。

また、山田氏と川手城、菅沼氏と武節城をめぐる中世史も特筆される。

清和源氏の浦野氏一族の一人、浦野重直は尾張の山田郡内河辺荘に住し、重直の孫重忠が承久の乱（一二二一年）で京方に属し、敗死している。この後裔が川手城の山田氏で、山田頼範は武家方の圧迫をさけて、山田荘と同じ八条女院領に属する足助荘川手村に移ったという。川手城は、矢作川に向かって垂れ下がった小尾根を削平し、北から空濠・櫓跡・蔵屋敷・本丸・二の丸が築かれている。

山田氏は名倉（北設楽郡設楽町）の菜倉氏、田口（設楽町）の永江氏、足助（豊田市足助町）の足助氏とともに南朝に属して戦ったが、頼範の孫重胤は応永五年（一三九八）上野国柏坂で討ち死にした。重胤の甥貞幹が家を継ぎ、その子貞俊のころに信濃国南部にまで侵入し、その子貞詮のときに世良田親氏に拝謁し、以後、松平氏との臣従関係が生まれたという。明応七年（一四九八）に改築された生駒山小馬寺（現・豊田市旭町）の棟札に見える河手大蔵丞貞吉は貞詮の孫に当たる。

このころになると田峰《だみね》（北設楽郡設楽町）菅沼氏の勢力が段戸山を越え武節谷にまで浸透し、武節城が築かれるが、山田氏との関係は明らかではない。しかし、菅沼氏の勢力が強大であったことから、山田氏がその独立を保つことは難しく、これに従属したものと思われる。当地は弘治二年（一五五六）以後、武田氏の侵入を受けた。

武節町の武節城は一名地伏城ともいい、永正年間（一五〇四〜二一）に田峰の菅沼定信によって支城として築かれ、天正十八年（一五九〇）に廃城になるまで城代が置かれた。同城は名倉川を望む断崖上にあり、段戸山系に続く尾根の先端を掘り切って男山とし、これに主たる郭四ヵ所、従たる小郭十数ヵ所を配した郡内では有数の平山城で、本丸跡には八幡神社がある。ふもとは現在稲武の中心的商店街を形成している。大手門跡は大門とよばれ、年配のかたなら戦前までは劇場があった地として記憶にとどめている。

小馬寺参道

小馬寺の大絵馬

小馬寺に奉納されている江戸中期の大絵馬

一方、名倉川の武節沿いには関屋（この場所でかつては橋銭を徴収したり、入村料を徴収していた）とよばれる屋号や、古町屋・姫井戸などとよばれる地名も残っている。

武節城は弘治二年（一五五六）下条信氏の侵入を受けて激戦を展開し、元亀二年（一五七一）武田信玄の三河侵入のときには、田峰城とともに戦わずしてその軍門に降った。天正十八年（一五九〇）徳川家康の関東入国とともに廃城となった。

元亀元年（一五七〇）の峰山熱田社の棟札に「大日本国三州賀茂郡武節郷之内峰山」と記されている。「武節郷」

稲武大橋より武節と稲橋を遠望する

名倉川の魚釣り大会

は、ほぼ当町域を指し、中当村は名倉、富永村は介木郷に属したと推定されている。

近世に入ると、三河国は小藩が錯綜して分立し、とくに近世中期まではめまぐるしく所領の変動がみられた。当町域も同様で、慶長八年(一六〇三)には中当村が旗本奥平氏領となったが、他は幕府領となった。

寛永十二年(一六三五)まで、名倉川を境にして川東組の村々と川西組の村々に各々、庄屋二人が置かれていたが、その後不正の発覚を契機に一村に一人ずつの庄屋が設置されることになった。元禄十一年(一六九八)、御所貝津・小田木両村は旗本一色数馬の領地となり、宝永五年(一七〇八)より九年間は御所貝津・小田木両村を除く全村が、富士山噴火(宝永の砂降りと称された)で罹災した相模国小田原藩(相模国足柄下郡におかれた藩。藩主大久保氏。譜代大名。一一万三〇〇〇石)の所領となった。その後も幕府領・旗本領と頻繁に所領の変動がみられ、いわゆる相給知行による錯綜した支配形態であった。

近世期の当町域には稲橋・中当・夏焼・野入・大野瀬・押山・武節町・桑原・御所貝津・川手・黒田・小田木・富永の一三ヵ村があった。

現在の町の中心地の稲橋・武節町を貫通するように縦断している国道一五三号は、近世期に中山道の脇往還として栄えた街道で、伊那街道もしくは三州街道とよばれ、信州の中馬(近世、信濃において発達した馬による物資輸送法。農民の駄賃稼ぎに始まり、一人で数頭の馬に荷をつけて引き、大量の荷物を目的地まで輸送した)によって物資が運搬された。

この街道を利用して、塩を中心に海産物・木綿などが信州に運ばれた。武節町の「つた屋」は塩問屋として、大和屋は炭・木材問屋として繁盛し、今日でも往時の姿をとどめている。また、伊那街道は善光寺道として参詣者の通った道であり、これと交差する現在の国道二五七号は遠州の秋葉道で、現在でもこの街道沿いには善光寺・秋葉山と刻まれた道標や常夜灯が残されている。

稲武町域の教育・文化面さらには勧業に目を転じると、近世中期以降は豪農古橋家の存在が注目される。

古橋家は十八世紀初頭の享保二年（一七一七）に美濃中津川より当地に入り、代々、酒・味噌の醸造を生業としていた。なかでも六代目当主源六郎暉兒（一八一三〜九二）は、低迷していた家計を立て直すための家政改革に着手するとともに、天保初年から自費で購入した杉苗を村内各戸に配り共有山への植林を行った。また、天保の飢饉（一八三三年と三五〜三七年の冷害による凶作を頂点とした前後五年間に及ぶ飢饉）の体験を踏まえ、籾四三俵を出資して各戸に備荒貯蓄を勧めた。

一方で暉兒は国学者の考えに傾倒し、文久元年（一八六一）には尊皇攘夷を主張し、周辺農村へも呼びかけ農兵隊を組織した。文久三年には江戸へ出て、平田篤胤の門下へ入門し、江戸滞在中に国学者・儒学者、勤王の志士などの書画を多数購入している。

明治五年に、彼の「百年の計は山に木を植え、国家千年の大計は人物を養成するにあり」という考えを基に、同年八月十五日、武節城址近くの無住の寺を校舎として明月清風校を開校している。また、植林だけでなく茶・煙草の栽培、養蚕・産馬などの殖産興業に対応し、後の大日本農会の母胎となった座談会（農談会）を開催している。このように暉兒は、その子七代義真（一八五〇〜一九〇九）とともに、明治という時代を的確にとらえた先駆者でもあった。

当町域は、明治二十二年、市町村制の施行により、名倉川を境として稲橋《いなはし》村（稲橋・中当・夏焼・野入・大野瀬・押山）、武節《ぶせつ》村（武節町・桑原・御所貝津・川手・黒田・小田木・富永）となった。

昭和十五年には稲橋村と武節村が合併して町制施行し、稲武町が誕生した。昭和十五年当時の人口は六〇〇〇人を数えたが、戦後の経済成長に伴う人口の都市への流出により、四〇〇〇人を割るようになり、二〇一四年現在の稲武地区の人口は二五〇〇人となり減少の一途をたどっている。

昭和四十年代に入り、農業構造改善事業をはじめとして、林業構造改善事業などが積極的に推進されている。また、自動車製造に関連した企業を誘致するなど若者た

稲橋古橋家
（2014年）

晩年の古橋茂人、千嘉子夫妻
岡田屋にて（2008年８月）

稲武大橋より古橋懐古館を遠望する（2013年）

ちのUターン政策などにも取り組み、さらには昭和五十七年にこれも全国に先駆けて町内の小学校を統合して、オープンスクール稲武小学校を開校するなど文化教育面にも力を注いでいる。さらに、名古屋市との提携事業も多く、なかでも名古屋市稲武野外教育センターを建設し、名古屋市民の故郷としての稲武を強調する町づくりなどを展開している。

さて、日本人はよく歴史好きだといわれる。ことに愛知県域は近世以降、歴史の表舞台で活躍した徳川家康をはじめ、日本史上を飾る著名人を輩出し、史実だけでなく、その史実を誇張もしくは地域にひきつけた伝説なども今日多く語られている。

全国的な傾向であるが、県および市町村という地方自治体が自らの地域の歴史を編纂することも日本人の歴史好きと関連している。三河周辺でも一九七〇年代の半ばころから自治体史の刊行が相次いでおり、私の手元にあるものだけでも、『知多市誌　資料編三　祭礼・民俗編』（一九八三年）、『刈谷市史　第二巻本文（近世）』（一九九七年）、『北設楽郡史　民俗資料編』（一九六七年）、『豊根村誌　資料編2』（一九九一年）、『新編岡崎市史　資料編七・近世』（一九八三年）、『新編岡崎市史　近世三』（一九九二年）、『長久手町史　資料編七・近世』（一九八九年）、『豊根村誌　資料編1』（一九九一年）、『下山村史　資料編2』（一九八六年）、『旭町誌　通史編』（一九八一年）、『旭町誌　資料編』（一九八〇年）、『豊田市史　七巻（資料下）近世』（一九八〇年）、『振草村誌』（一九七九年）、『足助町誌』（一九七五年）、『津具村誌　資料編』（一九九八年）などがあり、資料編も充実している。民俗に関しては基本的に歴史編に含まれるが、民俗編として独立しているものもある。

これらの自治体史は自治体の関係者のみによって刊行されているものではない。やはり、町民をはじめ日本人の自分たちの地域の歴史を知りたいという欲求が基盤にあり、それがこの動向を支えているといっても過言ではない。

町民が歴史や民俗を知って一体何になるのかという疑

古橋懐古館 正面 (2014年)

古橋懐古館 (2014年)

古橋懐古館 側面 (2014年)

問もないわけではない。過ぎ去った過去を詮索したところで何の役にもたたないという意見もあって当然であろう。しかし、こと稲武の町民、とくに古橋家をめぐる人々にとってはそう思う人は少ないのではなかろうか。

多くの町民が歴史や民俗から学ぶという姿勢をもっていることは、『稲武町史』民俗資料編（民具・文献資料・民間伝承を含む）のまとめに協力していただいた二〇〇人をこえる町域の話者の方々や陰になり日向になり全面的調査の援助をしてくださった一般財団法人「古橋会」の方々、および所蔵されている文献・民具、伝承などからも容易に感じ取れた。歴史や民俗を知ることは単に過去の知識を得るというだけでなく、そこからこれからの人生について考えたり、あるいは日常の生活態度を制御しようと考える人も多い。もちろん歴史や民俗そのものから現在の自分の生き方を判断することは間違いである。各個人の行動や判断は、そのときの条件によって規制されるからである。

歴史や民俗を学ぶことは、歴史の潮流が現在を紡ぎだしていることを認識し、さらには今日の解決を迫られている問題の根源を知ることであろう。そのために各行政体も歴史の潮流を再認識するために、自分のポジション(場)を確認し、今後の展望の手掛かりとしたいものである。

当町域の全体的な民俗を紐解くことによって、今日の稲武や古橋家を理解することが必要である。

さらに、この民俗資料としての文献・民具や民間伝承は、当地域に生きて暮らしてきた私たちの先祖の足跡を明らかにし、町民一人一人の立っているポジションを確認するものであり、歴史の表舞台にあった、文字だけを通した人の営みをみるものではない。

一般的に歴史研究の方法は、過去に起きたことをその場で見ていたように記述することである。現代人が数百年も、ましてや数千年も前の出来事に立ち会うことは、もともと無理なことである。ところが日本の歴史は、どちらかというと自信をもって過去の事件や出来事を記述してしまう傾向がある。それは文字で書かれた記録を根拠にするからである。

事件の起こった経緯を記した書類や、事件を目撃した人の日記や手紙が残されていて、その文献などが調査され、歴史として記述されるのである。いうなれば、歴史は過去に残された文字史料によって明らかにされる。

しかし、文字史料が出来事をすべて現在に残しているわけではない。近代の一般化した教育制度の下に記録されている部分はごくわずかである。過去に遡れば遡るほど、文字が使用されることは少なく、特別な事柄のみが文字に記される。

文字の表現(利用)のされかたは支配者の必要からはじまっている。すなわち文字の使われ方は最初から偏っていることから出発しなければならない。また、過去になればなるほど文字は使用されない。文字の使用は人類史のなかでも比較的新しい出来事である。日本では遡っても一五〇〇年ほどの歴史しかない。それ以前の日本の歴史を文字を通して明らかにすることはほとんど困難である。日本に文字が存在しないころ、早くから文字を使用してきた中国の文字資料の中に日本を紹介したものがあり、それによって古い時期のこともある程度は理解することができる。しかし、その記述もロマンの世界であり、断片的かつ曖昧なものが多い。日本全域の特徴などを、それらの文字資料が教えてくれることはほとんどない。

そこで脚光を浴びるのが考古学である。考古学の発達は文字を使用しない段階の人類の歴史を明らかにした。遺構・遺跡・遺物など物質的な残存物を発掘することによって、文字の存在しなかった時代ばかりでなく、近年の歴史考古学に代表されるように文字が使用されるようになってからの歴史も明らかになりつつある。考古学によって歴史に厚みが増したわけである。しかし、考古学とて万能ではない。考古学はあくまで遺構・遺跡・遺物など物質として土中に残されたものが、その基本資料である。いうまでもなく、観念あるいは思想という抽象的な事象を考古学資料は残していない。

歴史を明らかにする資料と方法は近年とみに拡大され、歴史の記述方法も豊かになってきている。それでも教科書的な歴史の記述の多くがいまだに政治を中心とした政治制度であり、文化面においては芸術として美術や文学が紹介されている。そこには、当たり前(普通)の生活を送ってきた人々の日常生活はほとんど出てこない。稲武の日常生活、わけても自分たちの先祖は毎日何を生活の糧にして暮らし、どのような喜怒哀楽に一喜一憂したのであろうか。現在の日常茶飯事の生活を顧みて過去を知りたいと思うことは多い。ところが多くの歴史書にはこれらの疑問に答えてくれないのである。

当たり前の生活にも歴史的価値があり、研究して、事実として記述することの意味があることを発見したのはさほど古いことではない。

当町内の書店にも、愛知県の郷土食や民話を紹介した書物が店頭を賑わしている。また、当町の歴史民俗資料が町の教育委員会によって一九七〇年代ころから精力的にまとめられ、その一部は『稲武町三〇年の歩み』（一九七五年）、『稲武の石神仏』（一九七六年）、『稲武の伝説』（一九七七年）、『稲武の地名』（一九八六年）として刊行されている。これらは三信遠の民俗がほどよく融合している町史の先駆として特筆されるものである。また、稲武町を紹介したものではないが、「お産と出会う」「女が社会で活躍する」「地域を女が支える」などの内容の、個人史の記述を通して地域社会を考えるような、私たちの日常生活に関連する書物も目立ってきている。それらを紐解いてみると、それまでの懐古趣味的な歴史や民俗ではなく、文字を通しての歴史でもない、町内の普通の人の暮らしぶりを身近な諸資料から見直すものが目立っている。

内容も大変に興味あるものが多い。例えば戦前に疫病が流行したときに村を救ってくれたのは行政ではなく、ムラの物知りおばあちゃんのある機転だったりする。このような書物を通して日常がわかるのか、あるいはそうした見方ができるのかと驚く読者も多いのである。

また、最近は「社会史」という言葉が一種のブームのように、日本史上の問題についてとよばれる研究が盛んである。ごく身近な出来事にも正当な歴史を認めようとする見解がすこぶる顕著であり、このような研究にもシリーズものが刊行されるなど、その存在も次第に歴史研究者の間でも一般化し、いまやなんでもかんでも社会史とされる傾向すらある。

しかし、その初期においては、日常的なことは歴史研究の対象にはならない、歴史研究はあくまで天下国家のかかわることを学問にするのだという批判もあり、今もそのような批判があることは事実である。

従来の歴史研究書は普通の人々の生活史を扱いながらも、最終的には年貢制度史などがその中心をなしていた。大きな政治変革や変動で人々の生活が一様に変化するものであると把握された。普通の日常茶飯事の生活には価値すら認めない歴史研究者もいた。また、普通の人々の日常性をうたいながらも、実際には評価していない識者もいる。

現在でも日本の学問体系の多くは、欧米からの影響もしくは輸入であるという性格は何ら変わっていない。明治四十年代の『後狩詞記』『石神問答』『遠野物語』などの代表的著作で、わが国の民俗学的研究の嚆矢となり、民俗学の生みの親といわれるのが柳田國男(一八七五〜一九六二)である。昭和二十六年に文化勲章を受章するまで随筆家・紀行文作家と思われていた柳田が、とくに昭和九年ごろから積極的に使用しはじめた「常民」という言葉に代表されるように、日常生活のなかにも歴史があることを提示した。

また、日銀総裁や戦後初の大蔵大臣を歴任した銀行家・渋沢敬三(一八九六〜一九六三)が邸内の屋根裏部屋に設立した私設博物館兼研究所(アチックミューゼアム)を基礎とした玩具研究から、やがて民具研究へと転じ、そして日本の民俗学に独自の方法論を樹立した「屋根裏部屋に込めた思い」とも、それは連動していた。

その新しい歴史研究の方法は十九世紀後半のイギリス・フランスを中心とした社会史ときわめて酷似したものであった。それが今日の民俗学であり、民具学である。両者は日本で社会史研究が世間の耳目をあつめるよりもはるかに早く、研究対象を「民俗」や「民具」に見出し、新しい歴史像をつくろうとしてきた。それはほとんどごく少数の人間の独創的な活動によって行われてきた。

そして古橋懐古館の旧味噌蔵に保存展示されてきた名もなき「民具たち」に、山村の生活史の一端を語ってもらうのが本書の目的一つでもある。

二　稲武の民俗(民具)的世界

稲武や古橋家を中心にした「民俗誌」は残念ながら皆無であるが、それでもある程度まとまったものとしては『北設楽郡史　民俗資料編』(北設楽郡史編纂委員会、一九六七年)があげられるであろう。

稲武の記述は伝説の項目に中心がおかれ、それも前述した尹良親王、街道と伝説、とくに六十六部・座頭をめぐるものが多く紹介されており、この地域の特徴をよくあらわしている。このほかにも稲武町域もしくは古橋家を訪れた人々を記述対象にした代表的なものを掲げておく（稲武町教育委員会の編纂物は前掲したので省略する）。

①『矢作川流域の文化』（名古屋女子大学生活科学研究所、一九六六年）
稲武のまつり／稲武地方の婚姻／出産／七夜／葬儀
（以下章立てについては概略のみ記す）

②『愛知県北設楽地方の生活文化　資料編―婚礼とその衣裳―』（愛知県北設楽地方の生活文化学術調査団・名古屋女子大学生活科学研究所、一九八四年）
「明治三十一年三月十四日　古橋加乃門出役割・献立控帳」
「明治三十一年三月十四日　古橋加乃門出親類目録・目録・覚書・諸覚控帳」
「明治三十一年三月十四日　古橋加乃婚礼・婚礼用具呉服・道具・購入計画と金額」

③『山村民俗の物質文化的研究』（文部省科学研究費一般研究B　研究代表者　木下忠、一九九〇年）
稲武町川手で使われた犂について
三・信・遠の製茶・喫茶用具について
稲武町内民具実測図

「民俗誌」とは、地域単位の小さい領域で、どのような伝承文化を伝えているかを記録叙述するものだといわれている。

戦前・戦後を通じて東京教育大学教授や都留文科大学学長などを務め、歴史民俗学を推進した和歌森太郎（一九一五～七七）は、民俗学の具体的資料として、「民俗誌」は個々の伝承を包む地域社会の性格や、他の民俗伝承との関連を示すもので、民俗誌的記述も、その意味では学問上有力な資料的価値を有する、と規定した。が、稲武地域ではなぜか「民俗誌」がついぞまとめられることはなかったのである。といって稲武地域や古橋家めぐる民具や民俗事象が民俗学的にみても資料的に稀薄な地域であったかというと、そうではなく、むしろ「民俗誌」を作成するにはある種の最高の条件を備えていたと思われる。しかし日本民俗学初の「民俗誌」として昭和初年にまとめられた早川孝太郎(一八八九～一九五六)の『花祭り』にもとり上げられた北設楽一帯は、民俗学者らが早くから注目してはいたが、調査対象が民俗芸能に集中するあまり、一般の「民俗誌」が作成されてこなかった。

また、柳田國男も稲武の、とくに農政に興味を覚えていた。彼は明治三十八年、三河安城村山崎延吉の介添えによって稲橋村の古橋唯四郎を訪ねようとした。明治三十八年十一月一日の書状には「今回法制局参事官(モト農商務省参事官)柳田國男ギ貴宅を訪ひ源六郎老翁ニ御目にかかり度…」とある。さらに四年後の明治四十二年十一月に七代目古橋源六郎義真死去に際して「十一月十七日　柳田國男　三河国北設楽郡稲橋　古橋唯四郎様」宛の悔やみ状があることなどから農商務省の官僚としての柳田との繋がりを見出すことができる。

ちなみに明治三十八年の唯四郎を訪ねた経緯をうかがわせるものとして柳田の年譜(『定本柳田國男集』別巻第五、六二六ページ)によると、

十月三十日～十一月十二日、愛知県下産業組合役員協議会に産業組合中央会の代表として出席、産業組合の連合の問題について講演。つづいて愛知県下を旅行をし、水利組合を見てまわる。三河を経て遠江―引佐―磐田郡―安部郡を経て帰京。

とあり、このときに古橋家を訪れたものと思われる。とくに柳田は三州馬に興味を覚えていたらしく、書状にもその旨が記されている。

しかし、柳田が稲武(古橋家)を訪ねたからといって、勢い民俗への関心が稲武周辺で芽生えたわけではなかった。というより、明治三十八年当時はまだ、柳田が民俗学そのものに積極的な時期ではなく、彼による民俗学的な書物が刊行されるのは明治四十二、三年の『後狩詞記』『石神問答』『遠野物語』、いわゆる初期の三部作といわれるものからである。とすれば、柳田の稲武来訪は農商務省の役人としての視察であり、致し方ないことであっ

た。

しかし、その後の柳田の民俗学の展開を考えれば、稲武というより北設楽周辺で民俗学を志す人が現れても不思議ではなかったが、ついぞ出現しなかったのである。それはやはり歴史学を中心にした地域史が比較的に盛んであったことによっていると思われる。

稲武町域の民俗調査は昭和五十年代に入って、当時の教育委員会の手によって『稲武の伝説』『稲武の地名』などのいわゆる「民俗誌」が刊行された。当時の奥三河では津具村の民具研究には目を見張るものがあり、「民俗誌」としては貴重なものであった。その延長線上で拙著『稲武町史　民俗資料編』（一九九九年）が刊行されている。

ここで民俗学における戦後の「民俗誌」の編纂状況に少し触れておきたいと思う。戦前の山村調査、漁村調査による具体的成果は、戦後柳田を中心に開所した民俗学研究所により、『全国民俗誌叢書』としてまとめられた。この時期の「民俗誌」は日本全体を鳥瞰する傾向が顕著で、記述様式も大項目に統一された。

その後、一九七〇年代ごろまでは「民俗誌」の主流は集団による共同調査によるものであり、その流れは、以下のようになるであろう。

①柳田國男を中心に民俗学研究所が発足、全国の離島調査が積極的に行れた（一九五〇～五二年）。

②地方民俗学の組織化と機関誌の発行（岡山民俗・近畿民俗など）。

③大学・団体による民俗調査の促進（國學院大學『民俗採訪』、東京教育大学『民俗総合調査シリーズ』など）。

④行政指導による総合民俗調査の拡大（文化財保護委員会〈文化庁〉による一九六二～六四年の民俗緊急調査〈全国一三四二ヵ所〉など）。

⑤自治体史に「民俗編」がもうけられるようになる。

一九七〇年代に入ると行政・大学・サークル・個人による「民俗誌」の刊行が頻繁になった。また、相前後して文化庁の「各県民俗調査」（一九六九年）、『日本の民俗』四七巻（第一法規出版、一九七一～七六年）が刊行されたことは自治体史の編纂に拍車をかけることとなった。

さらにこの時期には南島を研究対象とするものが多く、九学会によるものをはじめとして共同調査が一般化し、それも短期間にその成果をあげた。「民俗誌」の刊行はこうして全盛期を迎え、集団や個人の区別なく、「民俗誌」が多く作成されていったのである。

一九七〇年代の後半に入ると各自治体史のなかにも民俗編が加えられることとなったが、このころから地域に密着した「民俗誌」の必要が叫ばれるようになり、福田アジオらの「地域民俗学」を標榜する民俗学者も見られた。しかし、色川大吉ら歴史学者をはじめとして、何をいまさら「地域民俗学」であるかという意見も出され、さらに「民俗誌」のなかからも従来の在り方に対する批判と反省が出されるようになった。

すなわち、社会・経済・儀礼などといった項目羅列の画一主義による調査の問題、調査者の個人意識の喪失、いうなれば調査者の主体が不明確であること、記述表現の統一による問題など、「民俗誌」における方法・主体・叙述への批判である。それに対応するように宮田登（一九三六〜二〇〇〇）は「民俗誌の作成が郷土研究としての民俗学の主要目的と考え、地方史との協力により、これを地域民俗学として位置づける必要性がある」（宮田登「地域民俗学への道」、和歌森太郎編『日本文化史学への提言』所収、弘文堂、一九七五年）と、自治体史の民俗編の在り方を示したのである。

その後、全国各地で自分史、あるいはふだん記、地名保存、さらに国政の一端として出てきた故郷創生論など、地元の人々の手によって地域に根ざした「地域史」「生活誌」「郷土誌」を作成する気運が高まっていった。

当町域内でもこのころになると町史編纂の助走として、各字単位による「民俗誌」が町の教育委員会や郷土史研究会の指導によって編纂され、一九九〇年代に町史編纂の調査がスタートしたのである。

稲武の民俗はその原形をいつごろに求めることができるのか、見極めることは至難であろう。昭和五十二年以来、町内で約三〇〇人ほどの話者たちから聞いた伝承や

平成21年度夏季合宿中の中国人学生
たちと江原先生（左）および筆者

古橋家文書研究会の面々と
古橋家の人々　2010年

古橋家文書研究会初代代表芳賀登先生
（手前）と二代代表木槻哲夫先生　2008年

昭和35年より平成22年まで稲武を52年に
わたって調査した芳賀登御夫妻　2008年

古橋懐古館の事務室とイロリ

「モノ」としての民具などから構成したとしても、現実に導き出せるその遡源は昭和初年ごろが限界である。

古橋家に所蔵される数万点の文献、数千点の民具、さらに古橋家をめぐる人々の伝承など、奥三河山村の生活史が描写できるものを紹介してみたい。最後に稲武町域・古橋家など奥三河周辺の民俗学的調査報告のうち、手元にあるもののみ紹介する。

『愛知県北設楽地方の生活文化　資料編―昔話集』名古屋女子大学生活科学研究所、一九八四年

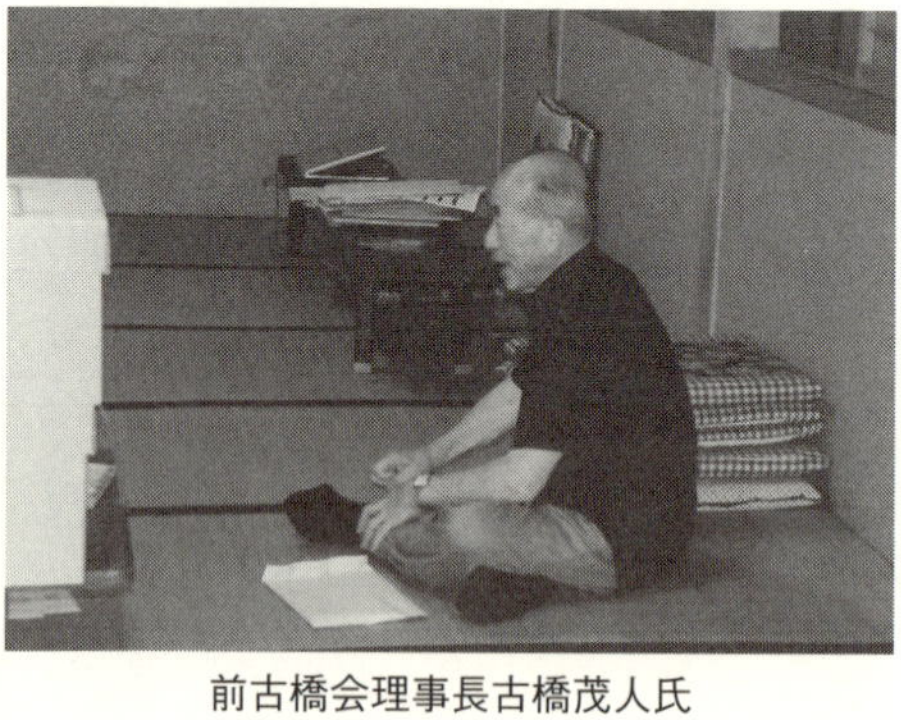

前古橋会理事長古橋茂人氏
2010年８月（昌徳寮にて）

古橋茂人・千嘉子夫妻
2011年８月

古橋茂人氏の葬儀
2012年9月6日（足助にて）

古橋茂人氏出棺
2012年9月6日

古橋千嘉子氏葬儀
2014年1月4日（足助にて）

大井平にある古橋家墓所を参拝する
九代古橋源六郎氏

『愛知県北設楽地方の生活文化　資料編―民謡』名古屋女子大学生活科学研究所、一九八四年
『愛知県北設楽地方の生活文化　資料編―食具』名古屋女子大学生活科学研究所、一九八四年
『愛知県北設楽地方の生活文化　資料編―婚礼とその衣裳』名古屋女子大学生活科学研究所、一九八四年
『愛知県北設楽地方の生活文化』名古屋女子大学生活科学研究所、一九八四年
食具／食生活の変遷／年中行事／衣裳の面からみた祭り／衣生活の変遷―寝具ならびに生活と衛生／衣生活の変遷―農作業衣／住生活／近世後期の村落と家／住民の社会生活―家族関係を中心として／設楽・東栄町・稲武町の家族構成／伝承民謡とわらべうた／伝説
『山村の生活と用具』民俗資料選集9・(財)国土地理協会、一九八一年
『愛知県民俗地図―民俗文化財緊急分布調査報告』愛知県教育委員会、一九七七～七八年
『矢作川流域の文化』所収、名古屋女子大学生活科学研究所、一九六六年
住生活／ごへいもち／食生活／稲武地方の婚姻／稲武地方の葬儀／稲武地方の盆／稲武地方の正月／年中行事および婚姻・葬儀／稲武のまつり／流域の史跡と観光
『民話と文学』第一九号、特集奥三河・稲武の伝承、民話と文学の会、一九八八年
尹良親王伝説／戦争の世間話／稲武の木地師―原田盛さんに聞く／大桑の唄とヨバイ／稲武の民俗知識／松下みとさんの昔話／稲武の昔話／稲武の物語
堀江正臣『三河馬盛衰記』私家版、一九七九年
稲武町教育委員会『稲武のあゆみ―歴史年表―』一九六六年
近藤萬太郎・岡村保「明治三十七年並に三十九年産密封貯蔵米の研究」『農業研究』第一九巻、一九三二年
江崎公明「三河古橋家と明治の米」『郷土文化』第二三巻三号・通巻九三号、名古屋郷土文化研究会、一九六三年
「故古橋源六郎翁の葬儀」『愛知県農会報』第一三八号、

愛知県農会、一九〇九年

三　豪農古橋家の概要

古橋家と当主古橋源六郎（初代〜八代）については、財団法人古橋会の先代理事長で、かつ五期二〇年間も稲武町（現・豊田市稲武町）の町長であった古橋茂人（一九二四〜二〇一二）著『古橋家の歴史』（財団法人古橋会、一九七七年初版）に詳細に紹介されている。

これによって、概略を記すと次の通りである。

三河古橋家（愛知県豊田市稲武町タヒラ八）は、飛騨（岐阜県）古橋家の始祖古橋三八郎に端を発するとされる。その六世の子孫古橋源蔵は、すでに飛騨の工匠として頭角を現していたとされ、その子源治郎義元とともに美濃国恵那郡中津川に移住した。その後、源治郎は初代古橋源六郎となる義次をはじめ四人の子宝に恵まれた。

源治郎は、工匠の棟梁としてだけではなく、中津川の旱魃を救済すべく、ここに用水を引くなどの事業に着手したと伝えられている。源六郎義次は、享保二年（一七一七）、三河国設楽郡稲橋村に本拠を移し、酒造業・質業を営んだ。

稲橋村は、名倉川の東岸に位置し、周辺は山々に囲まれ、田畑は少なく、夏期であっても比較的冷涼な地域である。また三河岡崎から足助（現・豊田市）を経て信州飯田に至る飯田街道の通過地として栄えていた。

その後の古橋源六郎は、同地の豪農として村方三役の名主を務め、植林・製茶・養蚕を興し、村のために尽力している。これらについては財団法人古橋会発行の図書一覧および古橋家文書研究会の会員らによる著作が、筆者の手元で確認されるものだけでも三〇冊以上を数え、論文にいたっては少なくとも二〇〇編以上確認することができる。以下にそのうちのごく一部のみ紹介することとする（刊行年、略す）。

『古橋懐古館資料集　第1　明治維新の人々』古橋千嘉子著　古橋会

『同　第2　国学者・歌人篇』同上　同上
『同　第3　儒学者・漢詩人・諸学者篇』同上　同上
『同　第4　画家篇』同上　同上
『同　第5　書家・俳人篇』同上　同上
『新古橋林業誌　古橋林業の歴史と展望―非皆伐施業複層林のすゝめ―』古橋茂人・北原宣幸著　同上
『三河男児　川村貞四郎Ⅰ　生立ちの記』川村貞四郎著・古橋茂人編集　雄山閣
『同Ⅱ　青春の記』同上　同上
『同Ⅲ　闘魂の記』同上　同上
『古橋家の歴史　附古橋家の歴史画』古橋茂人著　古橋会
『我が半生』川村貞四郎著　同上
『豪農古橋暉皃の生涯　維新の精神』芳賀登著　雄山閣出版
『明治維新の精神構造』同上　雄山閣出版
『豪農古橋家の研究』芳賀登編　雄山閣出版
『豪農経営の史的研究』乾宏巳著　雄山閣出版

『明治維新と豪農　古橋暉皃の生涯』高木俊輔著　吉川弘文館
『近世農民日記の研究』同上　塙書房
『古橋源六郎道紀翁小伝附(財)古橋会50年の歩み』古橋茂人著　古橋会
『古橋家文書目録　第1集』古橋家文書研究会(代表　芳賀登)　同上
『同　第2集』同上　同上
『同　第3集』古橋家文書研究会(代表　木槻哲夫)　同上
『同　第4集』同上　同上
『古橋家現蔵書目録　和装本』古橋家文書研究会(代表芳賀登)　同上
『明治・大正　政治資料　官界の表裏』川村貞四郎著　雄山閣

さて、本書を編むにあたって、筆者と古橋懐古館との関わり、さらには民具目録の作成に至った経緯を述べておこう。筆者がはじめて古橋懐古館を訪ねたのは昭和五

古橋本店酒造ラベル

古橋会蔵の古文書群

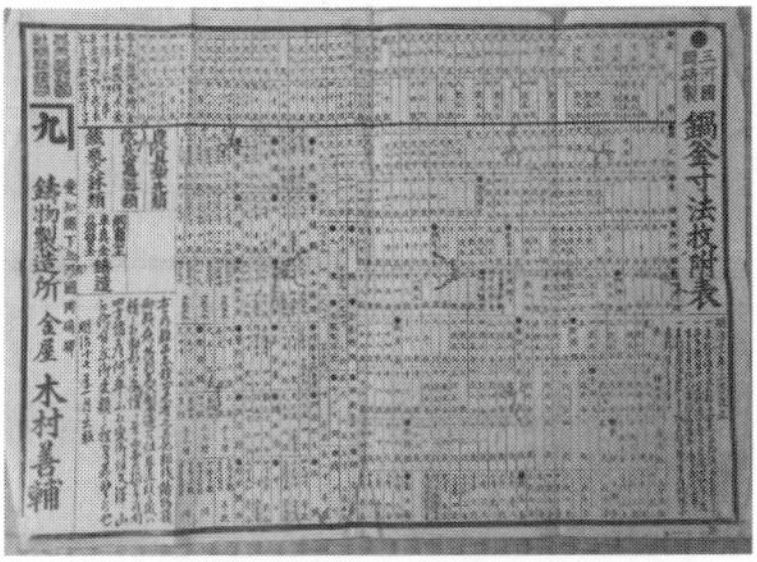

三河国岡碕製鍋釜寸法枚附表

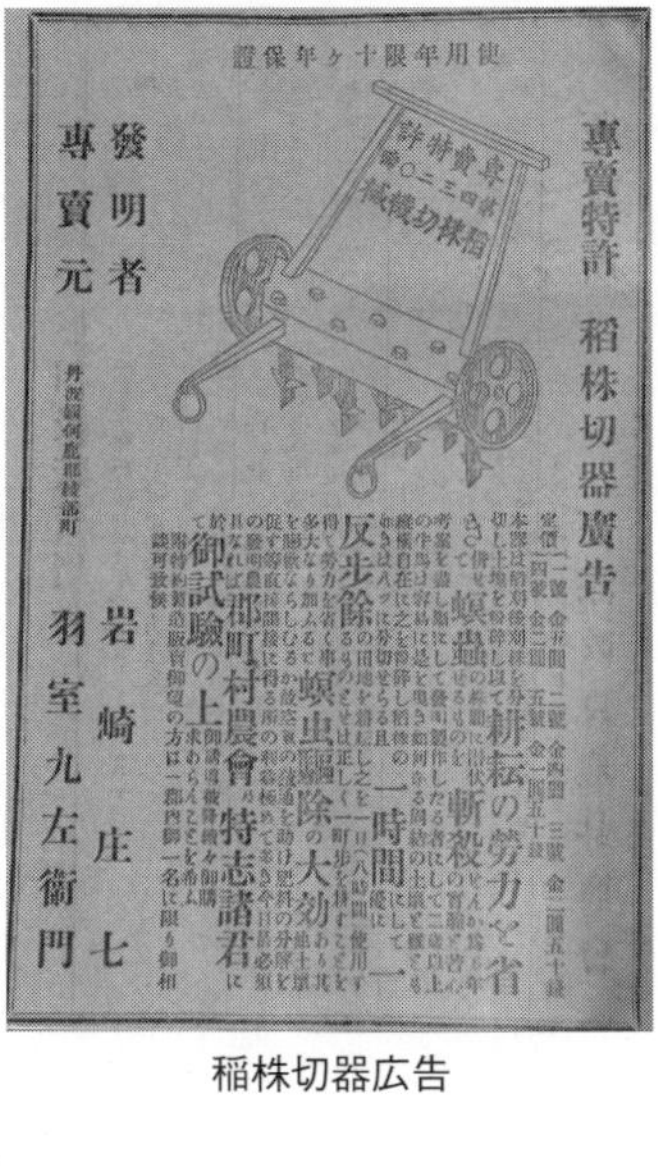

稲株切器広告

古橋懐古館での中国留学生との記念スナップ

十二年(一九七七)に遡る。同年筑波大学大学院歴史人類学研究科(史学専攻)博士課程に入学した。そのときの指導教官が芳賀登先生(一九二六~二〇一二)であり、近世の宗教文化史に興味をもち、修士論文に「武州御嶽山信仰」と「木食観正」の研究をまとめた。その歴史学を基礎としつつ、民俗学は宮田登先生の指導を仰ごうとしていたときでもあり、歴史民俗資料学の構想を持続しながら、近世の宗教世界と地域社会との関わりをテーマにした博士論文の作成を考えていた。

ちょうど夏休みに入る直前、「今年の夏に愛知の稲武に来るか」と芳賀先生から声をかけられて、それから年に二回ほどのペースで今日に至るまで稲武に通った。通算すると五〇〇日ほどを奥三河の山村で調査をすることになろうとは、当時思いもよらぬことであった。そうした経過があって古橋家文書研究会の一員に加えていただき稲武町史に参画したり、愛知万国博覧会に稲武からの史料を提供する仕事に従事したり、さらに一五年ほど前から愛知大学大学院で「東海学」の一環として古橋家文書を使った講義をする機会を与えられるなど、ますます愛知通いが続いている。その間、古橋家文書研究会も一時は総勢五〇人近くが、夏になると昭和五十二年に古橋家の全面的援助によって建てられたゼミ専用の宿泊施設(昌徳寮)にて調査するとともに涼を求めて集まった。しかし、指導された先生方も高齢化が進み、一人また一人と参加者も少なくなり、平成二十五年にはとうとう筆者一人となってしまった。

そうした中で古橋家文書研究会のすべてにわたって援助を惜しまなかった古橋茂人氏が平成二十四年九月三日に、妻の千嘉子さんが平成二十五年十二月二十八日に泉下の客となった。古橋氏ご夫妻が病気静養中の平成二十四年に一般財団法人古橋会の理事長を引き継いだのが九代目源六郎氏であった。

その源六郎氏から旧味噌蔵を改造して昭和四十六年に開館した古橋懐古館の「民具展示」の目録作成を依頼されたのは不思議な縁に思えてならない。というのも、個人的に平成二十一年から夏季の古文書調査時に時間をみつけては展示品の写真撮影をしていたときでもあり、渡りに船とばかりに平成二十二年から二十五年の四年間で約二〇〇〇点の展示品の撮影を行うことができた。源六郎氏に衷心よりお礼を申し上げたい。

さて、次に前掲したように古橋懐古館に所蔵されている古文書・書画は実に多くの研究成果をもたらした。とくに古橋家文書研究会の代表として五二年間の長きにわたって指導してきた芳賀先生の編になる『豪農古橋家の研究』（雄山閣出版、一九七九年）には、古橋家共同調査の経緯と意義がまとめられており、調査の流れを垣間見ることが可能である。

芳賀先生が古橋会を最初にたずねられたのが、昭和三十五年も押し迫った十二月二十五日であった。ちょうど当時の古橋会理事長であった川村貞四郎氏が帰省しているという巡りあわせもあって、翌年より本格的な共同調査がはじまり、以来五五年が経過した。

その間、川村氏の米寿を記念するために編まれたのが先の『豪農古橋家の研究』であった。また、本書は芳賀先生と東京教育大学の日本史研究室を中心とした二〇人からなる共同調査研究グループの成果である。本書の刊行で古橋家の研究が飛躍的に進むとともに、研究者集団にも一目置かれる研究対象となった。

古橋家からは明治十一年、政治家品川弥二郎をして「天下三篤農」の一人として讃えさせた六代暉皃（一八一三～九二）が出た。芳賀先生は、古橋家の調査研究を、多年にわたる伊那国学研究の一環として、幕末変革期に一豪農国学者として生きた暉皃から開始した、と述べられている。

思想史のみの領域でその研究を完結させることなく、経済・社会状態の歴史的解明とあわせて研究を進めることは当初から意図されていた。芳賀先生の関心は、研究の進展とともに、三河山間部における近代の在り方の解明へと向いていったようである。さらに続けて先生は、昭和三十九年時点における「古橋家の研究テーマ」を解題に付加しているが、これがその後の古橋家研究の原点であり、かつ課題であったと思われるので、以下に紹介しておこう。

①山間部豪農の地主的成長の過程を、商品流通路や産業構造との関連づけの中で考えたい。

②天保期に至って山林、井水への関心をつよめ、村落のたて直しにつとめた動機を、一揆や村方の動きと関連して追求したい。

③文久段階になって古橋暉兒が何故平田門へ入門したか、その後どのような活動をしたかを考え、豪農国学者の幕末維新期の活動状況を素描したい。

④明治維新政権下で「尊攘派」から殖産興業型へどのように変化したか、そのプロセスを追求してみたい。

⑤古橋暉兒が佐藤清臣と共に明治新政府の学制より早く開校した明月清風校の成立から祖先崇拝や神祇尊重に基づく村づくりの方向性を明らかにしたい。

⑥「自治式」報徳の福住正兄の「富国捷径」と古橋の「富国の種まき」との比較をし、彼の報徳運動の在り方を明らかにしたい。

この提示は、近世における古橋家の地主的成長過程をまず解明し、幕末変革期における豪農古橋暉兒の社会的活動とそれをささえた思想・意識や、明治政権下におけるその変質過程を中心に、経済・社会状況と関連させつつ考究し、三河山間部における近代の在り方のトータルな解明を意図し、その後の四半世紀にわたる研究方針を示したものである。さらにこの方向性が『稲武町史』への編纂へと展開していったことは周知の事実である。

こうした古橋家の共同研究の経緯に基づき、本書では当家の所蔵にかかる文書(史料)を活用しつつ、資料としての民具資料と伝承資料の三位一体化を図りたい。

最後に古橋家の歴代当主を掲げておく。

①初代　義次(正保四年~元文三年七月二十五日)

行年九十　古橋源治郎義元長男　樹功院寂翁玄証居士

②二代　経仲(元禄十一年~明和三年十二月六日)

行年六十九　初代義次の弟の古橋源二郎長男

義次の養　子　隋珠院円翁玄妙居士

③三代　義伯（享保十七年～安永六年五月十九日）
　行年四十六　経仲二男　明性院俊翁玄良居士
④四代　義陳（宝暦五年～文政十年三月二十五日）
　行年七十一　義伯二男　明覚院正翁玄禎居士
⑤五代　義教（安永八年～嘉永元年七月二十二日）
　行年七十　義陳長男　祐岩院郭翁玄甫居士
⑥六代　暉兒（文化十年～明治二十五年十二月二十四日）
　行年八十　義教二男
⑦七代　義真（嘉永三年～明治四十二年十一月十三日）
　行年六十　暉兒二男　顕功院天応義真居士
⑧八代　道紀（明治十四年～昭和二十年十二月二十九日）
　行年六十五　義真長男

7代義真妻　古橋都留

7代　古橋義真

6代　古橋暉兒

初代　古橋会理事長
川村貞四郎

8代　古橋道紀

古橋家　略系図

古橋源治郎
- 義次①
  - 経中②
    - 義伯③
      - 義陳④
        - 義教⑤
          - 徳四郎
          - 定四郎
          - 唯四郎⑥（暉兒）
            - 於久
            - 武四郎
            - 英四郎⑦（義真）＝都留
              - 道紀⑧
              - 賀乃
              - 貞四郎（初代理事長）
                - 源六郎⑨
              - 重
            - おちょう
            - 今四郎
          - 信四郎
          - お才
          - 団四郎

第一章　人生儀礼

はじめに

人の一生には誕生してから、成人、結婚などを経て、死亡するまで、いくつかの大きな変わり目がある。その変わり目には諸々の人生の通過儀礼が行われる。

通過儀礼を行うことは個人だけの問題ではなく、当事者とそれを取り巻く社会集団を安定させることにもつながる。

ここでは、現在一般に行われているセレモニー的なものではなく、その土地柄を表象した儀礼を、主に十九世紀初頭からの古橋家記録に記された諸儀礼を中心に紹介することとする。

一　産　育

帯祝い

妊娠五ヵ月目の戌の日に行うことが多い。一般的にイヌは安産だからこの日にするものだといわれている。稲橋では戌の日と決めているものの、村内全体が同じ戌の日に行うものではなく、三つに分けられていたという。特定の商家では五ヵ月目の最初の戌の日、百姓・町人は二回目の戌の日、それ以外の下の衆は三回目の戌の日に行うものだとされていた。

この日には実家(在所)から嫁に、帯・赤飯・餅・米が贈られた。なお、米は紅白に塗った袋に、赤飯は重箱に入れてあった。帯は一丈で紅白二種類があった。この帯は産婆さんがまいてくれた。

　妊婦は、夫の越中褌をまき、その上に在所から届けられた帯をまいた。このとき、何の気なしに手にした帯の色が白だったら男の子が、紅だったら女の子が生まれるとよくいわれていた。

トリアゲバアサン

　トリアゲババともいわれ、八五年くらい前から免状が必要となったが、それまで村内には免状を持っていない何人かの産婆さんがいた。しかし、昭和初年ごろまでは正面切って「産婆」の看板を出すものはほとんどいなかった。

　産婆さんに対するお礼は「お七夜」のときに招待して、赤飯を御馳走する程度であった。

出産

　出産は特別な事情がない限り（例えば同時期に家の中に出産をする者がいると勝ち負けがあるといって嫌うことがあった）、出産の場所は玄関から見て一番奥の間（客を入れない八畳の暗い部屋、若夫婦の寝室）になっていた。

東栄町の産小屋

　また、この部屋は人が死んだときにガンバコ（龕箱）を置く場所でもあった。これも生と死を表象するものなのだろうか。しかし、村人にはこの感覚はなく自然体で行っている。

　出産の場所に囲炉裏の灰を木綿の布で包んだハエブト

ンの上に布をしき、その上にカッパ（油紙）をしいた。そしてカビリブトンで覆った。このとき、布は自分で織ったものが使われたが、綿は買ったものであった。出産に使用する産湯は普通の水でよかったが、捨てる場所は便所であった。

お産が長引くと、神さまにお灯明を上げて「ちょっと外に出ていけ」といって、男の人がいないときに生むようにしていた。

胞衣の始末

胞衣（えな）はゴザン（後産）とよばれ、カッパ（合羽）に包んで捨てたものである。胞衣の処理は男の仕事とされ、暦によって方位を見たりして、土瓶にいれて旧墓へ捨てるものだという。また、人の踏まない所に捨てるものだともいう。さらに稲橋周辺では伝承ではほとんど聞かれないが、江戸時代から明治時代の記録のなかにはこの胞衣を処理する人が村内におり、この人たちにはお七夜の記録にも、特別の料理を振る舞ったことが記されている。なお、稲武地域の伝承では確認できなかったが、豊田市の足助方面の伝承では、胞衣処理を生業としていた人がいたことが確認される。

ウブメシ

出産後にはじめて焚いた御飯をウブメシといい、焼き魚などとともに、出産した部屋の箪笥の上などに上げて産神様にお礼をした。このときに一緒に川から拾ってきたきれいな石を上げることもあった。

この石は河原とか井戸とかから、いずれも水に関連した場所から拳くらいの大きさの石を拾い、上げるのが一番効果的だといわれていた。その理由としては、この石を上げると美人になるからだといわれ、とくに女の子が誕生したときにはよく行っていたものである。

オビヤシナイ

生後四、五日を経たら、オビヤシナイといって親類・組の者にシンコモチ（米の粉にヒキコでつくった餅）を配ることになっていた。間違っても団子は配るなといっていた。団子は仏の物だからと嫌われていたためである。

名付け

稲橋では神主（ジンカンサマ）に名前をつけてもらうのが一番多かった。そのほかは父親であった。ジンカンサマは、生まれた子に本を見せて、その子に選択させることが多かった。名前は一生ものだからといって似た名前をつけることは避けられていたが、それでも誕生した子どもが長男だと祖父母の一字をもらっているケースがよく見られた。

オシチヤ

誕生して七日目に名付け祝いを兼ねて行われる。産婆さんには赤飯のお礼をすることになっている。この日に産婆さんが赤ん坊の頭を剃り、額に紅をつけることになっていた。このときは父親の御飯茶碗に湯を入れて使うのを常としていた。名付け祝いは晩方に行うことが多かったが、名付け親のジンカンサマを招く習わしはなかった。また床の間にジンカンサマに書いてもらった名前の紙を貼ることになっていた。

古橋家で確認される「お七夜」に関する史料（七夜祝儀帳）として、文化八年から明治二十三年のものまで一三点あるが、それらについては、節を改めて紹介することにする。

ウブアケ

生後二一日目をウブアケといって、この日を境に枕を低くして、通常の枕にするといわれていた。出産後は、血がのぼるといってワラ三三束を枕にし、その後、毎日一束ずつ減らして行き、二一日目に普通の枕にする。

オビワケイワイ

男の子が生まれた場合は三三日目、女の子は二八日目に、近所の人たちからのお祝いのお返しに赤飯・餅などをあげた。これをにオビワケイワイという。このオビワケイワイが終了しないと母親は外に出られないとされていたし、神様（神社）に行ってはならないとされていた。この日まで「火を汚す」といって隣家に行くことさえも憚られていた。さらに、井戸神様にも失礼だといって水を汲むことも許されなかった。また、刺激性のものも食べてはいけないとされた。

このヒアケ（産の忌の明ける日まではチブクがあるといって嫌われていた）としてのオビワケイワイは、妊婦にとってもようやく日常生活に戻れるための儀礼であった。

ハツマイリ

オビワケイワイの日に、ハツマイリとして氏神様にお参りした。七五日以前は、母親は鳥居をくぐるものではないといって鳥居の外でお参りすることになっている。

在所（嫁の実家）から産着（前掲「オシチヤ」の史料にはほとんど「初着」として出てくる）が届けられ、これを子どもに着せてお宮参りとなる。子どもはお姑が抱いて行くことが多かった。オビワケイワイ、さらにはハツマイリが終了すると母親には力がついたといって、この日を境に赤ん坊をつれて在所に見せに行くことが多かった。このときは、普通二晩泊ってくるものだといわれていた。また、在所から戻るときは、婚家では土産を持たせるものだった。

ハシゾロエ

誕生して一〇〇日目。御飯を一口食べさせる真似をする。これをハシゾロエという。このときには小さなお膳と茶碗・箸もあわせて準備することになっていた。なお、これは一般的にも耳にするが、稲橋ではこの食器類の色は統一するという。御飯は白飯（軟らかめにする）、吸物（うすいもの）、魚も用意する。

氏子入り

かつては氏子入りとして氏神様にお参りすると「氏子札」が出されていたが、このシステムは戦前にはすでに行われなくなっていた。

誕生祝い（初誕生）

内祝いとして行われる。このときには「誕生餅」を搗いてこれを親類と産婆さんに配る。稲橋周辺では誕生餅のときに一升餅を背負わせるということは行われず、鏡餅くらいの大きな餅を投げて、赤ん坊がそれを拾ってかじったら丈夫に成長するといわれている。また、初誕生前までに歩いた子どもには餅を背負わせて歩かせる家もあった。

初正月

稲橋の初正月はとくに地味といわれていた。それは村の有力者が地味な生活を推進した結果であり、祝いごとは極力さけられたという。在所などから子どもに正月のお祝い用にもらっても、それを使用できないので困ったこともあるという。

出産の俗信

産後の食物禁忌としては、産後、一週間くらいは野菜の煮物は食べないとされていた。甘いものもいけないといわれていた。またタツクリを食べると乳の出が悪くなるとか、ジャガイモ・カボチャ・ソバも血が騒ぐのでいけないとかいわれた。これは姑が厳しく嫁にいい聞かせていたという。

髪を切るときはボンノクボを残す。囲炉裏にこけたときに産神様がつかんでくれるのでといわれていた。また、ビンチョも残す。歯は遅くはえるほどよいものだといわれていた。

夜泣きを直すには、ジンカンサマの墓のうち、旧墓にお茶を注ぐとか中当《なかとう》のお不動様にお参りして祈願するといいともいわれた。

乳が出ないときは、冷やした米をすったりスルコを煮て飲ませた。このときに塩を少し入れた。重湯を飲ませることもあった。また、乳の出がよくなるまで砂糖水を飲ませることもあった。砂糖が貴重な時代には、代わりにカンゾの木の皮根を煎じて甘味が出てきたら吸わせることもあった。飲ませ方は、以前は茶碗にスズダケの管を入れて吸わせたが、しだいにガーゼで乳首をつくるようになり、今日ではゴム製の乳首を使用するのが一般的である。

乳がよく出るようにするためには麦飯・饂飩をたくさん食べるが、カンボウズ（タンポポに類似する山菜）を煮ておひたしにして食べた。このほかに赤鯉・川鯉を食べるとよいなどともいわれた。

産児制限

七、八人以上も生まれることがざらであったころは、一人くらい流すこともあった。ホオズキの皮・根を煎じて飲んだり、柿の木から落ちたりしたこともあるが、思うようにはならなかったという。

捨て児

体の弱い子は、戸籍の名は変えずに違った名をよんだり、一時的によその子にして育てることもよくあった。依頼するときは、もらってもらう家の戸口にモリバンテンにくるんで赤ん坊を置いたそうである。捨て児の真似ごとをした日は、お茶を飲んだりして連れて帰る。その後は、大晦日のトシトリの晩に来るだけであった。その晩には御馳走を食べ、酢の入った特別の湯を飲んだという。

ヒマヤ

月経のとき、別に特別なことはなかったが、家族とは別の小屋で一週間ほど暮らす家もあった。洗濯物は日陰干しで、なかには便所の中に干す家もあった。明治二十年代ごろまでは、村内に一軒の共同のヒマヤがあり、月経になると女性たちは一週間そこで生活をしていたという。

二　七夜祝儀帳の紹介

古橋家所蔵の七夜祝儀帳をここで紹介する。

①徳四郎七夜祝儀受納帳

文化八年（一八一一）正月二十七日

徳四郎は古橋家五代義教と加乃の長男として文化七年に誕生して、文政十一年十月十一日に十九歳で没している。

②唯四郎七夜御祝儀受納帳

文化十年（一八一三）三月二十九日

唯四郎は五代義教と加乃の二男として文化十年三月二十三日に生まれる。古橋家六代暉兒。明治二十五年十二月二十四日に八十歳で没する。

③信四郎七夜御祝儀受納帳

文化十三年（一八一六）六月二日

信四郎は五代義教の三男として文化十三年六月二十六日に生まれる。古橋源二郎の養子となり天伊と結婚。明治十八年五月二十九日に七十歳で没す。

④おオ七夜御祝儀受納帳
文政二年（一八一九）十月二十九日
おオ（佐伊）は五代義教の長女として文政二年十月に生まれる。文政四年四月六日に没する（早逝）。

⑤団四郎七夜祝儀覚
文政六年（一八二三）六月二十五日
団四郎は五代義教の四男として文政六年六月に生まれる。弘化四年、武節町村小木曽利左衛門の養子となる。明治六年、四十九歳で没する。

⑥於久七夜御祝儀受納帳
天保九年（一八三八）二月吉日
於久（志奈）は六代暉兒と久迩《くに》の長女として天保九年の一月に生まれる。万延元年二月二十二日に二十三歳で没する。

⑦武四郎七夜御祝儀受納帳
天保十年（一八三九）十二月朔日
武四郎は六代暉兒と久迩の長男として天保十年十一月に生まれる。天保十四年五月二十二日に五歳にて没する。

⑧-1英四郎七夜御祝儀受納帳
嘉永四年（一八五一）十一月二十八日

⑧-2古橋英四郎七夜祝儀記録
嘉永四年（一八五一）
英四郎（義真）は六代暉兒と奈加の二男として嘉永四年十一月二十八日に生まれる。古橋家七代義真。明治四十二年十一月十三日に六十歳にて没する。

⑨おちょう七夜御祝儀受納帳
嘉永六年（一八五三）十一月二日
おちょう（知也）は六代暉兒と奈加の二女として嘉永六年十月に生まれる。安政三年正月四日に四歳で没する。

⑩今四郎七夜御祝儀受納控
文久三年（一八六三）六月二十九日
今四郎は六代暉兒と伊知の三男として文久三年六月に生まれる。古橋六右衛門の養子となる。大正八年十二月十七日に五十七歳で没する。

⑪賀乃七夜祝儀覚

明治十二年(一八七九)三月十九日

賀乃は七代義真の長女として明治十二年三月六日に生まれる。明治三十一年に三好村の柴田家に嫁ぐ。古橋懐古館に展示されている「里帰り雛」は、三好の柴田家から古橋懐古館の昭和四十六年全面オープンにあわせて七五年ぶりに返されたものである。昭和二年三月十二日に四十九歳で没する。

⑫貞四郎七夜御祝儀

明治二十三年(一八九〇)八月七日

貞四郎は七代義真の三男として明治二十三年七月二十三日に生まれる。川村伊八跡絶家再興。昭和二十一年三月財団法人古橋会設立。初代理事長に就任。昭和六十年六月に稲武町名誉町民授与。昭和六十二年六月十八日、九十六歳にて没する。

このうち、江戸期のものとして、古橋家五代義教と加乃の長男徳四郎①・六代暉兒(唯四郎)②、五代目義教の長女お才④、六代暉兒と久迩の長女於久⑥、七代義真(英四郎)⑧、明治期の七代義真長女賀乃⑪、古橋会初代理事長貞四郎⑫について、以下に翻刻紹介する。

1　①徳四郎七夜祝儀受納帳

文化八年(一八一一)正月二十七日

「　文化八年
　徳四郎七夜祝儀受納帳
　　未正月廿七日　」

当村分

一　御酒壱樽　藤三郎様
　石飯　弐重
一　御酒壱樽　横川　源蔵様
一　御酒壱樽　権七様
一　御酒壱樽　横川　由右衛門様
一　御酒壱樽　治右衛門様
一　御酒壱樽　助右衛門様　久三郎様
一　御酒壱樽　権右衛門様
一　御酒壱樽　下中当　弥次右衛門様
　哥賃壱櫃

紅絰初着地六尺
一 哥賃壱櫃　和平様
御酒壱樽
一 小豆飯弐重　助右衛門様
外ニモヨイ酒アリ
一 小豆飯弐重　久三郎様
同断
一 御酒壱樽　松右衛門様
一 小豆飯壱重　横川 半七
外ニモヨイ酒あり
一 御酒壱樽　伝三郎様
小豆飯弐重
一 御酒壱樽　与蔵様
産着地晒半反
哥賃壱櫃
肴
一 御酒壱樽　左吉様
哥賃壱櫃

産着地紅絰六尺
一 小豆飯弐重　喜重様
外もよい酒アリ
御酒壱樽
哥賃壱樽
一 産着地ぬりさらさ六尺　源三郎様
肴
一 御酒壱樽　半兵衛様
小豆飯弐重
一 御酒壱樽　横川 善太郎様
麻
一 哥賃壱櫃　幸兵衛様
御酒壱樽
肴
一 御酒壱樽　横川 源助様
哥賃壱櫃
外ニモヨイ酒
一 御酒壱樽　彦蔵様

肴
一　半紙弐　六右衛門様
扇子□壱箱
一　紅じゅばん壱　おこ痲様
一　御酒壱樽　喜中　七蔵　おつま　定
四郎　喜蔵　おみし
一　御酒壱樽　源助　弥助　定蔵　長左
衛門
一　御酒壱樽　弥惣次　半七　平次郎
銀蔵　吉蔵
一　御酒壱樽　善蔵　お文　半蔵
一　御酒壱樽　大工　清七様
肴
一　御酒壱樽　桑原　喜七様　清十様
一　御酒壱樽　孫三郎様　おはつ殿
一　酒弐樽　内下男　義兵衛　源四郎　紋之助
末蔵　源蔵　熊次郎　佐
太郎

一　酒壱樽　新内　おまさ　はく
一　酒壱樽　内下女　おい祢　およし　おゆふ
おいの
武節町分
一　御酒壱樽　三十郎様
一　御酒壱樽　円蔵様
鰹弐
一　御酒壱樽　十右衛門様
鰹弐
一　御酒　又吉様
一　御酒壱樽　初次郎様
一　御酒壱樽　善二郎様
さかな
一　御酒壱樽　玄整様
石飯壱櫃
一　御酒壱樽　伝之助様　文右衛門様
一　御酒壱樽　孫市様
哥賃壱櫃

産着地白晒六尺
一　御酒壱樽　幸助様
扇子壱箱
菓子壱包
一　御酒壱樽　利左衛門様
哥賃壱櫃
産着地晒八尺
一　御酒壱樽　笹屋様
一　御酒壱樽　弥十様
一　御酒　平右衛門　万次郎　柳左
衛門　左吉　清九郎　庄
兵衛　弥八　常蔵
一　御酒壱樽　伝吉様
扇子
石飯壱櫃
夏焼分
一　御酒壱樽　次郎兵衛様
一　哥賃壱櫃　和助様

御酒壱樽
産着地晒半反
一　哥賃壱櫃　豊次郎様
御酒壱樽
さかな
一　御酒壱樽　孫八　与三郎　伝次郎
兵助
所々分
一　御酒壱樽　笹平　善兵衛様
哥賃壱櫃
産着地嶋六尺
一　御酒壱樽　同処　栄蔵様
哥賃壱樽
一　御酒壱樽　桑原　正元様
扇子
さかな
一　御酒壱樽　中当　五郎右衛門様
扇子

一　御酒壱樽　　　　桑原　半十様
一　御酒壱樽　　　　川手　泰安様
一　御酒壱樽　　　　中當　又右衛門様
　　哥賃壱櫃
　　さかな
一　産着地紅綬七尺　横道　新吾殿
　　さかな
一　御酒壱樽　　　　下嶋　伝三郎様
　　石飯壱櫃
　　産着地郡内嶋
一　御酒壱樽　　　　山形　義助様
一　御酒壱樽　　　　大野　十吉様
　　哥賃壱櫃
　　さかな壱包
　　産着壱ツ黄むく
一　産着地　　　　　岩村　惣右衛門様
　　紅綬六尺　　　　　　　大のや　キキハラ
一　まわた　　　　　　　　おつね様

　　鰹ぶし壱
一　ようかん壱　　　大野　庄右衛門様
一　御酒壱樽　　　　大野　松右衛門様
　　さかな壱包
一　御酒壱樽　　　　同所　宗兵衛
　　さかな壱包
一　小鳥十杷　　　　中津川　源蔵様
　　紅綬産着地六尺　岩村　九郎兵衛
　　さかな壱包
一　白絹八尺　　　　中津川　六右衛門様
　　寿留め
　　さかな壱包

2　②唯四郎七夜御祝儀受納帳

文化十年（一八一三）三月二十九日

「癸　文化十年
　唯四郎七夜御祝儀受納帳
　酉　三月廿九日　　」

当村分

一　御酒壱樽　藤三郎様
一　同　壱樽　喜重様
一　寿留女壱把　六右衛門様
一　御酒一樽　新屋源三郎様
一　哥賃壱櫃
一　御酒壱樽　熊谷伝三郎様
一　石飯壱櫃
一　御酒壱樽　古橋与蔵様
石飯壱樽
御肴壱
初着地
浅喜綿
一　御酒壱樽　岡田半兵衛様
小豆飯壱櫃
一　御酒壱樽　熊谷和平様
小豆飯弐重
一　御酒壱樽　おのよ殿

小豆飯
一　御酒壱樽　半七様
一　初着地　お鹿様
浅黄小紋　おりゑ様
一　御酒一樽　左吉様
小豆飯壱櫃
一　御酒壱樽　忠兵衛様　宗四郎
一　御酒壱樽　横川源助様
一　御酒壱樽　下中当　弥次右衛門様
一　寿留女三把　源兵衛様
一　御酒壱樽　孫三郎様　助右衛門様　久三
郎様　おこの様　権右衛門様
権右衛門様　権七様　半蔵
様　又右衛門様　善九郎様
一　さかな　七蔵様

武節分

一　御酒壱樽　小木曽　利左衛門様
餅壱櫃

一　御酒一樽　　飯田　喜兵衛様
一　哥賃壱櫃
一　御酒壱樽　　笹屋様
一　御酒壱樽　　柄沢孫市様
一　哥賃壱櫃
　　初着地
一　御酒壱樽　　屋形玄整様
　　石飯壱櫃
一　御酒壱樽　　伝之助様　又吉様　平右衛門
　　　　　　　　様　伝次郎様
一　御酒壱樽　　柄沢三十郎様
一　御酒壱樽　　柄沢伝吉様
一　御酒壱樽　　小木曽幸助様
一　御酒壱樽　　十右衛門様
　　肴
一　御酒壱樽　　善三郎様
一　御酒壱樽　　夏焼　藤綱伊右衛門様
　　末広壱箱　　同村　藤綱辰蔵様

　　肴
一　御酒壱樽　　桑原　後藤正元様
　　石飯弐重
　　玉子十七
一　御酒壱樽　　中村　晴右衛門様
一　御酒壱樽　　中当　古橋又右衛門様
　　小豆飯壱櫃
一　初着地　　中津川　古橋六左衛門様
　　郡内嶋
　　肴
一　御酒壱樽　　大工　清七様
　　　　　　　　同　善之助様
　　　　　　　　同　弥十郎様
　　　　　　　　杣　伝吉様
一　哥賃壱櫃　　大野　伊藤十吉様
　　肴壱包
　　末広一対
　　御酒壱樽

御酒壱樽
初着地
嶋

3 ④お才七夜御祝儀受納帳

文政二年（一八一九）十月二十九日

「文政二　十月廿九日
お才　七夜御祝儀受納帳
七夜之儀も折々年明、殊女子組内祝ひニ致し置、客
人外　内斗ニ而祝、」

一　小豆飯　壱櫃　源三郎殿
御酒　壱樽
綬産着　おりえとの
一　酒壱樽　おあさ殿
一　さかな一　源二郎殿
一　さかな一　借屋　市兵衛様
一　小豆飯二重　国右衛門様
一　まわた一

一　小豆飯二重
一　小豆飯二重　おゆき殿
一　同　おもよとの
一　酒壱樽　おりゅうとの
一　酒壱樽　大工　清七様
一　酒壱樽　おすきとの
一　酒壱樽　又右衛門様
一　さかな　善蔵様
一　酒壱樽　夏やけ　伊右衛門様

4 ⑥於久七夜御祝儀受納帳

天保九年（一八三八）二月吉日

「　戊
於久七夜御祝儀受納帳
戊二月　吉日」

産屋御見舞
一　白粉壱重　町　玄兵衛様

一　同　　町　酒屋
一　同　　つかや
一　同　　永徳様
一　同　　せき殿
一　山いも壱包　　町　角蔵殿
一　白粉　　伝三郎様
一　同　　源治郎殿
一　同　　平左衛門様
一　同　　かじや
一　同　　幸治殿
一　同　　夏やけ　達蔵様
一　嶋いも　　□加
一　とふ婦壱コ　　かどや
一　山いも壱包　　弥治右衛門
一　白粉　　喜三郎様
一　あま酒壱重　　田中屋
一　くわし　　宗四郎様
一　同　　権右衛門様

一　おこし　　兼松様
一　白粉壱重　　黒田　周達様
一　長芋　　山形　重兵衛
一　いものくき壱包　　横町　文蔵殿
じねん壱ツ
一　白粉壱重　　夏焼　治郎兵衛様
一　御肴四ツ　　桑原　半次郎様
一　名前替　　村　幸兵衛様
御扇子
酒壱樽
哥賃壱櫃
一　名前かへ分　　村　文治郎様
寿留女拾
産着
金壱朱哥賃
酒壱樽
かびたん
一　木綿中形壱切　　川手村　庄六様

六尺九寸

一　酒壱樽　村　治右衛門様　文四郎様

　　　　　　　権右衛門様　藤右衛門様

　　　　　　　　藤兵衛様

一　酒肴代　　　おなを殿

　青銅弐拾疋

　産着壱

　哥賃壱櫃

一　御酒壱樽　　源次郎様

　御扇子壱

　御肴拾疋

一　御酒壱樽　武節　伝吉様

一　なよし　同断　又吉様

　肴二尾

　御酒壱樽

一　久酒壱樽　武節　利左衛門様

　産着

　哥賃壱櫃

一　久酒壱樽　村　喜三郎様

　肴三尾

一　金壱朱　村　清七様

　扇子壱

一　金壱朱　々　金四郎様

　生も魚五

　生がに

　名前替

一　御酒壱樽　　三五郎様

一　扇子壱　村　秀蔵様

　金弐朱産着

一　哥賃壱樽　村　弥次右衛門様

　御酒壱樽

一　御酒壱樽　武節　伝左衛門様

一　御酒壱樽　村　喜蔵様

一　地綬花色もやう下着うこんむく

　産着壱重　大井駅　徳三郎様

　哥賃壱櫃

御肴壱つ
一　紅梅綬　　　　　　大井駅　利兵衛様
扇子壱
さかな壱
金小たい弐拾
一　きぬい小紋八丈三寸
産着壱　　　　　　大井　勝右衛門様
扇子壱
二月七日より
一　更紗産着　　　　　大井駅　森田五兵衛様
扇子壱
さかな壱つ
一　干瓢弐わ　　　　　大井駅　万行院様
扇子壱
一　巾着壱　　　　　　大井菱や　次兵衛様
一　八丈嶋六尺九寸　　岩村　山村藤右衛門様
産着
扇子壱

さかな
一　紅しぼり　　　　　岩村　山村伊吉様
地
扇子
一　肴壱　　　　　　　大井駅　左山富四郎様
扇子壱
御書面壱通
一　御酒壱樽　　　　　下むら　大嶋惣十様
紙弐丈
一　酒壱樽　　　　　　桑原村　荻利八様
一　紅しぼり木綿六尺　村　岡田平左衛門様
哥賃
酒壱樽
一　御酒壱樽　　　　　熊谷　弥代吉様
一　御酒壱樽　　　　　村　鈴木惣四郎
さかな
一　金弐朱産着　　　　村　松嶋佐助様
酒壱樽

名前かへ
扇子壱箱
哥賃壱櫃
一 御酒壱樽　黒田　沢田兵助様
一 しぼり木綿中形八尺
産着　むら　おすさ様
豆腐弐丁
名前替
一 御酒壱樽　夏やけ　藤綱辰蔵様
金壱朱
一 御酒壱樽　村　熊谷伊兵衛様
一 赤飯　村　角屋市太郎様
酒壱樽
さかな
一 風呂敷壱　桑原村　寺尾寿見様
酒壱樽
扇子壱対
一 赤飯弐重　村　宗兵衛様

一 御酒壱樽　武節　柄沢重右衛門様
金壱朱
一 御酒壱樽　武節　柄沢三十郎様
肴弐本
一 赤飯壱　当村　原田勘蔵様
御酒壱樽
哥賃壱櫃
一 金壱朱　ささ平　今泉甚吉様
酒壱樽
肴壱
一 御酒壱樽　ミの高浪村　伊藤長右衛門様
一 御酒壱樽　横道　松浦文蔵様
箱中形仕立
産着壱ツ
哥賃
扇子壱箱
肴壱
一 御酒壱樽　横道　小木曽半左衛門様

一　金弐朱　武せつ　柄沢清六様
一　御酒壱樽　兼松様　久兵衛様　善之助様　由太郎様　長左衛門様　作右衛門様　弥右衛門様
一　末広　武節　尾形玄俊様
　　肴三尾
　　赤豆飯壱櫃
一　哥賃壱櫃　夏焼　大地次郎兵衛様
　　御酒壱樽
一　赤飯壱櫃　夏焼　藤綱伊左衛門様
　　御酒壱樽
　　金壱朱
一　御酒壱樽　村　熊谷伝三郎様
　　扇子壱箱
一　金壱朱　武節　小木曽文五郎様
　　御酒壱樽
一　御酒壱樽　武節　小木曽代吉様

一　御酒壱樽　笹平　今泉芹吉様
一　御酒壱樽　村　鈴木吉十様
一　御酒壱樽　黒淵　荻野嘉十様
一　御酒壱樽　武節　新三郎様　藤蔵様　平次郎様　仁兵衛様
一　御酒壱樽　御所貝津村　松井次左衛門様
一　御酒壱樽　御所貝津村　松井次兵衛様
一　御酒壱樽　武節　近江与吉様
一　御酒壱樽　武節　円蔵様　久右衛門様　権十郎様　甚蔵様
一　御酒壱樽　村　兵左衛門様　二右衛門様
一　御酒壱樽　武節　大工清次郎様
一　かごふめん五　村　瑞龍寺様
　　半紙弐丈
一　御酒壱樽　町　宗九郎
一　御酒壱樽　ささ平　半助様
一　足助諸白壱枚　黒田伊右衛門様
一　餅米五升　下嶋　伝治郎様

産麻子綬小紋七尺八寸
酒壱升さかな寿留女五枚
一　百文　酒代　こんや　清左衛門様
弐朱
一　青銅拾疋　小笹原　万蔵様
一　南鐐壱斤　峯山　組中
青銅拾疋　番人　代蔵江廻し
白米壱升
赤飯鱒　寿留女　さかな
大根　平　こもとう婦　牛蒡
子供女中平　人参　牛蒡　さかな　こもとふ婦

5　⑧－1英四郎七夜御祝儀受納帳

嘉永四年（一八五一）十一月二十八日
「嘉永四亥年十一月廿八日
英四郎七夜御祝儀受付扣
嘉永三戌年十一月廿八日誕生之処当亥相延」
末広　壱　中津宿

小紋
一　初着詣八尺　菅井　嘉兵衛様
御酒料拾疋
一　御酒壱樽　同　大嶋　定助様
機留嶋八尺
肴
一　小紋　十八や　おとみ殿
津むぎ壱丈六尺
一　扇子壱対　勝野　吉兵衛様
御酒壱
初着地詣八尺
さかな
一　扇子壱対　川村　伊八様
御酒壱
あゆおり壱丈壱尺　同裏雑色　秩父
哥賃壱櫃
一　御酒壱樽　市川　増七様
初着壱なんきん小紋

肴
哥賃壱櫃
一　御酒壱　古橋　源蔵様
頭巾壱
哥賃壱
一　御酒壱樽　桑原　荻宗十郎様
一　御酒壱樽　武節　松井友吉様
一　同　笹平　今泉周三様
一　同　村　林蔵様
一　竹葉壱　武節　塚田利右衛門様
一　同　黒田　新右衛門様
一　竹葉壱　古橋信四郎
産着壱
肴壱
いなら
哥賃壱
一　御酒壱樽　村　金蔵様
一　竹葉壱　村　おとく殿

一　同　武節　幸介様
一　御酒壱樽　村　小木曽文次郎様
御肴壱折
産着料百疋
哥賃壱櫃
一　御酒壱樽　御所貝津　松井治左衛門様
一　竹葉壱　同　松井治兵衛様
産着嶋壱
寿留女
一　御酒壱　村　おいし殿
金五拾疋
扇子一対
一　御酒壱樽　武節　小橋利左衛門様
産着壱重
哥賃壱櫃
さかな弐尾
一　御酒壱樽　村　兵右衛門様
一　御酒壱　町　光三郎様

一　御酒壱　　　　　　　村　　浅吉様
　　産着嶋壱　壱丈
　　哥賃壱櫃
一　御酒壱　　　　　　　村　　古橋源左衛門様
　　初着嶋壱
　　哥賃壱櫃
一　御酒壱　　　　　　　夏ヤケ　藤綱権左衛門様
　　中酒九百九拾
　　哥賃壱櫃
一　御酒壱　　　　　　　村　　熊谷伝三郎様
　　産着嶋
　　南京小紋三尺
　　哥賃壱櫃
一　御酒　　　　　　　　同　　岡田兵左衛門様
　　産着嶋
　　結城八尺
　　哥賃壱櫃
一　御酒壱樽　　　　　　下中当　伝蔵様

　　御酒　　　　　　　　町　　市右衛門様
一　肴海老
　　哥賃壱櫃
一　竹葉壱　　　　　　　村　　定助様
一　哥賃壱櫃　　　　　　中当　清兵衛様
　　御酒壱樽
　　哥賃壱櫃
一　産着嶋　　　　　　　村　　松嶋幸兵衛様
　　哥賃壱櫃
一　御酒壱樽　　　　　　同　　松嶋左兵衛様
　　産着地嶋壱
　　哥賃壱櫃
一　御酒料拾疋　　　　　町　　柄沢清六様
　　初着国□六尺
　　哥賃壱櫃
一　御酒壱樽　　　　　　村　　太治郎様
一　御酒壱樽　　　　　　村　　岡田兼吉様
　　初着地八尺

哥賃壱樽
一　御酒壱樽　村　長谷川千代吉様
小袖綿弐包
小豆飯壱櫃
肴ゑび
一　御酒壱樽　夏焼　彦右衛門様
一　御酒壱樽　町　伝左衛門様
鰹節壱
小五八十五目
一　御酒壱樽　村　初次郎様
一　御酒壱樽　武節　与吉様
手子茸
一　御酒壱樽　町　円蔵様
一　御酒壱樽　村　熊谷澄右衛門様
初着料金五拾疋
哥賃壱櫃
一　御酒壱樽　下中当　喜代蔵様
哥賃壱櫃

一　御酒壱樽　同　兵左衛門様
一　御酒壱樽　藤湯　次郎兵衛様
木綿与とかき壱
哥賃壱櫃
一　御酒壱樽　町　玄俊様
扇子壱
肴ゑび
一　御酒壱樽　町　伝吉様
一　御酒壱樽　〻　政次郎様
一　同　壱樽　〻　助次郎様
一　竹葉壱樽　村　孫右衛門様
一　御酒壱樽　〻　重左衛門様
初着嶋
哥賃壱櫃
一　清酒壱樽　村　治助様
小豆飯弐重
一　御酒壱樽　村　久右衛門様
小豆飯弐重

一　御酒壱樽　　町　平助様
一　御酒壱樽　　村　庄三郎様
　　真綿壱包
　　哥賃壱櫃
一　御酒壱樽　　町　柄沢又吉様
　　玉子拾弐
一　御酒壱樽　　々　仁兵衛様
一　御酒壱樽　　町　幸吉様
一　扇子壱対　　桑原　寺　片山時見様
　　さかな拾串
　　哥賃壱櫃
一　御酒壱樽　　町　柄沢三四郎様
一　御酒壱樽　　村　おいろ殿
一　御酒壱樽　　笹平　甚吉様
　　初着壱重
　　哥賃壱櫃
一　御酒壱樽　　村　源三郎様
一　御酒壱樽　　町　善三郎様

　　哥賃壱樽
一　御酒壱樽　　新三郎様
　　長芋五本
一　御酒壱樽　　御所貝津　代吉様
一　御酒壱樽　　町　常助様
一　御酒壱樽　　々　平次郎様
　　御酒壱樽　　黒田当所借宅　清左衛門様
　　小豆飯
一　御酒壱樽　　町　文右衛門様
一　頭巾　　中津川宿　よしのや
　　おたきどの
一　扇子壱　　上村　五嶋重三郎様
　　巾着壱
　　御酒壱
一　御酒壱　　同　田中半左衛門様
　　紋初着八尺
　　さかな
一　扇子壱　　赤坂宿　桜屋　庄左衛門様

初着料五拾疋
一　御酒壱樽　大工　常平様
一　御酒壱樽　町　柄沢和助様
一　御酒壱樽　同　柄沢三五郎様
扇子壱
一　御酒壱樽　夏焼　源之助様
初着嶋下浅留六尺
哥賃壱櫃
一　御酒壱樽　町　為十郎様
一　御酒壱樽　々　久之助様
一　御酒壱樽　村　藤右衛門様
一　小豆飯壱櫃　同　惣七様
一　御酒三樽　夏焼　喜代蔵様
御酒壱樽
一　扇子一対　町　三十郎様
御酒壱樽
一　御酒壱樽　村　藤吉様
一　御酒壱樽　横屋　伝三郎様

初着袖嶋八尺
さかな
哥賃壱樽
一　御酒壱樽　同　寛助様
初着
さかな
哥賃壱櫃
一　御酒壱樽　下中当　弥七様
哥賃壱櫃
一　御酒壱　横川　作右衛門様
一　同　同　善次郎様
一　同　同　舛蔵様
一　御酒壱樽　村　惣九郎様
一　御酒壱樽　同　忠蔵様
一　御酒壱樽　大野村　佐原惣十様
哥賃壱櫃
さかな壱包
但哥賃代五拾疋

一　御酒壱樽　　　　黒田　伊右衛門様
一　御酒壱樽　　　　桑原　左内様
一　扇子壱　　　　　大野村　金右衛門様
一　御酒壱
　　初着也
　　さかな壱
　　大面代三郎へ
一　御酒壱樽　　　　桑原　重兵衛様
一　御酒壱樽　　　　大野村　友右衛門様
　　さかな
一　御酒壱樽　　　　町　源兵衛様
一　御酒壱樽　　　　中当　惣左衛門様
一　かわい八尺　　　高根　井口文右衛門様
　　哥賃　代三百文
　　御酒壱樽
　　代百文
　　扇子
一　御酒壱樽　　　　大野瀬ノ　繁左衛門様
　　風呂敷
一　御酒壱樽　　　　押山　片桐右衛門様
一　篠巻壱抱　　　　須田　今治様
一　酒肴壱樽　　　　根羽　六三郎様
一　豆腐弐丁　　　　武節　金助様
一　御酒壱樽　　　　村　吉太郎様
一　御酒弐樽　　　　若林　沼田左四郎様
一　さかな　　　　　士村　田中半右衛門様
　　但塩いなだ弐本

6　⑧-2古橋英四郎七夜祝儀記録

嘉永四年(一八五一)

「古橋英四郎七夜祝儀記録」

六代目暉兒《(ママ)》三男英四郎、嘉永四戌年十一月廿八日誕生いたし候処、同年遺作ニ付、村方諸慶事延年申渡ニ付、当亥年十一月廿八日、七夜祝儀諸事取斗左ニ、

尾州知多郡阿里わき卯之助注文、其節下直之処、吉田江罷越高値之旨申之勿論、日数有之ニ付、鰯荷買いたし弐

万も利を得ニ付、元値段いたし由申之値段左ニ、
一　壱(ママ)文　焼きもの
　　　　いな三十
一　四百八拾文　すすき壱
一　百廿文　黒鯛壱
一　弐〆拾六人　いな九十五本
一　五百文　なよし
一　九百五拾八文　せんべい八本
　　　　百五拾文　地紙形
一　六百文　せんべい四本
一　百八拾文　するめ壱把
一　五百五拾文　うぐい拾六本
一　百四拾壱文　竹わ拾本
　〆六貫六百廿五文
　　　　弐百文
右廿四日着ニ付、水三升ニ塩壱升割ニ而、右半地ニ入置
候、
十一月廿七日、家族ニ而座敷其外掃除いたし、九ッ時より、ささ佐平太、たん文治郎、初治郎、常平伝三郎、其
外内之ものニ而仕度いたし献立左ニ、
　皿　するめ　赤飯
平　せんべい　長芋　ねぎ
吸もの　のり　よせ
丼　鶏卵　こない　たいも
丼　からし　茄子
硯蓋　金ひら牛蒡　煮つけ　漬わらひ　焼いも
　　玉子　きぬた大根
鉢　竹わ　さかな　大根　ねぎ
鉢　につけ　片身ヅツ　塩焼　すすき　竹輪
鍋　せり　こんにゃく　牛蒡　長芋
大平　鍋鯛
　　但是ハ大津や幸冬　わさび貰ひ七夜祝儀ニ
吸もの　いな
吸もの　渡うくい　粟たけ　女中客
本膳通し
吸もの　玉子　ねぎ

吸もの　うくい　粟たけ
硯蓋　前同断
鉢　前同断
丼　前同断
鉢　黒鯛

三番座
本膳通し
吸物　女中ニ同断
吸物　同断
鉢　煮附　いな

十一月廿六日餅搗、廿八日初座、子供二番、女中三番、手伝衆家族四番、座敷是ハ一席いたし而者不宜もの有之候得共、内輪客斗故一席ニ相済、下男女座処〆五座敷、夜九ッ半仕舞、

客名前
平左衛門　金右衛門　信四郎　文蔵　千代三郎　甚
吉　源左衛門　利左衛門　文治郎　清六　幸兵衛
角蔵　佐平太　伝三郎　喜三郎　吉二郎　源之助
玄俊　治七　すみ　伊右衛門　十左衛門　浅吉　弥
次右衛門　常平　清六　作人定助　作人瀬左衛門
中津川治郎千　同町源蔵
是ハ婦人一件ニ預り置
〆三拾壱人

外番非人大蔵
はん　てつ　きの　とよ　志ゆう　てい　さと　志
け　せい　すみ　いし　よし　たん　はつ　まさ
ゆう　ふみ　きゆう　こま　なみ　なつ　治郎平下
女とふ　下女わき　七四郎　庄治郎　杜氏兵衛　庄
治　古治郎　壱作　友次郎　栄吉　大工清治　桶や
利左衛門　乙八　伝二郎父利兵衛
油〆両人

〆拾九人
童子　清吉　紋治　政治　志ん　きやう　とも　十
吉　忠治　済二郎　久吉　りき　角治　常吉　兵治
新四郎　由治郎　亀吉　左之者子供引　善四郎
〆廿五人

下男女五人

祝儀持参もの、小豆飯出し、又者脇平皿に出し、酒出し見斗、根羽馬当日廿九日、吸もの者等見合出し候、

一、番非人大蔵、白米壱升銭百文遣候、廿九日近心もの片附、米昼前仕舞、茶飯、とふう、婦きいも、手塩、残物ニ而酒出し候入用左ニ、

一　六貫八百廿五文　さかな代右共

一　三拾弐文　みそ代

一　四銭四分三厘　大蠟拾九丁

一　廿六銭弐分五厘　八斗八升七合

　白米三斗米五合

　是ハ廿七日より廿九日まで

一　廿銭　糯米弐斗四升

一　六銭壱分四厘　白米九升

　是ハ嘉飯ニ遣

一　百五拾八文　豆腐五丁半

一　四百三拾弐文　玉子五十弐

一　拾弐文　こんにやく

一　百文　酢代

一　百七拾弐文　中廿壱丁

一　一貫五百拾弐文　酒壱斗三升五合

　是貰ひ遣ふ掛内之遣候人分

一　弐百文　鰹そき代

一　六百四拾文　酒三升五合代

一　廿六銭六分七厘　糯米三斗八升

　是ハ誕生餅遣候分

〆金弐両三分弐朱四百弐文

右入用金銭差出もの斗り、手作りもの自分之品ハ除置候、

7　⑪賀乃七夜祝儀覚

明治十二年(一八七九)三月十九日

「　明治十二年

　賀乃七夜祝儀覚

　卯　三月二七夜　十九日　」

一　御酒料　大野瀬　小木曽栄蔵殿

玉子廿
一〇六本　　大工　半三郎
一　アメ吾
一　酒五合　　佐藤鎌吉
一　小紋八尺　代廿四銭
一　酒五合　　松嶋佐平太
一　田作分　　熊谷浅右衛門
一　酒五合
一　酒五合　　安藤小次郎
一　アサリ壱升　村　小木曽栄三郎
一　酒五合
一　綿八嶋壱尺　水野瀬平
一　末広一
一　末広　　小栗大次
一　糸嶋壱尺
代四十五銭
一　浦地
代十五銭

一　唐はつ弐尺　代十三銭二厘
一　唐糸嶋
生着　　小栗関蔵
一　末広
一　玉子　口料五銭　熊谷伝三郎
一　市之嶋壱尺　代廿八銭　間五兵衛
一　するめ十
一　市嶋壱尺　代三十八銭　川村伊八
一　するめ五枚　市川増七
一　手通し　間半兵衛
一　上　産着二枚
但チリメン壱ツ　間杢右衛門
メンブ壱ツ
一　す通し壱
但木綿
一　ジばん壱組
但紅木綿
一　すめ十枚

一麻綿廿五モン目匁
一○末広一　勝野七兵衛
一するめ五
一市之嶋　代廿九銭六厘　勝野吉兵衛
一末広
一酒壱升　小木曽柳吉
玉こ三十
一酒料　柄沢春平
一産着料弐十銭
一田作壱升
一酒五合　古橋信四郎
一産着料壱円
一玉ご七　原田重三郎
一保銭六枚
一拾銭　丸山新蔵
一○アサリ五合　岡田十三郎
一白ツムギ　文四寸　五島信助
代四十八銭

一付馬
一末広
一玉子
一産着料　古橋源六郎
一○酒五合
一市嶋産着　中当古橋清七
一酒五合
一餅米三升　林嘉七
一玉ご五ツ
一拾銭酒料
一○酒五合　熊谷東二郎
一玉ご五　岡田伊三郎
一○五銭
一拾銭　長谷川半七
一○サヨリ割五
一玉ご十五
一赤木綿壱弐尺　小木曽利左衛門
弐十四銭

一　大八□尺
一○十銭　藤綱伊七郎
一　末広
○十銭　原田甚八郎
一　金弐円
一　酒壱升
一　拾銭
一○酒五合　藤綱和平
一　五拾銭
一　酒五合　松浦代次郎
一　餅
一　餅弐十銭
一○酒八合　松浦伝三郎
一　コロック嶋八尺　代四十四銭
一○弐十銭　松井甚造
一　十銭酒料
一○弐十銭　餅料　今泉佐四郎
一　弐円産着料

一○酒五合　若柳太郎
一　玉ご五　松井友吉
一○酒五合
一　拾銭　熊谷恒四郎
一○酒壱升　柄沢伝三郎
一○酒五合　青木東三郎
一○酒五合　柄沢宮吉
一　餅　大野伊藤金右衛門
一○酒　三拾銭
一　さかな
一　三十銭
一　初着　きぬぼろ
代　五十五銭
一　末広
一　末広　中津川　古橋弥助
風呂敷
一　末広　中津川　古橋源蔵
一　風呂敷

一〇初着八尺　代廿五銭　岩村　山村才次郎
　末広
一〇酒壱升　代拾銭　武節　尾形挌三郎
一〇酒壱升　代拾銭　武節　安藤房二郎
一〇酒五合　下中当　伊藤伝蔵
一　うとん　代八銭　茄子川　古橋市三郎
酒五合　熊谷周二郎
一　同　四谷林造
一　同　熊谷只四郎
一　不老処　四谷延一
同
一　同　熊谷為吉
一　壱本　代十銭五厘　野入　小木曽金作
一　同　代同　御処　今泉半七
一　木綿八　七尺　代十五銭四厘　大地治郎平
一　酒料十銭
一　十銭　名古屋　溝口様
一　鶏卵七ツ

一　酒壱升　代六□　片桐吉兵衛
一　紅紋壱反　松本悦三郎
一　イタコノヨドカケ　越後　佐藤啓右衛門
一　赤地ノ綿キンチャク
一　フキヌギ　静岡　奥田英賢
ツキン
但ヒモンケリメン
一　羽織
但キヌチジミ
紅桜色
向チリメンノヒダ
一　十銭　押山　与四郎
一　々　大のせ　佐市
一　々　川手　又吉
一　々　桑原　新三郎
一　々　黒田　藤二郎
一　々　御処貝津　大吉
一　地縞九尺　代四十五銭　津具　寿之助

一　唐木綿　　　　瓦町　山本定義
一　唐木綿一反　代三十銭　中津川　半兵衛
一　壱円　　　　古真立　泉俊一郎
一　弐円　　　　下津具　山崎信一郎
一　廿銭　　　　設楽乗本形　菅沼耕兵衛
一　々　　　　　菅沼正録
一　三十銭　　　田良子　鈴木兼一郎
一　ユウセン頭巾　代八十銭位　名古屋　信秀
一　壱円　　　　上津具　山崎謙吉
一　御烏賊　七　　　　菅井守之助
一　唐縞壱尺　代三十銭

8　⑫貞四郎七夜御祝儀

明治二十三年（一八九〇）八月七日

「明治廿三年八月七日
　古橋貞四郎七夜の祝儀　」

一　金拾銭　　美濃屋
一　ヒラキ五銭

湯初
一　シボリ八尺
湯
一　シボリ八尺　　田中屋
一　串鰻拾串
湯
一　小紋　　　幸平
一　鰻六合
一　真綿少七匁位　　ヤマカ
一　串鰻六合
地
一　縞七反　　新屋
一　鰻三合
一　うわん五反
一　搾り八尺　　玉木屋
一　アジ五本　　義周
一　紫唐綿縮半巾弐尺五寸
一　温飩粉一重　　かじや

一　金拾銭
一　白カスリ半反　　佐藤先生
七夜献立
丼　西瓜　鉢　スし　皿　水鯖　吸物　ノシ玉子　茗荷
皿　西瓜　スルメ　平　茄子　豆腐　大角　鰻　赤飯
見舞覚
一　かすみ　二重　清水　原田
一　玉子　七　きよ
一　菓子　四銭　夏　孫八
一　玉子　五（八）
一　菓子袋　枡吉
一　白粉一重　桶屋　岩吉
一　同　桶屋　初四郎
一　温飩一重　忠二郎
一　山芋　とら
一　山芋　嘉蔵
一　温どん　左平
一　そば切壱重　紋二郎

一　かわ餅　紺屋
一　唐すみ二重　町　つたや
一　あみがさ一重　泉屋
一　あみがさ一重　井棚屋
一　あみがさ一重　田中
一　干菓子一斤
鈴木
一　干菓子一斤　町　半十
一　白粉　夏　和十
一　同　伊七郎
一　煎餅　国木屋
一　干菓子一重　市左衛門
一　白粉一重　角屋
一　白粉一重　新屋
一　白粉一重　藤二郎
一　ぜんまい　佐藤先生
一　温飩粉一重　桑原　周二郎

江戸期のものと明治期のものでは、親類縁者での付き合い方や祝儀の品々も異なっていたことが明らかになる。とくに長男誕生と、二、三男誕生の時とでは贈られる物品もことなるし、送られてくる範囲も村内だけでなく、隣村などからも確認され、当家の始祖の地となる美濃中津川からも送られてくるのを見出すことができる。

さらに、六代・七代の当主となった暉兒と義真の相続をめぐっての宴のもちかた、長子を病気で亡くし二男・三男に家を託した当主の意気込みも読みとることができる。とくに暉兒の跡を受けついだ英四郎（後の七代義真）のお披露目には奉公人をふくめ総勢一〇〇人以上がお七夜に関わっていたことが明らかとなる。

三　疱瘡見舞い

ここでは、子どもの成長期に罹る疱瘡（天然痘）についての史料をみてみよう。

疱瘡見舞いは、「徳四郎・おさじう・只《（唯）》四郎・信四郎疱瘡御見舞」（文政六年）を初見としているが、五代義教の子どもたちが四名連記で記されていることから、疱瘡が流行していたことがわかる。ここに見られる兒（唯）四郎は後の六代輝兒で、次の史料「英四郎疱瘡御見舞」（嘉永五年）の英四郎は後の七代義真であり、この二つの史料が綴りとしてまとめられている。

英四郎は、生まれつき虚弱体質で、幼児期の大病に際し、暉兒の弟の妻が献身的に看護しており、英四郎が生死の境をさまようなかで、暉兒はなんとしても英四郎を救おうと、鳳来寺山と秋葉山に願を掛けていた。当時の疱瘡はまさに子どもたちの生き死に関わる大病であったことがうかがわれる。

当時疱瘡は、乳幼児の四割以上が命を落とす流行り病であった。英四郎の疱瘡より五年早い弘化四年（一八四七）にも疱瘡の流行がみられ、嘉永年間にはオランダ商館医モーニッケが牛痘苗を招来し、各藩で種痘活動が行われるようになる。名古屋の医師伊藤圭介は、嘉永二年（一八四九）に水戸の柴田方庵から分苗を受けて種痘を実施している。この地域では文政元年(一八一八)、菅沼昌平なる人物が実子美津に種痘を施しており、十九世紀の初頭には伝えられていた(『北設楽郡史　近世』北設楽郡史編纂委員会編、一九七〇年。江原絢子稿「古橋家文書目録第三集　解題」参照)。

1　徳四郎・おさじう・只四郎・信四郎　疱瘡御見舞

文政六年六月

「　文政六年
徳四郎
おさじう
只四郎　疱瘡御見舞
信四郎
未　六月　」

一　中菓子　村　助右衛門
一　同　村　藤四郎
一　同　村　藤兵衛
一　同　村　宗兵衛
一　同　村　国右衛門
一　同　村　為蔵
一　同　村　喜三郎
一　同　村　おかよ
一　同　伝三郎
一　上菓子　壱包　嘉助
一　上菓子　壱包　おあさ
一　まんぢう　壱重　源三郎
一　せんべい　壱袋　勝治
一　同　おすぎ
一　同　中当　常吉
一　おぼいまんぢう　壱重　借屋　□□助
一　同　弐重　油屋
一　しん子　弐重　夏焼　伝右衛門
一　同　弐重　町　玄整
一　中くわし　壱包　内　安治
一　同　同　村　喜兵衛
一　同　壱包　村　忠兵衛

一 同　同　村　源兵衛
一 同　同　中当　安松
一 せんべい　壱袋　町　角蔵
一 まんぢう　弐重　村　文治
一 同　壱袋　中当　仙蔵
一 同　弐袋　町　三十
一 白砂糖　又吉
一 せんべい　壱包　村　かとや
一 上菓子小重弐組　夏やけ　治郎兵衛
一 中くわし　壱包　村　半蔵
一 せんべい　壱袋　亀之助
一 焼まんじゅう　壱包　横川　秀蔵
一 上菓子　壱袋　町　酒蔵
一 石飯　弐重　町　つかや
一 赤飯　弐重　村　半七
一 赤飯　弐重　村　おかよ
一 同　弐重　村　新蔵
一 中菓子　壱包　夏焼　おいよ

一 同　壱包　村　権右衛門
一 同　壱包　村　半蔵
一 まんちう　三詰　夏焼　民蔵
一 油店せんべい　弐重　御所貝津　治兵衛
一 中くわし　壱包　夏やけ　おいよ
一 同　壱袋　町　せき蔵
一 同　小重弐重　町　角蔵
一 まんじゅう　壱重　村　□□助
一 しゃうがとう　村　勝治
一 まんぢう　壱袋　村　源兵衛
一 志ん子　壱重　村　伝三郎
一 中くわし　壱包　夏やき　勇助
一 同　村　猛治
一 まんじゅう　拾五　村　吉兵衛
一 同　拾五　中当　常吉
一 中くわし　壱包　村　久三郎
一 まんぢゅう　拾五　夏やけ　保右衛門
一 らんがん　壱包　おすぎ

一　中くわし　壱包　村　平治郎
一　同　同　番人　仙蔵
一　あこや　弐重　村　おあさ
　　嘉助
一　上くわし　壱重　村　御寺様
一　まんぢう　拾五　夏焼　文右衛門
一　志ん子　壱重　村　宗兵衛
一　西瓜　壱ッ　町　酒屋
一　同　壱ツ　町　笹屋
一　上菓子　壱重
　せんべい　壱重　油店
一　まんぢう　十五　村　半七
一　同　三十弐　夏焼　作兵衛
一　同　町　又吉
一　中くわし　壱包　町　松治
一　中くわし　壱袋　町　つたや
一　切をふめん　三把　東の　重八郎

十二日御祝儀

一　赤飯　弐重　笹平　甚吉
一　小豆飯　壱櫃　村　おゆき
一　御酒　壱樽　村　源兵衛
一　同　壱樽　村　文助
一　同　壱樽　村　勝治
一　同　壱樽　村　おすき
　肴　弐尾
一　同　弐樽　村　嘉助
一　同　四尾　おあさ
一　同　壱樽　村　文治
一　同　壱尾
一　同　壱樽　大工　太七
一　同　弐尾
一　同　壱樽　大工　清七
一　同　弐尾
一　御酒　壱樽　村　かじや
一　赤飯　壱櫃　村　油店
　御酒　壱樽

さかな　弐尾
一　御酒　壱樽　忠兵衛
さかな　弐尾
一　同　壱樽　町　角蔵
同　弐尾
一　小豆飯　弐重　村　弥右衛門
御酒　壱樽
一　御酒　壱樽　町　利左衛門
赤飯　弐重
一　御酒　壱樽　町　宗十郎
一　御酒　壱樽　村　源三郎
赤飯　壱櫃
さかな　三尾
一　御酒　壱樽　町　孫市
一　御酒　々　町　又吉
一　御酒　々　町　□□助　隠居
一　同　壱樽　町　伝左衛門
一　同　壱樽　町　三十

一　御酒　壱樽　村　伝三郎
一　小豆飯　壱櫃
一　小豆飯　弐重　村　国右衛門
一　御酒　壱樽　夏焼　染右衛門
小豆飯　壱櫃
一　御酒　壱樽　町　伝吉
一　赤飯　弐重　夏焼　治郎兵衛
御酒　壱樽
一　御酒　壱樽　中島　常吉
赤飯　壱櫃
一　御酒　壱樽　白山　辰蔵
赤飯　壱櫃
一　御酒　壱樽　村　半七
一　同　壱樽　村　藤兵衛
一　小豆飯　弐重　村　喜三郎
一　同　弐重　村　藤四郎
一　小豆飯　弐重　村　為蔵
一　御酒　壱樽　村　勘蔵

一　同　壱樽　村　権右衛門
一　同　壱樽　村　庄助
一　小豆飯　弐重　村　助右衛門
長右衛門
久三郎
一　御酒　宗兵衛
半蔵
一　御酒　尾之助
文右衛門
勇助
一　同　壱樽　村　弥右衛門
一　御酒　壱樽　桑原村　清十郎
一　同断　忠三郎様
民蔵様
一　同断　當村　□□助様
一　小豆飯　横川秀蔵様
一　御酒壱樽　御所　貝津治兵衛
一　同　壱樽　村　幸治

一　赤飯　平壱ッ
弥太夫様江壱人前弐百銅宛
番人　仙蔵江　百銅ニ　白米二升
小井沢より平迄呼び
赤飯　平
文政六年未六月朔日

2　英四郎　疱瘡御見舞

嘉永五年四月十四日

「　嘉永五年
英四郎疱瘡御見舞
子四月十四日　」

一　せんべい　村壱盃　清左衛門殿
一　菓子壱包　村　喜三郎様
一　同　村　又十様
大
一　あなもち壱　町　伝右衛門様
々

々
一 同　町　又口様
一 くわし壱包　々　与口様
一 同　村　金蔵
一 玉子九ッ　笹平　甚吉様
一 白さとう　同人
一 くわし　御寺様
一 くわし　村　作衛門
一 くわし　忠蔵
一 くわし　次良右衛門
一 同　村　藤右衛門
一 くわし　々　久右衛門
一 同　々　藤吉様
大
一 志んこ壱重　々　善三郎様
一 くわし　々　宗七様
中
一 しんこ壱重　々　利助様

一 くわし　々　孫七様
一 なし壱ッ　町　孫六様
一 菓子壱包　々　三五郎様
一 くわし 箱　町　玄俊様
一 同　三十郎様
一 志んこ壱重
一 同　夏ヤケ　伊左衛門様
下
一 菓子壱重　々　源之助様
一 同 壱包　村　兵左衛門様
一 同　村　十左衛門様
一 同　村　乙八様
一 菓子壱重　夏ヤケ　治七様
一 くわし　番人　大蔵様
一 くわし　村　長左衛門様
一 くわし　桑原　寿見様
一 くわし　村　伝三郎様
一 やきふ　町　利左衛門様

一　くわし　壱包　町　米蔵
一　くわし　壱包　中当　清之丞様
一　々　町　清六様
一　くわし　村　藤兵衛様
一　同　々　善治郎様
一　同　々　増蔵様
一　白ざとふ　壱包　かじや　伊兵衛様
一　同　中当　庄太様
一　志んこ壱重　下中当　勝治郎様
一　同　町　新三良様
一　くわし　村　喜代蔵様
一　くわし　村　伝蔵様
一　菓子壱箱　横屋　文蔵様
一　鯛らくがん壱　押山　熊八様
　但箱入
一　くわし　村　源左衛門様
一　けしいた十枚　村　太市様

四　元服祝い

元服にあたっても、祝儀帳が残されている。

「丙　慶応二年
英四郎元服祝儀受納帳
寅　正月十八日　」

小
一　扇子壱　信四郎殿
　塩あじ五本
一　扇子壱　利左衛門殿
　いなだ大壱
一　御酒料　弐拾疋　田□村　五兵衛様
一　せん子　清之丞
　酒料百文
一　せん子　源蔵様
百文

一　同　古橋嘉助様
　手拭壱
　上せん子
一　御酒壱樽
一　扇子壱対　文治殿
一　中状壱帖
一　浅草海苔　中当　弥吉殿
一　さかな
袋
一　扇子壱　大竹啓助様
　酒料弐疋
一　扇子壱　重左衛門様
　御酒料弐疋
　玉子拾弐ケ
一　御酒壱樽　菊四郎様
一　御酒料弐拾疋　伝三郎様
一　御酒料拾疋　栄吉殿
一　扇子壱　伊三郎様

　御酒料拾疋
一　御酒料拾疋　野入村　伊左衛門様
一　御酒料弐拾疋　かわや借屋　与四郎様
一　御酒料拾疋　乙八殿
　扇子壱
一　御酒料弐拾疋　伴吉様
一　扇子壱対　栄左衛門様
一　酒料弐拾疋　重左衛門様
一　御酒料拾疋　豊治郎様
袋
一　扇子壱　喜七様
　御酒料拾疋
一　扇子壱　おとわ屋
　御酒料拾疋
一　御酒料弐拾疋　浅右衛門様
一　半紙弐帖　政吉様
一　紐掛三帖　清吉様
一　箱扇子壱　永勝寺様

御酒壱樽弐百文
一　御酒料　　　　　　　御所　春儀様
　　上せん子
一　御酒料百文　　　　　常平
一　するめ　　　　　　　玄俊
一　扇子
一　紙ニ　　　　　　　　吉蔵
一　同　　　　　　　　　弥八
一　するめ　　　　　　　川村伊八
　　せん子
一　扇子　　　　　　　　同柳七
一　たま子　　　　　　　押山　吉右衛門

五　婚　姻

婚姻の順序

稲橋の婚姻について紹介する。婚姻の嫁方・婿方両方の家庭を知っているタイコタタキ（ハシワタシともいう）が縁談をもってくることからはじまる。縁談がまとまるとサケイレが行われた。これは婿方から嫁方へ男の仲人が酒一升と肴を持っていき、嫁方では、嫁の両親、嫁方の仲人、本人が立ち会った。このとき、式の打ち合わせをした。

打ち合わせの内容は期日が中心になったが、大安などの好日を選んで行った。なお、結納はこの日に行われず、結婚式の当日に行われるのが一般的であった。

嫁婿の交際は、式当日まではほとんどしなかったが、式までの期間があるときは、足入れを行い、相手の家の事情を聞いたり、仕事ぶりをみたりまたは手伝ったりした。足入れは仲人が連れて行くものであったが、酒が振る舞われる程度で、それほど派手ではなかった。とくに稲橋の場合は、区内あげて行われる傾向が強かったといわれている。足入れを契機に実際の夫婦生活がはじまった。

結婚が延びることもままあったが、その理由は本人同士の支度の都合、あるいは季節（とくに農繁期）などであった。一応の目安としては半年から一年であった。

結婚式はゴシュウゲンとよばれ、農閑期の好日を選んで行われたが、旧三月はサラレルといって好まれなかった。そのため、結婚式は一月・二月に集中することになった。

結婚式は、婿方より仲人夫婦・婿、婿の近親の者が嫁を迎えに行くことからはじまった。これをウチアゲとよんでいた。このときは「ハシメで行って、チョウメで帰る」といって、奇数の人数で行って偶数人で帰ってくるのが普通であった。

嫁方では、仲人夫婦・両親、嫁方の親戚代表が嫁と一緒についていった。組の代表は出席する所としない所があった。婿の家に着くと、嫁以外の者は表から、嫁は戸口から家に入った。嫁以外の者は、親子兄弟の盃を交わした。

嫁は嫁入り前に、神社(氏神様)に参ったり、親戚まわりをしたりした。嫁が婚家に近づいてくると、婿方は嫁を迎えに出た。嫁方の行列は簞笥・長持などを若者たちに担がせて景気よく出立した。嫁の荷物は一緒に着くようにしておいた。

嫁が家に入るとき、婿方の仲人の妻などが嫁を相手方の仲介から受け取り、テヒキオンナとして、嫁の手をひいて連れて家に上がった(入家儀礼)。

結婚式では、嫁が正面に座り、婿を正面にすえるのは控えた。最初に昆布茶を出して餅を小さく切って入れたオチツキの吸物を出した。このとき、嫁方から婿方へ結納のお返しとして、シキデユイノウを出し、婿嫁を向かい合わせにして夫婦・親子の盃を酌み交わした。

このときは嫁方の仲人が嫁の盃を婿方へ渡し、「嫁を渡しますぞ」といった。この酒をつぐのは男女の幼児で、一人ずつ婿方より選択して、片親の子どもは避けることにしていた。親戚にいないときは、近所の子どもに依頼することもあった。

披露宴が終わりになると、嫁が客に茶を出し、嫁の名前が書かれたもの、その他持参してきた物の一部を盆台にのせて、ナビロウ、コジサンビロウが行われた。このとき、二合ほども入る大きな盃をまわし飲みし、飲み干すために酒の強い人が末席にすわることになっていた。その後、御飯を振る舞っておひらきとなった。

客が家に帰るとき、ワラジザケを出した。式は十二時ごろからはじまり、終わるのは明け方になることが多かった。

式の翌日、親戚などへ挨拶にいくゴヒロウがあった。このとき、風呂敷を土産に持っていった。婿方の仲人の妻、近所の人などが嫁を案内していった。

式が終わって三日から五日すると嫁の里帰りがあった。これには婿方の親がついていって、嫁は三日間実家に泊るものとされていた。嫁方では、これをシンキャクを迎えるといって餅を搗いて待つことなっていた。その後、嫁が実家の親を連れて婚家に来る「ヨメガエシ」があった。

仲人

仲人はチュウニンとよばれ、仲人をすることをキモイリするといった。仲人はオキモリオヤとなり、世話した夫婦とは生涯の付き合いとなった。結婚が破談となると、カタビンソルといわれ、嫌われたものである。仲人の選択についてはこれといった決まりごとはない。肩書のある人がなることはなく、面倒見のよい人に依頼することが多かった。

年回り

ヨメトウメといって四つ違いと十歳違いを避けた。また男の厄年二十五と女の十九の祝言はさけた。年上の嫁はアネヨメとよばれた。

通婚圏

北設楽郡設楽町納庫・同郡津具村方面から来る者は多かったが、行く者は少なかった。行く者が少なかったのは、そこが米所で労働が激しく、よく働かされると思われていたためだという。

嫁と姑　婚家と里(在所)

嫁・姑の仲は比較的よかったという。嫁の実権はその家によっても異なるが、一〇年もすると自ずと実権を握るようになったものである。

嫁に来て、数年の間は田植え・養蚕などの仕事の手伝いに、また、盆・正月のときなどに里帰りをしたが、一〇年もするとしだいに行かなくなった。

近親婚　離婚　独身男女　私生児

従兄弟同士の結婚は避けるようにいわれた。

離婚になると、仲人が中に入って事をすすめた。このとき嫁の持ってきた物は、全部持っていった。婿方の理由が悪いとき、嫁が長くいて、嫁の実家が絶えるというようなときは、嫁方にテマキン（手間金）を出した。子どもができなくて離縁になることはほとんどなかった。

婚期の遅れた者は一般にウレノコリとよばれ、陰ではそのような男性のことをオジサマ・オジボウズ、女性をオバサとよんでいた。

私生児のことはテテナシゴ・ホッタゴとよばれ、産んだ母が世話をするか、里子に出した。産んだ娘は別にのけ者にされることはなかった。かつてはヨバイもあった。

六　婚礼献立帳

古橋家の婚礼に関連した献立は文化四年（一八〇七）から大正五年（一九一六）まで確認される。献立は当主（前述は六代暉兒）の婚礼だけでなく、娘・息子などの婚礼の献立も存在する。

以下に稲橋の婚姻のうち、近世期の「婚礼料理献立帳」と、明治になってからの「佐加奈《（魚）》代」「門出」に関連した資料を五点ほど紹介する。

1　婚礼料理献立帳

天保六年二月十一日~十三日

「　婚礼　　料理方
料利《（理）》献立帳
天保六年未二月十一より
同月十三日迄　」

二月十一日　壱番　ほ印　弐拾六人

せり
大根　豆腐
人参　ゐちよふ
生盛　みしま　汁　大根
名よし　とり貝
岩茸
をご
きくらげ
里芋
坪　竹輪
こんにやく
人参
こもとうふ
千代久　白みそあへ合
うと
わらひ

平　牛蒡　飯
ふり
焼きもの　靏(修正・下散)
吸もの　いか　もつく
吸もの　うしお　小貝
硯蓋
千代久　右同断
嶋いも
平　牛蒡　飯
ふり
焼もの
同日　弐番　に印　弐拾人
右同断
鉢
同日　三番　ほ印　拾壱人
右同断

右同断
同日　四番　ほ印　下男女六人
右同断
右同断
同日　五番　は印　七人
右同断
右同断
同日　六番　い印
本客
里いも
焼とうふ
花かつを
雑煮　青菜　小皿　白和へ
牛蒡　子附豆
餅
こんふ
吸もの　小貝
冷酒

本膳
田作
大根　青菜
かぶらほね　雁
すすき　細根
生盛
岩茸　汁　大根
海そうめん　焼とうふ
おこ　小しいたけ
角にんじん
牡丹海老
坪
はんへい
すいせんし苔
香のもの　かいしき付　飯
森口漬
中酒
亀くわい
でんふ

硯蓋　こふ茸

大板

九重とうふ

わさび

丼　かき

あんかけ

平　さわら

こし芋

千代久　わさび

きんこ

名よし

組もの　大板

角鶏卵

吸もの　鯛　霜わらひ　人参

鉢　ちしや　うと　みしま　名

よし

吸もの　あめの魚　陣馬草

丼　このわた　浅草のり

吸もの　玉子　わさび

鉢　川うを　すし

吸もの　かわ茸　小倉わさひ

吸物　海老　せり

鉢　たい

大硯蓋

吸もの　さんひゆ《（ママ）》ふ　みそ　鯉

よめな

水のもの

後段

吸もの　ままいも

そば切

くるみ

ちんひ

盛かた　みそ　ねぎ　のり

吸もの　みそ　巻こふ

吸もの　ひれ

丼　もつく
大平
鉢　大貝
鉢　こふまき
ふな
硯蓋

十二日　壱番　ろ印　廿三人
海そうめん
大根
人参　青菜
生盛　みしま　汁　雁
名よし　細根
おこ　大根
岩茸
菓子こんぶ
坪　牛蒡
はんへい

香のもの
中酒
吸もの　いな　霜わらび
丼　もつく　はんへい　牛蒡
平　こふ茸　角麩　さわら
千代久　きんこ　梅肉和合　うと
組もの　いな　焼鳥　大板
吸もの　う塩　大貝　ねき
鉢　みしま　名吉　ちしや　お
こ　人参　大根
吸もの　まし　陣場場（ママ）　鮒
吸もの　霜うと
鉢　たい
硯蓋
丼　白味噌あへ　いか
硯蓋
吸もの　玉子
丼　むきみ

水のもの
同日　二番　ろ印　拾六人
右同断
十三日　壱番　に印　三拾人
大根
人参
生盛　みしま　豆腐
名よし　汁　大根
おこ　とり貝
岩茸
坪　十一日ほ印　通し
千代久　十一日ほ印　通し
しまいも
平　ふり

牛蒡
焼もの
吸もの　小貝
下吸もの　みそ　かき
上吸もの　いか　もつく
鉢　たい　生姜　酢
鉢　名よし
硯蓋
丼　むき身
鉢　大貝
十三日　二番　に印　若者
生盛　通し　汁　通し
坪　通し
平
千代久　通し
焼もの

同日　三番　　　木挽
　生盛　通し　　ほ印　六人
　坪　通し　　汁　通し
平　わらひ　牛蒡　ふり
千代久　通し
　焼もの
同日　四番　　　ほ印　人足
　右同断
　　御取持振舞

翻刻にあたっては、増田真祐美「翻刻と解説　古橋家の婚礼献立―天保六年未二月十一日～同月十三日―」（『会誌　食文化研究』№4、二〇〇八年十一月十日、日本家政学会　食文化研究部会）を参考とさせていただいた。

なお、増田真祐美さんは古橋家古文書研究会の会員であり、種々の指導を得ている。ここに記して感謝いたします。このほかにも献立帳の分析したものに増田真祐美・江原絢子「婚礼献立にみる山間地域の食事形態の変遷―江戸期から大正期の家文書の分析を通して―」（『日本調理科学誌』二〇〇五年）があり、これらも参考とさせていただいた。

この婚礼献立は六代暉皃と九迩（美濃大井勝野長右衛門二女。天保十一年六月二十一日没）の婚礼の時のもので、天保六年（一八三五）二月十一日より十三日までの三日間が記録されている。一日目は一番から六番までの献立が見られ、ほ印・に印・は印・い印に区別して記載されており、わけても六番が、い印を本客として一番豪華な献立が供されていたことがわかる。

また、婚礼のときの定番である「酒の儀礼」は、雑煮からはじめ、二つの酒肴が出されたのち、本膳が出された後に中酒と酒肴が出されている。酒肴は一七種も出され、最後に蕎麦が供され、薬味としてくるみ・ちんぴ（陳皮）・みそ・ねぎ・海苔が出されている。婚礼は「三日三晩にわたる」とよくいわれるが、最終日には奉公人から村の若者衆あるいは嫁入り道具を運んだ人たちにいたるまで大盤振舞いをしていたことが明らかとなる。

当家の江戸時代の婚礼献立は、式三献と称される酒の儀礼にはじまり、食事である本膳料理・酒肴と供される。

ここで、昭和二十五年以降、稲武の人たちと「家政塾」を開き、かつ田口高校の稲武分校では、家政調理学を指導していた前館長古橋千嘉子氏による本膳料理をみてみよう。

日本料理のもっとも本格的な供応形式は室町時代につくり上げられた。上流階級の正式の供応料理として発展する一方、庶民の冠婚葬祭などにも普及した。時代とともに形式化し簡略化された。客から見て、右側に二の膳、左側に三の膳、本膳の右向こうに四(与)の膳、その左手に五の膳を置くのは丁寧な膳組みである。本膳には高足膳が用いられたが、江戸中期以降はやや低い宗和膳が庶民の間で用いられるようになった。献立は一汁三菜、二汁五菜、二汁七菜、三汁一一菜など種々あるが、一般的なのは、二汁五菜である。

食べ方は箸をとり、汁からはじめ、飯一口なます一口飯、料理と料理の間に飯をはさむ、終わって湯をすすめ、膳をさげてから菓子茶をすすめ、席をあらためて銚子・杯・肴の膳とすすめたが、現在は酒肴に移り、最後に湯をすすめて、食事の終了になるのである。

これに対して、会席料理は、和食の料理形式の一つである。本膳料理が今日衰退するなかで、日本料理においては、儀式などで出されるもっとも正当な料理と目される料理形式である。「会席」とは元来、連歌や俳諧の席のことであり、呼称の類似した「懐石料理」と混同されがちだが、ルーツそのものは同じものであるものの、江戸時代以降は明確に区別されている。懐石料理は茶を楽しむものだが、会席料理は酒を楽しむためのものである。江戸時代の後期ともなると会席が料理茶屋で行われるようになり、酒を楽しむのに向いた料理が工夫され今日に至っている(以上、古橋千嘉子氏稿による)。

前館長の嫁入時（1950年）に使用していた西洋ヘッツイ

この史料の作られた天保六年（一八三五）という飢饉の最中、奥三河の山間部でありながらも、多種の魚介類を婚礼料理の材料として、大量に使用していることは驚きである。

その後の婚礼においても、鯛・すずき・名吉（なよし）・海老・あめの魚・田作りなどや、烏賊・小貝・巻するめなど、多種多様な素材が見られる。また、他の史料によれば、古橋家は婚礼にあたって岡崎に料理人を依頼していた。当家の酒造をはじめとする商圏の拡大が婚礼の献立料理にも影響を与えていたことが見出せる。

なお、婚礼献立関係文書の表題はほとんどが「祝儀受納帳」で、これによって交際圏や婚礼の規模、各時代の祝儀内容を知ることができる。また献立内容も多く残されており、献立形式や食材（素材）の変遷を知る史料としても貴重である。

例えば文化四年（一八〇七）、五代義教と加乃（美濃国恵那郡大野村伊藤常吉三女。天明五年生・弘化二年五月十四日没。行年六十一歳）の婚礼献立を記した「婚礼料理献立帳」では、二月二十八日から三月三日まで、本膳料理形式の献立が記されており、「〆百五十人前」とあり、その規模の大きさが窺える。二の膳つきの本膳料理に続く酒宴には、硯蓋・鉢・組もの・吸物など数々の酒肴が出されている。後段まで供される本客の料理から、座敷衆・若衆・女中・下人などに供する料理に至るまで、対象により規模や内容が変わるのは、他の地域と同様である。

これに比べると、前掲の天保六年（一八三五）二月の暉兒と久迩の婚礼は、再婚ということもあり、本膳のみの一汁五菜の献立となっている。これは全国的な天保の飢饉の発生により暉兒がこの時期に家政改革を推進した影響かと思われる。

妻久迩は、結婚四年後、産後の肥立ちが悪く天保十一年六月二十一日に亡くなり、暉兒は、天保十五年（一八四四）、後妻奈加（美濃中津川市川益吉五女、安政二年四月二十七日没）を迎えている。その時の婚礼も本膳のみで献立が用意されている。いずれも酒宴には、吸物・硯蓋・組ものなどの酒肴が供されている。前回まで見られなかった蛤形の漆器（巻末「民具図録」2-17参照）が使われていることが特徴といえる。

奈加は、安政二年（一八五五）に没し、暉兒は、三度目の妻伊知（美濃国土岐郡神尾村小栗代治郎長女。文政十一年八月六日生。明治二十八年八月十一日没）と万延二年二月十六日に結婚している。この婚礼も料理は、本膳のみの一汁五菜である。

時代は明治に入る。以下に明治六年の「婚礼佐加奈代価簿」と、この時の「さかな取調受取帳」を紹介する。これも江原絢子前掲論文および、同「益田郡中呂の大前家の儀礼食」（芳賀登編『山の民の民俗文化』雄山閣、一九九一年）を参照した。

2　婚礼佐加奈代価簿

明治六年十一月十四日〜二十日

「　明治六歳十一月　従十四日
　　　　　　　　　　至二十日
御婚礼佐加奈（魚）代価簿　」

十一月十四日

一　弐拾八銭五厘　　こち拾本

一　六拾弐銭五厘　又加五本
一　三拾銭　いか弐十
一　金壱円八拾七銭五厘　大タコ五はい
一　金四円三拾七銭五厘　名よし四拾本
一　四拾五銭七厘五毛　鴨壱番

十五日

一　四拾五銭　おこぜ拾八
一　弐拾八銭　大きす八ツ
一　六拾弐銭五厘　大すずき壱本
一　五拾銭　同弐本
一　四拾三銭七厘五毛　いな弐拾五
一　六拾弐銭　又加六本
一　金四拾弐銭　なよし四拾四本
一　弐拾五銭　黒たい弐つ
一　八拾七銭五厘　おおひらめ壱杯
一　三拾七銭五厘　すすき弐本
一　金弐円五拾銭　車ゑび壱束七十
一　三拾銭　いか弐拾
一　三拾七銭五厘　たこ壱はい
一　八拾七銭五厘　大たい壱杯
一　金壱円ト八拾壱銭弐厘五毛　大さわら壱本

十六日

一　拾銭　あいなめ拾本
一　八拾七銭五厘　大すすき壱本
一　金壱円ト八拾七銭五厘　大さわら壱本
一　金四円六拾弐銭五厘　なよし四拾四本
一　弐拾五銭　黒たい弐つ
一　八拾七銭五厘　大ひらめ壱杯
一　三拾七銭五厘　すすき弐本
一　金弐円五拾銭　車ゑび壱束七十
一　三拾銭　いか弐十
一　三拾七銭五厘　たこ壱杯
一　八拾七銭五厘　大たい壱杯
一　金壱円ト八拾壱銭弐厘五毛　大さわら壱本

十六日

一　拾銭　あいなめ拾本

一　八拾七銭五厘　大すすき壱本
一　金壱円ト八拾七銭五厘　大さわら壱本
一　拾五銭　いか拾五はい
一　七銭五厘　大ほつぼ壱本
一　拾銭　小同四本
一　二拾銭七厘五毛　大黒たい壱杯
一　拾弐銭五厘　きす弐拾五本
一　三拾銭　又加拾本
一　金壱円　二才四十本
一　金壱円四拾九銭五厘　いなだ三本

十七日

一　五拾五銭　二才弐拾弐本
一　四拾三銭七厘五毛　すずき壱本
一　拾八銭七厘五毛　黒たい壱杯
一　三拾三銭　おこぜ拾弐
一　八拾七銭五厘　すずき五本
一　弐拾五銭　白たい弐挺
一　弐拾壱銭　車ゑび弐拾壱

一　六拾弐銭五厘　名よし七本
一　金壱円　大すずき壱本
一　八拾七　上竹輪五拾本
一　金壱円五拾銭　羽子板蒲鉾四拾枚
一　九拾三　大名よし五本

廿日

一　金弐円五拾銭　中名よし弐拾五本
一　壱円　大ひらめ壱枚
一　弐拾銭　大二才拾四本
一　金壱円拾弐銭五厘　ゑそ弐拾五本
一　八拾銭　いな三拾弐本
一　弐銭五厘　車ゑび　弐つ
一　三拾五銭　キス　壱包

〆　金五拾五円四拾六銭壱厘五毛

十四日分

一　弐拾五銭　八丁　味噌
一　拾銭　橘まんぢゆう二拾
一　弐拾五銭八厘弐毛　金ばん枡

十四日分
一　拾八銭三厘五毛　　上たばこ弐丸
一　弐拾弐銭弐厘　　中たばこ三丸
〆　金壱円壱銭三厘七毛
十一月十四日
一　金壱円弐拾五銭　　駄賃弐荷
十五日
一　壱円弐拾五銭　　同　同
十六日
一　六拾弐銭五厘　　壱荷
十七日
一　六拾弐銭五厘　　同　壱荷
十九日
一　六拾弐銭五厘　　同　壱荷
廿日
一　六拾弐銭五厘　　同　同
同
一　六拾弐銭五厘　　同　同

〆　金五円六拾弐銭五厘
内三円八拾七銭五厘　御拝借
内訳
弐拾四銭　駄賃銭
一　金壱円ト三拾七銭五厘　駄賃分
六拾弐銭五厘
金　壱円ト六拾弐銭五厘
差引　〆金壱円七十五銭
総合　〆　金五拾八円弐拾三銭壱厘三毛
右之通り慥ニ受取申候
十二月二日
角屋留八（印）

3　さかな取調受取帳

十一月十四日
「古橋源六郎様
さかな取調受取帳」

十一月十四日宮松

一　小塩たい　三十七
一　小ち　三ツ
一　イナタ　四本
一　多こ　三ツ
一　大なよし　五本
一　すすき　五本
一　またか　弐本
一　ちくハ　七十
一　い　八十
一　なみいた　拾枚
一　大たい　一五
一　大たい　三枚
一　次たい　弐十一
　　大ひらめ　弐枚
一　かき　三本
一　かも
一　むきミ　四本

一　多こ　弐つ
一　は多だ　弐本
一　ます　四本
一　はた板　四十五
一　大板　十三
一　多こ　三ツ
一　ひらめ　三ツ
一　白たい　弐十ウ
一　はぜ　百本
一　はこ板　三十五
一　大ゑい　壱
一　白たい　三十六
一　はこ板　三十五
一　大婦り　十本
一　ぶり　四本
一　いか　十四
一　たこ
一　むきミ　壱

一　さわら　壱本
一　はぜ　四十六本
一　いか　十八
一　なよし　十五
一　なよし　十弐
一　なよし　八
一　小かも　廿
一　なよし　十五
角留
一　ひらめ　壱
一　多たか　六
一　海老　百七十
一　たい　壱
一　大すすき　弐本
一　中すすき　三本
一　大きす　八
一　いなだ
一　さわら　壱

一　なよし　三十四
一　こち　十八
一　たこ　壱
一　大なよし　十
一　黒たい　弐
一　いか　廿
十六日夜
一　名よし　改十弐
一　同　十四
一　同　七本
一　く(欠)め　四十六
おこぜ四十
右宮より壱人
足助より壱人
十六日着
岡サキ
一　かも　二羽
一　いか　廿

一　こち　十
一　またか　五
一　名よし　四十
一　たこ　五
〆
外
まんちう
たはこ
みそ

これは七代義真と都留の婚姻の時のものだが、これらの記述によって近世後期から明治初年の奥三河における婚姻料理に使用される魚の調達を知ることが可能であるが、これは古橋家による特別のものであり、このまま一般化することはできない。しかも魚の種類を見れば三河独特の名称のものもあり、とくに出世魚とよばれる魚が多い。奥三河のこの地に、これだけ多くの祝い事に使用される魚が、岡崎から足助経由で入ってきていたのは驚くべきことである。婚礼の膳にのせるものであれば形を崩さず、新鮮なまま迅速に運びこまれることが求められ、高値になるのも致し方のないことであった。

それにしても現今の交通網をもってしても、これだけの種類の魚を容易に調達することは大変なことであろう。この記録には見出せないが、新鮮な魚をどのようにして運搬するのか、一五〇年以上の前の冷蔵庫・氷もままならぬ時代に人々が考えた方法とは、いかなるものであったのだろうか。

次に明治三十六年（一九〇三）の古橋重（七代義真二女。明治十九年八月九日生。昭和三十五年三月三十一日没）の婚礼諸入用の献立記録を見てみよう。なお、この時の親類からの贈答品目録も併せて紹介しておく。

4　古橋志う《（重）》門出諸入用費控帳

明治三十六年十一月三十日

「　明治三十六年十一月三十日

「二女　古橋志う門出諸入費控帳」

記

一　弐円三十七銭　（い）

一　三拾六銭　永太郎

一　弐拾五銭　大国屋

「明治三十六年十一月三十日

二女　古橋志う門出献立　役割　控帳」

婿打上揚献立

一　挨拶　両親

兄弟

親類

一　祝盃　可はらけ

一　八寸　巻するめ

一　引出

一　具吸物

本膳

一　皿　つき生酎

一　平　牛蒡　わらび　長芋　椎茸　地紙いた

一　汁　あられ　豆腐　春菜　銀杏　大根

一　坪　のつぺい　とうふ　こんにやく

いも　牛蒡　竹

一　猪口　ゑいすのた

一　飯

一　引物　いな

中酒

一　吸物　さかな

一　三ッ井

一　硯蓋　串海老　みかん　鴨　かまぼこ

但　銘々皿　長いも　椎茸　金とん　かぶ

一　吸物　しめじ　いた

一　煮魚　ひらめ

一　大平　蛤

一　指身

一　吸物　さかなみそ

一　水物

子供

一　飯
一　汁
一　皿
一　引物　　いな

5　古橋志う門出親類目録控帳

明治三十六年十一月三十日

「　明治三十六年十一月三十日
　　古橋志う門出
　　　親類目録
　　　目録
　　　覚書　控帳
　　　諸覚　」

目録
一　寿留女　一折
一　愨婦　一折
一　白髪芋　一折
一　塩多井　一折
一　羽織　一折

一　家内喜多留
以上
覚書
一　麻芋　御父上様
一　真綿　御母上様
一　同　御祖母上様
一　下駄　おゆう様
一　襟　たまえ様
一　襟　ふみよ様
一　筆手帳　雅次様
一　手帳　礼三様
一　足袋　一足ツツ　弁九郎殿
庫三郎殿
福重殿
一　手拭　御召使中へ
一　不老布　御親類中へ
目録覚書
一　単衣

一　紋縮緬　二枚
一　絹縞　三枚
一　帷子　二枚
一　絹縞　二枚
羽織
一　紋御召　一枚
一　黒紋綾　一枚
一　更紗縮緬　一枚
一　絹縞　一枚
一　紋御召　一枚
綿入
一　更紗縮緬　一枚
一　地織絹地　二枚
一　紋御召　一枚
一　平御召　一枚
一　大島絣　一枚
一　羽二重絹縞　二枚
一　地織絹縞　一枚

一　径縞　四枚
一　襦袢
一　長有仙　二枚
一　長緋　一枚
一　長唐縮緬　三枚
一　袖半襦袢　三枚
一　夏襦袢　白紹　二枚
一　絹志じう袖　一枚
一　有仙下着　一枚
一　径縞袢纏　一枚
一　更紗袢纏　一枚
一　白紹除　一筋
一　模様付裾除　一筋
帯
一　白襦珍　一筋
一　黒襦珍　一筋
一　襦珍紋織　二筋
一　博多丸帯　一筋

一　紋博多　一筋
一　繻珍博多　二筋
一　縮緬　二筋
一　博多ニ繻子　一筋
一　琥珀ニ繻子　一筋
一　紫繻子ニ黒繻子　一筋
一　博多ニ繻子　一筋
一　縮緬ニ繻子　一筋

振袖

一　更紗縮緬下衣　二枚
一　縮み緬模様附　一枚
一　堅羽二重模様附　一枚
一　黒模様附　一枚
一　縮緬有仙　一枚

詰

一　星織裏模様　一枚
一　黒亀綾縮緬裏模様　二枚
一　縮緬裏模様　三枚

一　紋縮緬　二枚
一　紋織　二枚
一　羽二重裏縮緬　一枚

掛

一　紋羽二重裏紋綾　一枚
一　掛詰
一　表黒紋綾　一枚
一　裏塩瀬
一　被衣　一ツ
一　帯締　白色　一筋
一　羽織紐　白紋織色　三筋
一　下締　白　一筋
一　紋織色　一筋
一　帯揚げ　白　一筋
一　緋　一筋
一　足袋　キャラコ　十足
内出来　十四足
一　唐縮緬帯　三筋

一　袖頭巾　一ツ
一　下襦袢晒　二枚
一　吾妻コート　一枚
一　径縞羽織　一枚
一　木綿羽織　二枚

着衣

一　袷木綿縞　四枚
一　綿入木綿縞　八枚
一　木綿半天　九枚

単衣

一　浴衣　三枚
一　絣　三枚
一　木綿縞　十一枚
一　紺上衣　一枚
一　襦袢　九枚

夜具

一　更紗　二人前
一　木綿縞　二人前
一　木綿更紗座布団　五ツ
一　紋綾小袖不老敷　一枚
一　唐縮緬不老敷

古橋家

この記録も明治六年(一八七三)のものと同様に、古橋家独自のものである。明治三十年代の婚礼に見る献立をはじめとして、挨拶の次第や、家族から嫁入りに対しての贈答品、さらに婚礼衣装をはじめとして、下着や夜具をはじめとする生活用品などの記録が詳細にわたっている。今日聞き取り調査によってさかのぼれる年代の限界が、この明治三十年代から大正初年のことと考え合わせれば、貴重なものであろう。

七　葬制

1　稲橋の葬制

稲橋の葬制は、明治初年から神道が中心となったため神道方式である。村の中には臨済宗の瑞龍寺があるが、檀家は他村の家が多い。ただし、稲橋は寺との関わりも密であるという特徴がある。

不幸があると、そのことを組長に知らせ、また組内に知らせた。組内の者は組長の家に集まった。また、近隣の親戚の者も集まった。ここで葬儀の日取りを決定し、あちこちに連絡をした。日取りは死後一日目から三日目にするのが一般的であったが、暦の関係などで無理に延ばすこともみられた。遠方への連絡はヒキャクとよばれる人が組の内から一方面につき、二人ずつ選ばれた。不幸のあった家では神棚に白い紙を貼り、家の前には「忌中」と書いた紙を貼った。

亡くなった人のことを亡者とよんだが、遺体は北枕にして、枕元には刃物を魔よけとしておいた。またオセンマイ（洗った米）・塩・水をそなえ、蠟燭を一本立てた。

葬儀を取り仕切る人をモシとよび、物事がよくわかっていて、家の一番近くに住んでいる親戚の者が務めることが多かったが、組長が務めることもあった。

通夜

通夜は「オトギ」とよばれた。このときは神主は祝詞をあげず、お清めに酒を出した。

現在の湯灌は親戚の者が集まるときや、葬式の前日などまちまちに行われているが、本来は葬式の前日の晩に行った。近親者のみが立ち会い、着物の上に穢れてもよい着物を着て、藁の帯をしめた。本人を清め、手甲・脚絆・白足袋をつけさせ、晒で縫った白衣をきせた。湯灌の湯は水に湯をさしてこしらえた。

遺体の髪を剃る真似をした。湯灌がすんでから良い方角へ行き、そこの川の水で手を洗った。棺は座棺であぐらをかかせて座らせた。棺の釘ははじめ石でたたいて打った。棺の中には竹製のものを入れ、金属製のものは入れなかった。

葬式の前夜には、ミタマウツシが行われた。これは死者の霊を、仏式でいう位牌に相当するミタマシに移すことだが、本当にミタマシに移すのは後日のことである。このときは、死者の霊のみが入るカリノミタヤに移す。

葬列（武節町）平成初年

葬儀では棺を正面に置き、その両側に生花を置いた。棺の前には献饌物を供えた。これはともに死者への供物である。祭主は祝詞を奏上した。

出棺のときは、玉串奉典を行った。これは榊の枝に白い紙をつけたものを参列者一人一人が供えるものである。このとき拝礼をして献饌物を下げた。棺は表から出る。竹の鳥居をつくり、出るとき棺を潜らせることになっていた。

この鳥居はモン・カドデとよばれた。出棺後、一握りの藁で棺の置いてあった畳を掃き、その藁を家の角で焼き、棺を見送った。棺を敷いた筵は道に置いたりして、人に踏ませてくしゃくしゃにしてしまうものであった。

葬列は夜に行った。先導する者はセンドウとよばれる組長がそれに当たった。組内の者二人が白い杖を持つハクジョウとなり、その後に松明を持つ者が二人、道を清めるために、竹の小枝を集めてつくった箒を持つ「ホウキ」が二人いた。さらに参列者が持つ旗は黄白であるが、白のみ、黄のみの旗もあった。黄二本・白二本が普通であった。

棺はレイキュウとよばれ、その横や後に杖・傘・草履・墓誌（レンガに死者の名を彫ったもの）を持つ人がついた。その後に喪主が位牌を持ち、親族がこれに続いた。

傘に檜の葉を重ねた、キヌカサ（衣笠）・ウイ（雨衣）を女婿が持った。葬列としては一般には組の者は前の方に、親族は棺に近い所にいた。このとき、女性は頭に白い布を被り（かつぎとよぶ。巻末「民具図録」No.2-0-25）、こもを担ぐ人や喪主は、白い紙でまいた藁の草履をはいた。この草履は墓地ではき捨て、裸足で帰ってきた。これを「ノゾウリ」という。これを拾ってはくと、足にあかぎれにならないという。

妻の死には、夫はその葬列を送らずに、子どもが中心となり孫も一緒になって送った。

墓地では神主が祝詞をあげ、マイソウサイ（埋葬祭）を行った。遺体は墓地に到着するとすぐに埋めてしまった。杖・傘などをそばに埋め、親族が先に土をかけ、組の人がその後高く盛れるだけ土を盛り、その上にイキフキダケ（息吹き竹）を立てることもあった。盛り上げた土の上には木の墓標を立てた。

死後、十日祭から五十日祭までは一〇日おきに祀ったが、とくに十日祭・五十日祭は重要とされていて、この日には餅を搗いた。

盆行事は神道のため基本的に行わないが、五十日祭の最初の春秋の彼岸の中日に、ハツミタママツリを行った。五十日祭が重要なのは、これが済まないとミタマサマとしてホンミタマヤに移れなかったためで、この彼岸のときホンミタマヤに移った。なお、仏教の位牌に相当するものには霊璽（レイジ）があり、これは故人一人ずつに対してつくられた。カリノミタマヤや床の間などに置いてあり、祀るときにはオセンマイ（洗った米）・塩・オミキを供えた。神棚とミタマヤとは別にあり、正月などには神を祀るのと同じように祀った。年に二回同じ家で死者をだすと、二度目の葬式のときにはワラッツナをひきずってゆき、切れるとよいとされていた。

子どもの葬儀は、名前がついていれば行ったが、簡単なものであった。また、事故死の場合は、事故のあった場所を清めた。

死後、一・三・五・十・十五年祭を行ったが、一応は五十年祭を最後に行うとされていた。葬儀をめぐって、喪に服することを、「ブクがかかる」といって、死者との関係によって期間の長さが決まったが、親の場合は一年が普通であった。

古橋家の葬儀・仏事・年忌祭についての文書は婚礼に比較して多いとはいえないが、五代義教の葬儀である「祐岩院葬式日記」（嘉永元年）および「祐岩院火葬・本葬諸費用」、また六代暉皃の後妻奈加の葬儀を記した文書「浄光院の葬式日記」（安政二年）をはじめ、「本葬人割控」「浄光院仮想・本葬諸費用」などは、葬制の全体像を知ることのできる史料である。義教の葬儀の準備にたくさんの人々が関わり、天蓋・灯籠・火屋などの用意から、豆腐・こんにゃく作り、逮夜には、住職に五目飯、観世麩の吸物、しいたけの煮物、香の物などが供されている。

野辺送り後は、精進の本膳料理が出されている。

また、年回入費帳は、嘉永六年（一八五三）から明治二十二年（一八八九）までの回忌についての簡単な文書を一綴りにまとめたもので、諸費用のほか、約半数に献立もみられる。

江戸時代では仏式、明治以降は神式の葬儀・年回忌が行われており、両者を比較する史料としても興味深い。元治元年（一八六四）の義教の十七回忌の本膳は、焼き豆腐の汁に、揚げ・ごぼう・雪輪麩などの煮物、茄子・角揚げなどの精進料理が用意されている。明治二十年（一八八七）の義次百五十回忌には、ボラ・年魚・アジ・海老・かつお節など魚介類が用いられている。

また、旅の人が亡くなると、無縁仏として共同墓地へ埋めた。ここまでは明治以降の神道によるところの葬送儀礼であるが、それ以前の仏教による葬送儀礼については、義教が嘉永元年（一八四八）七月二十二日に七十歳をもって亡くなった時の記録に、初盆までの一年間にわたる一連の葬送儀礼が記されている。当時を知る上できわめて重要なものであるので、以下に全文を翻刻する。

2 祐岩院（古橋義教）葬式日記

嘉永元年七月二十二日

「　　　嘉永元年
　　　戊

祐岩院葬式日記

申　　七月廿二日

暉兒　扣」

七月廿三日

一　暁方親類隣家打寄他村親族江沙汰、武節利左衛門、清六、円蔵、角蔵、夏焼源之助、治七、伊左衛門、中当清之丞、ささ平善兵衛、ささ平より横道迄　惣太郎飛脚、右一同名前、川手庄六、上村半右衛門、島村伝次郎、定治郎、武節与吉飛脚、左ニ

但手紙遣し　杉原壱枚

大野豊吉、広岡惣連名書状中津川嘉兵衛、六左衛門、吉助、吉兵衛、伊八其外親族中迄認書状、大井善右衛門、東野村辰三郎、高浪文左衛門、右利十殿認、

文治郎

御寺之内届方方丈様御留主追て組内より表立届遣し慎う処、其儀失念以来届可申候内届は親類飛脚可遣候も本葬日限取極無之ては差支故右談し一七本葬之いたし度処ちう日故、其頃続悪日二七日八日五日内評致御寺之申上候所御留主難斗候得共差支有之間敷御答度右取極申候

霊合龍四方杉原張万字吹墨線青紙、幡皆杉原、灯籠弐ツ、杉原天蓋杉原、其外仕来通紙不残杉原

但天蓋灯籠ハ御寺先住様有之是を張替

輿杉坂打附　　惣治　　菊四

金四　　初五郎

方丈様伴僧三人　　龍光院長老　　一円寺

出迎弥次右衛門御着座菓子御酒井、青菜源六郎、信四郎

是ハ清待ニは無之　志たし

奈三郎、文蔵裃、其外羽織袴仕来通例、墓ニて焼香夫より御誦経有之後御膳、菓子椀、焼麩、志いたけ、手塩三わい、蓮根、なも相待、文蔵壱人、三日卒娑婆無之、来通念仏以後、酒かさにて出し念仏、平組小井沢不残団子出し、親族にて御詠歌

同廿四日

一　寺参詣今日布施不致親類一同引払、両人も不遣候、大野より龍泉寺越中津川こんや泊り、大井より高浪廻り

飛脚帰り小遣ひ五百文渡候所百五十門持返り三百七十二文遣ひ赤坂より喜作老人通し龍着中津より仙治着

同廿五日

一　龍光院請待ニ文治郎遣し候、念仏平組、小井沢御詠歌　親族小井沢、なを、との、ゆき、みつ、きの御はきだし

同廿六日

一　大工大吉、弥助、常平、張方ハ仙治、浦四、金四、奈三郎、先日より灯籠ぬ(欠)始、念仏同行御詠歌親族念仏、横川浅吉、夏焼源之助、武節角蔵、おはぎ

同廿七日

一　大工大吉、治助、常平、弥助、常助夕方迄灯籠出来、念仏を同行、浅吉、武節角蔵、円蔵、親族とみ、すみ、この、しげ、はん何れもおはき出し　寿庵様手伝

同廿八日

一　大工大吉、弥助、常助、治助、加奈蔵念仏、源左衛門、佐平太、初治郎御詠歌、親族きのてつハ廿五毎夜来候、寿庵様手伝

一　大工大吉、治助、常助、常平、加奈蔵、治助天蓋出来、寿庵八ツ時御帰り御詠歌親族きの、しゅう

七月晦日

一　大吉、弥助、常平、治助、常助、合龍出来張上三宝弐膳出来、夜御詠歌親族

八月朔日

一　大吉、治助、常平、治助、長龍伝三郎内ニて作り持参夏焼伊左衛門養子虎吉手伝、御詠歌の人、三津、とみ、きの、ゆき親族法事役配談し源治、弥次右衛門、文治

一　大工同断、合龍台出来、火屋柱甚蔵川むき候処晦日伐置皮むけ兼故弐斗多摩より又々伐出し粗挽手伝、利十、はん、平左衛門より下女来り断候、幸兵衛、みしろ貫行

同三日

一　大工同断、火屋忠蔵出来候処少しひくく屋根ちさく候左ニ候

九ツ分

源左衛門、文治、初五郎、佐平太夫婦、浅吉、伝三郎、平左衛門、八ツ頃、利十、八ツ頃定治郎、七ツ時清右衛

門、茶屋丁菜場支度、其外掃除、幸兵衛早朝小井沢、寺領物七方遣し候処、同人不快ニ付外もの其遣し候旨挨拶有之夫より夏焼施行米持参、馬一疋卒引延附来り夫より火屋手伝、小井沢惣七、親惣兵衛、藤兵衛、久左衛門、藤左衛門、彦左衛門、利助七ツ時出来今日合龍四八ケ盈置、位牌是建備もんもいたし膳椀皿庭部屋出し置表座敷戸棚部屋え出し是え諸道具出し豆腐豆九升ひやかし文蔵七ツ時着座敷衆中(欠)香ものの晩汁菜なすめうか平ニつけ酒出し肴津けあけ菓子たし

同四日

一　大吉、弥助両人大蔵手伝御寺墓垣揃枝(欠)縄ニ致し向(欠)竹縄にて止し、道具為出来近隣手伝人数伝三郎はん、定治郎、てつ、利十、平左衛門、左治郎、源左衛門、さと同人ハとふ婦まめ挽ニ付、是ノ手伝文治郎、初治郎、いし、金四郎、幸兵衛、佐平太、たん、幸三、又之助、清左衛門、浅吉、中当清之丞、村弥次左衛門、寿庵、町角蔵、定治郎よりきの、かく、平甚吉、夏焼(欠)七、忠蔵、喜代蔵、同人娘なつ、伊兵衛、町善二郎、忠蔵龍光院遣し曲録、大傘持参寺之遣し置、毛(欠)壱枚借用

一　火屋水引八尺程残り寺之其儘さし上申候、椿齢院節壱端師ニてかしも切出し不及是ニて格好宜敷処此度ハ上すほみ至て見苦後年見張事

一　豆腐文蔵、さと、佐平太母はつ、てう五箱、てつこんにやく三拾壱枚こしらえ候

一　酒店下店之台いたし今日浦四、庄治店取計候

一　施行米伊兵衛、幸三にて、昼より黒田、御所貝津、桑原夕方武節三人残し配り候

黒田より小田木三節へ、五日三日仏事沙汰遣し候、施行口上へ親父常々申聞、死去之節葬礼成丈手かるくいたし難儀之もの(欠)施し候様申候ニ付、少々此度遣し候間、拙者礼又香典ハ聊心配無之様呉々も申遣し候

一　高浪文左衛門悴孫三郎着供壱人茶漬香もの出し、八ツ時七ツ時大井善右衛門、大野豊吉、広岡惣吉倅越吉一同着供弐人夜酒出し青ものさし身つけあけ丼、鉢なし、玉すだれ、いも、吸物、刺身、くしり、打牛房之登供之間ニ遣し、夕飯、平かんせい麩しいたけ名か、香もの

今晩座敷諸事相済候
一　二七日遅夜ニ方丈様祖英様御入来五もく飯、平かんせい麩、しいたけ、名荷、香のもの、表座敷ニてさし上候
一　観音講中一同御詠歌、線香備、五もく飯、香之もの念仏衆ニは何れも不遣候
一　丁菜場屋壱度酒出し、菜志たし漬もの夕飯の節壱度一香典青銅拾定より候、三日仏事沙汰いたし候、桑原半治、清治、御所貝津芹吉、治左衛門、長左衛門施行持参もの一同いたし候、野入久左衛門、清蔵之下男源吉遣し候
　同五日晴天
一　名なツ起ニて丁菜支度手伝、四日同断
役配列別紙之通、五ツ時諸道具表出し五ツ半客帳先番、い印廿弐人、万印廿弐人弐座敷相済美濃客隠居写し、半左衛門着、供壱人、中津川吉兵衛着供壱人、信四郎型客衆又々移し候
　諸道具寸法左候

合龍　別紙委候
輿　別紙書候
天蓋　別紙委候
灯籠　同断
一　高張　岐阜八寸　弐
花籠　弐
一　幡　杉原　壱紙ニてへり取
一　合籠幡　天蓋へりなし
香炉　板ニさし
一　四花　杉原台　白木無し
一　位牌　覆なし
一　燭台　弐
是ハ野立候人々道具不足ニ付壱本まし、後年見計
一　但　台ニのせ候
一　作花　弐
　但瓶青竹台附
一　生花
但　前同断

右花野ニ立候人々役不足ニ付まし、後年見計ひ
一　膳　　飯
　　手塩　味噌
一　奠茶　白木高台茶せん添
一　菓子　弐　白木三宝もりと免紙同銀也
一　杖笠
一　霊子　白木三宝
一　源六郎朝之内木綿単物同羽織葛袴着用御寺問合之上龍光院之定助遣し直様御越し迄し来候、信四郎、菊四郎襟ニて人足素足ニわらじ召連御迎登山為替源六郎詣単物小紋絽羽織川越袴、源治郎羽織袴ニて四ツ時龍光院、正寿寺表ニて出迎暫時相立可申候、小馬寺、龍淵寺伴僧壱人ハまた御越表ニて出迎、引続瑞龍寺御入駕茶を出し候、席ニ定り候所之御挨拶いたし拙者夫婦、源治郎三人、菓子、玉露、まんじゅう、酒、是迄井壱ツ菜志たし計仕来候所此度小馬寺、龍淵寺、正寿寺三ケ寺諷経、龍光院も酒好之儀左之通
　　口取　　焼生姜なし　焼いも嬉しの　つけあげ
　　丼　　菜志たし
　　大平　　曽通し　小ひりうず　いも　人参　牛
　　　　蒡　権々汁
　　鉢　　からし作　こんにゃく
　　丼　　三ばい　冬瓜　名荷　浅草海苔
　　丼　　くるみ和え　そな
　　　是ハ差出様茸貰ひニ付直し出し候
　　　　さしみ
　　　皿　茄子
　　　猪口　味噌　人参　千石豆　牛蒡
　　　平　寒製麸　しいたけ　名荷
右酒肴之儀後年井壱ツニてさし出可申候　古例此度さし分例無之此度右取計候は何連も上戸出膳之節長座に相成候ては跡々差支出立限有之ニ付肴さし出し候納盃前膳差候
右相済候処、親族一同寺院方之御目ニ懸り、酒中肴拙者取遣立相伴壱人此羽織袴親族御目ニ懸り候中襟替誦経相済、出棺此節役配帳平左衛門持参玄関ニて一同相致、尤早朝親族揃節襖置候処篤々一同申置無之ニ付暫く手間取、

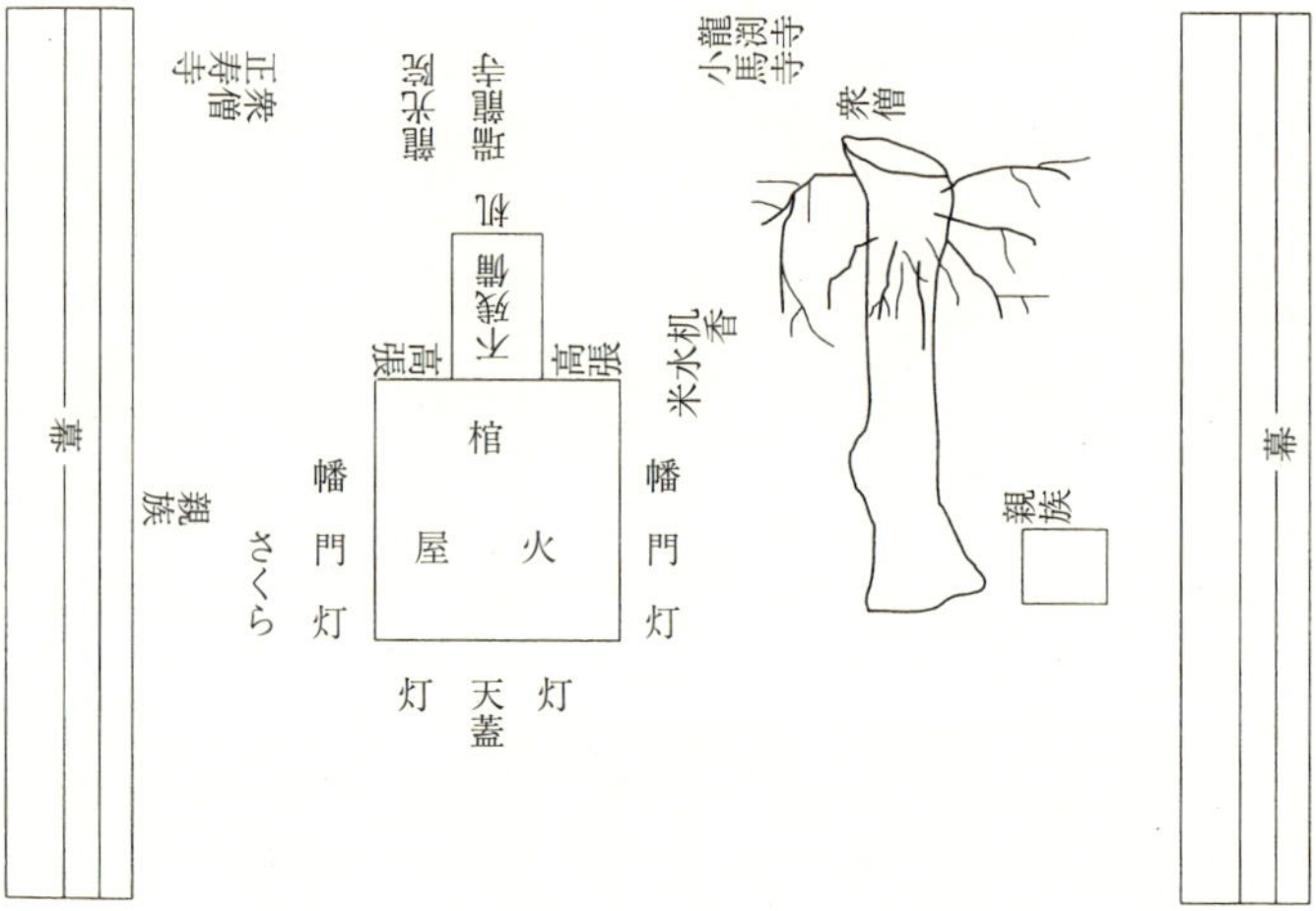

先之出待合等いたし行列不宜敷後年能々手配可致候寺ニて焼香相済大慈院念誦相済焼香被候処、大人数故両方より焼香いたし候、行側壱番源六郎、行側壱番源治郎、夫々銘々左候野辺送り相済念仏定例の通膳ニかさふせ酒出、寺之時分使い遣し、一同御入来霊供備之卒長婆ニ硯相添さし出御認相済　見合膳出僧出僧方同役中拙者相伴(欠)印廿弐人供弐人表座敷振舞候

こんにやく　すみ
皿　大根　椎茸　汁　豆腐
なた　くずきり
油あげ　人参
名荷
坪　あんかけ　猪　嬉の
冬瓜　三ばい
蓮根
平　ひりゆうす
茶碗　雪輪麩
ゆば

権々汁
右酒各盃ニてしる飯なし
口印女中拾人部屋にて　ほ印廿七人
同印　九人部屋にて相済
是ハ施米いたし候もの香奠物（欠）皿
青もの差身茶碗なし
（印一七人略）
外壱人番非人
是座敷申程ニ燭台いれて
と印　拾壱人
々　供六人
ち印　拾八人
右不残尊宿同様
弐番
皿　茄子　汁　上　通し
牛蒡
人参
千石豆

坪　上　通し　猪　ひじき
こんにやく
平　通し
壱弐惣人数百六拾七人内　上百廿三人
内九人施行米もの　（欠）した四拾四人
一　ほ印膳中美濃客酒さし出し
焼いも　辛し酢
はち　こんにゃく
口取　蛮唐辛
つけあげ
丼　なまあげ
三ば酢
冬瓜
丼　朝草海苔
めうが
吸ものさかな
めうが

右　座敷茶漬　　　香のもの
一　野に立候近村親族、女中、こんや其外野立候、新屋田中屋ニて支度いたし衆有之、口印膳中見計い茶漬さし出候、ほ印之内利十万茶漬さし出候
一　施行中当早朝下男源吉遣し、武節残残伊兵衛今(欠)致(欠)夏吉左衛門文父三兵衛両人作人遣し分断返し故受取

同月六日

一　寺エ上ケもの左ニ
水色
(欠)子壱　　　黒紬綿入壱　　　秩父襦袢壱
毛(欠)羽織壱　花色はこ帯壱　　踏皮壱
一　金一両　方丈様
一　金弐殊　大慈院
是ハ先ニ合龍開被成御方仕来先代御弟子之内椿齢院より同人様
一　五百文　　　　半僧六人
但此度者客有之、人数多く役ニ壱人不足龍光院御弟子被勤、是ハ御寺へ御越有之方丈様一同御越ニ付布施龍光院へ遣ス、六人之内有之候得共先代御寺取調候処、御寺六人様無之御寺丈五百文、龍光院三百文故後年役被成候共、龍光院三百文ニて同充遣し候可事
一　弐百文
是ハ仮葬之節計候御来客僧候
一　御寺供なし
一　拙者五日着用同様羽織袴ニて、寺参詣いたし親族、美濃衆寺墓ニ参、拙者共より先ニ被致拙者帰宅之上、直様出立尤吉兵衛、仙治拙者一同隣家衆親族、早速迄来

別家
取片附相済、酒為呑　素麺酢そば壱
残物(欠)もの壱　菓壱口壱

昼迄
右酒済後返礼、中当、清之丞壱人分遣筈古横川した中当弥左右衛門、浅吉引受帰宅、小井沢夏焼山形源左衛門、文治、武節桑原、御所貝津黒田下、信四幸兵六三郎、正寿寺布施左ニ

弐朱方丈様　二百文伴僧吉兵衛仙治帰り
七日
一　喜三郎始平組自身札相廻り、龍光院江今日出山いたし候
金弐朱　方丈様　三百文ヅツ伴僧
百文御供
一円寺三百文
一　香典帳源(欠)
九日
一　大雨風
十日
一　遺物取調左ニ　但御来忌明ニ遣し可申事
中津川　稲橋屋
(欠)
(欠)嶋絣表綿入壱
木綿絣織色綿入壱
小紋襦袢壱　同人
木綿はけしま物壱　同人倅　仙治

裏表絣織色綿入壱　横路　たん
中津川之日相渡候
小紋絽羽織壱　同人倅　惣治
横(欠)あいしま　源治郎エ
壱
綿入羽織
山(欠)羽織壱　信四郎エ
袖下着壱　ていエ
縮緬羽織肩身ごろ
木綿小紋下着(欠)裏表　かつエ
黒羽織二重綿入壱　奈三郎
山まい油合羽壱
木綿古袷棉共弐　在四郎
花色紬袷壱　ひさ
あいしま紬下着壱
紬殿中壱　奈か
絹小紋単物壱
縮緬羽織片身ころ

（欠）しま綿入壱　源六郎
毛路紬袷羽織壱
古袷襦袢壱
花色おとこ帯壱
木綿絣織色綿入壱　いし
毛（欠）羽織弐　金四
袷壱　浦四
毛路（欠）羽織壱　佐平太
木綿あいしま綿入羽織壱　源三郎
蘭彫印籠莨入壱　文治郎
但真鍮きせる共
小倉帯壱　幸兵衛
金弐朱　弥次右衛門
古三布ふとん壱　太治郎
一　施行米壱人ニ付白米五升ヅツ　五拾人
此訳
三人中当　壱人夏焼　拾四人当村

拾弐人武節　九人桑原　拾壱人御所貝津
弐人
八人黒田
一　番非人エ日雇道具筵廿枚（欠）遣し候
十一日
一　三七日　百文壱升御寺遣し方丈様御入来　伴僧
壱人温飩近隣親族念仏おはぎ
一　四七日　百文壱升御寺遣し、方丈様御入来　伴
僧壱人小豆飯　平茗荷　麸　椎たけ　手塩香之も
の親族計念　仏　おはぎ
廿五日
一　五七日忌明献立左
わさび
くるみ
皿　ちんみ　そば　皮蕎麦麦弐斗四升
みそ　御飩粉
弐貫三百七拾目
のり　上四拾

後段
くるみ
手塩　ずいき　飯くりめし
津島麩
平　人参
そな
廿六日
一　かわ　汁　焼どうふ　牛蒡　里いも
手塩焼しお　梅干
御誦経ニ付自身三計両寺共いたし衆僧様方口上にて
大根蓮根
皿　牛蒡之きやく　汁　青み冬瓜
(欠)いも青板　焼豆腐
あげ
わさび
坪　角あげ　平　千瓜
きくがけ　蓮根
角麩

油あげ
茶碗　寄くわい
長いも　是ハ不出来ニ付茗荷ニ取替
権々汁
猪口　こんにやく
まい茸
こんにやく
ひょうたん巻　朧饅頭壱
牛蒡　ようかん壱
口引　かし昆布　菓子餅かし
さつまいも　柿壱
百合根
皿直し　二番　坪　里いも
汁直し　かんひよう
こんにやく
平　角なみ　猪口白あえ
牛蒡　こんにやく
御寺三人　龍光院三人

但し此寺かた御共なし
伊左衛門　作七　源之助
大の　　共吉　惣治
甚吉　周兵衛
吉三郎　平左衛門
惣太郎　定治郎　寿見
源六郎　〆弐
拾人壱座敷外美濃

親族往ニて人口其節申無処(欠)より仏前(欠)是武節利左衛門病気所神仏候共近親ニ付送膳遣候
右同様献立人々伝三郎、利十、角蔵、源左衛門、文治、金四郎、左平太、常平、浅吉清之助、源治郎信四郎、弥治右衛門、幸兵衛、幸左衛門、清左衛門他定助、是ハ勝手働故惣仕舞座敷候
金四家家内かじや同断田中家同断平左衛門子供惣太郎同断利十子供へ(欠)ゆう伝三郎夫婦子供定助清左衛門家　内中
惣人数九拾人

新霊壱膳仏檀弐膳当
酒無之働之衆之時々遣し惣脚之残物酒出し候
一　菓子ニ番敷なし、子供並満頭三つ充
布施
一　青銅五拾疋　瑞龍寺方丈様
青銅拾疋づつ伴僧両人
一　青銅三拾疋　龍光院方丈様
青銅拾疋づつ伴僧両人

右両寺文(欠)依なし候
一　番非人之白米二升弐百文
翌日地口厘弐瑞幕末遣し候
一　七日ニ御寺之定り百文白米壱升廿五日差上候
一　大安寺方丈様一心寺長老様御入来御誦経御成下ニ付信四郎礼差遣候、青銅弐拾疋づつ
一　宗源寺御他出ニて御使僧御入来ニ付信四郎遣し青銅三拾疋
是ハ椿齢院之節方丈様御入来仏前にも供もの御念入ニ付弐朱御礼いたし候此度外と相違いたし候

九月十一日
一　昼七日寺様方丈様半僧壱人御入来布施無之定り白
米壱升百文
あんかけ　嶋いも
温飩　青菜
かんぴょう
後段
手塩附ゆき　飯茶めし
銘ふし
菓子椀　蓮根
（欠）
松たけ
今夕方千草山ニ付念仏差延
一　百ヶ日　十一月二日
一　十一月朔日夕方方丈様清待伴僧壱人相伴源六郎源
治郎
くるみ
一皿　の里

みそ
ちん
おろし
後段
くるみ酢
手塩　せ里
飯茶飯

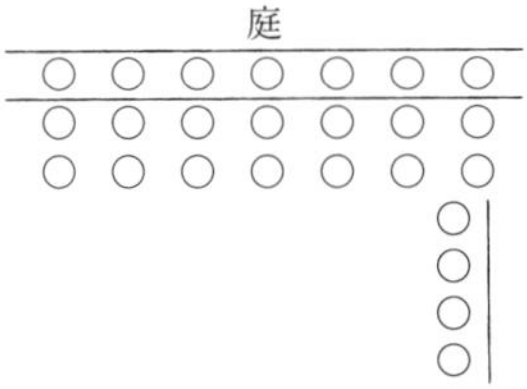

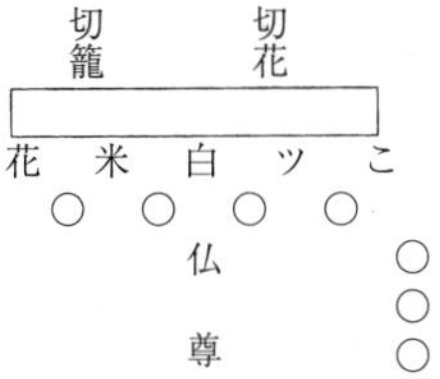

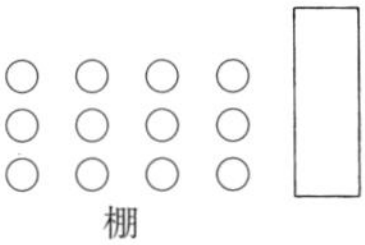

ゆば
菓子椀　青菜
栗茸
右夕方白米壱升百文御寺之扇持木塔は宅ニ手御認念仏
信四郎、奈三郎、源左衛門、佐平太、文治、惣太郎、
平左衛門、金四郎、利十こわし祝い百文ニ付志んこい
たし候
但代断
新盆
大黒柱　鴨居　是ハ
夜念仏　両寺横下両組
御休ニ付十四日夜
一　手塩　新漬
瓜
津しま麸
権々汁
たこ　若者拾八人
青銅三拾疋遣し候

手伝　伝三郎　定助　彦平　利十　信四郎
源左衛門　平左衛門　佐平太　清佐衛門
彦左衛門
一　あおもの指身ニて手伝奈漬出ス
あおもの
すのものさし身
津きあけ
一　口免　不残　手伝へ酒出し候
桑原村　十五日
廿壱人
一　手塩　新漬
瓜
茄子　飯
平　権々汁
津島麸
酒肴
津きあげ　の津ぺい
青ものさし身

青銅三拾疋遣し候

手伝い平(欠)　紗小井沢忠蔵　忠七　彦右衛門　利助

友吉

若もの皆もふまて

是ハ香ものニて茶漬酒緒残りもの津くろひなし候

一　棚経ニ方丈様御越百文布施

龍光院御越当之両年なし

長文の当家五代義教

「戊　嘉永元年

祐岩院葬式日記

申　七月廿日　暉兒扣」

葬送儀礼をこれほど詳細に綴ったものは、他にないであろう。とくに五代当主の義教を引き継ぎ、六代当主となった暉兒の思いのほどがこの記録には集約されている。現在の民俗調査でもこれほど詳細な記録をまとめることはできないと思われるが、それほどこの記録は古橋家や稲橋周辺の葬送儀礼をほぼ完璧に再現している。暉兒はこの年あたりを境に国学に傾倒して、江戸の国学者を数度にわたって訪問するなどし知見を深めている。生活様式も変化する直前の時期であり、葬儀そのものも仏式から神道へと移行しており、その点からも本記録は貴重なものである。

この記録は単なる葬式の順序だけでなく、葬式に参加した一五〇名を越える人々の名前も記載されており、この名前を通しての付き合い関係もはっきりと把握することができる。このほか料理の献立についても本葬後の法要行事すべてにわたって現代と異なっていたことが認められる。妻を二度にわたって若くして亡くしていたことが、ここまで暉兒をして詳細に認めて置く必要を生じさせたと思われ、三人目の妻伊知に手本とさせたと思われる。

初七日・二七日《にしち》・三十五日・四十九日・百日に関わる記述も興味深い。さらに稲武地域では、昭和三十年代までに大桑地区で行われていた念仏行衆の記録も併せて確認することができる。また初七日までの儀礼に、村の非人に、番を依頼し、そのお礼として白米二升を出していたことも散見しており、この儀礼は胞衣をめぐる習俗とも関連するものである。

明治二十五年(一八九二)の暉兒の葬儀からは、表題も「見舞受納帳」や「忌明祭」「買物帳」などの表記が散見されるようになり、表題だけからみてすべてを暉兒関係とすることはできない。

夜念仏(1958年大野瀬・大桑地区)

小田木の半年念仏(1)(高田木)

小田木の半年念仏(2)(高田木)

七代義真妻都留葬儀
（1932年２月２日）

出棺前

出棺準備

途中葬例

埋葬直後

また、明治四十二年(一九〇九)に亡くなった義真の葬儀に関わるものとしては、近代の郵便事情の展開とも相まって、見舞い・葬儀史料には電報・葉書・手紙類や新聞記事などが残されている。その中には、松方正義(一八三五〜一九二四。明治新政府の高級官僚)・杉浦重剛(一八五五〜一九二四。明治の教育家)・柳田國男(一八七五〜一九六二。農商務省の役人を経て日本民俗学を開拓する)・志賀重昂(一八六三〜一九二七。明治・大正期の地理学者・評論家)など、中央の政治家をはじめ、農政学に関わる人々からの弔状があり、義真の交流の広さを知ることもできる。

また、義真の妻である古橋都留(安政二年十一月三日生。昭和七年一月二十八日没)の「古橋都留登自葬儀日誌」には、葬儀の役割・買物・電報・悔状受納簿・来客・献立全体の詳細記録が写真とともに残されており、忌明祭には一一三人の本膳が用意され、生盛りにはまぐろ・白身魚・卵などが用いられている様子が記されている(江原絢子前掲論文参照)。

第二章　年中行事

はじめに

年中行事は、毎年暦上で同じ日がくると、同じ行事が繰り返される営みをいう。人々の日常生活と深い関係をもつものが多く、一年間の生活の節目にあたって、五穀豊穣や健康を祈願をしたり感謝したりするために行っている。

年中行事を通年して辿ってみると、いくつかの諸規則(原理)があったことが知られる。

正月と盆には祖霊を家に迎え、供物を祀ることなどが一般的であるが、二つの行事は対称的なものとして一年を二分する境目であると意識された。正月に訪れる神は歳神であり、米俵などに種子をのせる稲作の儀礼に位置づけられていた。また、小正月の五穀豊穣に関する儀礼は成木責めなどに代表される。

さらに、正月と盆にみられるような諸儀礼の対称的構造は、ほかの年中行事にも見出すことができる。

季節をつげるツバメ（稲武町タヒラ）

稲武周辺でも六月一日や十二月一日の行事は水神様との関係を示し、二月八日・十二月八日の行事も、一般的に認識されている「神まつり」（具体的には正月の準備から終了まで）の開始と終結を意味している。

このほか、春の農耕開始時期（当該地域であれば、三月下旬の山焼きとボタ＝田畑の畦畔・けいはん焼、四月の水口〈みなくち〉祭りなど）に集中する諸儀礼は、秋の収穫儀礼（十月のお十夜、刈り上げボタ餅、コバシ祝い）と対比されている。この時期に田の神と山の神の移動があると考えられているのもそのためである。

稲武の年中行事の特徴は、近世以降継続されてきた年中行事が、国家の近代化による影響から、町内周辺や古橋家においても神事と仏事の年中行事が細分（錯綜）化されていったことである。稲橋を中心に神道に変わることによって年中行事が大きく変化した所もあれば、仏教的行事を踏襲する地域も散在している。さらにこの間の経緯は、近代化の進むなかで新暦施行に伴う年中行事の変更が比較的早期に導入されていったことなどもあげられる。

なお、一般的に年中行事を記録化（文字化）することはきわめて少なく、古橋家においても年中行事そのものを記録したものは五点ほどが伝わっているにすぎない。いずれも年代不詳のものであるが、内容から幕末（文久～慶応年間）から明治二十年前後に認められたものと思われるものが二点あり、その他に大野瀬村小木曽一家・桑原青木行雄家のものとが確認されたものもあり、当時の年中行事の概要は知ることができる。

以下、確認されたものを整理すると、次の通りである。

①「年中行司」明治二十年か
②「農家年中行事　愛知県三河国北設楽郡大野瀬村　小木曽一家」（印刷物）明治期のものか
③「明治二十年度古橋家年中行事」
④「年中商業順序」明治期か
⑤「年中行事」（手控、万延二年から文久にかけて）

詳細は後掲するとして、平成初年から十年にかけて継続的に稲武町域で伝承されていた「年中行事」を、概略

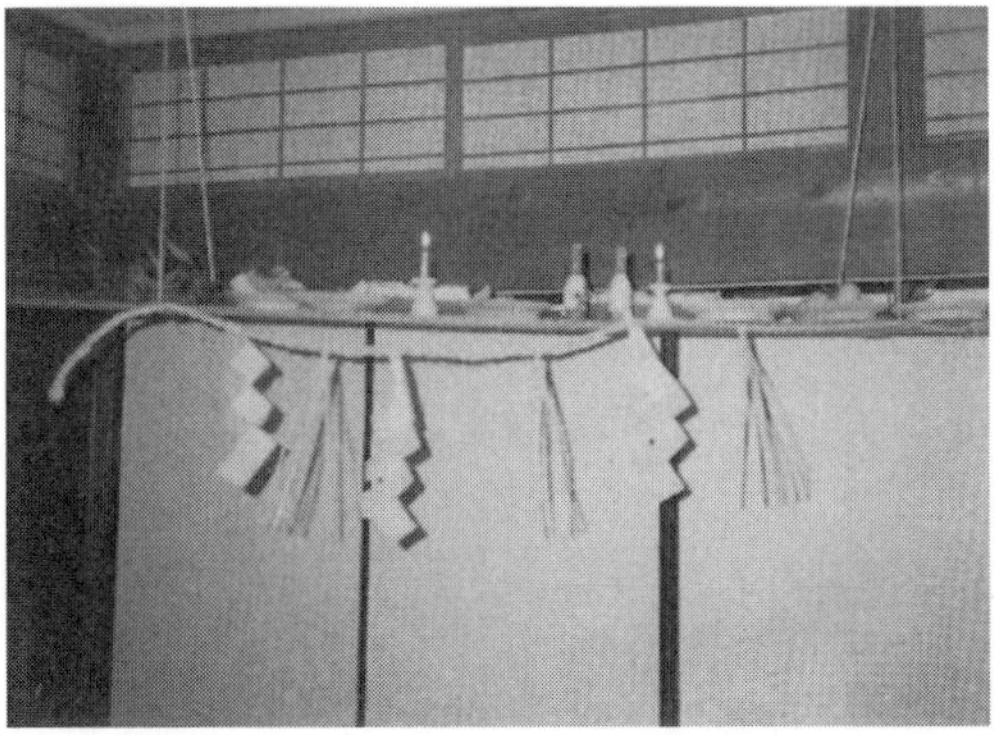

歳神（1月）

万歳（1月）

小馬寺絵馬（豊田市旭町）

大門の賑わい（不定期だが冬場に多かった）

小馬寺札（２月）

節分（２月）

盆棚（1）（8月、大野瀬）

盆棚（2）（8月、大野瀬）

盆の飾りもの（1）（8月、武節）

盆の飾りもの（2）（8月、武節）

盆の飾りもの（3）（8月、武節）

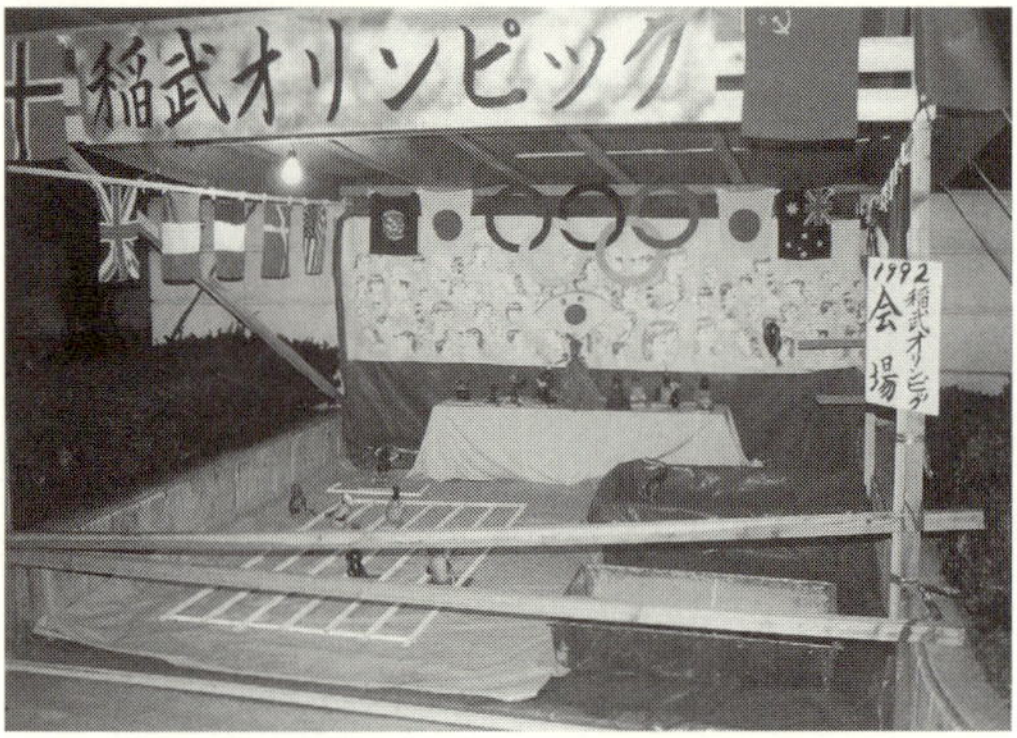

盆の飾りもの（4）（8月、武節）

盆の飾りもの（6）（8月、武節）

盆の飾りもの（5）（8月、武節）

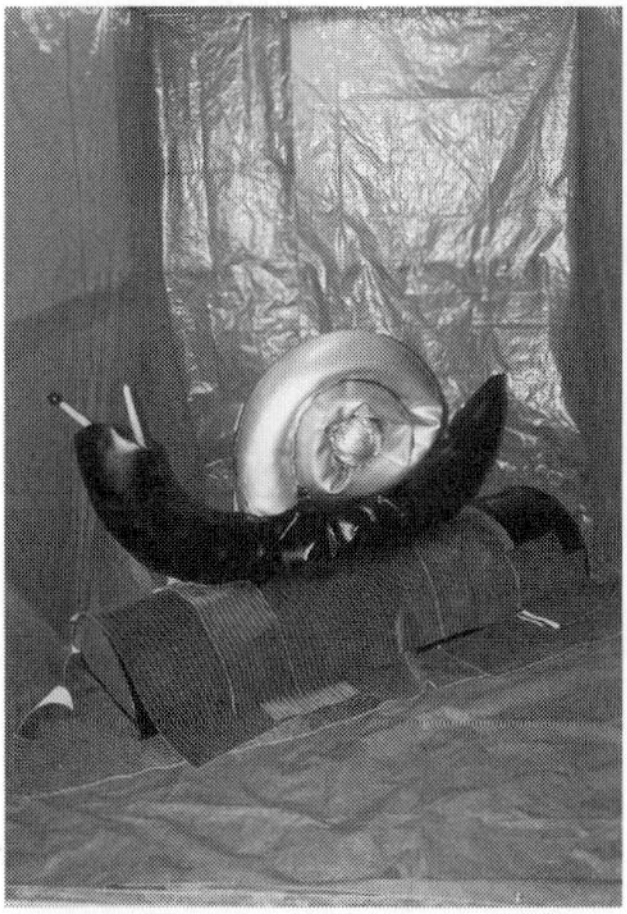

盆の飾りもの（8）（8月、武節）

盆の飾りもの（7）（8月、武節）

盆の飾りもの（9）（8月、武節）

おたいとぼし（8月、大野瀬）

十五夜（9月、大野瀬・梨野）

山の講（１）
（11月、小田木・高田木）

山の講（２）
（11月、小田木・高田木）

山の講（３）
（11月、小田木・高田木）

のみ紹介する。

最初に平成五年(一九九三)町内各字単位で開催した座談会において確認された稲武町内の年中行事の一覧を掲げ、その後に各行事のうち稲橋地区の一部を併せて紹介する。

一月

初参り(氏神参り・オブツナ様・ウブスナ様参り)　若水汲み(お水迎え・若水迎え)　歳神参り　歯がため　雑煮祝い　雑煮配り　年始回り　お年頭　礼人(れいど)回り　年頭回り　オトソ祝い　箒休め　買初め　書初め　仕事始め(御用始め)　三河万歳　お松倒し　七日正月と七草粥　鏡開き　蔵開き　小正月(モチイ)　年取り　ニュウギ迎え　ニュウギ作り　ニュウギ開き(ニュウギ立て)　ニュウギ配り(ニュウギ参り)　ニュウギ納め　餅花　繭玉飾り　餅花飾り(花餅)　繭玉飾り　おたる餅　里帰り　鳥追い　お松焼き(ドンド焼き)　暗がりの粥　成木責め　二十日正月　お日待ち

二月

節分　針供養　初午　二の午　旧正月　恵比須講　山の講

三月

ひな祭り　土びな　供え物　ひな送り　ひなの花見　ガンドウチ　孫の顔見せ(里帰り)　春の彼岸　稲橋八幡社の中日祭　相互巡拝　山焼きとボタ(田畑の畦畔・けいはん焼き)

四月

花祭り(灌仏会)　御裳祭り(オンゾ)　みなくち祭り(鳥ンクチ)　弘法祭り　コダマサマ

五月

端午の節句(五月節句・男の節句)　鎌とぎ

六月

柴刈り休み(柴休み)　総山開き(総山)　田植え休み　田の神祭りと恵比須苗　農休み　大祓い　半年お念仏

七月

七夕祭り　祇園　土用丑

八月

お盆　盆勘定　お盆の掃除と盆の仕度　盆草　精霊棚

墓参りと迎え火　提灯とぼし　迎え膳　おしょろい箸

初盆　餓鬼祭り　精霊送り　供物流し　送りだい（送り松明）　盆棚　うら盆（地蔵盆）

九月

二百十日（厄日）　二百二十日（後厄日）　お立ち待ち　八朔　オクンチ　秋の彼岸　千草刈り（ヒクサ）　十五夜

十月

お十夜　刈り上げボタ餅　コバシ祝い

十一月

山の講　亥の子餅　恵比須講　総山刈り　千草刈り　カヤ刈り（屋根草刈り）　千草よせ　秋餅　冬仕度

十二月

針供養　暮勘定（年末勘定・節季勘定）　買物　煤払い

餅搗き　豆腐ひき　門松迎え（お松迎え・お松きり）　大晦日　歳神迎え　年取り　里子膳　陰膳　続膳　銭供え

大祓い　除夜の鐘

一　年中行事概説

1　正月行事

オトソ祝い

稲橋では元旦にお雑煮祝いといって家族中でお雑煮を食べることになっているが、このときに家族中でオトソも飲むので、オトソ祝いとも称していた。また、一般に関東地方では餅を焼いて入れるが、この辺りでは焼かないで鍋の湯で軟らかくすることが多い。これは明らかに関西文化圏の餅の入れ方である。

また具の入れ方は、下盛りといって里芋を先に入れ、その上に他の具をのせ、その上に餅をのせ、さらに花かつおをかけることが多い。この地域では、餅と同等に「里芋」を重要視して、お雑煮の主たる具にするという意識があるが、「餅なし正月」といって正月に餅を食べないという事例は確認することができなかった。

箒休め

正月中(とくに三ヵ日)禁忌とされるものとして、以下のようなことがいわれていた。①箒休めといって、箒で掃きだすことを嫌った。②元旦にお金は使わないようにする。使うと一年中「オアシガデル」といって嫌われていた。③正月には洗い物(洗濯)をしない。

三河万歳

一月二日ころから十五日ころにかけてよくきたのが「三河万歳」である。稲橋では田峰方面(設楽町)からよく来ていた。当地でこの三河万歳が定宿としていたのが松井春弥さん宅で、この家の二〇畳くらいの部屋を使って村人に万歳を見せていたという。

ニュウギ

稲橋でも確認されるが、この行事は三河から南信濃・駿河・遠江周辺にきわだってみられる(とくに民俗芸能のなかによく見出せる)。国の重要無形民俗文化財に指定されている「花祭」(愛知県)・「西浦の田楽」(静岡県)などでは、このニュウギが祭礼の重要な祭具となっている。当町内でも道具の年取りなどが急激にみられなくなったのに対して、ニュウギの行事は比較的今日まで温存されている。

一般にニュウギをめぐっては、まず「オニュウギムカエ」があり、小正月の飾り木を山に行って切ってくる。一般には一月五日から十三日までの吉日に行われるが、かつてはあったといわれる八日正月の八日に行くことが多かった。ニュウギに使用される木はフシの木(ナラ・クヌギ・ホウ)が多かった。ニュウギが飾られる場所は母屋の中心になるような大黒柱、蔵・水車・井戸などであった。

また、ニュウギは非農家でも飾ることが多く、このときは自分の家にフシの木などがない場合は、声をかければ特定の家の私有地に入って切ってきてもいいとされた。

一月八日ころにとったフシの木などは十三日まで乾燥をさせてこれを二つ割りにして、木の表面に十二月もしくは一二本の線(一二ヵ月をあらわした。また、閏年には十三月・一三本の線)を書いた。用意する本数は家によってまちまちであるが、神社仏閣をはじめ蔵や店のある家、あるいは屋内神としての歳神、恵比須・大黒・荒神などまで、あげる家では数十本も用意することもある。さらに、粟穂（アワボ）・稗穂（ヒエボ）といって作物になぞらえたニュウギをつくって上げる家も多くみられる。

二十日正月

この日は稲武の女性たちにとって、かつては正直心待ちにした日ではなかったろうか。今でも正月三ヵ日は男が料理をするものであるというものの、実際は女性たちが切り盛りしているのが現実である。こと歳神に供物を上げるのは戸主が上げるのが一般的であるが、この準備はそのほとんどが女性たちの仕事であった。しかし、年中行事として紹介するときは、男性中心の行事として紹介されるものである。そんな現実からも解放され、正月二十日は女性たちにとって「二十日正月」「骨の正月」といって、この日はいわば正月最後の女性たちの休日であった。

稲橋では「骨の正月」の解釈として、正月の食べ残りの魚に大豆・酒粕・大根などを煮込んで食べたのでそうよばれたとの伝承があるが、これは男性よりの解釈であり、本来は元旦から小正月をはじめとした正月行事が終了し、女性たちが骨休みをするのを目的としたため、「骨の正月」といわれてきたのであろう。

2　春の行事

針供養

稲橋ではかつて「オハリコ」とよばれる人たちが、初午もしくは二月八日の日に針供養として、豆腐に折れた針をさして拝むことが行われていたが、時代とともにこの行事はほとんど行われなくなった。

初午

当町内には全域にわたって初午の行事が見られるが、稲武では駒山（豊田市旭町小馬寺）をめぐる初午行事がきわだっている。初午の日には団子をつくって神仏に供え祀った。また、馬面に似た細長い団子をつくることもあった。この日は馬の休息日とされていて、馬を使った作業をすることは戒められていた。

大正末年から昭和六年ごろまでは、夏焼・稲橋では二月の初午に駒山で盛大な初午祭りがあり、参拝する者が多かった。このとき山頂の小馬寺では笛のついた馬の玩具が販売され、これを買い求める者も多かった。昭和六年(一九三一)は小馬寺が秘仏の開帳をした最後の年で、以後この行事は衰退したといわれている。

小馬寺の初午祭りは衰退したものの、昭和三十年代までは寺の小僧が初午が近くなると、町内の牛馬を飼っている農家を回って、厩舎で読経をしてお札を配っていったという。今日も、当時の札が納屋などに若干確認される。

小馬寺では、二月の初午に大祭があり、稲武町内はもとより旧旭町・旧足助町をはじめ、美濃方面からも多くの参拝者があった。稲橋・武節の馬による輸送業に関わる人、さらには富永などからも多くの参詣者があった。

ひな祭り

稲橋では昭和十年代まで子どもたちがお雛様をもって

小馬寺(豊田市旭町)

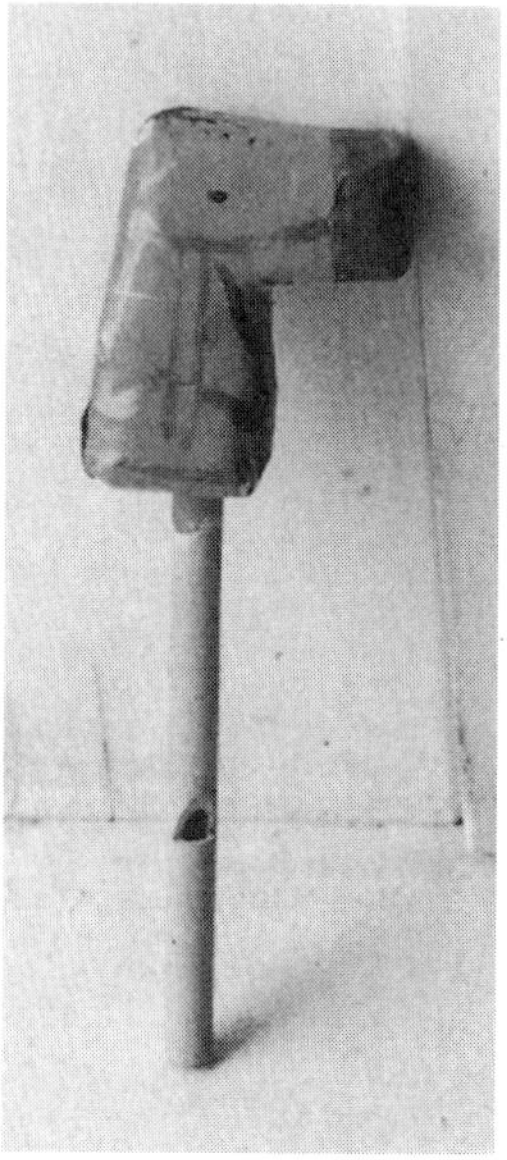

駒山郷土玩具

集落の各家庭を回ることがあった。回られた家では、からすみという菓子を与えたり、お菓子を振る舞うことがあった。このお菓子の型（富士山の形をしていた）が岡田家にあった。

古橋家には、里帰り雛と呼ばれるお雛様があり、現在、古橋懐古館の旧味噌蔵に展示されている。このお雛様は、明治三十一年（一八九八）三月十四日に当家から嫁に出た加乃（七代義真長女。明治十二年三月六日生。昭和二年三月十二日没。）に関連したものである。

その由来は、次の通りである。天保の飢饉では加茂地域（現・豊田市域）で飢え死にする者が多数出て、加茂一揆が起こった。六代暉兒は、この一揆が稲武地域へ波及するのを防ぐため、酒蔵を開けて救助米を放出する一方、足助まで押し寄せた一揆を危険を冒して説得し、稲武地域への波及を未然に防いだ。これにより稲武地域からは一人として飢え死にする者はなかったといわれている。

以来、暉兒、義真は飢饉に備えて、村内各戸に備荒貯蓄を奨励するとともに、お雛様飾りや鯉のぼりなどの行事はとりやめ、質素倹約・勤労を旨とすることを申し合わせていた。

しかし、義真の長女加乃が十九歳で三好村の柴田家に嫁ぎ、翌年に孫娘が誕生すると、三好村ではおひな祭りをするので、義真は嫁ぎ先の慣習に従い「お雛飾り」（「民図目録」参照）一式を孫娘に贈った。その後、柴田家から昭和四十六年の古橋懐古館の全面オープンに合わせて返された。七五年ぶりに実家に帰ってきたお雛様ということで、「里帰り雛」とよばれるようになった。

このひな祭りの当事者である加乃が十九歳で嫁いだときの史料が、二五点確認されるので紹介する（内四点は懐古館旧味噌蔵に展示されている）。

①　明治三十一年三月十四日　古橋加乃門出親類目録・目録・覚書・諸覚控帳　横帖一冊
②　明治三十一年三月十四日　御客帳　横帖一冊
③　明治三十一年三月十四日　古橋加乃門出諸入費控帳　横帖一冊
④　明治三十一年三月十四日　古橋加乃門出献立役割控

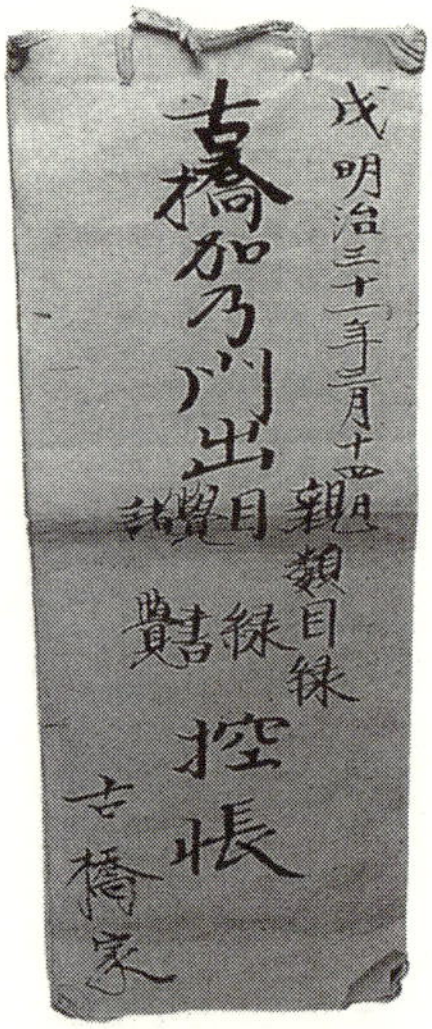

①古橋加乃門出　親類目録・目録・覚書・諸覚控帳（明治31年）

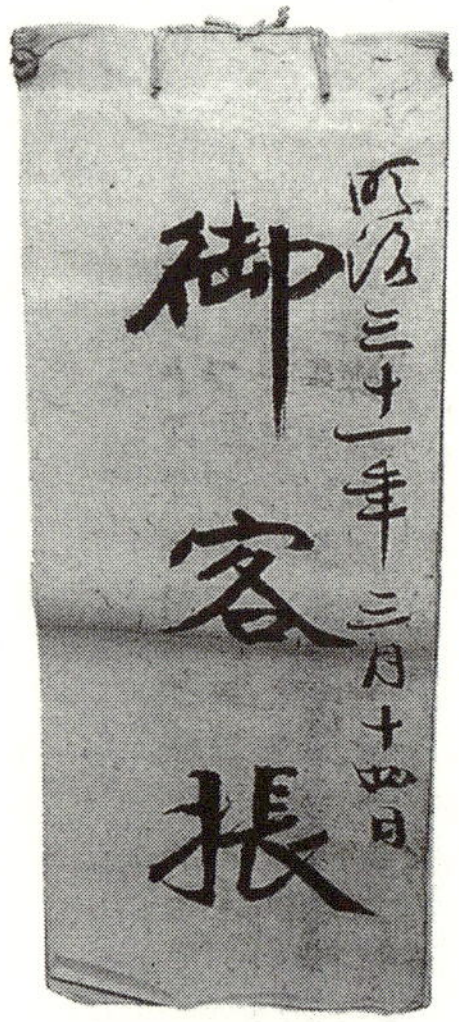

②御客帳（明治31年）

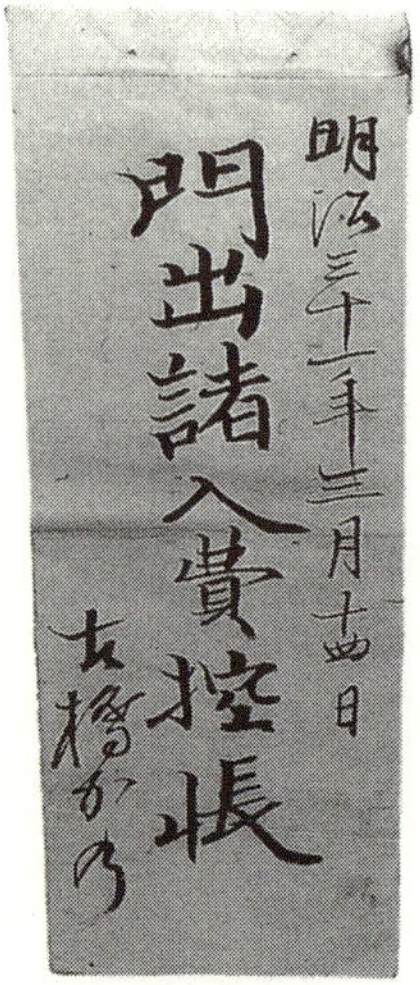

③古橋加乃門出諸入費控帳（明治31年）

帳　横帖一冊

⑤（明治三十一年カ）（題なし）（人足・荷物門出・献立）横帖一冊

⑥（明治三十一年カ）（御客・役割覚）竪帖一冊・状一通

⑦（明治三十一年カ）（題なし）（嫁入支度の着物メモ）横帖一冊

⑧（明治三十一年）五月十四日（領収書）桔梗屋栄七　古橋様宛　状一通

⑨（明治三十一年）三月二日（嫁入呉服等）状一通　袋一括

⑩（明治三十一）三月十六日（料理材料領収書）状一通

⑪（明治三十一年カ）三月二日（領収書）柏屋庄八　古橋様宛　状一通

⑫（明治三十一年カ）三月三日（加乃門出）書状　武五郎　今四郎様宛　状一通

⑬（明治三十一年）三月二日（領収書）銭久　山本様宛　状一通

⑭（明治三十一年）三月十日　買物（領収書）　日の出軒等山本様宛　状一通

⑮（明治三十一年）五月十四日　（請求書）　山本様宛　状一通

⑯（明治三十一年カ）三月五日　（領収書）　柏屋庄八　古橋様宛　状一通

⑰未詳　（計算メモ）状一通

⑱（明治三十一年カ）　買物控　竪一帖

⑲（明治三十一年）三月　（領収書）　桔梗屋店良助　古橋様宛　状一通

⑳（明治三十一年カ）三月三日　（買物・請求書）　上様宛状一通

㉑（明治三十一年三月カ）　（支出メモ）状一通

㉒（明治三十一年カ）　（領収書）　村田屋　古橋加乃門出古橋様他宛　状二〇通

㉓（明治三十一年カ）　（婚礼祝儀メモ）　古橋加乃門出カ横一帖

㉔（明治三十一年カ）　（題なし）領収書袋のみ二

㉕（明治三十一年三月十五日）　古橋加乃御聽御祝儀受納帳　横一帖一綴

山の講

稲橋では旧暦二月七日と十月七日が山の講の開催日である。稲橋の山の講は全国的にもいわれているように山の神の交替が意識されていることである。二月の山の講は山を守っている山の神が里に降りて田の神になり、十月の山の講は田の神が山の神になって帰っていく行事だとしている。山の講のときには、当地では「山止め」ということが今も行われている。なお、古橋家の山の講は、一般財団法人古橋会の毎年の事業報告にもあるように、郷土の先哲古橋源六郎暉皃の頌徳碑とその園地（大井平）に祀る祖霊社（町民祖先・関係功労者・戦没殉難者）の例祭として、春は稲武町自治区と共催で、四月十日前後の日曜日、秋は勤労感謝の日十一月二十三日に、古橋会の山の講と兼ねて、報恩の感謝を捧げている。

春の彼岸

稲橋の神道の家では、彼岸を仏徒のお盆行事に相応させ、ミタマムカエ・ミタマオクリ、新しい亡者に対しては、ハツミタマと称して、神職および親類縁者でミタママツリを行っている。その他、稲橋では彼岸の中日に氏神様である八幡様にお寿司・オハギをつくって献饌物として供えていた。また、古橋家の本分家関係の一〇軒くらいの家では彼岸の中日の昼は饂飩を食べることになっている。さらに先祖参りと称して一〇軒くらいの家を相互に巡拝することが昭和五十年ごろまでみられた。

花祭り

四月八日はお釈迦様の誕生日で、寺では小さな釈迦像を本堂の前に出し、ツツジ・ヤマブキなどの季節の花で囲った花御堂に祀るのが一般的である。寺にお参りに行った人々はその像に竹の柄杓などで甘茶をかけ、自らも少しいただいたりする。

稲橋では四月八日の花祭りには、ぼた餅や団子を仏壇に供えて祀る。また、瑞龍寺では本堂の前に甘茶が置かれていて、この甘茶を子どもたちが瓶をもってもらいに行くことがよくみられた。戦前などとくに甘味が乏しかったころは、この甘茶が子どもたちにとっても人気があった。

弘法祭り

春の訪れとともに、現在でも四国の地は八十八ヵ所を巡る巡礼者が多い。しかし、四国の地は三河からあまりにも遠い。そんな思いから近世中期以降、各地に四国八十八ヵ所に参拝できない者が近隣に四国の霊場を写した、いわゆるミニ霊場が多数つくられた。その地を参拝することによって四国八十八ヵ所を巡拝するのと同じ御利益を得ようとする習俗が各地にある。当町内各所にもそれに相応する弘法祭りというものが見られる。

稲武町内の弘法祭りには近世まで遡るものは確認されず、近代以降にミニ霊場がつくられていた。桑原では大正八年(一九一九)龍光寺の裏山に村人の有志により、四国八十八ヵ所の霊場のお砂を迎え、いわゆる「お砂踏み」とよばれる、ミニ霊場がつくられた。この「お砂踏み」をすることによって四国八十八ヵ所の霊場を巡ったのと同じ功徳があると信じられ、旧三月三十一日に弘法様の祭りが開催されている。かつてはこの時期が桜の開花とかさなったために、寺の山門周辺にはたくさんの露店がならび、桑原だけでなく稲橋や夏焼あたりからも多くの参拝者があったという。しかし、戦後になってからは、この行事も下火となり、現在は四月二十九日に日程を変更し、昔ほどではないが数軒の露店が出る、今風の縁日が開かれている。

五月節句（端午の節句・男の節句）

稲橋では五月の節句には鯉のぼりと幟旗が立てられたが、このときの鯉のぼりなどは嫁の実家から贈られることが多かった。また、長男が誕生した家では嫁の実家をはじめ親類縁者・組内の者を招いて宴を開いたという。この行事は明治時代以降になって一般化したというが、当地では「ジンカンサマ」の命令があったので、鯉のぼりを立てることがおおっぴらにできなかったという伝承が一部地域にある。これは源六郎義次の方針で、節句は余り行われていなかったことによるという。この問題は義次の村の再建策（節約）と関わっているものであり、伝承は確かにあるが節句をするなという見解とみるのは早計である。しかし、当地でも大正から昭和にかけては、盛大に行われるようになった。

田植えをめぐる神事

稲橋では田植えのときに、田に入れる肥料としての柴を村人が総勢で共有山で刈っていた。また、共有山の柴を刈り取るための申し合わせ事項の確認を目的として、柴刈りの前日を休日とすることが行われていた。期日は一定していなかったが、おおよそ五月の下旬の一日が充てられた。田植えをめぐる神事は稲作が中心の土地柄ではないが、とくに田の神祭りと恵比須苗で確認することができる。

稲橋では、田植えの苗取りの最後の苗をとっておき、恵比須様に供える慣習があった。この慣習は、苗代の害虫が繁殖しないように、最後に残しておいた恵比須苗に追いつめて取り去る意味があったともいわれている。

田植えに際しては、供物と御神酒を例年決まった田の畔に供えて田の神を祀っていた。稲橋でもこの田の神祭りを行っていた多くの家では田の畔に小さな石造物（土公様）を祀っていたというが、今日では、この行事はほとんど消滅している。

3 夏の行事

なごし・大祓い

稲橋では、旧暦の六月晦日の行事を総称してなごし、もしくは大祓いとよんでいる。とくに神道の家ではこの行事を大切にする傾向がある。かつては宮中や神社で身の不浄を祓い災いを防ぐために行われたものである。大晦日と同じく、この日に大祓いが行われている。

稲橋ではこの日（現在は六月三十日）に、稲橋八幡神社（稲橋字タヒラ一番地）へ形代《カタシロ》という人形（ヒトガタ）の紙に氏名と生年月日を記して収めることになっている。このヒトガタは人の身体をあらわし、このヒトガタに息を吹き掛ける（とくに身体の悪い部分）と効能があると信じられている。この行事は昭和三十年代まではよく行われていたが、その後は下火になり、昭和六十年代に再び復活して今日に至っている。この大祓いのときには稲橋八幡神社の中央部にしつらえた茅の輪をくぐる神事も行われている。これは一般に茅のくぐり（茅の輪神事）と称している。この茅の輪をくぐるときは、左・右・左の順にくぐることになっている。これは八の字をあらわしているといわれ、いわば末広がりの意味があると解釈されている。

土用の丑

稲橋では土用の丑の日によく段戸方面にアンコを捕りに行った、余り大きいのは丸飲みできないので小さなアンコを探したというが、近年では道路・河川の修復でこのアンコが捕れなくなった。

盆踊り（盆の送り火）

八月十三日ころから十七日ころにかけて盆踊りが町内各地で開催される。当町内を含めた奥三河一帯は、伝統的な盆踊りが見られる地域として、県内はもとより全国的にも有名である。八月十三日から十六日までの夜は各集落単位で盆踊りが開催されていた。とくに奥三河や南信濃周辺の盆踊りは夜を徹して行われるところが多い。とりわけ長野県の新野盆踊りなどは朝方まで浴衣姿の若者たちが踊り狂うものとして、現在では地元の人よりも他地域からの盆踊り参加者が多く圧巻であるという。当町内でも若者たちが、揃いの浴衣すがたで夜の明けるまで踊ったものだと回想している。

当町内でも旧態の盆踊りとして大野瀬の大桑地区には戦後（昭和三十三年）まで念仏踊り（夜念仏としての盆踊り）が開催されていたが、昭和三十年代に完全消滅した。

伝統的民俗芸能は消滅したものの、昭和五十八年当時の古橋茂人町長の肝入で、「稲武まつり」として毎年八月十四・十五・十六日に行政指導型の夏祭り（盆踊り）が開催されている。

稲橋のメインストリート（役場前）に、稲橋・武節町・桑原の三地区の屋台（山車）が一堂に（現在は中学校校庭に移っている）会し、その屋台を取り囲むように浴衣姿の老若男女による手踊り（盆踊り）の輪が広がる。輪の中心部では三地区の青年団員（消防団兼務）たちが屋台の太鼓の打ち鳴らしをする。十五日には稲武中学校のグランドで町をあげての稲武太鼓と手踊りの共演が行われる。

祭りが佳境となる午後九時をすぎると、バイパスの上から花火（手筒花火含む）が打ち上げられ、祭りはいよいよ最高潮となる。このときばかりは帰省中の若者たちも夜空を焦がす花火に、年一度の故郷を刻みつけるのである。

なお、稲武町の盆踊りは、名倉川流域の「打ち囃子」とセットになって行われている地域が多い。

亥の子餅

稲橋では旧暦十月の初亥の日に、その年の農作業中に死んだ昆虫などの供養としてボタ餅をつくり、家族で直会をした。また、このボタ餅はできるだけ多くの人に振る舞うものだといわれ、隣近所に配る家が多かった。

4　年中行事としての氏神祭（神祭）

古橋家の氏神様は、稲橋八幡神社である。祭神としては息長足姫命・誉田別天皇・比売大神・天照大神・白山比売命を祀っている。年間を通しての祭礼には八月十四日・十五日の大祭(前掲の「年中行事記録」には郷社例祭とある)、六月・十二月末日の大祓祭、毎月一日・十五日の月次祭がある。当神社の特徴はなんといっても杉・檜合体として著名な御神木である(一九八三年町指定天然記念物、根回六・九二メートル、目通六・一二メートル)。

祭礼の日を迎えた我家(稲武町ナハテ)

近世以降の記録で確認される氏子数および古橋家当主は、次の通りである。

宝暦十一年(一七六一)	四七戸	二代当主	経仲
寛政元年(一七八九)	四五戸	四代当主	義陳
天保十三年(一八四二)	四三戸	五代当主	義教
明治元年(一八六八)	四五戸	六代当主	暉皃
大正元年(一九一二)	七〇戸	八代当主	道紀
昭和十五年(一九四〇)	一三八戸	八代当主	道紀
昭和五十九年(一九八四)	一四六戸	九代当主	源六郎

稲橋八幡神社の創建については不詳であるが、伝承によれば清和天皇のころ、九州の宇佐八幡(大分県)から勧請されたものとされている。この八幡様は別名「小安八幡様」と称され、とくに安産の社として信仰する者が多かった。安産の信仰は氏神としての村人だけの信仰に止まらず、近隣もしくは信濃・美濃方面からも参拝者があったという。そのさい、参拝者は必ず竹の柄杓を持参する習わしがあったという。

明治五年(一八七二)三月には村社となり、明治十二年から昭和二十年までは郷社となっている。明治四十年四月十五日には下中当の村社明神社を合祀し今日にいたる。

　大祭は現在八月十四日と十五日に行われているが、昭和三十七年までは九月十四日と十五日に行われていた。さかのぼって明治十三年（一八八〇）以前は八月十四日・十五日であった。なお、境内の舞台は明治八年七月から明治三十五年まで、明月清風校（後の稲橋小学校）の校舎として使用されたものである。

　氏神様の祭礼に関連して、稲橋をはじめ当町内域の末社で注目されるのが、津島社がほぼ全村に分布していることである。これは当地域の特徴であり、そのことが何に起因しているか詳細は不明だが、江戸中期以降の津島社からの勧進活動が非常にさかんであったことが指摘されるであろう。とくに、村方に入ってくる来訪者（宗教的職能者）たちの群れのなかでも、配札のため入ってくる宗教者の数がきわだって多く、津島御師は年二回も入ってきたことが、当家の文書群からも明らかである。以下、年中行事にも関わった伊勢神宮や津島社などを中心に、その概略を紹介する。

　ここに明治七年（一八七四）三月三十日に訂正された幕末の「初穂詳細記」（古橋家蔵）という記録に、

伝蔵

一　麦三合　　津嶋
　　米五合

一　麦五合　　洲原
　　米壱升

一　米壱合　　白山

一　銭五拾　　あたこ山

一　米五合　　駒山
　　米三合

一　銭弐拾四文　　鳳来寺

一　米壱合　　大須寺

一　麦五合　　笹平ね
　　米弐合

一　米弐合　　万才

津島神社（愛知県）（１）

津島神社（愛知県）（２）

銭弐拾四文
一　米三合　　　猿屋
銭三拾六文
一　春　米四合　　　日かん
秋

一　米壱合　　　あさま
一　銭五拾　　　高屋山　　　（一部抜粋）

とある。この帳簿は村人全員が六ヵ所から二〇ヵ所の宗教的職能者に金品を出していたことを認めたものである。

古橋家をはじめ、稲橋村だけでもこれだけ多くの漂泊者を受けとめていた事実に驚嘆する。

前掲の帳簿に相応するように、古橋家の記録に津島御師からの口上が残されている。

口　上

津島御師
堀田番頭大夫

今般当御社御作事之儀者、御旦中も御存之通、御本社之分者暫出来いたし候ニ付、当九月三日御遷宮被　仰付候間、御村中江被仰聞御参詣成下、御組御泊可被下候御待申候、右御作事格別大金御入用ニ付、上々様より御寄付被為在、尾張様より御領分中ハ、御触相廻り信心之寄付多分致出来候所、いまだ不行届大金御入用ニ候間、他国御上方控之御師者国々村々江、家数之割合を以仲満一統御旦中江、御寄付御願可申旨御師中江上、上より割付金子致奉納候様ニ被　仰付甚以迷惑奉存候得共、仲満一統之儀無拠候付御旦家之　割付を以金子指出可申筈ニ相成候間無是悲奉頼候何卒左御苦労御寄付御出情被成下候ハハ、御師も割付置無滞相勤神勢相続可致長久候間、何卒御神恵ト思召偏ニ御寄附奉願候、以上

戌八月

（札）

「津島御遷宮来九月三日夜」

同文のものが川手地区にも散見される。これによって他の史料（夏焼のみ他の御師の所属下にあった）もすべて当町域は津島御師堀田番頭大夫の所属下にあったことが確認される。

古橋家の近代以降の氏神祭祀に関連する記録は七点を数える。以下に掲げる。

①明治七戌年九月二十九日「産土神御祭祀詳細簿」
②乙戌明治八年九月二十九日「氏神祭入用記」
③明治九年子九月二十九日「八幡神社祭入用簿　年番古橋義周」
④明治十年丑九月「八幡宮祭礼入用簿」

⑤明治亥八年九月二十七日〜二十九日「氏神祭礼雑記」
⑥未詳　「年中祭典詳細簿　稲橋夏焼　両村」
⑦　「産土大神御祭祀記録」

当家にとって氏神の祭礼が年中行事の最たるものであったことは明白である。古橋茂人氏は、晩年になっても毎朝五時半過ぎには稲橋八幡神社へ参詣を欠かさなかったことがそれを象徴しているであろう。

古橋家の年中行事記録を見れば明らかだが、とりわけ「先祖さま」を大切にする行事が際立っていること、それが、記録の中に「毎朝早起いたし八幡宮観音拝、田の水見可申事」とか、「一月十五日　郷社例祭鎮守」「四月二十七日　祥月」「五月八日　祥月」「五月九日　祥月」「五月十三日　祥月」「五月十四日　祥月」「六月四日月次祭　百六十年」「六月二十日　祥月」「七月二十一日祥月」「七月二十二日　祥月」「七月二十五日　祥月　但百五十回忌」「八月十四・五日　郷社例祭」「十二月二十四日　祥月」などの祥月記事とか、「七月　一、先祖祭店御祝ノ事」に見出すことができる。

かててくわえて、古橋家には近世後期から近代にかけて暉皃・義真の「八幡神社祭入用簿」があり、いずれも明治七年から十年までのものである。これらは近代国家と奥三河の氏神祭祀を知る貴重な史料であり、これと古橋家日記（筆記者は暉皃他＝慶応二年一月一日から書きはじめられた日記で、以後昭和三年まで記載がみられる）により、三河山間部で産神（産土神）・祖霊信仰を中心にした在村における信仰生活を積極化し、村の結合を強化した上で、明治新政府に呼応したことを知ることができる。

5　恵美須講（恵比須講・恵比寿講）

エビス神を祀る一連の行事を恵比寿講（古橋家の記録には「恵美須講」と統一されているので、以下は「恵美須講」と記述する）とよんでいる。

関西地方の十日戎は一月十日の祭礼だが、関東地方では主として一月二十日（百姓のエビス講と称している）と十月二十二日（商人のエビス講と称している。新暦では十一月二十日）にエビス神を祀っている。しかし、全国的に統一されたものではなく、祀る方式も祭日も地域によって異なることが多い。

エビス神は本来「恵美須大黒」に象徴されるように、本来漁民のものであったという考え方が主流であったが、中世、なかでも十六世紀以降は各地の商業集団などの拡大にともなって、畿内を中心に都市部の商家によって、商売繁盛の神として信仰されるように変化していった。

近世に入ると、江戸の商家などでは、エビス神の前で手近な品物に「千両」「万両」などと景気のよい値をつけて売買の真似をしたが、これは都市部だけでなく、農村部にもこうした習俗は残存している。枡に家中の金を集めて入れるのもこれと類似するものであろう。

東日本一帯（関八州）にエビス神の信仰が伝播拡大したのは、十七世紀中葉の寛文七年（一六六七）以降、西宮の社人が本格的に東国方面、とくに江戸を中心に戎像の神札を頒布するようになってからといわれている。こうした戎像は今日でも「恵美須講」のときに掛けているところもあり、稲武周辺でも数ヵ所で「エビス様」のヒョウゴ（掛軸）を掛けている。

古橋家では恵美須様（恵美須講・恵比須講）の日、枡に入れた現金と米と、酒・肴などを供えている。商家であった古橋家には後掲する「年内商業順序」の十月の項に「十月　一、恵美須講肴買入レノ事」とあり、この日に親類縁者の美濃屋・信四郎・源左衛門・嘉助・文次郎・佐平太・乙八　利左衛門ら一〇人ほどをはじめとして、これに加えてすべての奉公人を呼んで御馳走したという。最近ではこうした催しも少なくなってきたが、昭和三十年代までは子どもたちにお菓子などを振る舞うこともあったという。

古橋家では明治二十年代から大正十二年に至る「恵美須講」とそれに関連した献立帳が一二冊確認されており、以下に掲げる。

①恵美須講御客幷献立扣　明治二十四年十月二十日
②恵美須講御客幷献立扣　明治二十六年十月二十日
③恵美須講御客幷献立扣　明治二十七年十月二十日
④恵美須講御客並ニ献立帳　明治二十八年十月二十日

⑤恵美須講御客献立扣　明治二十九年十月二十日
⑥恵美須講御客献立扣　明治三十年十月二十日
⑦恵美寿講御客献立扣帳諸入費　明治三十一年十月
⑧恵美須講御客並献立扣　明治三十弐年十月二十日
⑨恵美須講御客幷献立扣　明治三十四年十月二十日
⑩恵美須講御客幷献立扣　明治三十五年十月二十日
⑪恵美須講御客幷献立扣　明治三十六年十月二十日
⑫恵美須講御客幷献立帳　大正十二年十月吉日

次に、①の明治二十四年(一八九一)と、⑫の大正十二年(一九二三)を紹介して、明治中期から大正期における恵美須講が開催されたときの献立や、参加者の状況を眺めてみよう。

恵美須講御客幷献立扣①

明治二十四年十月二十日

「　明治二十四年
恵美須講御客幷献立扣
十月二十日　」

本座敷
暉兒　源六郎　佐藤清臣　小木曽利左衛門　柄沢清平
古橋信三郎　古橋義周　古橋嘉七　古橋兵二郎
小木曽角三郎　小木曽栄三郎　古橋庄作　松原幸平　松
嶋銀四郎　小木曽柳吉　安藤太郎　太地宏行　三浦真鉄
夏目仙二郎　平林庄五郎　岡田伊三郎　岡田庄二郎　長
谷川半七　岡田重三郎　林鈴吉

○廿六人
いち　つる　かく　可乃　先生　もと　みね　ゑい　だ
い　いせ　しな　先生　ちか　ゑい　よき　りん　まつ
みよ　いと　とう　たけ　せん　ぶん　あい　たね　と
も　あい　くら　きよ　せん　まき

○廿五人
清興　弁七　今四郎　長四郎　鶴吉　徳三郎　又十郎
牧五郎　義貫　角四郎　保三郎　栄確　秀吉　栄太郎
金太郎　兵三　芳吉　利三郎　政二郎　文吉　梅吉　仙
太郎　由吉　仙三郎

○廿四人

只四郎　卓四郎　豊吉　たか　志ゅう　義舒　あさ　純
二　古今二　豊四郎　ひろ　宗一　音四郎　村四郎　な
か　森三郎　りん　いま　尚次　秀四郎　同妹　軍二
やす　あさ　治三郎　三吉　こう　つや　すみ　いと
林次　春吉　角太郎　ゆき　忠二　つね　つた　新屋子
守重吉　福太郎　宗二　志ょう　げん　金二　甲蔵　で
い　かね　はぎ　げい　今朝　倉吉　菊三郎　てつ　彦
吉　幸　忠二　丈二

○五十六人

職人民造　岩吉　初三郎　忠二　夏政　治三郎　愛六
半三　文太　左官松太郎　兼吉　兼吉　鉄吉　末吉　長
次　小四郎　大工源二

下男

亀右衛門　長二郎　春吉　熊吉　徳次郎　重作　徳二郎

○七人

ます　くら　きよ　いそ　つね　ふく　ちょう　志ん
せん

○九人

合百六拾人

第一番献立

皿　　からすし
大皿　たこ
大平　のつぺい
吸物
硯蓋　やき豆腐　柿竹　金平　嶋芋　牛蒡

第二番

皿　　からすし
吸物
硯　第一番尓同じ
丼　　こんにやく

古橋津留

恵美須講御客幷献立帳⑫

大正十二年十月吉日

「　古橋津留

癸　大正十二年
　恵美須講御客幷献立帳
亥　　十月吉日

「

本膳
古橋源六郎様　古橋信三郎様　佐藤珍木様　小木曽利左衛門様　柄沢忠男様　古橋啓四郎殿　原田勝治郎殿　岡田悦次郎殿　長谷川延次郎殿　小木曽紀殿　古橋豊四郎殿　安藤覚太郎殿　松嶋清三郎殿　松原林治郎殿　勝川芳吉殿　小木曽源太郎殿　安藤勇治郎殿　古橋又右衛門殿

○十八人

弐番
鉄五郎　和三郎　守　克己　妻吉　清治郎　儀造　峰吉　国三郎
御女中　つる　まき　しゅう　かく　さとえ　たけ　まつ　つね　志げ　りん　くま
職人　国太郎　今吉　定吉　兼治郎　亥吉　鶴吉　治

次　佐四郎　房吉　喜三郎　秀四郎　横川秀四郎　井元勇松　徳四郎

十五人

女　ます　かねの　せつの
子供
全廃
外　御得意
　馬車引　車引

献立
本膳
吸物　　竹　しめじ
鉢肴
太平　のつぺい
硯蓋　焼豆腐　柿　竹　金平牛蒡　長芋
膳部
皿　なます　たこ
平　芋　牛蒡　竹　コモ豆腐

汁　　大根　焼豆腐
弐番
皿　　なます　たこ
平　　とろ芋　竹　豆腐
汁　　焼豆腐　銀杏大根

古橋茂人・千嘉子氏によれば、明治期の古橋家の恵美須講には七代義真の室、都留の骨折りが在ったという。

古橋家の恵美須講は、まさに畿内の近江周辺に典型的に見られる宮座のように、客の座席がすべて決定されており、明治期にはその数一六〇人をこえる。いかに恵美須講の規模が大きく、古橋家の親類・奉公人・出入り業者（職人）による商圏が拡大されていたかが確認できるであろう。

6　冬の行事

暮れ勘定

盆・暮れの二季が決算期であったころは、とくに暮れの決算は重要であり、これを総称して暮れ勘定と称していた。当町内では少ないが「借金なすがら（茄子）」といってこの日に町方、とくに稲橋あたりの商家では茄子の枯れ木を燃やして借金を返済した気持ちになったというが、これも単なる語呂合わせであったという。また、借金取りが大晦日に提灯をつけて歩きまわったが、すでに元旦となり明け方になっても提灯をつけて回っていることもあったという。

煤払い

商家の煤払いの日程は、現在では仕事の進み具合によって決めることが多いが、一応の目安として十二月十三日を起点にすると様に伝承に統一されている。

稲橋八幡神社では十二月二十五日に煤払いが行われ、これ以後、一般家庭でも煤払いが行われる。戦前までは煤払いも大変な作業で、古橋家では二十五日に終日をかけて家族総勢（奉公人を含めて一〇人以上）で顔中煤だらけになって大掃除をしたという。終了すると一族が集まり、奉公人も含めて酒肴が振る舞われた。

二　記録にみる年中行事

1「年中行司」

正月

元旦八幡宮参詣可致、大三十日つかれ有之候共、月代剃りいたし置参詣可致事、

神佛拝礼いたし、夫より親元病気御慶中家族迄、礼受可申事、

三宝　のし　こんぶ　くり　米　ミかん
　　白髪豆　手皿　田作

雑煮　いも　牛蒡　こんぶ　とうふ　青菜
　　もち

とそ　年若始年老泊

こんぶ布　牛蒡　田作　数の子

毎日掟

父江、朝暮手をつき一礼可申事、

親江対し、昼間も立話致申間敷事、

毎日掟

一　都而人応対丁寧いたし、客来之人江皆々挨拶可致事、
　　朔日売始之銭、九十文ニて清浄いたし置、

毎月

夷神宮秋葉山稲荷帳掛ケ銭(欠)一冊緒いたし納置、伊勢かみ道之節、秋葉山ハ正月代参之節、稲荷配札之節、相納可申候、

毎日掟

飯前

一　大戸あけ　用太

一　畜あけ　栄吉

一　下駄緒冬中義者はきもの　太次郎

一　かぎ番女　下台所

庭　掃除

一　店ハ皆ニてあけ

一　四九　よわないもの立合の事、
　　但引申払　芳次郎

店火鉢火入

一　かん鍋楮御洗　　壱日　　常八
裏表掃除
一　夜ル裏表戸見廻し鍵改、主人より床入可致事、
一　はきの　上端左之方より源六緒ハ慶二郎ぬき右之方
衣、かね同断、
店拵畳かえ候、浦四道具ぬき可申事、
但隠居源六婦人下駄緒浦四すけ可申事、
一　雨天下駄を出し、晴天徳翁草履を出し可申事、
客来之節ハ、はきの出し、帰り次第仕舞可申事、
一　下駄草履ニて客来有之節、はきもの直し置、夜中帰
り節ハ灯を見せ可申、
一　当座帳ハ掛硯向すすぐ
当座帳　弐口
弐口
米帳其外帳面一打、硯ニいたし順も相そろい、
薄墨認可申、前村名幷名前同断、夫倅下男女
認可申名前記し可申事、
一　当座帳一夜置可申事、

毎日掟
一　客来買向幷用後ニて二人、源六帳面より出て挨拶し、
人ハ茶を汲可申候、尤台所江上ル人、四月朔日、九
月節句迄、煙草盆、九月節句より三月晦日、火鉢さ
し出し可申事、
ゆう迄蔵仕舞置可申事、
一　年内新米買入、是迄産米帳方之所へ勘定いたし、毎
月仕入総代金未刻〆置、金銭出突合置蔵仕舞之節、
村限〆作徳も村限受取〆突合、仕入来帳者惣〆突合、
惣入用何程酒米出入帳〆出荷把酒米何程改受取搗可
見事、
但飯米い出し節かね、同人控記し、是又毎月蔵米
ハ突合可申事、
年内
一　飯米蔵仕舞後ハ、有米何程、籾摺分何程、米帳飯米
記し置、
一　酒者小出しいたし、内ハ壱石出も附新酒始之節、か
ね様突合売限売上帳突合、是迄ハ夜銭つなき売上い

たし候処、以来春小出し、節句盆ニても銭つなき売
上可改事、
一　米ハ酒出し候節、源六本帳記し置、毎夜売上可改事、
但銭酒ハ曲尺ニて可改事、
年内
一　大豆ハ帳面壱口之儀ニ付、蒸し置三十弐俵、源六よ
り書渡し、升入等置、其度毎出し口記し置、蔵舞可
改事、
但し毎月有大豆改事、
馬ものハ先俵定置仕舞之節小出し、改可事、
毎日
一　みそ掛出いたし、酒同様可改事、
毎日
一　溜り三リン直し焼可も直し候節、出帳源六記し置、
毎月売上可改事、
一　年内貸方、十五日前かけ合可申事、
一　年内二月銀帳可写事、
一　毎月諸相場、毎月三度相改相場帳認可申事、

四九
一　行灯掃除、傘樽むしろ提灯改之事、
一　四九　年内金出入改之事、
一　毎日質勘定帳ニ、元何程利何程認溜箱江入置繋之節、
質何程、銭酒何程いたし、銭繋入ニ記いたし、毎月
晦日右入等質帳遣突合可申事、
一　みりん、焼酎かすハ、師故其侭いたし置候、衣食住
鳥定、
一　平生家内中袖口こり共緒結油相用ひ、
但度帯ハ結油相用ひ可申事、
一　家督のもの、小倉帯是迄仕来通用ひ可申事、
一　朝麦飯汁、昼小屋番もの、みそ可致事、
夕飯かいそうにいたす事、
一　朔日十五日、両日上之野菜を付可申事、
一　居宅ハもちろん、其外も是迄之通改新規いたし申間
敷、修復少しにも相用たる事、
一　古木用ひ可申事、
一　年内毎月作徳御年貢差引いたし徳分、算用いたし可

事、
一　売米総代金幷作徳ハ、前右相場ニて仕入帳代金(欠)
値段ニ付、代利分見可その同様ニ付、当年利分何程
見〆、三ツ割弐口ニて諸入用頼母子かけて見、是迄
諸入用壱口之内相定、尤利分年々ニて色々有之もの
故、右之利分之節ハ、三ツ割弐口用ひ不申、右(欠)
有之節ハ修復余慶いたし、又ハ道具買ひ可申事、
年内(卸)
一　店卸、是迄通七月朔日頃(欠)仕舞可申、右延過弐ト
五ハ親類一同困窮助力無利足之節、附又ハ右のもの
災難之見舞可申、壱ト弐厘五毛弐ト五ハ、村方幷小
作人病災火何合ものは、又ハ拙之困窮もの手当いた
し、壱部弐厘五毛仕舞、凶年施し手当いたし可申事、
年内
一　建上　諸品切品記積置、
但　桶ハ別積置事、
毎日
一　紙屑晦日其掛り定て仕舞事、

毎日
一　日夜度々土蔵前屋敷内見廻り可改事、
毎日
一　塩壱俵ツツ(欠)出ほし附かね可改事、
役配
一　太次郎下駄箱緒蔵杜氏、
上ぞうり
役配　在村定
一　くつ五足　ぞうりわらじ三足　縄三十ひろ三わ
右塾考之上、田打こへ出し相除節、七日前迄夫より
秋彼岸迄、銘々はき候丈、麦一時除夫より春之通子
供之内可為致候毎日心得、
一　金受取節其節もの、前ニて金盆三枚改夫より日方可
改事、
心得
一　酒代銭改酒つき可申事、
年内
一　御野帳壱部仕舞置可申事、是も後年心得相成可申事、

一　衣類六寸右　　同断

毎日

一　茶碗其外雑用申上候段、相渡しわれぬ節、こんを用行次相渡し可申事、

一　八幡宮石灯籠立、立派いたし様候処、寛政御触三尺より底ニ有之候、五両位可仕奉存、

一　朝寅上刻起神仏拝礼、夫より食横川渡田之水いたし帰り、経典除師見十句経書写いたし、夫より家業可候事、

一　毎朝早起いたし、八幡宮観音拝、田の水見可申事、

一　弟六かねはい精々為致可申事、

一　太次郎女はきもの、冬杜氏之もの夏中ニ仕置事、

一　栄吉　わらじ

一　幸四郎　ぞうり

一　栄吉大治郎、拵日は只今わらじ凶作精々為遺申事、

一　下男女仏花線香為献可申事、

一　但親御茶とふ為致可申事、

（古橋会文書）

2　農家年中行事

「　農家年中行事

愛知県三河国北設楽郡大野瀬村

小木曽一家　」

農業着手順序

第一条

一月ヨリ二月三十日マデ、馬具（クラコモ、クラナワ　クツゴ、オモヅラ、ハラオイノ類）、簑脊具、或ハ養蚕具、其他、農事ニ関スル藁居等、都テ用意スル事、

第二条

三月中ニ薪及釜下タキ物用意スル事、

第三条

四月一日ヨリ同十日マデ、用水路ハ勿論、井台等修繕ヲ要スル事、

但本文日数之内、茶畑草切及水肥致ス、

第四条

四月十一日ヨリ同廿日マデ、田起シ之事、

第五条

四月廿三日ヨリ両日間、籾捲キ之事、
　第六条
四月廿五日ヨリ五月十日マデ、田肥入レ幷ニ田コキリ之事、
　第七条
五月十一日ヨリ同廿日マデ、茶桑畑草切り、幷ニ槇皮ムキ、或ハ稼等ヲ精々スル事、
　第八条
五月三十一日限り、
　但シ右日限中雨天ノ日ヲ以テ田アラクリスル事、
　第九条
六月一日ヨリ同七日マデ、田拵(草ヨセ、カイ田、打カヘシ)之事、
　第十条
六月八日ヨリ同十五日マデ、植付(春田ト称スル分)之事、
　第十一条
六月十六日ヨリ同廿日マデ、麦田植附之事、
　第十二条
六月廿三日、田植休之事、
　但時宜ニ因リテハ、伸縮或ハ其組限リ廃スルモ、妨ゲナシ、
　第十三条
八月一日前後ノ内、切り山(ソバ山ノ類)スル事、
　第十四条
八月廿日前後の内、茶桑畑へ草肥苅敷幷ニ青木抔之下タ苅スル事、
　第十五条
九月二十日ヨリ同三十日マデ、干草苅之事、
　但釜下タキ物等モ苅置ク可シ
　第十六条
十月一日ヨリ同五日マデ、麦播灰を焼ク事、
　第十七条
十月六日ヨリ同廿日マデ、麦播之事、
　第十八条
十一月三十日頃、山寄物(薪干草釜下タキ物)スル事、
　第十九条

諸作物播　季節

第一条

籾播附方一坪ニ付（籾六合ヨリ四合マデ）度トス、

第二条

種籾当テ植附、田壱畝歩ニ付（上田籾五合、中田籾七合、下田籾八合）度トス、

第三条

煙草播込四月七日（ヒガシ十日下リ）度トス、

第四条

粟播込五月二日前後（八十八夜）度トス、

第五条

稗播込五月（二日ゴロ早、八日ゴロ中、十日ゴロ晩）度トス、

第六条

大豆播込、六月五日頃ヨリ廿日マデ（五月節ヨリ中マデ）度トス、

第七条

芋植附、四月十六日頃ヲ度トス、

第八条

牛蒡播附、三月廿日前後トス、

右農事周旋人協議ノ上、取究候也、

（桑原・青木行雄家文書）

3「明治二十年度古橋家年中行事」

一月一日　売初

一月二日　帳用紙折初

一月三日　元始祭

一月四日　若木迎二人　帳紙折上

一月五日　新年宴会

一月六日　寒入茄子苗代肥掛

一月七日　茄子苗床施肥　帳簿上紙張

一月八日　茄子苗床施肥

一月九日　茄子苗床施肥　帳簿綴

一月十日　茄子苗床施肥　帳簿綴

一月十一日　茄子苗床施肥　帳簿上書

一月十三日　茄子苗床施肥

秋葉代参ノ事、同時小川山税持参之事、
召戸佐々木為吉、秋葉札、新庫、本庫、
米庫、大豆庫、上新庫、台味庫、酒庫、
外庫、南庫、役場シメ十二枚、
村　大札一　小札六十
一月十四日　休　秋葉代参出立
一月十五日　郷社例祭鎮守
一月十六日　休
一月十七日　休み
一月十八日　茄子苗床施肥　祥月　種籾浸水　午後
ヨリ三日　日ノ朝迄
一月十九日　茄子苗床　祥月
一月二十日　茄子苗施肥　桑園施肥二人
一月二十一日　半休　茄子苗床施肥
一月二十二日　茄子苗床施肥
一月二十三日　茄子苗木施肥
一月二十四日　茄子苗床施肥　祥月　七月先先祖例祭
相談
一月二十五日　茄子苗床施肥　祥月
一月二十六日　茄子苗床施肥
一月二十七日　茄子苗床施肥
一月二十八日　茄子苗床施肥　炭焼二人
一月二十九日　茄子七床施肥　茄子七床施肥
一月三十日　孝明天皇祭
一月三十一日　苗子苗床
二月一日　茄子苗床施肥　傘注文
二月二日　茄子苗床施肥　おい下葉一番肥一人
二月三日　茄子苗床施肥　寒明
二月十一日　起（ママ）源説
二月十五日　味噌仕込六本　六人
二月十五日　味噌仕込六本　六人
二月十七日　味噌仕込茶四本　アホリ六人
二月十八日　味蒸二人
二月十九日　味噌蒸二人
二月二十日　味噌蒸弐人
二月二十一日　半休　味噌蒸二人

二月二十三日　味噌蒸弐人
二月二十三日　味噌弐人　大豆アホリ二本三人
二月二十四日　味噌蒸二人
二月二十五日　麦踏三人　味噌蒸し一人
二月二十六日　味噌蒸二人
二月二十七日　味噌蒸二人　馬糞出三人
二月二十八日　味噌蒸二人
三月一日　半休　味噌蒸二人
三月二日　味噌蒸片付三人　モヤ刈り四人
三月三日　モヤ刈り四人　モヤ七百わ　一人二十
わ当
三月四日　モヤ刈り四人
三月五日　モヤ刈り四人
三月六日　モヤ刈り五人
三月七日　モヤ刈り五人　味噌割一人
三月七日　モヤ刈り五人　味噌割一人
三月八日　モヤ刈り五人　味噌割一人
三月九日　モヤ刈り五人　味噌割一人

三月十日　薪切三人　廿五間一人一間当
三月十一日　半休
三月十二日　薪切三人　味噌割五人
三月十三日　薪切三人　味噌割五人
三月十四日　薪切三人　味噌割五人
三月十五日　薪切三人　味噌割六人
三月十六日　薪切三人　傘印シ書
三月十七日　薪切三人
三月十八日　薪切三人　傘油引
三月十九日　田麦熊手入二人　春季祭松割
三月二十日　田麦熊手手入一人
三月二十一日　春季祭　祥日
三月二十二日　畑麦手入三人　祥日
三月二十三日　茄子胡瓜　夕顔　牛蒡　唐カラシ　玉
葱等種蒔一人　祥月
三月二十四日　夏大根　コモ菜　テコ芋　チャシ菜
生姜　島芋　蒔植弐人　祥月
三月二十五日　田麦草取三人　田麦壱番打一人　味噌

焼酎取一人
三月二十六日　田麦草取三人　田麦壱番打一人　味噌
焼酎弐人
三月二十七日　田麦草取三人　田麦壱番打一人　味噌
用焼酎取一人
三月二十八日　田麦壱番打一人　味噌用焼酎取一人
三月二十九日　畑麦草取三人　畑麦一番打一人
味噌用焼酎取一人
三月三十日　畑麦草取三人　畑麦一番打壱人
味噌用焼酎取一人
三月三十一日　馬糞出三人　味噌用焼酎取一人
四月一日　苗代馬糞施打一人
四月三日　神武天皇祭
四月四日　菜園施肥七人
四月五日　茶施肥七人
四月六日　茶施肥七人
四月七日　茶施肥七人
四月八日　焼酎取七人　焼酎取二人
四月九日　茶施肥七人　焼酎取二人
四月十日　苗代コギリ畔削り　焼酎取二人
四月十一日　半休　焼酎取二人
四月十二日　茶施肥八人　焼酎取二人
四月十三日　麻マキ二人
四月十四日　焼酎取二人
四月十五日　田麦二番打三人
四月十六日　畑麦二番打三人
四月十八日　籾種浸水
四月十九日　紫蘇　朝鮮稗　早大角豆　朝顔　ナタ
豆　高菜　玉葱蒔一人
四月二十日　苗代田畔塗アラクリ一人
四月二十一日　半休
四月二十二日　桑園一番耕作施肥二人
四月二十五日　里芋種下シ二人
四月二十六日　苗代拵雑草切込踏入踏入糞灰散布水
千二人
四月二十七日　祥月　籾種揚播種　畑大角豆早小豆

大根畑入子一人
四月二十八日　馬糞出三人　祥月
四月二十九日　盆大豆　真瓜　粟　蒔一人
四月三十日　茶おい簀掛二人
五月一日　半休　茶おい下番施肥三人
五月二日　田麦カイ三人
五月三日　畑麦井カイ三人　味噌仕込四本五人
五月四日　茶園垣根結二人　味噌仕込二本五人
五月五日　茶園垣根結二人
五月六日　茶一番取四人　茶園鍬入二人
五月七日　茶一番草取四人　茶園鍬入二人　一番火入
五月八日　茶園一番草取　茶園鍬入二人　一番火入六人　祥月
五月九日　茶一番四人　同鍬二人　一番火入六人　祥月
五月十日　茶一番草取四人　同鍬入二人　一番火入六人
五月十一日　祭おいこも掛　一番火入六人
五月十二日　漬瓜胡麻馬鈴薯一人　一番火入
五月十三日　一番火入六人　漬粕ヲリ打　祥月
五月十四日　御衣祭　祥月
五月十五日　田麦草取二人　大豆アホリ三本五人
五月十六日　田麦草取二人　味噌蒸三人
五月十七日　畑麦之草取二人　味噌蒸三人
五月十八日　畑麦之草取　味噌蒸三人
五月十九日　味噌蒸三人
五月二十日　味噌蒸三人
五月二十一日　半休
五月二十五日　馬糞出三人
五月二十六日　一番茶摘　味噌割一人
五月二十七日　一番茶摘　味噌割二人
五月二十八日　一番茶摘　味噌割三人
五月二十九日　一番茶摘　味噌割三人
五月三十日　一番茶摘　味噌割三人
五月三十一日　一番茶摘　味噌割三人

六月一日　一番茶摘　神供大根蒔仕度
六月二日　一番茶摘
六月三日　一番茶摘　茶おい下三番肥一人
六月四日　月次祭　桑刈　六百把内　百五十三留
二百九十下田(柴)百六十年
六月五日　柴刈
六月六日　芝刈
六月七日　芝刈
六月八日　麦用畔二人
六月九日　麦用畔二人
六月十日　柴切二人
六月十一日　柴切二人
六月十二日　大豆蒔五人
六月十三日　茄子玉葱移植
六月十四日　茄子葱移植　シャクジョウ豆蒔種
六月十五日　田麦刈　茄子植
六月十六日　田拵田植
六月十七日　田拵田植
六月十八日　田拵田植
六月十九日　田拵田植
六月二十日　畑草刈三人　畔豆播種　祥月
六月二十一日　半休　午前畑麦刈　神供大根播
六月二十二日　畑麦刈五人
六月二十三日　茄子植一人
六月二十四日　茄子植
六月二十五日　馬糞出三人
六月二十七日　里芋柴入土寄
六月二十八日　田一番草取女二人
六月二十九日　田一番草取二人
六月三十日　大祓
七月一日　休　店御始
七月二日　休
七月三日　麦コナシ四人
七月四日　麦コナシ
七月五日　麦コナシ
七月六日　麦コナシ四人

七月七日　桑園施肥耕作三人
七月八日　胡蘿葱播種
七月九日　ラッキョ掘植
七月十日　田二番草取二人　二番茶摘
七月十一日　半休　　二番茶摘
七月十二日　二番茶摘
七月十三日　二番茶摘
七月十六日　味噌仕込三本五人
七月十八日　田三番草取
七月十九日　田三番草取四人
七月二十日　乾草刈三人　二百三十把　大根畑送肥
七月二十一日　半休　乾草刈　祥月
七月二十二日　乾草刈三人　大根畑拵二人　祥月
七月二十三日　乾草刈三人　大根畑畔切播種　店御仕上
七月二十四日　乾草刈三人　大根土キセ　祥月　元祖百五十回忌
七月二十五日　乾草刈三人　祥月　但百五十回忌
七月二十六日　田四番草取三人
七月二十七日　田四番草取四人
七月二十八日　乾草刈三人
七月二十九日　乾草刈三人
七月三十日　乾草刈三人
七月三十一日　乾草刈三人　馬糞出三人
八月一日　半休　乾草刈　酒袋渋引
八月二日　大根施肥二人
　乾草三人　酒袋渋引　大根施肥二人
八月三日　田五番草取三人　酒袋渋引
八月四日　田五番草取四人　酒袋渋引
八月五日　乾草刈二人
八月六日　乾草刈二人
八月七日　乾草刈二人
八月八日　乾草刈二人
八月九日　乾草刈二人
八月十日　ホウレン草播種
八月十一日　行灯ボンボリ等張替

八月十二日　茶子　ツケ菜　三月大根播種
大根施肥
八月十三日　郷社　境内掃除一人　作花其他へ二人
八月十四日　郷社例祭
八月十五日　郷社例祭
八月十七日　茶二番草取五人
八月十八日　茶二番草取五人
八月十九日　茶二番草取五人
八月二十日　夏焼村浅間社社例祭
八月二十一日　茶二番草取五人
八月二十二日　茶芝刈八人　総菜千七百四三把
八月二十三日　茶芝刈七人
八月二十四日　茶芝刈七人
八月二十五日　茶芝刈七人　渋柿落三人
八月二十六日　茶芝刈七人　渋柿落三人
八月二十七日　茶芝刈七人　渋柿落三人
八月二十八日　茶芝刈七人　渋柿落三人
八月二十九日　茶芝刈七人　渋柿落三人

八月三十日　茶芝刈七人　漬粕売出
八月三十一日　茶柴広ケ六人
九月一日　二百十日休　祥月
九月二日　穂稗取一人　畔乾草刈　祥月
九月三日　畔乾草刈三人
九月四日　馬糞出三人　酒造器械洗弐人
九月五日　酒造器械洗弐人
九月六日　酒造器械洗弐人
九月七日　酒造器械洗弐人
九月八日　酒造器械洗弐人
九月九日　武節桑原村社例祭
九月十日　味噌四本大豆アホリ五人
九月十一日　味噌蒸三人
九月十二日　味噌蒸三人
九月十三日　味噌蒸三人
九月十四日　桑園草取一人　味噌蒸二本アホリ二人
九月十五日　味噌蒸三人
九月十六日　味噌蒸三人

九月十七日　味噌蒸三人
九月十八日　味噌蒸三人
九月十九日　味噌片付三人
九月二十一日　秋季祭松明拵
九月二十二日　味噌割一人　墓所掃除花立拵
九月二十三日　秋季祭　味噌割三人
九月二十四日　味噌割五人　ヒル植
九月二十五日　味噌割七人
九月二十六日　干草取一人　味噌割七人
九月二十七日　草刈十人シメ三千把　壱頭当五百
九月二十八日　干草十人
九月二十九日　干草十人
九月三十日　稲種取　馬糞出三人
十月一日　半休　麦種苦塩撰
十月六日　稲刈五人麦種木炭浸
十月七日　稲刈五人
十月八日　稲刈　他麦種灰浸
十月九日　稗畑麦蒔五人

十月十日　麦田起コギリ施肥播種　祥月
十月十一日　麦田起コギリ施肥播種
十月十二日　麦田起コギリ施肥播種
十月十三日　麦田起コギリ施肥播種
十月十四日　麦田起コギリ施肥播種
十月十五日　麦田起コギリ施肥播種
十月十六日　麦田起コギリ施肥播種
十月十七日　神嘗祭
十月十八日　幡田麦蒔五人
十月十九日　畑麦蒔六人
十月二十日　恵比須講
十月二十一日　半休
十月二十三日　麦イガバへ熊午入用弐人
十月二十四日　麦イガバへ熊午入用弐人
十月二十五日　芋起麦蒔六人　豆宛豆蒔
十月二十七日　稲コキ三人
十月二十八日　稲コキ三人
十月二十九日　稲コキ三人

十月三十日　稲コキ三人
十月三十一日　馬糞出三人
十一月一日　通紙帳紙注文
十一月三日　天長節
十一月四日　室築三人
十一月五日　麦肥掛三人　室築三人
十一月六日　麦肥掛三人　室築三人
十一月七日　麦肥掛三人　室築三人
十一月八日　麦肥掛三人　室築三人
十一月九日　田麦日向取北へ二人
十一月十日　田麦日向取北へ二人
十一月十一日　半休
十一月十二日　畑麦日向取北へ三人
十一月十三日　桑園耕作一人
十一月十四日　味噌仕込四本六人
十一月十五日　大豆アホリ五人
十一月十六日　大根引六人　味噌蒸三人
十一月十七日　大根片付二人　味噌蒸三人
十一月十八日　田麦日向へ二人　味噌蒸三人
十一月二十日　田麦日向取南二人　味噌蒸三人
十一月二十一日　畑麦日向取南三人
十一月二十三日　新嘗祭
十一月二十四日　馬糞出六人
十一月二十五日　麦上肥六人
十一月二十六日　麦上肥六人
十一月二十七日　麦掛三人
十一月二十八日　麦掛三人　味噌割二人
十一月二十九日　麦掛三人　味噌割四人
十一月三十日　麦掛三人　味噌割六人
十二月一日　半休　味噌割六人　茶肥荷造支度二人
　神前ニ天前
十二月二日　茶肥掛八人　味噌割六人
十二月三日　茶肥掛八人
十二月四日　茶肥掛八人
十二月五日　茶肥掛八人　祥月
十二月六日　茶肥掛八人　祥月

十二月七日　茶肥掛八人
十二月八日　たばこ延
十二月九日　煤払い
十二月十日　炭焼弐人
十二月十一日　半休
十二月十五日　年玉扇子注文　年取者注文
十二月二十一日　半休
十二月二十二日　行灯障子張
十二月二十四日　馬糞出三人　祥月
十二月二十五日　祥月
十二月二十七日　門松迎二人
十二月二十八日　餅搗男一人
十二月三十一日　大祓　奥ハ畳飾付献撰用意只八畳主上
御写真用意
（古橋会蔵）

4「年中商業順序」

一月
一、一日初売ノ銭ハ直チニ大国主命へ奉ル事
一、同日銭繋ノ節伊勢皇大神宮へ初穂料金弐拾五銭貯へ置ク事
一、同日夕方ヨリ商売用意ノ事
一、二日商売始未明ヨリ一同起揃ノ事
一、同日諸帳紙折始メノ事
一、同日年内予算ヲ立ツル事
一、同日賢所遙拝所へ神酒壱斗八合ヲ献ル事
一、三日マデ売上金ノ内金拾二円郷社祭典其他雑費へ特別寄附金奉納ノ事
一、四日ヨリ六日迄諸帳紙折上ノ事
一、七日諸帳簿上紙張ノ事
一、八日ヨリ十日迄諸帳簿綴上ノ事
一、十一日諸帳簿上書ノ事
一、十二日ヨリ売子年頭及懸取之事
一、十二日ヨリ二月二十八日迄ニ帳ヒレ付新帳写上ノ事
一、寒中水用意貯置ク事
一、田畑作徳不足三十日迄ニ懸合詰メノ事
二月

一、一月限金貸滞金二月一日ヨリ二十五日迄懸合詰メノ事
一、二月二十日ヨリ味噌五本蒸及仕込ノ事
三月
一、漬粕仕込ノ事
但傘紙ヲ被セ目張ヲ直シ致ス事
一、味醂元焼酎取揚ゲ仕込之事
一、傘桃提印書油引ノ事
四月
一、二十日ヨリ味噌五本蒸及仕込之事
一、フノリ、寒天用意ノ事
一、酒袋用不分別ノ事
一、釜引漆買入之事
但前年漆屋ヨリ冬中買取置可シ
五月
一、酒火入始メ事
一、壱番火入レニ「オリ」ヲ以テ漬粕手入レノ事
一、製茶職人顧入レ手配リノ事
一、田植ニ用ユル酒ヲリ用意ノ事
六月
一、二十三日ヨリ味噌五本蒸及仕込ノ事
一、酒火入レ注意ノ事
一、麦買入レノ事
一、麦穀買入レノ事
七月
一、一日ヨリ店始二十三日迄ニ調上ケ事
一、先祖祭店御祝ノ事
一、「タワシ」「ササラ」用意ノ事
一、酒造桶土用洗ノ事
八月
一、五日ヨリ味噌五本蒸及仕込事
一、渋柿落紋上ノ事
一、タドン製ノ事
一、土用塩買入レノ事
一、干草買入レノ事
一、渋紙張リノ事

一、漬粕二百十日頃売出之事
九月
一、二十五日ヨリ味噌五本蒸及仕込ノ事
一、秋季皇霊祭ノ節全ン実売上金高ノ内金五円礼部ヘ寄
付ノ事
一、諸仕込調之事
一、酒造見込届之事
一、茶覆用竹製ヘ置ク事
十月
一、味噌風復路買入レノ事
一、恵比須肴買レノ事
一、酒室築之事
一、種麴買入レノ事
一、米大豆仕入レ始メノ事
一、通紙注文ノ事
一、稗買入レノ事
十一月
一、二十日ヨリ味噌五本蒸及仕込ノ事
一、藁籾糠買入レノ事
尚明年室入用藁買入レ置ク事
一、諸帳簿紙注文ノ事
十二月
一、一日始諸帳簿計算ノ事
一、寒塩買入レノ事
一、下男男女出入ノ事
一、歳暮粕取置
一、通綴上書之事
一、越年祝幷新年祝ニ用ユル肴類買入レノ事
一、明年々始ニ用ユル肴買入レノ事
一、行灯張替ノ事
一、明後年分限紙寒中ニ抄キ揚ゲ依頼之事
一、堅炭買入レノ事
右之通
（古橋会蔵）

5　年中行事

吉日

一、元日及物三つくみにてとそふひるはこふの物にて宜
敷ゆうはんには何なり共さいにる事　いもこんぶ
一、二日浅及物　ひるこふの物　ゆうはんにとろろ汁
一、三日浅及もの　ひるこふの物　ゆうはんに　おから
じるに　こんにやく　を　さいのめに　きりていれ
る事
一、四日　ゆうはん　いはし
御座無く候はば　何にても宜敷
一、五日より六日両日は麦はんにて宜敷
一、七日浅（朝、以下同じ）かい　しるのみやきとうふ　いもに牛蒡しる
にてあり合
一、十一日浅　しる粉　ぞうに
但し二十人にあつき七合五勺
一、十四日　ひる　としとり　かきなますに田作　ひら
牛蒡にやきとうふ　きりめ　くみ物　ゑび　かつを
しる　小かいにいちよふ　大こん　ゆうはんは　あ
り合
一、十五日あつきかいしるこうの物　いもに牛蒡　やき
とふふ　ひるはこふの物　ゆうはん　いもにこんぶ
一、十六日浅及物ひるこふの物　ゆうはんには　何なり
とも　さいにる事　但吸物もち　ひしにきる
一、十九日二十五日　おしよう月
二月
一、七日　山の講　けいちやん　山の神様に　はく米五
合
一、十五日　おしやか様に何成共　こしらへ　そなへる
事
田うへの事
一、春田うへる節に　黒豆　めしをたき　ゑびす様と仏
様にそなゆる事
跡は暮れにふつへいれ田の神様江そなへおみき　壱
合　かしを月の数をそなゆる事
但しひつの中へ田作と青葉をいれて　そなゆる事
しまい田うへには　大豆の飯をたき　にしめかさに
付る事
米四升五合斗　のうやすみには五もくめし　米六升

みのや　お寺様　いづみや　新屋　紺屋江　重にて
遣す事
土用入
一、餅米八升　せきはん　あつき　壱升六合　美濃屋
いつみや　新屋　紺屋　御寺　ゆうはんに　あつき
七月七日　せかけ
一、三百文
一、米二升　ゆうこ　壱　なすび　生麩　壱重　外に百
文　六右衛門より
七月盆の事
一、十三日　なすにとうふささげ　やき麩　さらゆうこ
のすみそ　下人には　水さはの　さら
一、十四日浅　もちに　はた　ささきのしたし物　ひる
にかけ　ささげ　になす　ゆうはん　なめした　ひ
ら　生麩にあげ　なす　さら　ささみ　しるは何に
ても宜敷
一、十五日浅　なすび　かひ　とうささぎの汁　ひる
うどん　ゆうはんに　ささきめし　ひら　いも　牛
蒡　なすび　やき麩　しいたけ　さら　つけ上　牛
蒡になすび　百文　源六郎　お寺江
十三日
一、廿四文　秀四郎
一、十六文　浦四郎
一、十四文　一円寺　同両光院
九月節句
一、ひら　牛蒡　いも　きのこ　とふふ　なすび
一、さら　くしゐび　汁　いちようふ大根
九月十七日
一、餅　五升　内家
あわ二升　弐拾人にて　あつき八合　からみそ　御
寺　みのや　いづみや　こん屋江遣す事
内弐拾人にては少したり申さず　餅六升くらいに
て宜敷　おさいは　つけ物　汁にて宜敷
十月　かんをん様
一、かんをん様江あまさけ菓子
らふそく　せん香　へり遣事　御寺様江湯とうふに

て　あまさけ　恵美すこふ
十九日よい
一、有合にて　酒出し　あまさけ　わかす事
廿日
一、飯　子共座敷の節は三升にて宜敷　女中四升外
季々にて九升〆壱斗六升
但八拾人程のおきやくなれば宜敷
座敷おしいり　いたしにて　すぐに　湯とうふにて
湯のこいたす事
あまさけ　十九日には米壱升にて宜敷
廿日には弐升
汁は五升なべに　壱はい
四升に壱はいは少しもたり申さず候
廿一日はあまさけ湯とうふあまさけ御寺様江遣す事
秋いはい
一、米一斗　あつき
三升五合　きなこ
見合　但し　家内弐拾人にて

大とし
一、平　牛蒡　焼とうふ
さかな　さら　なます
島海老　しほかつをくみ物　下男女共にさよりにて
もいわしにても宜敷　汁　いちよふ大根　牛蒡に焼
とふふ
日待
さかな　つけあげ　こんにやくのにつけ　からし
をかける事
何なり共　したし物を壱つ　こしらへる事
さらは　何成共　見合
平は　のつぺい
茶飯　やしよくにはあつきかいをたく事さいはこぶ
の物にて宜敷浅も御座候はば茶つけにて宜敷
社日
一、米四升　おはぎ　小豆
壱升内家江つける
御寺様　美濃屋　新屋

いづみや　紺屋江遣す事
三月節句
かしあげ七升　此内にて一升五合　とり粉壱祥よも
ぎ餅にしてひな様にそなゆる事
跡は唐すみこしらへる事
一、高きび弐升
小きび五升　此内弐升
小豆つけること
餅米壱斗五升
くだけ三升斗
三日　浅
一、赤めし　平　こも
とふふ　牛蒡　いも
人じん　千ぎ理
皿　あられ
四月おんぞ
一、餅五升　あわ弐升
小豆壱升　餅弐升を

かがみに取　神様江
五月節句
一、かしあげ　七升
かしはもち　弐升
跡はまきに致し四日ゆふはんにかしわ餅家内江遣し
五日浅　平　いとこにいも　牛蒡　竹の子皿　何に
ても宜敷ゆえなまぐさをつける事
浅みきを家内江壱わづつ　下人にはまきを　おおき
くつくり五本づつ遣す事
冬の餅覚
一、餅米　五斗　あわ三升
取粉冬春共　米五升
いし餅
餅米弐斗　あわ五升　くだけ
弐升　大豆入もちにいたすこと
十月六日のしようふ月
一、大豆一升五合
なつとう二日にこしらえる事　御寺様江

壱重と　せふふ　壱丁
あをな　かし　遣す事
廿五日　壱升三合なつとうふを　こしらへる事
其外右の通り
土用のせきはん
一、餅米　六升
米　壱升五合
小豆　壱升五合
家内　弐拾弐人
御先ぞ様おしようふ月
一、こはい餅　壱斗三升
うる木　四升
あづき三升
此内にて廿けん江遣す事
きゃく
一、美濃屋　信四郎
源左衛門　嘉助　文次郎
佐平太　乙八　利左衛門

浅吉　清之丞　栄吉
鍬吉　源蔵　太次郎
一、おはぎ　三升にて
きゃくと内家にて
弐つづつたべてたくさん
但し　重箱　とぎ出し　中の所
一、餅米七升
うる米弐升
あづき弐升
酒さかな　しんやさくら葉したし物
赤がらのたあへ　浅平
品にてこしらへる事　汁
三月大はんにや
一、米壱升　御寺
こふしん
一、酒さかな　のつぺい大平
よめなしたし
つけあげ

そばこ　壱斗弐升
但し　三拾弐人にて　いつぱい
伊勢神おまつり
一、餅米弐升出す事
ぎおん
一、小麦壱斗にて
粉壱斗四升
家内弐拾弐人にて
粉壱斗弐升にて
たくさん
酉とし
かいこ覚
一　たね　三枚
まいきんこ　三貫八百四十匁
大まい　壱貫七百九十匁
きんこ糸　九拾匁
一　大まい　壱斗四升五合
目方　壱貫四百六十匁

戌年かいこ覚
一　たね　二枚
大まい　五百九十匁
糸まい　八百四十匁
上糸　五拾五匁
大糸　三拾匁
子とし
一　糸まい　種かみ　弐枚
壱貫参百目
大まい壱貫四百目
此代廿五銭
一　糸まい　種かみ　弐枚
大まい
壱貫五百四十匁
丑年
一　糸まい　三貫六百目

一　さし　　壱貫三百目

生麩かみ合法

から粉　　壱斗五升にて

麩六百廿匁あり

一　地かみ麩百目に

もち粉　八匁

一　やきは麩　六十匁

もち粉　二匁

角麩　　八十匁

巳年年玉

一　百文　　英四郎

一　百文　　源六郎

一　五十文　浦四郎

三拾九文

一　柿壱わ　いち

一　五十文　松井

廿四文

一　五十文

五十文

一　五十文　正寿寺

一　五十文　一心寺

一　五十文　大安寺

一　五十文

三拾九文　一円寺

一　細かけ弐　大蔵寺

一　半切左　宗源寺

一　同　　万屋隠居

おかざり覚

一　大　五つかざり

一　中　廿五かざり

一　小　廿五かざり

外におたる五かざり

小弐かざりふやす事

初まんざい

一　米壱升に十四文

春こま

雛祭り（4月）

春蚕（6月）（1）

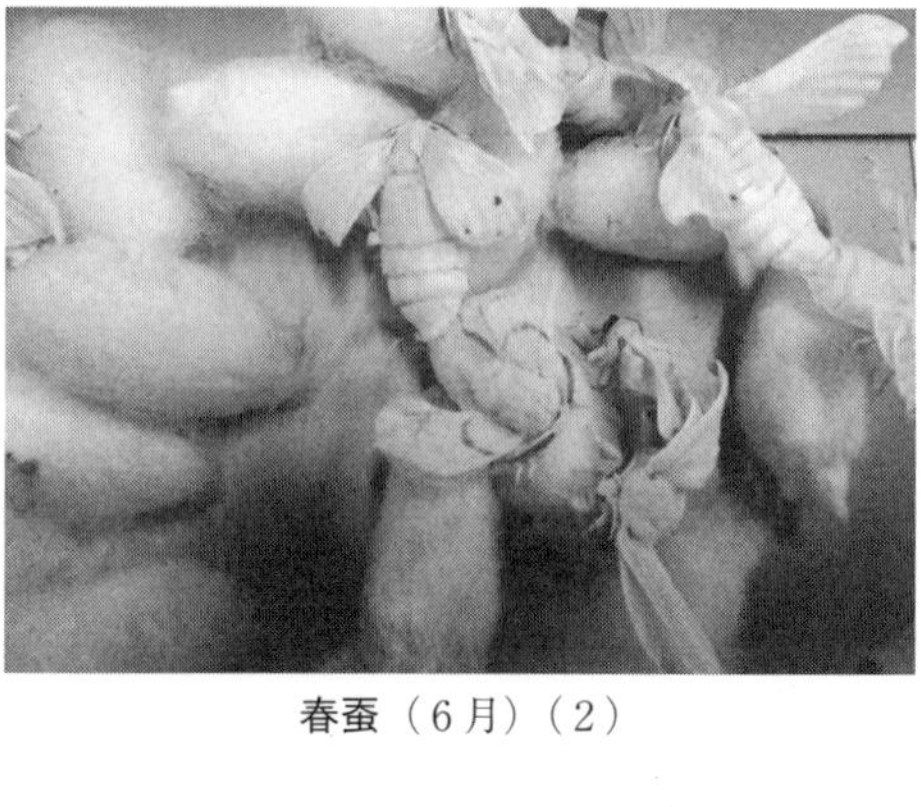

春蚕（6月）（2）

一　同
　　大蔵とふ仕
一　黒米　壱斗
　　麦　　壱斗

　幕末から明治二十年代の古橋家および大野瀬小木曽家（印刷物）の年中行事に関連した五点の史料を紹介した。

1・3・4・5の史料は、暉兒とその室、奈加・伊知らの手によるもので、酒と味噌の醸造を主とした商家を営みながらも、畑作をも行っていた古橋家の年中行事が詳細に記されている。

　3は商家の当主個人の年中行事というよりも、二〇人ほどの使用人一人一人の仕事上の役割分担を事細かに記録したものであるのに対し、1・4は毎日の掟として、古橋家奉公人の役割分担をはじめ、奉公人の守るべきことや神社への参詣の仕方、食生活全般にわたる取り決めなども事細かに記されており、年中行事という性格以上に、古橋家の営業日誌的な性格をも併せもっていた。さらにこれほどまでの「年中行事」に関連した記録を作成していたのは、暉兒の生業だけではなく、地方の村政に深く関わっていたため不在がちであり、一〇軒ほどの親類をはじめ使用人一人一人の役割分担を熟知しておく必要があったからである。

そのことがより象徴的に示されているのが5の年中行事記録である。これは万延二年に暉兒の後々妻として嫁ついだ伊知の、古橋家の裏方を必死に守ろうとして認めた記録である。この記録は奉公人の扱い方、美濃屋をはじめとする親類縁者との付き合い、さらには古橋家が行っていた神仏に関わる(民間信仰)行事分担、例えば正月・山の講・節句・田植え・土用入、施餓鬼・盆・神嘗祭・恵美須・大晦日・日待・先祖祭・祥月命日・大般若・庚申講・伊勢神おまつり・祇園・お飾り・初まんざい、などの際の献立、材料の準備、お年玉について詳細に記された覚書である。

第三章　信　仰

―在地講・参拝講を中心に―

はじめに

古橋家の人々は日常生活のなかでも多くの神仏を祀り、その力によって家や地域社会が守られていると信じていた。ムラの神として大字に勧請される神社は鎮守社（産土神）であり、また屋敷神として稲荷などが多く祀られた。路傍に祀られた夥しい数の石仏は庚申・念仏・観音・地蔵・不動・浅間・津島・善光寺などさまざまである。

正月の初天神や、二月の初午（豊川稲荷・伏見稲荷・最上稲荷など）講などムラ全体で行われる行事や、昭和五十年代以降の「稲武まつり」に代表される各ムラの領域を越えて行われる祭礼、さらには伊勢・大峰・金毘羅・善光寺など遠隔地への参拝など、神や仏は有形・無形のさまざまな形で祀られ続けてきたのである。ここでは社寺をめぐる民俗宗教を紹介しつつ、信仰・娯楽・互助を主たる目的として結ばれたさまざまな講集団を有形・無形の「信仰民具」などを交えて紹介する。

稲橋周辺で確認される講集団は、庚申講・甲子講・伊勢講・式内講・稲荷講（駒山太々講）・木曽御嶽講・豊川講・津島講・善光寺講・観音講・大師講・報恩講・淵原講・山の神講・恵美須講・日待講などで平成初年の聞き取り調査段階で確認できたものである。

稲橋周辺の講集団は大きく二つに大別できる。それは㈠「在地講」（在地講という名称は稲橋周辺で使用されているものではなく、研究者の視点による名称である）と、㈡「参拝（参詣）講」である。

㈠在地講は、地域社会において、同一の目的によって結ばれた、より庶民的な集団組織をいう。講には⑴経済的な集団としての結《ゆい》講・無尽講・頼母子講などと、⑵信仰的講集団とに大別される。⑴経済的な講集団の多くは、信仰的な講集団から派生したと考えられる。

⑵信仰的な講集団の講は、①氏神講・鎮守講のように結講の対象が、限られた地域社会に発生したものと、②霊山信仰の講、勧請神の講のように外部からの導入によって発生したものの二つに分類することができる。

さらに①は、a水神・田の神・山の神・地の神のように原始的民俗信仰から自然発生したものと、b氏神・産神のように神道的な集団とに分けられる。

a水神講・田の神講・山の神講・荒神講の多くは、祭祀の組織が伝統的かつ土着的であり、運営は地域住民が中心となるのが特徴で、民間の小祠が崇敬の対象となる。b後者はそれよりも社格の高いものが崇敬の対象となることが多く、その範囲はムラを越えている。また、その多くは専門の司祭者が運営し、氏子そのものは二次的な役割を果たすだけになっていることが多い。

②外部からの指導によって形成される講集団には、a特定の宗教的職能者の布教活動によるものと、b霊山信仰などに顕著にみられる地域住民の要請によって勧請されるものの二つに分類できるが、いずれも外部からの信仰を契機としている点では共通している。

a外来の宗教によるものには、日蓮宗の題目講、浄土真宗の報恩講、そのほか地蔵講・薬師講・観音講をはじめ、特定の寺社と結びついた成田講・善光寺講・伊勢講などもある。

b霊社・霊山の信仰と結びついたものには、出羽三山(山形県)・立山(富山県)・富士山(静岡県・山梨県)・戸隠(長野県)・木曽御嶽山(長野県)・秋葉山(静岡県)・大峰山(奈良県)・石鎚山(愛媛県)などがあり、修験道の影響が強い。これらのうち明治以降、新しく教会組織をつくりあげ、独立した教派神道も多い。

また、黒住教・金光教・天理教、そして仏教的な新興教団として前世紀に成立した立正佼成会・霊友会なども、それまで各地に散在していた講集団を土台として組織されたものが多い。

講集団そのものの起源は、平安時代の仏典を講読研究する僧衆の集団である。それが、民間に流布する過程において、在来の信仰集団にさまざまな講の名称をつける風潮が一般化した。その後、金融機関などにも頼母子や無尽、さらには田植えなどに顕著にみられる手間の相互扶助、すなわちユイやモヤイにまで講の名称をつけるようになった。講という名称をつけながらもその機能や範囲はきわめて広く、商店街などの大安売りにエビス講(古橋家では恵美須講に統一されているが、稲武周辺では恵比須講・戎講・恵比寿講の使用例も多く見られる)などとして、宣伝に利用されることもしばしばある。

大峯山上講の保管箱

また、㈡参拝講とは、在地講とは異なり、講員が信仰の対象となる社寺に参詣し、しかも遠隔地にある場合には講員一同が金を積み立てて順番に代参者を送る講である。代参した講員は、講員全員のお札を拝受し、餞別返しにさまざまな土産を買って帰村した。そのため古橋家には参拝講に関わる料理献立帳をはじめ、伊勢講と伊勢神峠をめぐる諸帳簿がある。なお、前記㈠⑵② aとして在地講に分類した伊勢講・木曽御嶽講・秋葉講・津島講・豊川講・大峯講(大峯山上講)・金毘羅講・善光寺講などは、参拝講としても捉えられる。

一　在地講

1　秋葉講

秋葉講は分類上では参拝講として紹介すべきものであるが、古橋家に限ってみると、参拝を主たる目的としたものではなく、むしろ秋葉からの奉加（勧進）に対する金銭を徴収する集団としての要素が大きいため、ここで紹介する。古橋家が秋葉山信仰に積極的になったのは、古橋家に残る史料によって、十九世紀中葉以降であることが確認できる。

次に嘉永元年（一八四八）の「秋葉山心信講口極帳」を見てみよう。

「嘉永元年　　三河国設楽郡武節町村
　秋葉山心信講口極帳
　　申卯月吉日　　名主　又吉」

一　金壱両壱分　　又吉
一　同壱両　　伝右衛門
一　同弐分　　玄俊
一　同　　清六
一　同　　善三郎
一　金壱分　　利左衛門
一　金壱分　　友吉
一　同壱分　　兼次郎
一　同壱分　　左助
一　同壱分　　三十郎
○　金五両也
嘉永元戊申年

（中略）

秋葉山信心講
　掛金覚
一　金壱両三分　　源六郎
　四　九分
一　金壱両三分弐朱　　稲橋村
　四匁七分八厘

一　同断　　　　　　　　夏焼村
一　同断　　　　　　　　桑原村
一　同断　　　　　　　　黒田村
一　同断　　　　　　　　金龍寺
　　　　　　　　　　　　上津具村　役人
一　金三両三分弐朱
　　弐匁五厘　　　　　　野入村
一　同断　　　　　　　　川手村
一　同断　　　　　　　　武節町村
一　金三両弐朱
　　壱分四厘　　　　　　押山村
一　金壱両三分弐朱
　　四匁七分弐厘　　　　御所貝津村
〇　金三拾四両壱分弐朱壱　五分弐厘

この史料の後半の「秋葉山心信講掛金覚」の中に、ただ一人個人で名を連ねている「源六郎」とは、稲橋村の名主でもある六代暉兒である。個人で壱両三分からの掛金をするのであるから、秋葉山信仰に寄せる思いは並々ならぬものがあったと思われる。暉兒は若くして先代義教の跡をついで古橋家の再興を図ったことはよく知られているが、暉兒が病弱であったときに義教が秋葉山に祈願していた記録もあり、秋葉信仰にひとかたならぬ思いがあったであろう。この口極帳が記された嘉永元年の四月ころより、義教は病に伏せっており、同年七月二十二日に七十歳で亡くなっている経緯をみれば、この掛金は、当時三十五歳になっていて古橋家の切り盛りをしていた暉兒が、父親の病気回復を願ってしたものとみていいだろう。さらに義教没後の三年後に暉兒の二男英四郎（後の七代義真）が誕生したが、病弱でまさに生死をさまよっていたときに、秋葉山に願掛けをしている。このことは英四郎の「お七夜見舞い」の記録に明記されており、古橋家の秋葉山信仰の実態を確認することができる。

さて古橋家の秋葉山信仰との繋がりについて紹介してきたが、それを象徴するように、稲橋には秋葉山信仰の近世中期以降の展開を考える上で興味深い石造物が二基

古橋家前に造立されている秋葉山常夜灯

ある。

それは明和五年(一七六八)の「秋葉山遙拝常夜灯」と寛政九年(一七九七)の「道標」である。以下この二基を紹介するが、この石造物は北設楽郡、もっと視野を拡大するならば、奥三河の近世における秋葉山信仰の展開を考える上でも貴重なものである。

①秋葉山遙拝常夜灯

(所在地) 稲橋字タヒラ八番地・古橋本家北東角

(高さ) 二一一センチメートル

(銘文)(表) 秋葉大権現

旧善光寺街道(稲橋)

善光寺道の道標

(右側面)　明和五子年

(左側面)　五月吉祥日

(裏)　寛政五丑六月下壇造立

　　四代目　義陳

この常夜灯は銘文には四代義陳(宝暦五年〈一七五五〉～文政十年〈一八二七〉)の名が見えるが、造立そのものは三代義伯(享保十七年〈一七三二〉～安永六年〈一七七七〉)が行い、その後、下壇だけを義陳が追加したものである(写真参照)。

②道標

(所在地)　稲橋字寺下・稲橋巡査駐在所前

かつては角屋の表角にあったものが、道路拡張により移転したもの。

(高さ)　五五センチメートル

(銘文)(表)　右ほうらいじ

　　あきは

(右側面)　古橋氏

(左側面)　左ぜんこうじ

(裏)　再興寛政九丁巳年

　　九月吉祥日

この道標は近年になって再度移動され、現在は交差点の一角にある。何度もの移動と、かつて消防団の力石に利用され、度々地面にたたきつけられたので、全体的に大きく破損している。ちなみにこの道標は義陳が造立したものであり、刻文にある「ほうらいじ」は鳳来寺、「あきは」は秋葉、「ぜんこうじ」は善光寺を指す。古橋家の記録には、この三者に関連したものを多く確認することができる。

2　式内講

この講は全国各地に散在するものではなく、稲橋・夏焼に顕著にみられる講集団であるが、近世的な信仰集団ではなく、国家神道による形式的な講集団である。

明治初年、佐藤清臣・古橋源六郎の提案によって稲武周辺に行われていたといわれているが、全域でこの式内講が開催されていたわけではない。これは明治の国家神道による政策によっていたことはいうまでもない。しかし、短期間にせよ局地的に神道によって統一されていた。とくに稲橋・夏焼では厳格にこの式内講が開催されていたと語られているが、ある老人の言葉を借りれば、あそこまで徹底して神事を推進したことが村人にとってよかったのであろうか、という言葉も気にとめておく必要がある。

国家神道の名のもと、あまりにも規制がつよく、近世以来連綿と継続してきた民間の習俗までを消滅させてしまったという思いともつながっているのかもしれない。

さて、現在でもこの式内講を継続しているのは稲橋のみである。この式内講は明治六年(一八七三)ころより積極的に行われはじめた神事であるという。その後、村内の平組・小井沢組・横川下中当組の三ヵ所で行われ、昭和二十年(一九四五)まで継続された。しかし、戦後はこの講を執行する組も少なくなり、昭和六十一年の段階で継続しているのは小井沢組だけとなった。

戦前までの講は、祭壇の中央に「天之御中主大神」をはじめとし、三河国内に鎮座する「延喜式神名帳」の二六座の御神号が記された掛軸を掲げて祀る。さらに祭壇の前には三方にのせた季節の果物をはじめとして、諸々の神饌物が供物として上げられる。講の先導役が灯明をともし、講員が順次これに続く。その後、式内講神拝詞を全員で奏上して国家安泰と講中安全(家内安全)の祈願をし、玉串を奉典する。この後に一同会しての直会となる。しかし、平成になってからは講員が全員集まることはなくなり、当番に当たった家だけで、この神事を執行するようになった。

3　稲荷講(初午講)

稲荷信仰は京都市伏見区にある伏見稲荷神社を中心とする信仰である。この神社は倉稲魂神・猿田彦神・大宮助神を祭神としており、古代において大和地方で絶大な力を誇った秦氏の氏神とされ、神階も天長四年(八二七)ごろには正一位の極位を受けるに至っている。そのほか加持祈禱により王朝貴族から篤い信仰が寄せられていた東寺の鎮守という性格もあわせてもっていた。

稲荷神は稲作はいうまでもなく、農業・商業あるいは福の神として平安時代以後絶えることなく、人々の信仰を受けてきた。現在では全国津々浦々にその分社が見られる。その数は数万になるといわれ、分社を媒介とした講社も多数散在している。

稲荷信仰がかくもこのように全国的に普及をみるに至ったのは、その基盤として田の神の使いとしての狐の信仰と、稲荷神の使いが狐であるという信仰が結びついたことによる。その反映として、今日でも狐の鳴き方によって作物の吉凶を占う地域が散見される。そのほか稲荷信仰が古代より権力と結託したことや、宗教的職能者による信仰の拡大があって、より普遍的なものになっていった。

京都伏見稲荷

宗教的職能者が関与した稲荷信仰には、稲荷下げや、稲荷降ろしなどの狐を使って託宣する習俗が多く見られ、とくに近世中期以降、顕著に見られた狐憑き（クダキツネ・ゴンボ）など、修験者や法印らの宗教的職能者が稲荷信仰の拡大に果たした役割は、ことのほか大きかった。

稲橋周辺にも多くの稲荷講（初午講）の結成がみられ、さらに特徴的なのが東加茂郡旭町（現・豊田市旭町牛地）の小馬寺に参拝する講集団の存在していることである。

初午とは立春になってから初めての午の日である。近世においては当町内の馬の果たす役割は現代人には計りしれないものがあった。とくに交通・交易の手段としての馬は、現代社会の自動車にも勝るとも劣らない存在であった。

例えば、享保十一年（一七二六）の押山村の「馬明細帳」には、すでに二五疋の馬が所有されていたことが確認されている。ちなみに押山村は「村明細帳」によれば村高八九石七斗九升八合の小さな山村である。さらに同日認めた巻紙の「指上申一札之事」には、次のように記されている。

三州設楽郡押山村

享保拾壱丙午正月十一日

五人組頭　藤左衛門　伝八郎　伝蔵　孫兵衛

五人組頭　清兵衛　助蔵　源四郎　伊兵衛　長之助（下略）

押山村は当時三九戸からなっている。馬が二五疋ということは、単純計算として約一・五軒に一疋の割合で馬を所有していたことになる。当時の人々の生活が三州街道・伊那街道をはじめとする馬稼ぎを中心とした土地柄を思えば、自ずと馬（午）への信仰が盛んになっていたことも理解できるのである。

馬をめぐる信仰がいかに稲武・稲橋周辺で浸透していたかを、馬頭観音塔の年代別造立傾向から眺めてみよう。『稲武の石神仏』（稲武町教育委員会、一九七六年）によると、享保五年の初出から昭和四十四年までに四九六基を数えている。これは稲武町内を貫通する主要幹線である伊那街道（三州街道）の往来が急激に増える年代と合致しており、さらには信州の中馬が物資の運搬に力を注ぎはじめたころ中馬の継ぎ送りにおける組合も設置されており、その影響が馬頭観音塔の造立となって表れているのである。

その後のピークも、文化・文政期と幕末期に集中している。これは造立数の数値の上からも明らかであり、このことから伊那街道の盛況と馬によせる信仰が、表裏一体の関係であったことを知ることができる。

さて、稲橋周辺の稲荷（初午）講の概要を紹介しておこう。稲橋ではこの日、お稲荷様（正寿寺）に着飾って出かけ、さらに駒山の小馬寺に参拝する。大正から昭和初年

（昭和六年に六〇年に一度の大祭があった）までは、二月の初午に駒山の小馬寺（臨済宗妙心派）に、馬をひいて参詣する者がことに多かった。稲武町内に限らず南設楽郡・北設楽郡・東加茂郡、遠くは岐阜県の恵那方面からも参詣する者があった。駒山へは黒田・牛地・田津原（旭町）からの参道があり、沿道には三十三観音の石仏が造立されていた。

初午の大祭は近隣でも評判であり、稲橋周辺でもいたるところで子どものころに、駒山に参詣した記憶をもつ者が多い。この祭礼における子どもたちの最大の喜びは、笛のついた馬の首の玩具をお土産に買ってもらうことであった（一五〇頁写真参照）。

現在では初午に駒山に出かける人はほとんどいないが、昭和三十年代後半ごろまでは毎年初午が近づくと、小馬寺の僧侶が黒田・桑原・野入などを中心に、とくに牛馬を飼育している農家や運送業者の家をまわって、厩舎などで読経をしお札を置いていったが、昭和四十年代ごろからはまったくこなくなった。駒山の小馬寺は民間信仰の地方霊場として紹介され、とくに「食いかけの笹」などの伝承をはじめ、民俗的な報告もされている。

小馬寺の初午行事がいかに盛大であったか。華美になりつつあった参詣習俗に対し、稲橋の隣村である武節町村では「村方取極書」で規制を行っていたことが知られる。

一、正月雑煮の鰹節は使わず、親類その他懇意の人が年始に来たときは肴一種にて酒を出し、一汁一菜のこと
一、二月初午駒山参詣の土産は取り止めのこと
一、三月節句初雛祝いの取り止めは勿論のこと、菓子からすみ等もやめ、豆いりのこと
一、五月節句も同様、ちまきを神仏に供え、近親たりともその外贈答はやめること
一、七月中元の祝いはこれまでの半分とし、初盆提灯は止め、蠟燭うどん粉等にて済ますこと
一、歳暮はこれまでの半分にすること
一、婚礼は一汁一菜、一日限りの振舞いで済ませ、前日

武節町村の大和屋（炭などを手広く販売）

の取り持ちはしないこと
　但し、親類賄はこれまでの半分、餅米はこめにて遣わすこと
一、婚家の初客は一汁一菜のこと
　但し、親類組合よりの祝儀はこれまでの半分にすること
一、七夜元服は一汁一菜、酒肴は一種のこと
一、葬儀は仕来たり通り分相応に、三日の払いの仕来客は一汁一菜酒は止め、穴掘りの者には出すものとする
一、衣類は綿服の外は相成らず
一、芝居狂言は勿論、浄瑠璃その他音曲は相成らず
一、神仏参詣の土産、御札斗酒迎銭拾弐銅事持参し、酒は三盃に限ること
一、放し馬戻らず、組内または村中出た時はお互いにつき、茶漬けを出すことは止め、酒も出さないこととする

この「村方取極書」には武節町村の年中行事・衣食住・冠婚葬祭・信仰に関わる条目が記されている。日常茶飯事の項目に駒山参詣、さらには最後の条目に放し馬の項目があり、いかに武節町村と小馬寺の繋がりが強かったかが自ずとわかるであろう。

　最後の項目に関わって、直接的には駒山との繋がりは見出せないように思えるが、武節町村・稲橋周辺の生業体系、とくに近世中期以降の伊那街道を利用した中馬たちとの関わりによって町方が潤っていたことは紛れもない事実である。ちなみに武節町村で交通・交易に関わったと思われる屋号を掲げてみよう。

枡屋　尾形昭三（商店だったので枡に金がたまるように）

新枡屋　尾形源吾（枡屋の分家）

金靴屋　松井幸吉（先代が馬の金靴をつくっていたため）

大和屋　山田高久（大和という言葉の吉祥にあやかり、炭などを販売）

藤屋　脇田準一（明治初年、荷馬業をしたころの屋号）

これらの人々が馬を生業の糧にしたことはいうまでもない。明治の末年に武節の荷宿屋の主人が小馬寺に神馬を奉納していることや、近世中期以降中馬関係者による約三〇枚余りの「絵馬」が奉納されていることからも、いかに小馬寺の信仰が稲橋周辺にも浸透していたかを確認することができる。

初午をめぐる信仰を中心に紹介したが、小馬寺は天候予知の山としても知られている。小馬寺付近にある滝では、天候が変わるとき（雨になるとき）は、いつもは聞こえない滝の音が村人には聞こえてくるといわれている。

二　参拝（参詣）講

1　伊勢講

近世中期以降の社寺参詣は、伊勢参宮が中心であり盛況であった。「一生に一度は伊勢参り」といって人々は、代参、あるいは「抜け参り」「おかげ参り」など、その参詣形態に差こそあれ、夥しい数の人々が伊勢路へと向かった。とくに「おかげ参り」は六〇年を周期にして、爆発的に伊勢信仰によせた民衆のすがたを見出すことが

伊勢神峠遙拝所

できる。

稲武と足助（連谷）との境界付近である伊勢神峠には、幕末に暉兒の尽力によって伊勢神宮の遙拝所（慶応元年（一八六五））が設置されている。かつて稲武の人たちが伊勢講の者たちの酒迎えを行った場所である。

江戸八百八講と称された富士講のように、伊勢講は人々にとって最もポピュラーな講として流布しており、新田村が開拓されると、一番最初に祀る神がお伊勢さんであったといわれている。

年間数百万人（平成二十五年は二〇年に一度の式年遷宮で、年間一三〇〇万人が伊勢参宮をしたことは記憶に新しい）の参拝者があったといわれる伊勢参宮であったが、それでもなお、江戸時代までは幕藩体制という枠組みのなかで、容易に伊勢参宮が実現しなかったのもまた事実である。また伊勢信仰は全国津々浦々に浸透しているという見解もあるが、北陸・南九州をはじめ浄土真宗地帯などでは、拒否反応を示した地域も少なくない。

この伊勢講の多くは、強制加入させられることなく、代参者として選出されたもの同士が後世の契りを結んだり、宴会を開いたり、旅路で話に花を咲かせたりするのも目的の一つとなった。そのため、昔日の伊勢講は、他の民間信仰とやや異なり、伊勢参拝という行為そのものに帰結しており、いわば同好者集団としての性格を色濃くもっていたと思われる。

伊勢信仰をひろめた人々に伊勢御師（おんし）の活動が

伊勢神峠（六部峠ともいう）の石造物

あげられる。御師とは御祈禱師の略称である。熊野・富士をはじめとして檀那に、その寺社に祈禱や参詣者の世話などするために僧侶・社僧・神官の祈禱師から転じた者である。御祈禱師は平安時代の中期以降に寺院で始まったが、中世では熊野・伊勢・富士などの各地の神社にも成立した。なかでも「蟻の熊野詣で」と称されたように、熊野詣での盛行に伴って熊野御師が全国各地で活動したことはよく知られている。

中世以降、一般に御師を師とし、参詣者を檀那とする関係が成立してくると、そのパイプとしての先達（講元）が介在して師檀関係を結んだ。そのために祈禱を中心にしながらも守札を配札したり、なかには陀羅尼助などの薬を配ったり、さらには神楽などの芸能を携えて活動する者もあらわれた。平安時代後期以降、各地の大社は活動の代償に受けた米銭の寄進を収入の基盤としたことから、神官は御師といわれた。とくに伊勢・熊野をはじめ遠隔地で参詣者の多い社寺では、旅館業を営む者もみられた。また、中世以降になると檀那株は御師の私財として盛んに売買され、御師の高利貸し活動の基本となった。

御師には五位の位をもつ神官がなることが多かったことから太夫とよばれ、三日市太夫・幸福太夫などと称した。御師は師檀関係をもつ村々を定期的に廻檀し、大麻・御祓を配り、伊勢土産として伊勢暦・伊勢白粉・鰹節・帯などを渡した。御師の廻檀の拠点となったのが、伊勢屋・御用屋などとよばれるものであった。檀那が伊勢参りに来ると、御師は宮川まで迎えに出て自分の宿坊に泊め、宿泊期間中の一切の世話をした。このように御師経済にとって旅館の業務は必要不可欠であった。

明治の神官の改革により御師の特権は否定され、多くの御師は没落したが、全国にはいまだに伊勢の御師が定宿とした家が残っている地域もみられる。

稲橋周辺では伊勢講という組織は消滅しているが、講集団ではない伊勢信仰は、独特の信仰形態を幕末以降、今日まで継続してきている。それが「稲武献糸(けんし)会」と「伊勢神祭り」である。

現在は、「豊田市稲武献糸会」といわれているが、数年前までは「稲武献糸会」と称されたもので、伊勢神宮に御料糸献納を明治十五年(一八八二)にはじめて平成二十七年で一三四年目になる。この豊田市稲武献糸会が平成二十三年に一三〇年目の献納として新聞に報道されたので一部を紹介する。

豊田市稲武地区内の一三の自治区でつくる稲武献糸会は十一月四日、神をささげる衣の原料となる絹糸「赤引の糸」七五〇グラムを三重県伊勢市へ献納した。衣に織った後、来年(平成二十四年)五月に内宮である神御衣祭で神前に供えられる。ほぼ毎年奉納していて平成二十三年で一三〇年目。現在は養蚕農家がほとんどなく、地元の主婦を中心にした(まゆっこクラブ、代表・金田平重)が繭から糸を作っている。

献納式には、会の役員の区長らとまゆっこクラブの会員の一九人が出席して納めた。松井徹会長は「節目の年を迎えられて素晴らしいこと。これからも絶やさぬようにこつこつと続けていきたい」と話した。(平成二十三年十一月六日、中日新聞朝刊)

稲武地区などの三河地方はかつて養蚕業が盛んで、奈良時代から伊勢神宮へ献納してきたが、室町時代に途絶えた。明治時代初期、古橋家が献納の慣習復活と養蚕業振興のため、地元で蚕の餌となる桑の苗を配布した。国

古橋蚕糸会の皆さん
後列左より　古橋会常務・古橋正光氏、まゆっこクラブ代表・金田平重氏
前列左より　まゆっこクラブ会員の山本さん、金田さん、丸山さん、鈴木さん

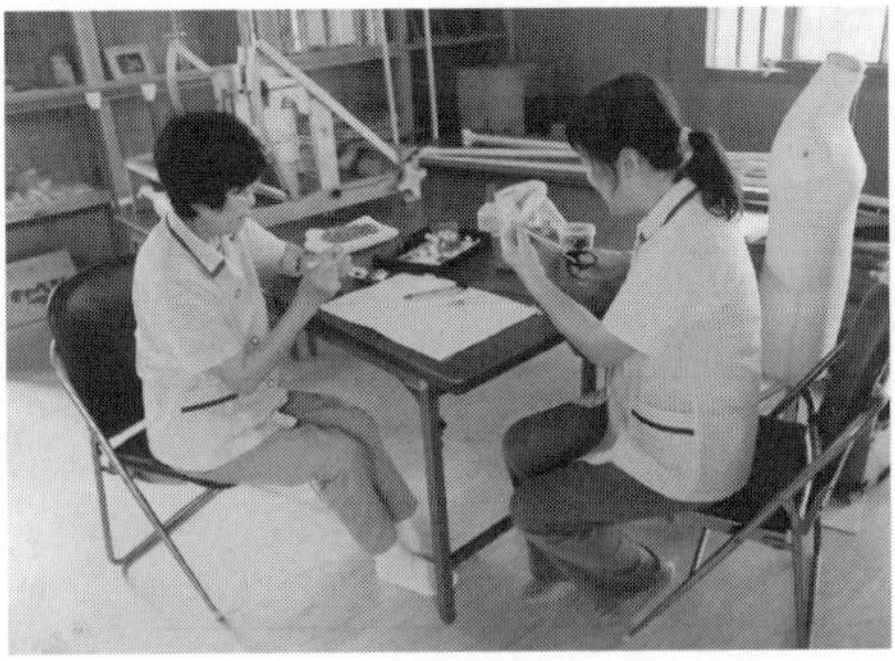

稲武まゆっこクラブの面々（2）

稲武まゆっこクラブの面々（1）

などの許可を得て明治十五年（一八八二）、初めて正式に献納し、以来今日に至っている。今年が一三四年目ということで、伊勢神宮鷹司大宮司から長きにわたり御料糸献納を続けてきたことで感謝状が授与された（まゆっこクラブの方々からの聞き取り）。

足助町連谷（現・豊田市足助町）の通称伊勢神峠は、近年は東海遊歩道路の一拠点ともなっているほか、ハイキングコースで訪れる者も多い。戦前までは十月十七日（旧九月十七日）に盛大な「伊勢神祭り」が行われ、稲武はもとより近隣の村々からも参列する者が多かった。とくに小学校はこの日を休日とし、児童たちが参列することもあったという。

戦後になってからは学校教育の問題もあって、児童の参列はなくなったものの、足助町連谷・明川地区の主催で、当町、小田木の代表者らが参列して開催されている。

さらに組合村には伊勢神宮御衣祭に用いる絹糸を献ずる前述の献糸会があり、生産者が繭から糸を繰り、伊勢神宮に献納が継続されている。両村の総代が二月十七日に神宮に奉納、太々神楽を奏上し、大麻の頒布を請い、これを各戸に配札して奉祀している。かつてはこの献糸会と養蚕業者とのつながりが深かったため、いきおい伊勢信仰も浸透していった。しかし、近年では養蚕業を営む者もほとんどいない状況で祭礼も縮小され、糸も金納になっている。

さて、稲武周辺では伊勢講に関連する史料として以下の四点を確認することができる。

①「　　　　　　　唯四郎
　伊勢参宮酒迎受納帳　　　　　」（稲橋）

年代不明なるも、同じ横帳に天保三年の善光寺酒迎帳が綴じられているので、天保年間のものとした。

②「嘉永六癸丑年
　い勢参宮江留守坂迎辺至未覚
　　　　見舞
　正月廿二日発足　　　小木曽源太郎
　二月四日帰宅　　　当丑拾八才」（野入）

③「慶応二寅二月廿日出立　　四月八日　下迎

伊勢両宮　　　　御餞別
　参詣　　御産　　覚帳
象頭山　　　御酒迎
　　　　　　古橋英四郎」（稲橋）

④「おかげ参り他施し金控」　（黒田）

これによって近世後期の伊勢講の実態は、ある程度判明する。

①の「伊勢参宮酒迎受納帳」には伊勢参宮にともなう酒迎え（さかむかえ）で受け取った品物と受け取った人および所在が記されている。ここで酒迎えについて少し紹介しておこう。

酒迎えは遠い旅行から帰って来た者を村境で出迎える行事である。出迎える者が旅行者をねぎらって、その場で直会をすることが多いことから、「坂迎え」「境むかえ」とよばれることもある。また、古代には新任の国司が国境に到着したときに、国府の官人層が出迎えて直会をする儀式も「さかむかえ」とよばれていた。近代以前の鉄道機関などが未発達のころに遠隔地に出かける社寺参詣などは、現代とは比べものにならない困難をきわめたものであった。例えば江戸時代に江戸周辺の者が伊勢参宮などにかかる日程は約二ヵ月も要した。おのずと旅に出かけることは、それこそ今生の別れをも予想され、家人や村人との間に盃が酌み交わされることもあった。それが長旅も終わって帰村したとなると、家人や村人も旅行者以上の喜びとして、村境や峠などで宴をはることが行われたのである。

酒迎えの習俗にはいくつかのタイプが確認されているが、代表的なものは帰参した者と出迎えの人が会った所で直会をするもの。近代後半に顕著になった例としては、伊勢参宮の若者たちの抜け参りの出迎えに着飾った馬に旅人を乗せたり、伊勢音頭に合わせて帰参することなどがあった。このほか酒迎えのとき、旅人がその場で「ハンバヌギ」と称して、脚絆を取る儀式を行うところも各地にみられた。

一　赤飯二重　　夏焼

一　御酒一樽　　辰蔵様
一　御酒一樽　瓦師　伊左衛門様
一　鰹節二　町　懐店様
一　三十二銅　村　惣兵衛様
一　酒　村　助三様
一　酒　村　常四郎様
一　酒　村　藤兵衛様
一　酒　村　藤右衛門
一　酒　々　半蔵様
一　々　々　おすき
一　々　々　為蔵様
一　々　々　朝右衛門様
一　々　々　喜三郎様
一　々　々　惣太郎様
一　々　々　源兵衛様
一　御酒一樽　々　勘蔵様
一　御酒一樽　町　玄春様
一　同　々　源五郎様

一　同　村　伝三郎様
一　同　村　弥次右衛門様
一　赤飯二重　夏焼　伊左衛門様
一　酒　　弥惣治
一　酒　　太兵衛
一　　吉右衛門
一　　兵右衛門
一　　伊兵衛
一　赤飯二重　町　又吉様
一　同　　宗十様
一　同　夏焼　治郎兵衛様
一　御酒一樽
一　小豆飯二　村　みのや
一　御酒一樽
一　温飩二重　村　佐助様
一　御酒一樽
一　御酒一樽　町　伝吉様
一　御酒一樽　町　三五郎様

一　酒　　　　　夏焼　三治郎様
一　　　　　　　　　　松蔵様
一　　　　　　　　　　兵助様
一　　　　　　　　　　利八様
一　　　　　　　　　　嘉十様
一　赤飯二重　　村　　弥左右衛門様
一　赤飯二重　　町　　利左衛門様
一　同　　　　　ささ平　甚吉様
一　御酒一樽　　町　　三治郎様
一　同　　　　　同　　文五郎様
一　同　　　　　桑原　清十郎様
一　青銅百疋　　町　　半四郎様
一　うんどん二重　　　龍光院様
一　紙一帖　　　同　　御隠居
一　うんどん二重　町　角蔵様
一　酒一樽　　　　　　仁兵衛様
一　赤飯二重　　御所貝津
一　御酒一樽　　　　　総兵衛様
一　饅頭一重　　　　　源助様
一　御酒一樽　　ささ平　喜代蔵様
一　同　　　　　　　　達蔵様

この史料には「酒迎え」の場所は明記されておらず、おそらく伊勢参宮を果たし戻ってきた唯四郎（暉兒）に対して、稲橋（村）・町（武節町）・夏焼の人たちから赤飯・御酒・鰹節・饂飩・紙・饅頭が寄せられたことがわかる。また、この酒迎えは唯四郎が伊勢参宮をすませて、いよいよ稲橋の名主になる直前のものと思われ、一種の通過儀礼を兼ねていたものと思われる。

②の「い勢参宮江留守見舞辺至未覚」によれば、この伊勢参宮は嘉永六年（一八五三）の正月二十二日に野入を出立して二月四日に帰宅している。二週間の日程であった。当時における奥三河周辺の人々の平均的な日程と思われる。

「嘉永六癸丑年
い勢参宮江留守坂迎辺至未覚
見舞
正月廿二日発足　小木曽源太郎
二月四日帰宅　当丑拾八才」
一　百文　源兵衛
一　百文　源三郎
留守見舞
一　牡丹餅二重
一　百文　久左衛門
留守見舞
一　牡丹餅二重　源兵衛
一　牡丹餅二重　繁蔵
一　右同断　新兵衛
一　牡丹餅一重　角五郎
一　餅壱重　久左衛門
一　百文　佐吉

一　百文　夕助
一　百文　新蔵
一　百文　角五郎
一　百文　左多二
一　廿四文　林次
一　廿四文　青十
一　白米弐升　五郎左衛門
百文
一　百文　八蔵
一　赤メし二重　柳吉
一　拾弐文
一　赤めし二重　勇助
御酒礼
一　九拾三文　利兵次
赤飯弐重　源三郎
百文
一　百文　ながし　長吉
一　百文　繁蔵

一　三拾四文　米蔵
一　拾弐文　なを
一　拾弐文　作十
一　拾弐文　八五郎
一　拾弐文　兼次
一　拾弐文　伝兵衛
一　拾弐文　清次郎
一　拾弐文　喜代太
一　百文　助左衛門
一　拾弐文　由之丞
一　拾弐文　久四郎
一　御酒壱樽　かじや　伊兵衛
一　拾弐文　政五郎
一　拾弐文　平右衛門
一　拾四文　弥吉
一　廿四文　直吉
一　百文　久左衛門
赤めし壱じゅう

③には、次のように記されている。

「慶応二寅二月廿日出立　四月八日　下迎
伊勢両宮　御餞別
参詣　御産　覚帳
象頭山　御酒迎
古橋英四郎」

御餞別
一　弐朱　御寺様
一　四百文　いずみやより
一　弐百文　太治郎殿
一　弐百文　浅吉殿
一　弐百文　庄右衛門殿
一　百文　栄吉殿
留守見舞
一　うとんこ　一重　町　つたや
一　うとん　大二重　玄俊
一　豆腐　壱丁　村　浅右衛門
上印御札

中馬出入ニ附
十一ヵ村総代而行

大神宮
金毘羅御守代百廿文
春日社札　岩清水八幡宮
住吉　つしま
風宮
中印
伊勢御祓
外金毘羅町札
つしま

一　うとん　小弐重　村　文治郎
一　同　大弐重　村　惣太郎
一　赤飯　中弐重　村　弥治右衛門
一　うとんこ　小弐重　村　源左衛門
一　うとん　小弐重　町　銀之助
一　花餅　小弐重　村　金四郎
一　西瓜　弐ツ　平沢村　弥六
一　うとんこ　一重　村　勘蔵
一　同　大弐重　大工　清七

この史料によって参詣ルートも具体的に把握することが可能である。野入の伊勢参宮のみ日程が一四日間であったのに対して、英四郎（後の古橋家七代当主、義真。この年数え十七歳のときであり、そろそろ六代暉皃をバックアップする立場になっていた）は四八日間で伊勢参宮と讃岐金毘羅参詣を行っている。さらにこの帳簿によれば、英四郎は尾張の津島神社、京都・大坂・奈良周辺の岩清水八幡宮・住吉大社、春日大社も併せて参拝している。まさに当時としては大旅行であり、おそらく次世代の古橋家を担う者の社会勉強として世間を知るための旅であったことが予想される。

この社寺参詣にともなう餞別としてお寺様からも餞別を頂戴し、さらに留守見舞もいただいている。また、留守見舞の品々としては赤飯・饂飩・饂飩粉・花餅・西瓜・豆腐をもらっていたことがわかり、当時の付き合いによる贈答関係まで示唆してくれる。ただし、この在り方が当時の一般的なものであったわけではない。当然ながら五〇日近くも家を留守にすることが可能であったこと、付加して中馬の継ぎ送りを一一ヵ村に依頼するなど、暉兒の英四郎への期待をこめた旅であったことは疑いない。ましてやそれだけの経済的基盤がなければできない、長期の参詣旅行であったのである。

④の「おかげ参り他施し金控」は奥三河における近世後期（文政十三年か）のお蔭参りの諸相を知る貴重な史料であろう。

お蔭参りとは江戸時代にみられた伊勢神宮への民衆の大量群参である。慶安三年（一六五〇）・宝永三年（一七〇六）・享保三年（一七一八）・享保八年（一七二三）・明和八年（一七七一）・文政十三年（一八三〇）と六回にわたって、おおよそ六〇年ほどの周期で起こっている。

お蔭参りの特徴的現象は、神宮の大麻が降下したことによる奇譚や噂などが契機に起こり、六〇年に一度よい年がやってくるという期待も人々にあって、群参を引き起こしたといわれている。また、お蔭参りには沿道の住民からの施しがなされるのが通例であった。また、お蔭参りがはじまると、これに便乗してとくに若者たちによる抜け参りが頻繁にみられたことから、お蔭参りと混同された。

十九世紀初頭の文政年間のお蔭参りには、人々が手に柄杓をもって集団参拝する光景が多く見られた。また近世後期のお蔭参りの集団参拝の状況を芸能化した「お蔭踊り」が関西を中心に発生し、幕末の「ええじゃないか」の騒動に拍車をかけたともいわれている。

黒田に残っている記録が、お蔭参りとその在り方にどのように関わったかは判然としないが、少なくとも奥三河の近世後期の「お蔭参り」に伴うある程度の実態は知ることができるであろう。

さらに、伊勢信仰との直接の関係は見出せないが、幕末の稲の品種のなかに「世直し」とよばれるものが古橋家で確認される。これも拡大解釈をすれば、伊勢信仰と世直し運動、いうなればお蔭参りとの関係も見出すことが可能であろう。

2 木曽御嶽講

木曽御嶽山（三〇六七メートル）は、古代から濃尾平野の水分（みくまり）の山として篤く信仰されてきた。その威厳に満ちた男性的な山容から、別名「王の嶽」ともよばれ、木曽谷を中心にした地域の修験道と民間信仰の習俗が結びついて、独自の信仰体系を創出した。

木曽御嶽山は登拝にさいしての精進潔斎がことのほか厳しく、七五日から一〇〇日間潔斎をした者だけが、一年に一度のお山登拝を許されるということが近世中期まで続いた。

近世中期の天明五年（一七八五）、尾張出身の覚明行者がそれまでの慣例を破って軽精進による登拝を決行した。これを機に、一般信者の自由な登拝の道が開かれたのである。さらに七年後、寛政四年（一七九二）には、武蔵の行者、普寛が王滝口からの新ルートを開鑿し、御嶽信仰は急激な発展をとげた。やがて普寛の弟子らにより、御嶽講が江戸を中心に関八州に拡大していったのである。

木曽御嶽信仰の特徴としてあげられるものに、「憑くり祈禱」と称される修験道儀礼の流れをくむ「御座立て」がある。神霊をおろして託宣を得ることを目的とし、その内容は年間の五穀豊穣から個人の生活一般にまで及ぶものであった。

明治十五年（一八八二）、教派神道の一つに数えられる「御嶽教」が成立し、奈良市に本部を設置し、長野県木曽福島に里宮を祀っている。また、戦後になって三岳村黒沢の御嶽神社を中心とする「木曽御嶽本教」や、王滝村の御嶽神社も独自の活動をしている。稲武周辺にも覚明行者に連なる御嶽系の行者が、かつて活動していたことが確認されている。

以下、稲橋周辺の主だった木曽御嶽信仰としての「御嶽様」「御嶽社」「霊神碑・覚明霊神」について紹介することとする。それらの御嶽様（御嶽社）霊神碑としては、稲橋周辺には以下のものが確認できる。

①御嶽神社　押山字坂橋
　開山明治十年　大正十三年再建
　世話人　滝沢金十・大塚信四郎・太田金太郎・山田勝治郎
②御嶽神社　黒田字屋古屋貝戸
③御嶽神社　野入字辻谷
　祭神　大己貴命・少彦名命・国常立尊
④御嶽様のお祭り　桑原字洞
⑤御嶽様　桑原字恵下
⑥御嶽神社　夏焼字大畑二一四
⑦覚明霊神　夏焼字大畑二一四
⑧義光霊神　中当原田宏行氏宅地内

（『稲武の年中行事』から）

①は、昭和三十年代ごろまで、木曽御嶽講の人々によって祀られていた。②は、神明神社の裏山、寺下共同墓地の上の塚田高治氏所有松林の平地のなかにある。この一帯には御嶽神社だけでなく、周辺には他の石塔物五基も一緒に祀られている。戦前までは初夏から真夏にかけて、この六基に関わる祭礼が行われており、餅などが供えられていた。

しかし、現在では御嶽神社のみが、六月第一日曜日にお神酒や菓子などを供え、組（寺下）だけでお祭りを行っている。

③の野入の御嶽神社は明治十五年ごろ（御嶽教の成立と関係があるらしい。村人は新しい団体ができたとしている）、後藤勝治郎・河澄伝次郎氏らが発起人となって御嶽信仰が拡大（浸透）され、戦前まではかなり盛大に御嶽のお祭りが夏場に行われていたが、近年では年一回のこじんまりした祭礼となっている。

④のお祭りは、字洞の入り口にある実覚霊神・太吉霊神のいわゆる「御嶽行者」に関連するものとして、講ごとのあたった家（輪番）に二月十一日に集まって開催されていた。このとき宿の前には「湯立」の釜が設営され、「湯立神事」が行われたというが、現在は行われていない。

⑤の御嶽様も、④と同じように行者をめぐる御嶽信仰

である。ここには御嶽行者の具体的な活動が今日まで伝承されている。昭和三十年に没した静岡県浦川出身の谷田秋太郎は、山仕事に従事する傍ら「御嶽教」に深く帰依し、大正の末年ころからは龍光院地内に住まいしながら、村人らの依頼にこたえて家祈禱・病気払い・治療などをもっぱらとした。毎年八月になると講中の人々を連れて木曽御嶽山に登り、谷田が在宅のときには信者がよく来ていたものである。しかし、谷田の死後はお参りする者もほとんどなくなっている。

⑥・⑦は夏焼の集落が一望できる高台にあり、同じ場所には秋葉社・駒嶽神社・不動明王・覚明霊神も祀られている。この行事は、毎年田植えが終了したころに行われている。行事の主体は夏焼の区と夏焼廿九戸会との共同で開催されていたが、昭和五十年代からしだいに下火になり、今日では自然消滅する状況にある。ここで夏焼廿九戸会について少し紹介しておこう。

廿九戸会のはじまりは、天保元年（一八三〇）に遡る。当時夏焼村の名主であった太地次郎兵衛は、村人とともに立野山（区有、押山・夏焼・大野瀬の境にある山）に杉苗数万本の植林と椈の繁殖をした。この植林が廿九戸会の基礎となった。

「天保の飢饉」では夏焼も例に洩れず、厳しい凶作に見舞われたという。隣村の古橋暉皃は天保五年（一八三四）村民一人に二五株の苗を与え、共有林の植栽をすすめ、天保七年、いよいよ村内に不穏な空気がただよいはじめると、家の米を困窮者に分配し、さらに役所にも救済米を願い出たのである。その後、この周辺では飢饉に備えて備荒米を蓄えるようになった。

天保十二年（一八四一）、夏焼村二九戸で、立野山植林に関する規定書を作成、廿九戸会となる。規定書の内容は全戸で平等に山林の管理を行うこと、成木の後、その利益は平等に分けること、そして名主次郎兵衛の功をたたえ、石碑を建立することなどである。この規定書は五人組の頭が一通ずつ保管した。

当時と平成初年の会員は、次の通りである。

庄屋　次郎兵衛　（現在・太地久行）
組頭　猪右衛門　（他出）
同　代治郎　（柄沢三郎）
百姓代　兵三郎　（山口五万石）
五人組頭　三治郎　（藤綱康夫）
太左衛門　（福地成明）
友治郎　（藤綱庚久）
辰蔵　（藤綱伸一）
五人組頭　治兵衛　（太地正茂）
与三郎　（藤綱実）
五人組頭　伝治郎　（藤綱久雄）
九左衛門　（藤綱延幸）
銀之丞　（他出）
平十　（柄沢光雄）
五人組頭　彦右衛門　（他出）
喜代蔵　（鈴木茂）
助治郎　（他出）
利助　（他出）
春吉　（柄沢聖一）
次八　（太地吉雄）
九郎　（山田幸二）
民義　（伊藤盛太郎）
伊兵衛　（藤綱幸夫）
儀右衛門　（今泉貴美雄）
善右衛門　（安藤実）
五人組頭　八蔵　（夏目庄造）
平左衛門　（安藤光穂）
儀兵衛　（鈴木保）

なお、夏焼字ナカヤシキ五二の三には、天保年間の名主太地次郎兵衛が立野山に植林し、子孫の繁栄を図った功績をたたえた「太地翁の碑」が明治三十七年（一九〇四）に建立されている。

⑦・⑧の覚明霊神と義光霊神は霊神と霊神碑の遡源とされている。木曽御嶽の行者が亡くなると、「御座立て」によって多くの人が中座の託宣によって神に昇華したも

のとされる。これを木曽御嶽では霊神として祀るケースがきわめて多い。木曽御嶽山やその周辺に十九世紀以降、数万基の霊神碑が林立しているその様は圧巻である（ごくまれに霊神にならないこともある）。

⑧の義光霊神は中当の原田宏行氏の宅地内に祀られている霊神碑。この霊神の宗教活動については不明であるが、名倉（設楽町）にいる行者（平成の初頭も活動している）と交流があったという。原田宅（イケダヤノニイヤとよばれている）の霊神碑を家人や村人などは一般に「オンタケサン」と呼び習わしている。

覚明霊神（行者）の人となりついては『御嶽の歴史』（生駒勘七著）などに報告があるので、ここでは愛知県下や長野県下を中心にして、伝承のなかで「覚明霊神（行者）」がいかに息づいているかを紹介しておこう。

覚明行者（一七一八～八六）は、

御嶽之登山の儀七五日精進にて登山仕来たり候社例に御座候処、去る巳年猥に登山仕候者多御座候ニ付御願申上候処、無精進にて仕間敷旨木曽中江被下置、此時八人程登り申候由。同十四日三十人余登り申候。同廿八日七八十人も御嶽山大権現大先達覚明といふ旗を立て登り申候由　（生駒勘七　前掲書所収）

とあるように、精進潔斎をせずに登拝できるようにした先覚者であった。覚明行者は享保三年（一七一八）、尾張国春日井郡牛山村で百姓丹羽清兵衛の子として誕生している。幼名を源助と称し、後年仁右衛門と改めている。

貧農であったために八歳のとき、土器野村の農家に口べらしに近い状況で養子に出されている。後に清音寺に入門し、五年間修行。このころ法名を道正と称したという。その後一時還俗して、医者井上竜正の元で箱持ちをした後、結婚を契機に餅屋の行商をしていたという。

寛延元年（一七四八）に至り、ひょんなことから罪人の濡れ衣を着せられたことによって、悩んだあげく、離婚をし再度仏門に入っている。

宝暦二年（一七五二）に諸国行脚の旅に出て、尾張・三河・美濃を回国し、当時流行りはじめていた知多半島（愛知県）の新四国八十八ヵ所を巡った後、宝暦五年（一七五五）には四国八十八ヵ所の巡礼をしている。四国巡礼はその後七回行っている。その最後の巡礼中、三八番の札所金剛福寺（高知県）を出た直後に貴重な体験をしたといわれている。それは夢告に白川権現が出現して覚明という名前と聖護石を与えられ、さらには信州の霊峰を衆生来世のために開山することを託されたのである。

その後も修行を兼ねながら恵那山（岐阜県）を開闢すると、またもや夢告に白川権現が出現し、この奥地に御嶽山があるので開山せよと託宣があり、御嶽山麓へと向かった。そしていよいよ天明五年（一七八五）に、それまでの厳しい潔斎をしないで、御嶽の第一回目の強行登山をしたのである。

翌、天明六年にも多くの信者を連れて登山道の改修をしながら登山を強行したが、その途中で病の犯すところとなり、六月二十日、御嶽山中の二の池畔で入定した。その遺体は黒沢口九合目の、現在の覚明堂の地に葬られている。

木曽街道沿いの民俗の中にも、近世中期以降の木曽御嶽信仰に関連したものが散見される。木曽街道は中山道に通じる尾張藩の藩営街道であり、公用の通行はもちろん、藩および商人輸送の公道として、重要な役割を担っていた。また、木曽街道は木曽御嶽の登拝道としてのみならず、信州善光寺参詣の道としても広く活用されていた。

愛知県犬山市楽田横町には、近世以降の御嶽信仰のシンボル的存在であった天明六年（一七八六）七月二十三日付けの「覚明霊神・光栄霊神」と刻まれた碑がある。春日井市牛山町には、寛政元年（一七八九）六月十三日付けの「覚明霊神碑」がある。現在、牛山町周辺を中心に組織されている誕生講では、この月日を覚明行者の正当な命日だとしている。ちなみに覚明行者が志半ばにして入定後、軽精進による黒沢口の一般登拝が認知されたのは、没後六年を経過した寛政三年（一七九一）のことである。

木曽街道周辺の「覚明霊神」を拠り所にした地域の木曽御嶽講には、誕生講のほか照王講・福寿講・乾山講などが確認されている。また、木曽街道を往来した御嶽行者の様相は、街道沿いに残る石塔や小祠等によっても知ることができる。例えば上松町池島には覚明行者が錫杖で地を掘ったところ水が湧き出したとか、開田村末川には「覚明さんの田」があり、赤米がとれたという。また全国各地に伝承されている「弘法清水」伝説に類するものも確認される。

さらに、天保九年(一八三八)に黒沢麓講(文政七年、妙法行者を先達として誕生)によって、覚明行者の供養塔が黒沢村大泉庵の境内に造立された。その碑には、

天明六丙午六月廿三日於絶頂入定
御嶽山中興大先達阿闍梨覚明法印
天保九戌三月建之

とある。伝承と資料には曖昧なところもある。覚明行者の没年にしても伝承の六月二十日、石造物に刻まれた犬山市の七月二十三日、春日井市の六月十三日、黒沢村の六月二十三日という有り様である。ただし、信仰の上では生没年の確定より、牛山町のように六月十三日と信じきって生活の糧にすることの方が重要である。

その点では前掲⑦の夏焼字大畑二一四にある「覚明霊神碑」も、建立年代が明治十一年(一八七八)のものであるが、明治以降の稲武周辺の木曽御嶽講の展開を考える上では貴重なものであろう。この霊神碑を前掲した夏焼二九戸会が主催して、毎年田植え後のある一日に祀っていたことも興味深いところである。すなわち村の旧家が一堂に会して木曽御嶽信仰に関わっていたことを示すものであり、昭和三十年代の後半から、この廿九戸会を区として、夏焼村が全面的にバックアップし挙行していることからも、この信仰が根強いものであったことを確認することができる。

3 津島講

津島神社(もとは津島牛頭天王社と称した。愛知県津島市)を中心に展開した、牛頭天王による疫病神祓の信仰である。この神社は平安時代末期に成立し、戦国末期から近世において飛躍的に隆盛した。尾張・三河はもとより全国各地に分社が勧請され、津島講が結成された。

この津島信仰を広めたのは御師たちであり、御師たちが活動を求めたのは中部地方から関東方面を中心にした講、すなわち檀那であった。この檀那たちは特定の御師に所属して信仰を展開するのが一般的であるが、津島御師の場合、実際の活動において重要な位置にあったのが「手代」である。見方をかえれば手代も一種の御師であった。

手代たちは、伊勢国桑名郡太夫村（三重県桑名市太夫）に居を構えていた。この手代と御師がいつころから従属関係になったのか判然としない。延宝八年（一六八〇）太夫村の加藤茂右衛門らが社家の大矢部刑部太夫に提出した由緒書には慶長年間（一五九六～一六一五）とあるが、確たる史料はない。

手代はそれぞれ有力な四社家に分属され、四社家にはそれぞれに持ち分としての檀那場があった。社家の一つである堀田右馬太夫家の檀那場をみると、信濃・下総・武蔵・陸奥・出羽・磐城・上野・下野・安房・江戸などであり、関東から東北地方に及ぶ。これらの檀那場を数人から、大きな社家では一〇人を超える手代を使って毎年の配札を行ったのである。

津島神社の分社は全国で一四〇〇社余で、このうち静岡・愛知・岐阜・三重の四県でその半数の七〇〇社余、関東地方が三〇〇社、東北地方が一四〇社余で、この地域で全体の八〇パーセントを占めていた。この地元としての東海地方と関東・東北地方を中心に、御師の活動がみられたのである。稲橋周辺でも、とくに十九世紀に入ると度々、津島御師たちの活動（他の御師の配札は年一回であるのに対し、津島御師は年二回の配札を行っていた）があったことを確認することができる。

津島信仰が東海・関東を中心に展開した背景には、時の権力者との癒着があった。とくに織田氏とは深いつながりがあり、大永四年（一五二四）にはその傘下に入った経緯を知る史料もある。この期に津島神社は織田氏の氏神として位置づけられていったのである。

こうして津島信仰は東海・関東を中心に拡大していったが、この津島信仰の展開と表裏一体の展開を見せたのが伊勢信仰であった。とくに伊勢参宮の多くの者は津島社も併せて参詣することが、近世中期あたりから顕著となった。その背景には津島御師と伊勢御師の連繋があったからにほかならない。

東海地方にはこんな俚言がある。「伊勢と津島とどちら欠けても片参り」と、これも両御師のつながりがあったことをよくあらわしているであろう。

そのことは、伊勢信仰の分布圏と津島信仰の分布圏が錯綜していることからも明らかであろう。ただし、規模的には津島信仰の方が伊勢信仰より小さい。伊勢湾・三河湾から浜名湖にいたる海域は、きわめて古くから伊勢神宮の影響が強く及んでいた、という網野善彦氏の諸論によれば、同時にこの海域には津島信仰も一番濃密に分布しており、さらに津島は中世の伊勢国から尾張へ渡る交通の要所にもなっていたのである。

交通の要所であり、さらには宗教的背景が加味されて、中世以降に津島信仰が拡大していった経緯を紹介したが、この延長線上で注目されるのが、手代について紹介した太夫村とその周辺の要所、桑名である。津島御師たちがその有様から港湾関係に従事する人々を、自分たちの檀那にしようと積極的に奔走したのは当然であり、そのほかの交通の要所にも檀那を求めて活躍したことも自ずと理解できるであろう。

稲武周辺で津島社(津島講)に関連した祭礼は、二ヵ所で確認される。

①川手の津島様

②野入の津島様

①では現在も、七月十五日に津島様の祭礼がほそぼそと行われている。かつては祠の前に一〇〇本超える提灯を綱に吊るし、さらに入り口には各戸が夏病などがないようにと松明をともして宴会を行ったというものの、昭和十年代からしだいに戦争もあり下火になり、今日(昭和六十年)では蠟燭を灯す人が多少いる程度になっている。

幕末ころ、この川手の津島様には、津島御師から口上による寄附の要請がきている。

口上

津島御師　堀田番頭太夫

今般当社御作事之儀者、御旦中も御存之通、御本社之分者暫出来いたし候ニ付、当九月三日御遷宮被　仰付候間、御村中江被仰聞御参詣成下、御組御泊可被下候御待申候、右御作事格別大金御入用ニ付、上々様より御寄附被為在、尾張様より御領分中ハ、御触相廻り信心之寄附多分致出来候所、いまだ不行届大金御入用ニ候間、他国御上方控之御師者国々村々江、家数之割合を以仲満一続御旦中江、御寄附御願可申旨御師中江上、上より割付金子致奉納候様ニ被　仰付甚以迷惑奉存候得共、仲満一統之儀無拠候付御旦家之　割付を以金子指出可申筈ニ相成候間無是非奉頼候何卒左御苦労御寄附御出情被成下候ハハ、御師も割付置無滞相勤神勢相続可致長久候間、何卒御神恵ト思召偏ニ御寄附奉候、以上

戌八月

（札）「津島御遷宮来九月三日夜」

なお、ほぼ同文のものが稲橋にも存在している（一六一頁）。これによって稲武周辺は津島の御師堀田番頭太夫の所属下（夏焼のみ他の御師）にあったことが知られる。

②の津島様は野入の神明神社内にあるもので、祭礼日は七月十六・十七日であった。かつては村人の代表が代参として津島神社に出かけていた。戦前までは夏の病をのがれるといって、祭礼日には提灯などが吊るされ、その周りで盆踊りなどが行われたというが、現在は廃止されている。

ほかに確認される津島社をめぐる史料は、すべて浄財に関連（寄付・御神楽奉納）するものである。とくに津島社が濃密に分布する地域にある稲武は、かつては津島社が全域に存在していたものと思われる。以下に津島社の浄財に関する史料を紹介する。

嘉永元年申八月

永代常夜灯二基

再御寄附留

津島御師　堀田番頭夫内(印)
同国同郡武節村　名代　大野喜市郎

凡入用之覚

一　金三両　　大工作料
一　同二両弐分　　赤金板代同作料
一　同壱両弐分　　御役所御役人往来入用
一　同壱両壱分　　石屋作料
一　同壱両参分　　地行石人足日雇代
一　同壱両弐分　　いろいろ板木代
　　太々御神楽
　　　万似ん講仕法書
一　金弐百疋　　壱口成
　　但シ　御壱人前分銀三匁ッッ
右十人御組合より毎年太々執行之節、(欠)取ニて御参宮被成下尤万度御祓差上候(欠)九人之御方江者御祓壱枚ッッ十年之間差上候、御籠料ノ義ハ御講金持参ニ候得は、御心配ニ不及候、何卒村々御承引被成下為五穀成就家内安全之仰合御入講御神献被成下致奉頼上候、以上

津島御師　塚田審太郎(印)

4　行者講(大峯・山上講含む)

行者講とは比叡山の千日回峰行者に代表されるように、宗教的な特別の修行をした者によって、その行者を慕いつつ宗教実践に励む集団をいう。とくに各地の山岳霊場で厳しい修行を積んだ修験者集団を総称することが多く、東北地方の出羽三山(羽黒山・湯殿山・月山)、なかでも湯殿山行者、木曽御嶽の行者、畿内を中心とする熊野行者・大峯行者などに連なるものが多い。ただし、これらのいわば中心的な修験者集団による行者講だけでなく、とくに近世以降顕著となった修験者の村方に定着する(里修験)過程で、名も知れぬ行者に連なる行者講も多く誕生している。

また、山岳行者たちの多くは、修験道の始祖とされる役小角(えんのおづぬ)が近世中期に「神変大菩薩」として神格化すると、より役小角に関わる行者講が各地に誕生した。なかでも同時期に一般民衆に接して、シャーマ

ン的な神がかりをする行者が出現する。その代表格が木曽の御嶽行者であり、とくに木曽・尾張・三河方面を中心に活躍した覚明行者、江戸および中山道周辺を活動基盤にした普寛行者によって生まれた行者講が、今日でも精力的な活動を展開している。このほかにも日蓮宗の行者が七面山や中山法華経寺（千葉県市川市）で厳しい修行を積んだのを契機として行者講（題目講）が結成され、さまざまな民間信仰に関わりをもっている。

　稲武町内で確認される行者講に関連した石造物は一六基あるが、なかでも小田木・黒田・野入の国道一五三号沿いに祀られているものが多い。

　以下、行者様をめぐる石造物の年代別造立数と、各大字ごとの造立数を確認しておこう。

年代	造立数
宝暦十年～明和六年（一七六〇～六九）	一
明和七年～安永八年（一七七〇～七九）	一
安永九年～寛政元年（一七八〇～八九）	二
寛政二年～寛政十一年（一七九〇～九九）	一
文政三年～文政十二年（一八二〇～二九）	一
万延元年～明治二年（一八六〇～六九）	一
年代不明	九
（合計）	一六

大字名	造立数
稲橋	一
中当	〇
夏焼	一
野入	二
大野瀬	二
押山	二
武節町	一
桑原	一
御所貝津	一
川手	二
黒田	一
小田木	一

富永	一
（合計）	一六

最古のものは明和四年（一七六七）で、最新のものは明治元年（一八六八）である。

さて、各地に祀られている行者様を紹介してみよう。ただし、行者様と統一した呼称で紹介していくが、各地区では大峯の行者さんとか神変さん・山上様などとよんでいるところもある。

黒田では石彫りの行者様が祀られているが、この行者様は黒田全体で祀っているのではなく、個人の家の何代か前の人が大峯の信仰を守っていたときのもので、現在（平成四年）は小瀬垣千三氏宅地内にある。取り立てて祭礼は行っていないが、何か特別の物を作ったときにはお供えとして上げているという。

小田木（高田木）の行者様は破損状況が激しいが、村人によれば、おそらく明治初年に頭の部分だけが飛ばされたのであろうという。そのお姿があまりにも気の毒なので祀るようになったともいわれている。

現在ではこれといった行事は開催されていないが、高田木組のなかで気持ちのある人が花や供物を上げるなどしている。

小田木（小田木西）には行者岩というものがある。連谷川に面していて、村人が次のような伝承をもっている。いつのころか定かではないが、岩の下で諸国行脚の修験者が修行をしていたという。その後、大峯山から行者がよばれてこの岩を祀りはじめたとのことである。

小田木西組の行者様は小田木・御所貝津・連谷の三地区の合同で祀られていたが、現在では、小田木西組のみで祀り、それも「お籠様」の祭りごとと一緒に祀っている。ちなみに祭礼日は七月十六日になっている。この行者様は天明二年（一七八二）の造立で、稲武周辺でも最古の部類にはいる。銘文に、

天明二壬寅年四月八日
此字組講連中百三十五人
講頭

小田木村　後藤伊右衛門
御所貝津村　今泉新四郎
連谷村　安藤定右衛門

とある。

三村によるものとはいえ、当時一三五人もの人々が行者講に参加していたとは驚きである。ちなみに小田木には大峯講に関わる版木(年代不明)があり、当時の大峯講がかなり村落内部に浸透していたことがわかる。

富永の行者様は、それだけで信仰されているのではなく、文殊菩薩と共同で祀られている。毎年七月十八日を祭礼とし、戸数は七戸と小さいが、村中あげての祭りとして盛大に行っている。祭礼当日にはお神酒の振る舞いや投げ餅なども行われている。この行者様が文殊菩薩と一緒に祀られていることから、村外からも学問の神様、子供の神様として親しまれ、子供連れの参詣者もあるという。ちなみに文殊菩薩は、文政五年(一八二二)八月の造立である。

夏焼の行者様は稲武町内でも一番立派で、青木洞の大きな岩の下に祀られている。村ではかつて御嶽講の人たちが中心になってこの行者様をお祀りしていたが、昭和十年代の後半から行わなくなっている。しかし、この像は典型的な役行者像であり、本来は大峯講に関わる者によって祀られていたと思われる。御嶽講によるお祭りがなくなってからは、山の神講のときに一緒にお祭りする。

野入の行者様も夏焼の役行者を祀ったものであり、かつては修験者がきて、九字を切って祀り、餅などの接待もあったという。

ここで、稲武周辺の行者様の信仰対象の中心になっている役行者(役小角)について少し紹介しておこう。役小角とは古代の葛城山にいた呪術師である。一般的には役行者として知られている。実在者としての小角は、葛城山を拠点とする祈禱者であった。その呪術能力はことのほかすぐれ、律令体制の伸展に不安を覚えはじめた人々には、絶大な人気を博したという。衆望を妬んで誹謗される一面もあったが、その後も彼の卓越した能力は人々の崇敬の対象であり続けた。仏教界においても古密教の呪法を会得した優婆塞であるといわれるようになった。この役小角のイメージと修験者のイメージとが時代の流れとともに重複され、さらに地方における修験道場の展開の中で役小角とのつながりを強調されることが多くなり、やがて江戸時代になると、彼は神変大菩薩として信仰の対象になった。こうして稲武周辺にも数ヵ所確認されるように、役小角像が村々に造立されていったのである。

彼の像は斧を持つ前鬼、水瓶を持つ後鬼を従え、右手に錫杖、左手に経巻を持って座るものが多い。ちなみに稲武町域では前鬼・後鬼を従えた像は確認されていない。

行者講に関連した町内の史料としては「大峯登山御酒迎覚」天保七年(一八三六)と「行者講勤次第」万延二年(一八六一)の二点を古橋家の記録に見ることができる。

大峯登山御酒迎覚　天保七年四月十五日

「　　天保七年

大峯登山御酒迎覚

申四月十五日」

一　赤飯弐重　　村　平左衛門殿

一　小豆小弐重　　村　乙八殿

一　同大弐重　　御所貝津村　治兵衛殿

一　そば粉弐重　　夏焼　伊左衛門殿

一　うどん壱重　　村　丑太郎殿

一　小豆飯弐重　　村　幸兵衛殿

一　同　弐重　　勘助殿

一　同　　常平殿

一　同　　夏ヤケ　治郎兵衛殿

一　同　　嘉忠殿

由太郎

長左衛門

弥右衛門

作右衛門

秀助

惣四郎

菊松

一　酒壱樽　　吉右衛門
　　　　　　兵左衛門
　　　　　　弥平
　　　　　　伊兵衛
一　赤飯弐重　武節　文五郎様
一　同　野入　弥右衛門様
一　同　野入　猪兵衛様
一　椎茸　野入　善兵衛様
　練羊かん壱　　泉屋
　粟食壱重
一　御酒壱樽　野入　順助様
一　百文　野入　多吉
　印有弐貫八百文
　印無　三百文
一　百文　町　坂本殿
一　弐百文　町　仁兵衛様
一　百文　桑原　林蔵
一　百文　中当　弁助様

一　同　村　善蔵様
一　同　村　松太郎様
一　同　村　利吉様
一　五人札　村　平左衛門様
一　百文　村　茂十様
一　百文　村　熊蔵様
一　同　村　仙弥様
一　志ん竹少　村　徳蔵様
一　百文　村　菊右衛門様
一　五拾銅　夏ヤケ　助治様
一　弐拾疋　々　猪右衛門様
一　拾疋　々　丈吉
一　拾疋　家内ものへ召仕　清七
一　金一封　代五十文　三治郎
一　羽織ひも　代六十文　兼二
一　御守袋　代六匁九ト　とら二
一　腰ひも　勝二
一　きせる　代三匁五ト五厘　伊助

角二
才二
清吉
一　かんざし　代弐匁七トヅヅ　くら
はる
御酒迎
当村ト
一　拾疋　弥五郎
弥平
金蔵
種吉
増蔵
元右衛門
孫右衛門
吉蔵
一　弐拾四銅　喜七様
一　拾疋　乙八殿
一　拾疋　中当　清兵衛殿

一　拾疋　々　源吉様
一　拾疋　々　新吉様
一　同　々　久作様
一　同　々　兼吉様
一　同　々　常平様
一　同　大野瀬　栄蔵様
一　同　黒田　前吉様
一　同　下中当　伝蔵様
一　弐拾疋　根羽　伝治様
一　拾疋　桑原　忠助様
一　同　喜兵衛様
一　拾弐銅　村　与四郎様
一　百文　下中当　平治郎様
一　三拾弐銅　村　清右衛門様
一　拾疋　夏ヤケ　治右衛門様
一　同　弥八様
一　弐拾疋　桑原　銀之助様
一　三拾弐文　下中当　栄蔵様

一　同　　　　　夏ヤケ　孫八様
一　青銅拾疋　　武節　　孫兵衛様
一　御酒壱樽　　武節　　周蔵様
一　拾疋　　　　野入　　兼治様
一　御酒壱樽　　野入　　伊左衛門様
一　弐百文　　　野入　　由蔵様
一　百文　　　　野入　　弥五郎様
一　百文　　　　野入　　善助様
一　百文　　　　野入　　彦太郎様
一　百文　　　　野入　　弥右衛門様
一　百文　　　　　　　　源吉
一　百文　　　　　　　　新吉
一　百文　　　　　　　　彦兵衛
一　百文　　　　　　　　仙弥
一　百文　　　　　　　　十左衛門
一　百文　　　　　　　　善助
一　百文　　　　　　　　熊蔵
一　百文　　　　　　　　菊右衛門

一　百文　　　　　　　　兼吉
一　百文　　　　　　　　新吉
一　百文　　　　　　　　五郎右衛門
一　百文　　　　大のせ　新助
一　上　御札　　　　　　栄蔵
一　中　同　しずのり　大のせ　常五郎
一　上　同　　　川手　　又右衛門
一　上　同　　　　　　　床六
一　中　同　　　　　　　床右衛門
一　中　同　　　　　　　小六
一　中　同　　　おし山　與右衛門
一　上　同　　　　　　　吉右衛門
一　中　同　　　　　　　弥助
一　外あぶら一代百文
一　上の中　御札　　　　六良右衛門
外　揚板はし　二十五ぜん
一　上ノ御札　　川手　　吉左衛門
一　中五分　あぶら一　御所　半七

一　中分　御所　治左衛門
一　御札　黒田　唯四郎
一　外あぶら　一代百文
一代
一　御札　光三郎
一　幸七
宗右衛門
一　御札　伊右衛門
一　御札　新右衛門
一　御札　あぶら代百文　藤蔵
一　御札　元吉
一　御札　手拭　新助
一　御札　利右衛門
多平
弥吉
伊兵衛
吉左衛門
一　上　御札　三省

一　中　御札　弁助
はし二セん
一　々　茂十
一　々　与吉
一　々　歌吉
一　々　彦十
一　々　茂吉
一　々　祐二郎
一　々　利吉
一　々　才二郎
一　々　清吉
きせる代三厘五分
一　々　今治
きせる代同断
一　々　周助
きせる代同断
一　中　御札　十兵衛
はし　二セん

一　々　半右衛門
一　々　喜兵衛
一　々　柳助
一　々　周蔵
一　々　喜七
一　々　利七
一　々　孫兵衛
外ニあぶら一代百文
一　上　御札　御所貝津　春城
外まわり　一代百文
丹羽書一枚
一　上　同　治兵衛
小せん代百文
一　上　佐四郎
同ゑり代
貝のし
一　中　斧吉
同ゑり代
貝のし
一　中　周兵衛
同ゑり代
貝のし
一　中札　忠七
外中油壱
（以下略）

これには、修験道の霊山である大峯（奈良県）登山に対する留守見舞いであり餞別の記載内容から、登山者の付き合いが村から夏焼・野入に集中していたことが具体的に記されている。さらに酒迎えとなっているが、帰村した祝いの状況、餞別をくれた人への土産も詳細に記してあり、お札はもちろん付き合いの関係によって、きせる・手拭・酒・かんざし・腰ひも・羽織りひも・ゑり・貝のし・ゆべし・びんせん・はし・伊勢のり・楊枝・箸箱・青のり・風呂敷などがあげられている。いずれも腐らずかさ張らない小物を中心にしていることがよくわかる。それにしても餞別をみると優に二〇〇人を超えるものであり、大峯登山により交遊関係の広かったことが確認される。また酒迎えの料理についても、赤飯・蕎麦・うどん・小豆飯・羊羹・あめの魚・山芋・茶飯・草餅などが記されており、当時の酒迎えという儀礼食にどのようなものが利用されていたかもわかる。

行者講勤次第

夏焼村の幕末(万延二年〈一八六一〉)における行者講の勤行を具体的に示したものである。この史料も当時の行者講(大峯講)の実態を知る上で、きわめて貴重なものである。

行者講勤次第

魔訶般若波羅密多心経　一巻

我昔常呂造諸悪業皆由無始貧瞋癡一切我皆懺悔　三度

おんやくうハそくじやくあんしのそわか　三度

おんばんちくわんそわか　七度

おんばんちくえんそわか　七度

帰命順礼懺悔(欠)六根

清浄一ニ礼(欠)

南無行者大菩薩　十三度

南無日天子日天子

南無当所之神祇

南無八幡大菩薩

南無春日大神宮(明神)

南無志でつけ大明神

南無吉野蔵王権現

南無勝手之大明神

南無こうもり大明神

南無金精大権現

南無奥院蔵王権現

南無愛染門王

南無玉切三社大権現

南無あしずりの役者

南無(欠)怨蔵王権現

南無のぞきの行者
南無山上大権現　十三度
南無小笹の行者
南無小笹ニ利眼大師
南無月日の岩屋ニ大日如来
南無護摩大小不動明王
南無小笹の大黒天
南無五笹之岩屋ニ金代童子
南無とふろうの岩屋ニ八大龍王
南無泥川弥勒菩薩
南無天ノかわ弁財天
南無吹越地蔵権現
南無貝吹地蔵権現
南無取済大師
南無大峯寺護大天狗小天狗
南無吉野子百八十末社
南無葛城七大和光とふじ
南無金剛山ほうふき大菩薩
南無みのぶ寿弁財天
南無熊野三社十二社権現
南無日本ふし神祇
光明真言
おん何なきやひゐる志やのふまかぶたらまふたんど
まじんだらたらたらたやらん
（欠）
不動明王（欠）
のうまくさんまんだをさらだせんだんまつるしやだ
そわかやうんだらのんまん
廿一度
万延二辛酉年
大峯山上　行者　講中

5　金毘羅講

金毘羅は薬師如来の眷属である十二神将の一人とされている。また、般若守護十六善神の一人であるともいう。金毘羅の名はサンスクリット語のクンビーラから出たとされ、ガンジス河に棲むワニが神格化されたものといわれている。そこから薬師十二神将としての信仰とは別に、水の神・海の神としての信仰が生まれた。

香川県仲多度郡琴平町に鎮座する金刀比羅宮は、日本における金毘羅信仰の中心として名高い。創建そのものははっきりしないが、もとこの山にあった真言宗松尾寺金光院が、守護神としてこの神を祀ったのが始まりだとされている。それが室町時代に入り、瀬戸内をはじめとする海上交通が盛んになってくると、船乗りや漁民の間にこれを海難救済や豊漁の神とする信仰が高まった。

近世になると漁村を中心に全国各地に金毘羅講が結成され、ときには川を中心にした水神や、作神として農村にまで広がっていくほどの展開をみせ、伊勢参宮に匹敵するほどの勢いがあった。金毘羅信仰にまつわる習俗として著名なものに流し樽がある。社殿造営や海上安全を祈る神酒をつめた樽に、「奉納金毘羅宮」と書いた小さな幟を立てて海に流すと、これをみつけた人々が次々に金刀比羅宮まで届けるものだったという。稲武周辺の金毘羅講に漁業との関連性は見いだせないが、富永・黒田・稲橋・川手・桑原などに金毘羅様が勧請されて信仰の対象となっている。また、史料で確認できる近世後期における金毘羅参詣に関わるものとしては、留守見舞いや伊勢参宮とセットにして金毘羅参詣を四五日余で行っていたことなどが知られる。

稲橋には、文政四年(一八二一)五月に造立された金毘羅様の供養塔がある。祭りそのものは秋葉講と一緒に行っているが、かつては伊勢参宮と兼ねて金刀比羅宮を参詣したり、金刀毘羅宮からは開帳の案内が届けられるなど、村内に金毘羅信仰が浸透していたと思われる。以下に金刀毘羅宮からの勧化と金毘羅参詣に伴う留守見舞いの史料を紹介する。

讃州金毘羅山御開帳ニ付、御高札写、当山鎮護六僧正金剛坊就遠忌、社領之輩、願はく者諸人来ル申年三月六日　より五月六日迄、於院内霊験令拝見者也、
午正月十三日　　　　　象頭山

役者

附、山法よろしく勧化奉加入生じる曽てなし志うる
尓、遠忌等之事者也、左様之売僧相廻り候哉有之ニ
付、諸人 之迷ヲ発志がため、記置もの也、

金毘羅参詣 留守見舞控

一 おはぎ 二重 夏ヤケ 辰井様
一 あん餅 二重 御所貝津 治兵衛様
一 茶飯こめ 三重 ヤマカ
一 茶飯 すし (欠)柏町 源治殿
一 あん餅 二重 町屋 永徳や
一 うとんこ 一重 三十様
一 かし 二重 村 麦すき様
一 おはぎ 二重 村 平右衛門様
一 うんどん 武善(ママ) 川左衛門様

四月九日

一 うんとん 一ろじ 村 ヤマダ
一 うんとん 二重 夏焼 伊左衛門
一 まんしゆう 三十二

一 いがもち 二重 町 宗十郎
一 うんとん 一ろじ 村 半治郎
一 とうふ 二丁 村 宗太郎
一 おはぎ 二重 町 角蔵
一 うんどん 二重 夏ヤケ 治郎兵衛
一 菓子 一袋 町 居国屋

御酒廻受納帳

一 風呂敷 一ツ 村 龍光院
一 杉原 一帖 龍光院 隠居様
一 赤飯 二重 村 宮次郎様
一 小豆飯 二 村 儀三郎
一 三十二銅 村 権右衛門
伊兵衛
太兵衛
一 御酒一樽 又右衛門
兵左衛門
吉右衛門
弥惣次

一　二十四銅　清太寺　清右衛門
一　赤飯三重　黒田　同達様
　　御酒一樽
一　赤飯一組　笹平　甚吉様
一　赤飯二重　大畑　伊兵衛様
一　うどん二重　森下　斧吉様
一　大鰹節五　若林　左内様
一　二十四銅　中当　勘太郎
一　十二銅　村　弥助
一　同断　中当　平左衛門
一　御酒一樽　御所貝津　喜六様
一　同断　町　宮五郎
一　五十（銅欠カ）　町　仙蔵
　　　　　古橋徳四郎

小田木では、字大見山の水晶山頂付近に金毘羅様を祀っている。時代は定かではないが、讃岐から勧請したものであるといわれている。毎年四月十日を祭礼の日として、年寄りたちが参拝をしている。金毘羅様の祠は高さ一三〇センチメートルほどのものであるが、石を積み上げたものである。

富永の氏神様の裏手に金毘羅様が祀ってある。十九世紀初頭の村絵図には、この金毘羅様が記載されていないので、讃岐からの勧請は十九世紀中期以降のものと思われる。伝承では、明治時代になって村内の伊藤氏の先祖が勧請し祀ったものであるという。はじめは個人で祭祀していたが、なかなか御利益があるという噂がたち、村でも祀るようになったという。例祭は旧三月十日・旧十月十日に行われ、昭和三十年代の半ばまでは村中の例祭として甘酒の振舞いがあるなど、かなりの賑わいであったという。しかし、金毘羅様が伊勢湾台風によって倒壊したため、その後は再び伊藤氏宅で個人祭祀をするようになっている。

桑原の龍光院境内には金毘羅様が祀られている。この金毘羅様は稲武町域の中でも唯一、勧請の経緯がわかる金毘羅様である。元治元年（一八六四）に亡くなった龍光院十二世の住職、広天独脇の代に、四国の讃岐から勧請したものであるという記録がある。明治時代の中期までは村内からの参詣者もあったというが、その後、お堂は取り壊しとなり、本尊のみが寺のなかに祀られるようになった。この形態が大正年間までは継続されていたが、昭和になってからは、村内での金毘羅様への定期的な参詣(以前は三月十日を祭礼日としていた)はなくなってしまった。

川手の字ウル井では、毎年三月十日に金毘羅様の祭礼を行っている。祠の前には幟が立てられ、祭りごとが終了すると祠の前で直会となる。

6 善光寺講

信濃国(長野県)の善光寺に参詣する集団を一般に善光寺講と称する。当町内にはかつては稲橋・武節町に講集団としての善光寺参りがあったようだが、現在は消滅している。当町内でわずかに善光寺様が祀られているのは小田木で確認されるのみである。小田木の石坂では、川角茂氏の祖母が村の代表として善光寺に参詣し、そのときにいただいた掛軸二本を掲げ、村中で祈願をしたところ、ことのほか御利益があったことから、その後は村中の者が毎年一月七日に、川角氏宅に集まって講を継続している。

信濃善光寺は天台宗(大勧進)・浄土宗(大本願)両宗の管理下にある。信濃善光寺への参詣習俗はすでに中世からかなりみられたが、近世に入ると参詣者が増大、とくに七年ごとに行われる御開帳には多くの参詣者があった。また、近世後期から近代にいたっての善光寺は、関東・東海地方の農山漁村の物見遊山の代表格でもあり、善光寺土産の一つである一人のお婆さんが黒い大きな牛を追いかける図柄の錦絵は、そちこちの家の壁や屏風の上張りに張ってあったものである。

稲橋の善光寺講では、かつては伊勢講や大峯講と同じように、酒迎えの行事が行われていたようである。その間の経緯を知るものとして、次の史料がある。

「天保三年
善光寺酒迎
辰五月七日」

一　御酒　五合二勺　町　三五郎
一　赤飯　二重　村　平左衛門
一　小豆飯　二重　村　甚蔵
一　赤飯　二重　村　源次郎
　　御酒　七合二勺
一　御酒　村　惣太郎
一　あじ　五本　村　源助
　　御酒　一合
一　御酒　八合　村　幸兵衛
一　廿四文　村　喜三郎
一　廿五文　村　為蔵
一　赤飯二重　夏やけ　次郎兵衛
一　うとん　二ろじ　村　おすき
一　赤飯小　二重　夏ヤケ　辰井様
一　小豆飯　二重　伝三郎様

一　あじ五本　田中屋
　　酒一合
一　小豆飯　二重　幸三郎
一　赤飯大　二重　町　又吉様
一　同　二重　町　玄春様
一　酒七合五勺　一樽　文右衛門様
国右衛門様
清院様
田右衛門様
半助様
惣兵衛様
権右衛門様
藤兵衛様
一　青銅一包宛　二百六十四文　藤右衛門様
小常治様
助三郎
長右衛門
長左衛門

一　三二銅　　　中当　小治平殿
一　赤飯　二重　町　酒屋
一　同　二重　町　笹屋
一　赤飯一食打　村　弥治右衛門様
酒　一升
一　赤飯　二重　夏ヤケ　伊左衛門様
一　白飯　二重　同所　白兵衛
一　小豆飯　同　町大工　大四郎
一　あじ五本　村　甚助
八合二勺
一　小豆飯　二重　町　文五郎
一　御酒　八合　同断　伝左衛門
一　五十文　同断　伝吉
一　御酒　八合　黒田　周達
一　紙二枚　村　大助
一　紙三枚　横道　文蔵
一　御酒　七合　町　三十郎
留守見舞

一　あん餅　一重　村　源次郎
一　うどん　同　村　文次郎
一　おはぎ　同　町　又吉
一　同　二重　村　弥次左衛門
一　うどん　同　夏やけ　辰蔵
一　まんじう　一重　おすき
せんべい
一　おはぎ　二重　平左衛門様
一　同　二重　弥治右衛門様
一　そば　二ろじ　町　酒屋
一　まんぢう　三十二　おハ野　笹屋

中当には、現在は善光寺講に関した伝承はないが、近世後期に善光寺からの勧化に対する名簿が確認されている。

「

善行村　　宿　院

信州善光寺喜捨性名簿
　安政三丙辰六月十六日
　　　役人　渡辺春之助」
新六　熊蔵　源治郎　庄太郎　仙弥　歌六
茂十　惣助
右金五拾疋宛
　善助　米蔵　孫太郎　清之丞　利吉　彦兵衛
右六匁宛
　　安政四年　巳二月　受取
一　三疋　　利吉
一　三疋　　清之丞
一　三疋　　善助
一　三疋　　米蔵
一　三百文　新吉
一　弐百文　熊蔵
一　弐百文　宗助
一　百文　　彦平
一　壱朱　　源次郎

〆金壱分弐朱ト五拾六文
　午年
一　金壱朱　庄太郎
一　金壱朱　茂十
一　金壱朱　仙弥
一　銭三匁　米蔵
一　弐百文　新吉

野入地区にも善光寺講をめぐる伝承は皆無であるが、幕末の安政四年（一八五七）の「加茂郡万人講中」への参加を呼びかけた史料がある。

「　信濃国
　　　　加茂郡万人講中
　善光寺
　　　　　　三州　」
此講ニ御加入之衆中ハ法名俗名大帳ニ記し、於御如来前ニ毎朝御回向有之御参詣之節は御内陣入、焼香ニ相成誠ニ難有仕合、尤講銭十疋直納可被成候、講

銭相積り候得は永代御開帳相願可申候、当年より
拾ヶ年之内御参詣相成候、百御龍帳被下候得は御加
入之印ニ御座候、講銭ハ御参詣之節御持参可被成候、
十ヶ年之内ニ壱万人之参詣ニ致度、信願ニ候、仍て
万人講と名附、四方之信者御参詣可給候、以上

三河加茂郡講元

足原村　河合真硯
丹波村　山田久左衛門
綾渡村　藤沢彦十郎
御内村　水野弥次左衛門

この史料が野入にある経緯はまったく不明であるが、講元に名を連ねているのはすべて加茂郡、現在の豊田市足助町域の村々であり、万人講の拡大によせて稲橋周辺にも要請があったのであろうか。

第四章　生活の用具

―古橋懐古館収蔵民具図録の解説をかねて―

一　住居の用具

古橋懐古館の民具展示は、昭和四十六年に旧味噌蔵を改造して開館し、今日に至っている。以下、当館の民具が展示されるに至った経緯を概観しておこう。全国各地の博物館や資料館での民具展示と若干異なる特徴がある。それは、古橋家の女性たちの並々ならぬ努力がなければ、今日の展示はありえなかったことである。

とくに六代暉皃(一八一三～九二)に嫁いだ久迩(～一八四〇)・奈加(～一八五五)・伊知(一八二九～九五)、七代義真(一八五〇～一九〇九)に嫁いだ都留(一八五五～一九三二)、そして九代敬道氏(一九三一～)の実姉で、前古橋会理事長古橋茂人氏(一九二四～二〇一二)に嫁いだ千嘉子氏(一九二四～二〇一三)の尽力なくしては民具の整理及び展示はなかったことであろう。彼女たちの力で天保年間から昭和三十年代までの約一三〇年間の歩み(暮らし)を、民具という「モノ」から見ることができたのであり、このことは特筆されるべきであろう。とりわけ伊知・都留と千嘉子氏の努力には敬服するしだいである。

とくに古橋千嘉子氏は東京生まれ東京育ちの身でありながら、稲武町稲橋に嫁いできてからの六四年間は、古橋家の裏方を守るとともに、昭和二十年代には「家政塾」を開くなどし、山村の若妻たちに衣食住なかでも食の指導をしてきた。このようなことは、戦後の生活革命著しい昭和二十八年から三十三年ごろまでの生活の変化を示す品として展示されている古橋懐古館収蔵の民具を通して読みとることが可能である。

古橋千嘉子氏の各種手料理

古橋千嘉子氏の手料理は、自分の屋敷地内でとれたものを使っての郷土料理で、毎年８月11日の古橋家文書研究会の合宿一日目に振る舞われた(平成21年８月11日)。

したがって、古橋懐古館の民具展示は線を引いたように昭和三十三年を一つの節目として見学すると、生活革命と民具のありようを確認することができるであろう。とくに昭和二十八年のＮＨＫのテレビ放映からはじまり、種々の電化製品が山村に入ってきた経緯を、まさに「モノ」としての民具を通して時代(世相)を読むことができるよう配慮されている。

本書をまとめるにあたって、これまでの民具の紹介とは若干異なることを示しておく。本来「民具目録」を作成するのであれば、民具一点、一点の寸法、紀年名などをすべて表示するのが今日の日本民具学会の潮流である。しかし、今回はこの方向性にこだわらず、古橋懐古館が所蔵・展示しているものの一部を写真で紹介することを中心にすえ、さらに日本民具学会ではあまりなされていない「民具」をめぐる伝承と、「民具」をめぐる古文書を併せ使用することによって、時代的な経緯を紹介することにつとめた。そのため民具そのものより「民具」をとりまく地域性・時代性を全面的に見出していこう。この点ご容赦いただきたい。

衣食住をはじめとする今回紹介する生活用具の大きな変化は、昭和三十年代・四十年代という分け方が一般的である。本館の旧味噌蔵(三号館)に展示されている山村の民具も、昭和三十三年(一九五八)前後を境に、大きな変化がもたらされたことが確認できる。それは千嘉子氏の結婚後に、第一次の生活革命が奥三河山村にも押し寄せてきたこととも関わっている。

参考までに、昭和三十三年から四十六年前後に見られた「衣食住」の変化を簡単にまとめておこう。

【衣】

戦後の下着改革の先導役であった鴨居羊子が、昭和三十年にスキャンティ(パンティー)発表。三十二年にはその鴨居羊子が大阪スバル座で、下着ショーを行い評判になった。

昭和三十六年、アンネナプキン発売。

昭和四十年にはミニスカートが登場して、世間の耳目を集めた。それに拍車をかけたのがイギリスのモデルで「小枝のような(Twiggy)」ともてはやされたツィッギーの来日であった。

昭和四十六年にパンティーストッキングが発売された。テレビを媒介にして青春ものが多く放映され、Tシャツ・Gパンブームが到来した。

【食】

冷蔵庫が昭和二十八年に発売され、四十年には家庭の五〇%を超えるまで普及した。

プロパンガスは昭和二十九年に発売され、三十七年には都市ガス普及率が五〇%を超える。

電気釜は昭和三十年に発売された。三十九年には五〇%の家庭に普及した。

インスタント食品ブームが到来する。昭和二十九年に粉末ジュースブームがあり、三十三年には今もリバイバル化して受容されているチキンラーメンが発売された。二十八年に東京青山にスーパーマーケットが開店して、三十四年には全国各地に拡大し、三十七年には全国に二七〇〇の店舗を数えるまでになった。

その後、冷凍室のついた冷蔵庫が発売され、それをきっかけに冷凍食品が販売されるようになり、昭和四十三年にはレトルト食品のボンカレーが松山容子らのCM効果によって一気に普及した。このブームは電子レンジの拡大とも連動していた。

昭和四十年前後にはビニールハウスでの野菜栽培が盛んになり、西瓜・キュウリ・キャベツ・人参などが季節を越えて栽培可能となり、これらとほぼ同時期に生鮮食品の冷温輸送化(コールドチェーン)が、高速道路(名神・東名)の展開とともに可能となった。

【住】

洗濯機が昭和二十八年に発売された。

テレビは、前述のように昭和二十八年にNHKが放送を開始した。のち、三十二、三年前後から多くの民放が放送を開始して、三十七年には全国への普及率は五〇%近くとなる。とくにテレビの普及に一役を担ったのが、三十三年のプロ野球（長島茂雄の巨人入団）や、力道山に代表されるプロレスの放映である。そして三十四年の皇太子（現在の天皇・皇后両陛下）のご成婚が引き金の一つとなり、かつ三十二年末に、東京オリンピックの開催が決定したことによって、一気にテレビの普及が拡大した。街頭テレビなるものが一世を風靡したときでもあった。

電気こたつは昭和三十二年に発売。三十五年、赤外線ランプ付きが発売される。

団地ブームの到来と相俟って、水洗トイレ・風呂が各家庭に設置されるようになった。東京周辺では三十四年のひばり丘団地などがそのさきがけとなったといわれている。

エアコンは、昭和二十九年に発売。四十年代のはじめには、セントラルヒーティングが見られるようになった。

昭和二十八年、東京駅に初の赤電話が設置される。加入電話数は四十一年には七四〇万台となり、アメリカに続いて世界第二位となって、四十三年には一〇〇〇万台突破する。五十四年にはコードレス電話、自動車電話の導入が見られ、五十七年にはテレフォンカードが発売される。

自動車は昭和三十二年にダイハツミゼット、トヨタコロナが発売された。四十年、名神高速道路の全通。四十二年、自動車一〇〇〇万台突破。四十四年、東名高速道路の開通。自動車保有台数アメリカに続いて世界第二位となる。五十五年には自動車生産台数はアメリカを抜いて第一位となる。

このように昭和三十年代から五十年ごろまでの生活革命の展開によって、わが国の生活は一変したのである。この生活革命が日本女性の社会進出とも大いに関わり、家事労働なども激変したといわれている。それまでの農山村の主婦らの一日の生活時間などにも異変が見られ、昭和三十年代初頭には農作業二時間弱、洗濯時間一時間半、休憩時間二時間弱、食事時間一時間三十分程度、睡眠時間七時間弱というものから、この約四半世紀の間に半分くらいに短縮されたものもある。そうした変化により、今まで生活の一端を占めていたそれまでの「民具」などは、消滅する憂き目にあったのであろうか。

さて、写真掲載した民具の順番にそって、当家との関わりを中心に紹介する。なお、これらの項目は、すべて前館長千嘉子氏が展示するときの至便として分類したものであることを明記しておく。なお以下、№は巻末「民具図録」の分類番号である。名称はすべて千嘉子氏が生活体験をふまえてつけたものであり、今日の日本民具学会などが一応の分類として付加した名称とは異なる。

1　照明具

照明具は現在二三点を展示している。№1-1-1の小田原提灯から№1-1-23の灯明つけ具までである。

いままで、江戸時代初期の照明具についてはあまり研究の対象にはなっていないが、あかりに関する専門博物館としては、「日本のあかり博物館」（長野県）、「由比宿東海道あかりの博物館」（静岡県）などがあり、各種の照明具が展示されている。そのなかでも相模国（神奈川県）の小田原宿周辺で製造され、東海道などを利用する旅人らに重宝がられたのが「小田原提灯」であろう。

この折りたたみ式携帯行灯、つまり提灯は、江戸時代の初期、寛永年間（一六二四〜四四）ごろまではかなり珍しいものだったといわれている。三河山間部ならなおさらであったろう。

江戸の小ばなしにこんなものがある。「田舎出の小僧、主人の供で出かけたが、上がれといわれた行き先の家でも提灯を持って突っ立っている。提灯は下に置くと皺になるから…」と。まさに時代を象徴しているようである。

もともとある提灯に、一工夫加えたのが「箱根灯り」、たたむと上下の枠の間に紙はりの胴がすっかり納まるようになっている。そしてそれを小型化したのが東海道名物「小田原提灯」ということになる。確かな史料は未確認ながら、地元の甚左衛門の発案であるとの伝承があり、江戸も宝暦〜天明期（一七五一〜一七八九）あたりには、「小田原」といえば提灯というほど有名になっていたらしい。

「提灯と暦、焼芋ほど離れ」とは、提灯といえば小田原、暦といえば三島、どちらも街道名物であったが、この二つの宿場の間が、いわゆる「天下の険の箱根」で、山道八里を一気に越えなければならなかった。これは江戸の近郊川越でもよく知られた「栗(九里)よりうまい焼芋」と、離れていることと相通ずるものである。

八里の山道を歩き通すとなると、健脚ならいざ知らず、足の弱い者や荷物の多くて早く歩けない者は、おのずと夜間に山道を歩くことになる。その意味でも小田原の懐中提灯は、ことのほか重宝されたのである。さらに小田原提灯を作るための材料のうち、現在でも曹洞宗の本山格として知られる大雄山最乗寺(南足柄市大雄町)周辺から伐り出された木材は、通称「箱根山」と呼ばれていて、これで作った提灯を持っていると箱根山中の化け物などから守ってくれるという評判が、このあたりではまことしやかに語られていたそうである。

われわれの世代でも、口をついて「えっさ、えっさ、えっさほいさっさ、お猿のかご屋だほいさっさ、小田原提灯ぶら下げて…」と、近世・近代を通じて旅人たちのよき道先案内として、「小田原提灯」は人気商品であったという。

古橋家のなかでも暉兒・義真の時代(この二代によって古橋家の地位が地域において盤石となった)に、当主が赤坂の番所や江戸に出府するときなどは、「小田原提灯」を持参するのが定番であったという。

この提灯をたたみ込む必要から、紙の胴は筒形と決まっていた。天と地の材料は薄板作り、銅や真鍮を写真№1-1-1のように、念入りな透かし彫りにしたものである。

№1-1-3から№1-1-9の手燭・燭台は近世・近代を通じて行灯などに比して、とくに燭台などは少々贅沢品であった。どこの家にもあるというものではなく、旧家の古橋家ならではの照明具ということである。

蠟燭は小百姓ではなかなか買うこともできず、本百姓クラスでなければ、縁もあまりなかった代物ではなかろうか。江戸時代前期の寛文・延宝年間（一六六一〜八一）ころの笑い話にこんな話がある。「蠟燭をもらった百姓、どうするものかわからず、最終的には焼いて食べるも、まあなんと油っ気の多いものだなどと言っているうちに、影も形も消えうせた」と。

さらに、江戸時代の中後期である天明・寛政年間（一七八一〜一八〇一）ころに至っても、この間の状況はほとんど変化しなかったと見え、前掲と同じく、そのころの小話に「やはりもらいものの蠟燭、これも食べ物だということで一家で食べてしまった。たまたま来あわせた物知りの庄屋がこれを見て驚き、これなら拙者前に大坂で見たことがある。頭から火を吐くものだった。火の用心、火の用心と村中に触れを廻したから、さあ大変」と大騒動になったとか。

明治の近代国家になって一四〇年余、停電のときにマッチだ、蠟燭だとあわてる程度で、蠟燭も正直のところ地に落ちたものである。確かに電灯に比べればその明るさは雲泥の差である。しかし、いざ停電あるいは、祭礼時や盆時の盆提灯などからは、やはり幻想的でかつ「灯り」のもつ温かみを感じるから不思議なものである。

燭台は今でも冠婚葬祭をはじめ、料理の宴会、芝居の舞台などで、電気よりも好まれることがある。今でもセレモニーの小道具として燭台の登場する結婚式場があり、キャンドルサービスなどの演出には、むしろ好まれることすらある照明具ではないだろうか。その点では№1-1-10や№1-1-12などは今日でも利用度の高いものである。

次に№1-1-13〜20のランプについて紹介しておこう。ランプも当家の七代義真、そして前館長の生活史そのものを象徴するように展示されている。一般にランプは石油用の灯火具をさすものと事典類には紹介されており、これを日本近代化の経緯のなかで紹介することは比較的少ない。その構造は、灯油を入れる金属もしくはガラス製の容器に口金をつけ、さらに木綿糸の紐を通して容器のなかの灯油に浸すようになっている。ランプ研究者が芯の種類によってランプを分類すると、家庭用の平芯ランプ（No.1-1-13～14）・巻芯ランプ・両芯ランプ・組芯（棒芯）ランプなどとなっている。形状や使用方法からは吊ランプ（No.1-1-13・14・19・20）・置きランプ（No.1-1-14～17）などに分類される。

また、特殊なものとしては（No.1-1-15～17）の石油蒸気ランプなどがある。なお、ランプが奥三河に入ってきたのは明治二十年代後半から三十年代初頭のことで、義真の妻都留の時代のものが多く見られる。

2　暖房具

江戸時代後期から近代にかけて江戸周辺の厨房では、どのような道具が使われていたのかを知るときの資料として、十九世紀中葉のころに作られた『勝手道具尽』というおもちゃ絵がよく知られている。例えば安政四年（一八五七）に刊行された『新板かつて道具尽』をみると、前述した手燭をはじめとして行灯・踏台・長火鉢・コタツ・タバコ盆などが紹介されており、十九世紀中葉のころまでは「勝手道具」の認識が、今日よりも幅広い概念であったようである。当館にはNo.1-2-1の長火鉢から二〇点ほどの暖房具が展示されている。

火鉢は灰を入れて炭火をおこし、手をあぶったり、湯を沸かしたりする暖房具の代表格のようなものである。とは、同時に火鉢や長火鉢やNo.1-2-13・14の手あぶりなどは、座敷の調度品・装飾品としての役割をもっていた。これらの素材には木製・金属製・陶磁器製などがあった。木製はNo.1-2-1の長火鉢である。金属製にはNo.1-2-2の足炉や、No.1-2-16の湯たんぽ、No.1-2-17・18の猫こたつなどがある。

当家は酒造業を主たる生業にしていた関係から、角型木製の火鉢がみられる。また奥三河に特徴的に見出せる足炉（No.1-2-2）・猫こたつ（No.1-2-17・18）・足温器（No.1-2-19）などが、山間部でかつ寒冷地の暖房器具の主をなしていたが、昭和四十年前後から電気コタツや石油ストーブに代っていった。

いろり（No.1-2-20）というと、最近では民宿や居酒屋で装飾品のように置かれているのが一般的であるが、古橋懐古館では事務室兼応接室に六角形の囲炉裏が展示品かつ現役として利用されている。わが家でも平成二六年六角形の囲炉裏を地元の指物師の方につくってもらい、一室を「サロン囲炉裏」として開放することができた。六角形にしたのは、四角形だと座席順をめぐっていざこざの生じる恐れがあり、座席順にこだわることなく座れるようにしたかったのが理由である。

3 収納具

収納具としては、№1-3-1の唐びつから、№1-3-5の信玄袋まで、五点が展示されている。

唐びつは、中・近世に用いられてきた櫃である。脚がつくところに特徴があり、両長辺に二本ずつ、短辺に一本ずつつく。近世以降、とくに十八世紀後半ころになると、使用頻度は少なくなったといわれている。しかし、特定の宗教的職能者が担いで日本を廻国するときに使った笈と呼ばれるものと近い関係にあり、寺社の祭礼などでは古風を重んじて用いられることがある。古橋家も十九世紀の中葉に仏教から神道に変わったこともあって、山の神の神事をはじめ年中行事のときにこの唐びつが使用されたことが文献でも確認される。

№1-3-3の柳行李は、コリヤナギを麻糸で編んだ箱状の容器で、身と蓋で一組となる。縁(ふち)はモウソウチクをトウで巻きつけたものが多く、角は木綿布で補強している。当家では暉皃は名主として、義真は郡長として、その職務のため三河の赤坂役所をはじめ、とくに文久三年(一八六三)以降は頻繁に、岡崎・名古屋・江戸(東京)へ出仕することが多かったため、この柳行李の使用頻度も高かったことを、前館長より伺っている。そのためか、数度にわたる補修の跡が確認できる。

4 花器(花生け)

筆者は博物館業務のため、年間八五日(月に七日)ほどのうち、十数回、往復六四〇キロを自動車で通勤している。正直疲れるのだが、博物館に到着すると不思議にほっとすることがある。それは博物館の正面玄関に、職員の女性たちが季節の花々を生けてくれているからである。よく「花の命は短くて」といわれるが、この年になるとその多くが博物館近くの農道周辺に咲く花々で飾られていることにより、一服の清涼剤のように思えてありがたいのである。その花を引き立てるのが、わが国では切り花にして花生けにすることである。鉢植えや花壇あるいはプランタンが中心のヨーロッパとは、この点が大きな違いとして見出せる。

わが国の生け花は、本来、仏事・神事から始まったとみられている。今日三〇〇〇を超える華道流派のなかにも、古代の人物に関わる流派がある。

華道が一般化するのは江戸時代とされている。この時代になると「花を生ける」ことが、またそれを観賞できることが、男女ともにたしなみの一つとされるようになった。やがて花器の装飾性も高められ、国宝級のものもあれば、ヒノキなどのまさ板を利用したマゲモノや、太い竹を利用したものもある(№1-4-1)。

5　寝具その他

寝具は、寝るとき用いる蒲団・枕・寝巻・夜具をいう。当家の寝具で特徴的なのは箱枕である。№1-5-1〜9の九点を数える。箱枕は江戸から明治、そして日本髪とともに消えていった枕だが、今ではもう使える人もないほど高さがある。筆者が茨城県筑波郡筑波町の調査先で箱枕を使って昼寝をするおじいちゃんに会ったのは昭和四十五年の夏のことであった。当時九十歳であったから存命ならば百三十六歳になるであろうか。それほど箱枕は日本人の生活からは消えてしまった枕である。当家のものは木製のものが七点、陶器製が二点である。ちなみに筆者は№1-5-8の陶器製のものを利用させてもらったが、夏場でひんやりとして氷枕のようであった。ところで、わが国の枕には、古代以来二つの系統があったといわれている。木枕と草枕である。

木枕は丸太や角材を輪切りにしたものから、それに彫刻や蒔絵をほどこしたもの、頭の座りをよくするため中央をやや低くしたもの、この種の枕の特徴はとにかく堅いままであることである。時代劇には今でも登場するが、明治二十年代ごろまでは江戸時代生まれの方々にはよく利用されていたようである。

草枕は、シノ・カヤを束ねたりして、スギの葉を縛って布で巻いたもので、現在のソバがら入りの括り枕とそれほどの違いはない。この木枕と草枕を一つにしたのが十八世紀の中葉ごろに始まったとされる「箱枕」で、箱形の木枕の上に小さな括り枕を乗せたものである。なお、形が矢場（江戸時代の遊技場の一つ。別に揚弓場ともいわれた）に似ているところから、あずらまくらの名もある。

寝具の他に団扇（うちわ）がある。団扇は、細く削った竹の骨に紙・絹布などを貼ったもので、扇と同じように、あおいで風を起こすための道具である。

わが国では「扇」がハレの場で用いられることが顕著なのに対して、団扇は家庭で使うものだと考えられている。種類としては白紙を貼った白団扇、絵や模様を描いた絵団扇（№1－5－17～19）、絹布を貼った絹団扇、薄く渋をひき、さらに裏に糸を網状に貼った渋団扇（№1－5－16）などがある。

6 屋根瓦

屋根を葺くために粘土を一定の形に焼いたもの。瓦はすでに奈良時代から飛鳥寺に見られるように、瓦葺き建造物が確認されている。古代の瓦葺き建造物は、宮殿・官庁・寺、貴族の邸宅などの上流社会には使用されているが、中世の武士の館では、瓦はほとんど葺かれていない。近世になると多くが瓦葺きとなるが、その引き金になったのが明暦の大火（振袖火事）であり、町場の住宅まで類焼防止のため、瓦葺きになったといわれている。しかし、瓦葺きは積雪量との関係から、その使用には地域性が顕著に見出される。豪雪地帯では瓦葺きより茅葺き、トタン屋根が多く使用されている。なお、瓦には生産地の問題や瓦そのものに「水」「龍」「寿」などの文字を書いたり、屋号としての笠印、あるいは木印と称して独特の文字を書くことがある。№1－6－1は、かつて本宅の母屋で使用されていたものである。

屋根瓦に彫られた「水」稲橋角屋

二　民俗知識に関する用具

1 教育施設・用具

古橋家と教育施設については六代暉兒・七代義真および国学者佐藤清臣らによる郷校「明月清風校」設立の経緯について概略する。

明治新政府による「学制」の発布に先立つ明治五年（一八七二）七月、暉兒（古橋源六郎）は額田県に対し、以下のような郷校設立願を申請した。

当御管内設楽郡稲橋村始め近傍村々之儀、山間僻地頑陋之風俗御布令等弁解致兼候者已ニ而、自然当時之御趣意柄不弁より心得違之者も不少候間、教養之ため近傍元組合十二箇村之内、稲橋武節両村ハ便地殊ニ中央ニモ有之候間、寺院を以仮ニ郷学校ニ取建、相応之教師一二名相雇教授相受させ候ハハ、頑固無学之子弟等モ追々開化ニ進歩可仕、右入費ハ貧窮村々ニ付、出金不差支様身元之者ニ於テ弐百両之無尽講取立利倍致し、拾ヶ年目金千両有余積金出来候ニ付、右ヲ以永続之方法相立置、右年間中者教師給分、其他教校ニ関係之諸入費私自費ニ仕、漸々説諭之上盛大ニ仕度候間、何卒前条御賢察上御許容被下候様奉願上候、以上

明治五壬申七月

設楽郡稲橋村　古橋源六郎(印)

これによれば郷校設立の理由として、以下のことが述べられている。

管内の設楽郡稲橋村をはじめ近隣一二ヵ村の村々は山間僻地のため、文化が立ち遅れ、布令が読めない者が少なからず存在している。布令を正しく理解させるには学問を広め、教養を深めるための場として郷校が必要であると。

直ちに額田県より許可を得た暉兒らは、校名を「明月清風校」として、明治五年八月十五日(当日は中秋の名月にあたっていた)を開校日とした。

校名の一部である「清風」の命名は、校舎として使用される浄土宗の無住寺一円寺が臨む名倉川を吹きわたる風の清らかさによったといわれている。一方「明月」は、古くは竹林の七賢の一人阮籍の「詠懐誌」の一節に、「薄帷に明月てり、清風は我が襟を吹く」とあり、その明月の明と、清風の清が、佐藤清臣らが理想としていた「明き清き直き心」の中の二字と符合していたことから、この名が用いられたものとされている。

また初代校長となった佐藤清臣《きよみ》が開校式の挨拶において、「むぐらふのしげりいぶせき里の子にわれさきがりへみちびきせむ」と和歌を詠んでいる。なお、この学校は、稲橋郷学区の稲橋義校や豪農古橋家の影響力が少なからずあったことから、「古橋義校」とも称されていた。

明月清風校は稲橋・武節組の村々、すなわち稲橋・中当・野入・夏焼・大野瀬・押山・川手・御所貝津・桑原町・武節・黒田・小田木・富永など、一三ヵ村の子弟の教育を目的としていた。当時は、明治新政府による学制が十分に機能しておらず、ために明月清風校の教師陣などの充実振りは近郷に知れ渡り、郡内はもとより岐阜県恵那郡岩村(現・恵那市岩村)や東賀茂郡連谷・大多賀をはじめとする村々から、子どもたちが寄宿してまでも入学したことが確認されている。

この暉兒らの精神は一四四年を経過した今日でも稲武

周辺の勉学に励む子どもたちのために、交通費の支給をはじめ宿泊施設の貸与などとして、一般財団法人古橋会へと引き継がれている。

その明月清風校で使用された石筆や当時の教科書に準ずるものが展示されている（No3-1-1・2）。

2 医療用具・暦

古橋懐古館の博物館施設の建物は、最初古橋家の酒蔵を利用してスタートし、その後、名古屋大学の病院施設として再利用されたものを、昭和三十三年に展示施設としたものである。その後、四十六年には味噌蔵も公開し民具関係の展示施設とし、今日にいたっている。

このように一時期病院施設として利用された関係で、薬籠・蘭引き・吸入器・薬タンス（No3-2-1～4）などの医療用具が展示されている。

前館長の千嘉子氏が計時用具として分類したものは、当家の生業体系を知らしめるように展示されている。すなわち当初の酒屋以外に六代暉皃が天保年間より積極的に展開した植林事業に関連するものとして木材標本（木鑑）、さらには前述した教育用具とも関連する暦・時計などが展示されている。

時計No3-3-6・7はいずれも近代以降、七代義真・八代道紀の時代のものと思われる。

No3-3-1～4は、いずれも暦と農作業の手順に関連するものであり、農書や、近世の雑書とよばれるものを抜粋し一枚ものにしたものである。

三　社会生活の用具

前館長の千嘉子氏の分類によれば、社会生活の民具として、防災用具および備荒貯蔵用の米などが取り上げられている。

まず防災用具としては、No5-1-1防災頭巾、No5-1-5・6の水籠、No5-1-11・12の非常用提灯がある。また、備荒に関連したものとしては、No5-2-1～4の備荒米、その他、備荒あらめ・わらび粉・貯穀玄米がある。近年、この古橋家に残されている備荒米・あらめ・玄米を災害時の復興対策などの視点から研究が盛んになってきたことは喜ばしいことであるが、古橋家の当主たちが「家」をこえて「地域」「村」を救うための術として行ってきた施策を視野に入れた紹介が少ないことは残念である。

二〇一一年の東日本大震災を契機とし、日本全国の自治体などが防災に関連した諸政策を展開しているが、一番大切なことは、行政が行う政策としての防災だけではなく、各家庭、組・字・村などが独自の防災を、日常のこととして行うことである。

そこで古橋家はじめとする稲橋村の社会と経済について、概略を記しておこう。

稲橋は隣村の武節町と明治三十七年四月に、組合組織をつくり、昭和十五年五月十日、紀元二千六百年記念に両村が合併して稲武町となっている。昭和四十五年段階の戸数は一六四戸である。

稲橋村の起源に関わる伝承は少ないが、ムラの小字の「山寺」という地名が、このあたりでは一番古いとされている。また、山寺周辺には、古墳のあったことも確認されている。のちに、この山寺周辺に居を構えた人々が稲橋に移り住んだと伝えられている。

旧家の伝承としては、奥三河や南信に多く散見している熊谷家をめぐるものがある。熊谷家は安政年間(一八五四～一八六〇)には名主を勤めたといわれている。代々伝三郎を名乗り、年一回の先祖祭りを欠かさなかったといわれている。稲橋の多くが神道になる以前は、七月十六日に仏教的な儀礼を行い、神道になってからは一月十六日に「ミタマチョウ」という儀礼を行っている。この行事は以前は七軒が輪番で開催していたが、現在は一三軒の輪番制でまわしている。

ちなみに古橋家では文久三年(一八六三)以来「先祖祭り」として毎年七月二十五日前日の宵祭りに本家・分家など一〇名余の参加を得て、現在も行われている。平成二十六年、一五一回目の先祖祭りが七月二十四日の午後六時から本宅にて開催され、筆者も参加する機会を得た。そのときの話題は、古橋家・稲橋村・武節町、さらには旧稲武町地域の「町おこし」(地域振興政策)に、一般財団法人古橋会がどのように関与できるのか、ということであった。そこで九代目古橋源六郎氏から、本分家のことだけでなく稲武が、奥三河・三信遠とも連動していることの重要性が語られていた。これこそ、もしも震災などに遭遇したら、「家」を媒介として、どのような具体策をたてられるか、という「語り」であるように拝聴した。

旧家の家例としては、武節町の関谷家をめぐるものがある。関谷家も江戸時代には名主を勤めた家柄であった。この家では「オマツヲタテナイ」という家例があった。この家では昔、大晦日に門松を立てようとしていたところ、突然武田軍が攻めてきたため、なにもせず逃げてしまい、その年はとうとうオマツを立てずじまいになったという。それ以来、関谷家では正月に門松を立てなくなったのである。

自治組織の中心は、明治以降、基本的には役場が行ってきた。自治組織の単位は組である。昭和四十年代半ばの稲橋には一五の組が存在していた。この組が大きく二つのグループに分けられている。

一つのグループは同地区に家を所持する者の組で、一三の組がある。それはタヒラ上・タヒラ中・タヒラ下・ナハテ・寺下・上・宮下・宮本・東・下中当・横川・井山・竹下《たけのした》である。もう一つのグループは、農業試験場に勤務する人たちや、学校の教職員などの臨時的な人たちの組である。前者が大井平に一組、後者が竹ノ下に一組ある。

この一五組のうち、後の二組は祭礼などの組としては参加しない。各組には組長と副組長が一人いて、任期は一定していないが、現在一番長い組で八年、短い組で一年となっている。

組長の選出方法にはさまざまあるようだが、選挙・推薦・輪番制が取られている。なかでも一番多いのは

「誰々」がという推薦だという。しかし、近年では輪番制が多くなりつつある。

村の主産業である農林業以外の職業としては、ジンカン（神官）・医者・産婆・鍛冶屋・桶屋・木地師・ポン（ポンス）などがあった。

稲橋の氏神様である八幡神社には、戦後の農地法の制定以前には、個人が順番で耕作する神田（ジンデン）が六畝（一八〇坪）あった。

また、月ヶ平の八幡山には、村民が皆で植えた神社林が二町歩（六〇〇〇坪）ある。これは明治初年に「四十九戸会」で植え、手入れしたものであるが、昭和三十六年にこれを伐採したところ、一本平均一万円ほどで売れ、計七〇〇万になり、これを資金に神社の改築を行った。

共有地の山林には天領としての御林（オハヤシ）と、井山（イヤマ）があった。イヤマとはその木材で井の桶をつくったり、川を堰くために使われた山林のことで、イヤマというと、単に井山だけでなく、月ヶ平・横川入りとよばれる地域も含まれていた。これが、前述のように、その後官有林となり、明治十四年に村に払い下げられ、村が直接この任に当たることとなり、明治三十年代になってこれが財産区となって、生え抜きの家四九戸で、「四十九戸会」を結成し、借地権をとった。

財産区は、一〇二四町ほどあり、共有で「建添え」とよばれ、どこで木をとって薪にしようと、家を建築しようとよかった。ただし、杉・檜など植林したものは禁止されたが、栂・樅はゆるされた。この形態は昭和六年まで継続された。昭和四十年代に入ると、財産区は町長の管理に付され、財産区会議員が各区から八人ずつ選出されている。稲橋には八〇〇町ほどあり、財産区の直轄が一〇〇町（内、原生林二〇町）ある。ほかに小学校林・県行政造林があり、名古屋大学にも共有地を貸している。

また、一〇年以上住民となれば、借地料を払って借りることができ、木を売り払えば個人の所有となった。

こうした社会組織が強固な絆となって、古橋家をはじめ稲橋の村落は継続されてきたのである。その形態を象徴しているのが、ここに紹介した防災用具であり、備荒・貯穀などに関連した生き延びる品々である。

四　生業に関する用具

看板・広告

旧味噌蔵を再利用して、昭和四十六年に第三展示室としてスタートした民具展示の白眉は、当家の生業の中心であった酒造業に関連したものであろう。古橋家の本分家関係の人は本家のことを「ホンヤ」とよびあう。それに対して稲橋周辺の人々は、親しみをこめて「サカヤ」と称する。

当家の看板はすべて生業に関わるものでNo.6-1-1～8までの八点を数える。No.6-1-1「味噌溜製造場」、6-1-2「醤油有」、6-1-3「味淋酎」、6-1-4「毛路はく（毛路白）」、6-1-5a「焼酎」、6-1-5b「本直し」、などは店先に掲げられたものである。またNo.6-1-6～8は六代暉兒と七代義真が赤坂役所（現在の豊川市）などに出仕するときに、途中の宿もしくは休憩所に掲げられたものであり、この看板と、No.1-1-1の小田原提灯と、1-1-2の弓張り提灯とは、随行する者が必ず持参するものであったとの伝承がある。

看板が林立するようになったのは十九世紀に入ってからのことで、とくに幕末には「看板書き」という新商売が生業として成立していたといわれている。十八世紀後半の「看板書き」については、『守貞漫稿』に「天明以来これを始む。筆、紙、硯および糊をも箱に納め、負いて府内および江戸近国ともに巡り業とす」とあることから、すでに江戸中期にはその遡源を求めることができそうである。

本来の看板は「板書き」であるとの風俗史家の研究があるが、看板にもいくつかの様式（スタイル）が、江戸の後期には確立していたようである。軒先の「軒看板」、柱などに掲げられた「柱看板」、そして屋根などに掲げられた「屋根看板」などである。なかでも近代以降は、「屋根看板」の大流行したことが知られている。ちなみに当館の収蔵品は「柱看板」が中心である。

なお、№6‐1‐12～14は近代の新聞広告などである。

計算・計量用具

当家は手広く酒造業を展開しており、使用人も江戸後期の使用人名簿によれば一〇人以上を抱え、その帳場業務も大変な作業だったようである。その帳場を取り仕切った人がのれん分けした経緯を知ることのできる文献も確認される。

№6‐2‐2～5・7は算盤で、六代暉兒から八代道紀まで使用したものである。№6‐2‐1は近代化のなかで道紀が導入した金銭登録機。№6‐2‐9～13の銭枡は、銭の大きさによって使用を替えていたという。

版木・商標・ラベル・印鑑

当家には酒造業を手広く行った当時の伝票版木・送券・登録商標・各種ラベル・現金酒之通帳・商標印鑑など二七点がある(№6‐3‐1～27)。

伝票版木は、当家の酒造業の商圏が拡大する明治以降、わけても七代義真のころに導入されたと思われる。義真が郡長を兼務していたこともあり、業務の拡大に伴い伝票処理が大変になって、そのため木版によって印刷された伝票を使うようになったのであろう。

当家では版木のことを形木(かたぎ)ともよんでいた。伝票版木のような罫だけの単純なものは桜の木を用い、版本などのように文字や細かい絵が入るものは高級な柘植の木を用いることが多かったという。稲橋周辺では版木を彫る指物師が複数いたが、今日では懐古館展示室の囲炉裏を作った小松さん一人になってしまった。

登録商標・ラベル・荷札などは、この他にも数百枚が納屋や蔵のなかに保存されており、当家の酒造業の大きさを窺い知ることができる。

№6‐3‐17～25の印鑑(判)について見てみよう。当家の印鑑は生業に関連したもので、とくに仕事の至便に関わるもので、№6‐3‐17は商標印鑑、№6‐3‐18・19には「奥三河古橋」「古橋源六郎」、№6‐3‐20～24は「速達」「書留」「親展」「至急」「消」とあり、いずれも酒などの商品搬送に関わる印鑑で、全体を№6‐3‐25のような箱に入れていつでも利用できるようにしてあった。

なお、一般の人が「判」を使うようになったのは近世になってからであるが、実際には印鑑を所持せず「爪印」「爪判」で済ます場合がある。それは訴訟文書などで散見されるもので、男は左親指、女は右の親指の爪先だけに墨を捺すので、「爪」の形が紙の上に残る。

五　衣生活の用具

前館長千嘉子氏の分類によれば「衣生活の用具」としては、衣・結髪化粧具・着物類・裁縫洗濯具・履き物・かぶりものとなっている。ここでは展示品の中心をなす手鏡（柄鏡）・火熨斗、裁縫・洗濯具、アイロンなどを紹介する。

手鏡（柄鏡）

わが国に写真の技術が伝えられたのは、十九世紀の中ごろとされている。当時の写真技術では人を撮るにも大変な時間と辛抱が必要とされていたことは、今も逸話として語りつがれていて、幕末ごろの人々は、写真を撮られることを拒んだことも多かったといわれている。それは、ありのままの姿を写し撮られると命をも吸い取られる、という俗信がつきまとっていたからとされている。

写真の前の時代では、鏡がそれだったことはよく知られている。自分の姿をつぶさに映し出す鏡に、不安や神秘的な気分になったことも予想されるであろう。

わが国では、古代および中世において鏡そのものが権力の象徴とみなされていた。山形県鶴岡市の出羽三山合祀殿前の鏡ヶ池などから、平安・鎌倉・室町時代の数百の鏡が発見されているが、これは人の分身として神に捧げる行為にほかならなかったのである。そのことは、日本各地の霊場や霊地の池・沼より、多くの鏡が出土することからも明らかであろう。

さて、近世後期までは、鏡といえば白銅や青銅の金属製であった。時代が変わっても、それほどの変化はないが、形態的にみると、室町時代の後半ごろから柄がつく手鏡が散見されるようになり、近世後半になると、この手鏡が婚礼道具の定番になっていった。このことは№8

-2-1～12からも確認される。なお、一二点の手鏡は、五代義教に加乃が嫁いだときのもの、六代暉兒に久迩・奈加・伊知が嫁いだときのもの、そして七代義真に都留が嫁いだときのもの、八代道紀にまきが嫁いだときのものので、それが、順次展示されている。

火熨斗・アイロン

No.8-3-11は火熨斗（11ｄは鏝）である。火熨斗はアイロンの前身である。十九世紀の後半に、アイロン（西洋の火熨斗）が輸入されたが、当時は西洋のものといってもまだ炭火であった。

今でこそ電化製品が当たり前の時代だが、炭火が電気になったのは二十世紀の初頭のころで、それが関東大震災（大正十二年九月一日）後に、しだいに世に広まったのである。No.8-3-11ａ～ｃの和風の火熨斗は、唐金（からかね）もしくは陶器の火入れに柄がついたもので長い間主流であった。それが大正期から昭和初期に電気の鏝が使われるようになり、昭和二十年代から三十年代にはアイロン、そして三十年代の後半にはスチームアイロンが登場してくる。No.8-3-13・14は、千嘉子氏が昭和二十五年に嫁いだ際に嫁入り道具として持参したもので、No.8-3-15のスチームアイロンは、昭和三十年代に購入したものである。

洗濯具

No.8-3-17（盥）・18（洗濯板）・19（伸子張具）は、千嘉子氏が結婚初期に利用したものである。

六　生産の用具

生産用具としては、古橋家だけでなく奥三河の生業体系との関わりを中心に、養蚕用具・縞帳・酒造用具を紹介する。

養蚕用具

養蚕用具としてはNo.9-1-1～19、No.9-3-1～14が展示されている。昨年（平成二十六年）は群馬県富岡市周辺の養蚕（近代産業遺産）関係の生糸工場群などが世界文化遺産に登録され、世間の耳目を集めたことは記憶に新しい。

古橋家では春蚕を毎年伊勢神宮に一三四年間連綿として奉納している。現在はそれを懐古館および一般財団法人古橋会が引き継いでいるが、それも、稲橋区および地元の献糸会の人々をはじめとする縁の下の作業をしてくれる人がいるからで、このことを誇りにしたいと思う。

また古橋懐古館ではこの一〇年来、「まゆっこクラブ」を立ち上げ、博物館の事務職員三名をはじめ、戦前から奥三河の養蚕関係の指導員として従事してきた金田平重氏を指導者にして春蚕をすべて手作りしており、この運動がようやくにして稔りつつあることは喜ばしいことである。

なお、昨年（平成二十六年）八月三十日・三十一日には、豊田市内のエコフルタウンにて養蚕（まゆっこクラブ）の一部始終がテレビの報道番組で紹介された。それを見た豊田市内の大学生や名古屋市内の高校生らが、お蚕さんの飼育に関与する企画を立ち上げるなど、消滅しかけていた養蚕文化（技術）が、新展開を見せつつあることを紹介しておきたい。

縞帳

№9-1-21・22の縞帳と、9-1-23の明治年間の「縞手本」一帳があるが、これらはいずれも六代暉兒の妻伊知と七代義真の妻都留が使用したものである。

とくに「縞手本」には表紙に明治三十一年の年記が、裏表紙には「古橋控」とあり、おそらく機織りの女性たちに伊知と都留が端切れをあつめさせ、商いの見本にしたものであろう。この縞帳と縞手本をじっくり見ると、近代化の過程で奥三河という山村の女性たちがどんな思いで機織りに精を出していたのか、あるいは当時の流行がどのようなものであったのかなど、考えを巡らすだけでも一五〇年間余の人々の思いが伝わってくるようである。

縞柄は、縞帳に見る限り煩雑なように思えるが、基本は三通りしかない、と教えてくれたのは、野入に住み、昭和五十年代にいまだ炭焼きをしていた明治二十五年生まれの老婆であった。その人には「炭焼き」のお話をしていただいていたが、古橋懐古館に明治の縞帳と縞手本があるといったところ、こんな話をしてくれた。

縞柄というものは基本は三通りであるという。縦糸を縞にする「縦縞」と、横糸をだんにする「横縞」の二種で、それに縦と横が思い思いに入った「格子縞」、この三通りしかないということであった。色の種類もいたってシンプルなもので、この縞帳・縞手本のものが、当時の流行の最先端であったという。素人目にも見れば見るほど味があり、今でも「チェック」柄などみると、近代とは今の流行のはしりかとも思ってしまうのは年寄りの戯言だろうか。

酒造用具

古橋懐古館の一号館は、ほとんどがかつての酒造蔵であったものを展示施設にしたものである。とくにNo.9-2-9~15の手桶・酒造樽・暖気樽・清酒しめ袋・大団扇は、酒の仕込みからの行程を知る物として重要である。

またNo.9-2-3~5の三点は、いずれも陶器酒造樽であり、「登録商標　神寿　カムホギ　古橋本店」とある。

なお、展示品は三点であるが、収蔵庫には他に一〇点ほど保管されている。

七　木地漆器の用具

木地師は稲橋の井山という所に、昔は大勢いたという。古橋家の新屋にあたる「美濃屋」(現当主古橋会常務・古橋正光氏)は、その総元締めとして、現在もそれに関連した書類を保管しているという。

近代になって、古橋家(六代暉皃・七代義真・八代道紀)が共有山に百年計画の植樹を進めるに伴い、奥三河の木地業は開花し、内国勧業博覧会で金牌を受賞するという時期もあったが、工業の近代化に抗し得ず、大正六年に業を閉め、当時の工場長原田氏が木地店を開いて、今日に至っている。その後、原田盛氏や足助町安藤英一氏などを中心にして若手の育成が図られ、今日に至っており、古橋懐古館内にも原田氏に関連した作品が数点あるほか、木地をつくる足踏式轆轤(No.10-0-13)などがある。

また、前述した内国勧業博覧会に展示された木地盆がある。その作品案内には「第三十四回内国勧業博覧会褒奨政証写　栗製　木地盆各種愛知県北設楽郡稲橋村大字古橋信三郎　日用粗雑ノ器物を表シ、審査官　正七位片山東然　勲五等塩田真　明治三十三年七月吉日　総裁大勲位貞愛親王」とある。

　今も稲武の木地師を受け継いでいる人としては、原田盛氏の子原田浩二氏がおり、懐古館にもその作品が展示されている。浩二氏は昭和二十年に稲武町の御所貝津奥宮に生まれ、父親の盛氏に師事して、今世紀に入ってから頭角を現し、平成十三年には東海伝統工芸品展に入選し、以後入選八回を数える。その後も平成十九年には豊田市民美術展豊田市長賞、平成二十二年には東海伝統工芸展愛知県知事賞などを受賞している。

　このほか懐古館には木地師と関連して、「祖神惟喬親王命尊像」の掛軸と、木造りの「惟喬親王像」が展示されている。

　以下、この地区の木地師の歴史をみてみよう。

木地師は全国各地を巡り、この地区の木地師も信州辺りから入ってきたといわれている。また、木地師は格が高く見られた。この井山には菊の紋のついた墓がいくつか確認され、それが木地師の墓であるとされている。これらの木地師が山のブナの木で面を彫っており、その山を土地の人は面ノ木峠（メンノキトウゲ）とよんでいる。現在では木地を求めて漂泊しながら生計をたてている木地師はいない。

　木地屋に関しては、全国各地で次のような伝承が語られている。それは文徳天皇（五五代、八五〇～五六）の第一皇子惟喬親王の後裔を自任するもので、木地屋は日本国中入山勝手次第、立地切捨御免の綸旨をふりかざして故郷江州（滋賀県）愛知郡小椋郷を出て、平安の後期ごろには諸国に展開したとされている。その後、室町末期には、越前（福井県）・美濃（岐阜県）と並んで三河（愛知県）・信濃（長野県）は木地屋の一大中心になっていた。

　当家の六代暉兒は、天保の飢饉の体験より共有山の植林を決断して、天保五年（一八三四）、これに着手したが、時代が時代でもあり、植林にはまず地明けが必要となった。

原生林は切山師によって伐倒焼燬されていったが、原木が余りにも惜しまれたので、別家の美濃屋三代古橋源二郎義宴を勧誘して木地店を創業、井山に木地屋を導入したのである。その後も段戸山の西北大多賀、駒ヶ原方面から野入木地山、信州根羽方面へかけて各所に木地屋が住み、明治十三年には稲橋に会所が設置され、北設楽郡内数十戸のうち、稲橋村に八戸が寄留していた。

暉兒が百年計画の植樹法を樹立し、明治七年以降運動を続けてきた井山の払い下げが、明治十六年一月に確定すると、早速切山事業をはじめたが、原木が惜しまれ、また、地拵事業推進のためにも美濃屋五代信三郎義収を勧誘し、再び木地屋を井山に導入した。これが明治十八年夏のことであった。

当時の井山は樅・栂のほか、栃もよく繁茂し、月ヶ平の地名で知られるように欅(槻ともいう)も一帯に分布するなど樹木が豊富であったので、木地屋はしだいにその数を増し、明治二十八年には総戸数二〇にも達していた。

しかし、明治新政府の地租改正により、木地屋の日本国中入山勝手次第の手形は一片の空手形となってしまい、原木を他に求めることは難しく、一千余町歩の井山も適材地は一五〇町歩に過ぎなかったので、七、八年もすると過半が伐採されるに至った。こうした木地屋の窮境に同情した七代義真は、その活路打開に尽力した。

たまたま来郡した宮内省御料局の官吏田中長嶺(一八四九～一九二二)は、嘉永二年(一八四九)に新潟県三島郡の農家の六男として誕生した。田中は、「明治に貧しい山村の産業育成を図るため、日本初のシイタケの菌糸体接種による人工栽培や改良木炭窯「菊炭窯」を開発し、日本各地で技術指導を行って近代日本の殖産興業に貢献した人物で義真とも交流があった」(北設楽郡木地屋研究会編『奥三河の木地屋』による)ので、義真は田中に依嘱して木地屋の調査をすすめている。さらに義真は、日本木地師の総取締大岩ふさ(筒井正八幡宮の神主大岩実寿の未亡人)と協力して宮内省御料局に働きかけ、昭和二十

七、八年には御料林植栽に参加した。二十九年に西川地区が払い下げられると、同年七月一日には、井山より木地屋の第一陣が段戸移住を決行し、翌三十年には鰻沢地区の払下げが行われ、逐次移住を続行、三十九年には最後の一戸の移住も行われ、ここに井山木地屋集落の幕はとじたのである。

八　食生活の用具

古橋懐古館の民具展示のなかで、前館長千嘉子氏が心血を注いでいたのが、№8衣生活、№9生産・生業、№10木地漆器の展示である。また、とくに№11食生活の展示からは、古橋家六代室（伊知）・七代室（都留）・千嘉子氏までの、具体的には文久二年（一八六二）から平成二十五年までの生活史そのものを知ることができる。

№11-1-1の破籠から№11-1-19のこね鉢までが食器類である。このなかで当家の特徴とされるのが№11-1-12～16までの金属製の杓や貝しゃもじである。これは当家の三代の女性たちの好みではなく、六代暉兒・七代義真が赤坂役所や豊橋・江戸・名古屋・伊勢などに出仕（旅行を兼ねる）したときに土産として買い求めたものである。そのうちの一点から当家の信仰を知ることもできる。「豊川稲荷」と記されたしゃもじ（№11-1-16）が、その好例であろう。

№11-2-1～9は、ほとんどお櫃の類であり、とくに保存（夏場）に関連したものである。今でこそ炊飯・保温が当たり前であるが、昭和三十年ごろまでは、こうしたお櫃が主流であった。

№11-3-1～11は重箱・弁当箱である。すでに当家の主人が頻繁に役所などに出仕していた関係から、多くの弁当箱が確認され、曲物としてのワッパやメンパとよばれるものから、携帯用（№11-3-2）や、夏場などに利用した竹を編んだもの（№11-3-4）などがある。

№11-4-1～53は、お釜をはじめ生活用品そのものである。なかでも当家らしい、あるいは奥三河らしさを表しているのが№11-4-12・13の茶釜、16のパン焼き器で、これなどは生活革命以前から導入されていたことが確認できるものである。No.11-4-25・26は、三信遠の山間部ではおなじみの「五平餅」に関連するものである。

No.11-5、No.11-6、およびNo.11-7などは、膳卓類・嗜好品・盆に関連するもので、これらは木地師の生産と関係するので、その項を併せ参照していただければ幸甚である。

付　稲橋銀行本店と金庫

七代義真は、農村金融に思いを致し、明治政府に対し幾度か金利の制限などを建議している。やがて農工銀行法(明治二十九年に制定)が発令されるや、尾参農工銀行の創立に尽力し、郷土稲武地方の農山村の金融と高利貸退治のため、明治三十三年十一月稲橋銀行を設立し、翌年一月に開業した。以来愛知・岐阜・長野の三県境を営業区とし、本店は稲橋、支店を足助・田口に置き、義真自身頭取に任じ、堅実な銀行として発展してきた。

しかし、一般的には明治三十七、八年の日露戦争後は国の財政再建や経済復興・農村振興などで、都市と農山村を問わず、基盤の弱い銀行の破綻が続き、経済界は激動の時代を迎えた。こうしたなかで明治四十二年十一月十三日に義真は逝去し、家督を続いだ八代当主道紀は、翌年二十八歳で頭取に就任した。稲橋銀行は引き続き堅実に発展していたが、その後、政府が銀行の合併政策を打ち出したのを機に、道紀は将来を洞察、昭和二年六月、岡崎銀行と合併し、稲橋銀行本店はその支店となった。

一方、愛知・名古屋・伊藤の三銀行が合併して、昭和十六年六月、東海銀行が誕生したが、その半年後には太平洋戦争に突入した。この戦時経済金融政策を経て、昭和二十年九月、岡崎・稲沢・大野の三銀行が東海銀行に吸収合併され、岡崎銀行稲橋支店は東海銀行の稲橋支店となった。さらにその後の東海銀行の合理化によって、昭和三十九年十一月、加茂信用金庫稲武支店となり、加茂信用金庫の名称替えに伴い、昭和四十一年九月、豊田信用金庫稲武支店となった。

その建物は稲橋銀行創立当時のままで、「金庫」は開業以来店の奥に据えられたまま、明治・大正・昭和の三代にわたって激動する地域経済を見守ってきた。昭和四十二年、豊田信用金庫が稲武支店を大改造するに当たって、建物の所有権を豊田信用金庫のものとし、金庫は古橋家に返還され、古橋家旧酒蔵のこの地（古橋懐古館展示室入口）に展示されたのである。

一方、東海銀行はバブル経済の崩壊による経済界の激動期に直面し、不良債権の処理をはじめ、二十一世紀に対応する金融体制を確立すべく、平成十四年一月、三和銀行と合併しＵＦＪ銀行となり、さらに平成十八年には東京三菱銀行と合併し、三菱東京ＵＦＪ銀行として今日に至っている。

（前古橋懐古館館長古橋千嘉子氏の案内パンフを参考）

11-7-24　盆
11-7-25　盆
11-7-26　盆
11-7-27　盆
11-7-28　盆
11-7-29　盆
11-7-30　盆
11-7-31　盆
11-7-32　盆
11-7-33　盆
11-7-34　盆
11-7-35　びく
11-7-36　枡
11-7-37　枡
11-7-38　枡
11-7-39　ねり鉢
11-7-40　万年茸（盆として利用）

山村《さんそん》の生活史《せいかつし》と民具《みんぐ》　—古橋懐古館《ふるはしかいこかん》所蔵資料からみる—

2015年（平成27年）3月　第1刷　900部発行　定価［本体4000円＋税］

著　者　西海 賢二

発行所　一般財団法人古橋会　理事長　古橋源六郎

〒441-2513 愛知県豊田市稲武町タヒラ8　電話0565-82-2100

発売所　有限会社岩田書院　代表：岩田　博　http://www.iwata-shoin.co.jp

〒157-0062 東京都世田谷区南烏山4-25-6-103　電話03-3326-3757 FAX03-3326-6788

組版・印刷・製本：亜細亜印刷

ISBN978-4-87294-912-4 C3039　¥4000E

著者紹介

西海 賢二（にしがい・けんじ）

1951年、神奈川県小田原市生まれ。

筑波大学大学院歴史人類学研究科博士課程修了。

現在、一般財団法人古橋懐古館館長、東京家政学院大学現代生活学部・大学院人間生活学研究科教授、法政大学・立正大学・愛知大学大学院講師、ＮＰＯ法人石鎚森の学校副理事長、文化庁文化審議会専門委員、東京都文化財保護審議会委員。

博士（歴史学）。博士（民俗学）。

主な著書に『筑波山と山岳信仰』（崙書房、1981年）、『武州御嶽山信仰史の研究』（名著出版、1983年）、『近世遊行聖の研究』（三一書房、1984年）、『石鎚山と修験道』（名著出版、1984年）、『生活のなかの行道』（ベネッセコーポレーション、1987年）、『漂泊の聖たち』（岩田書院、1995年）、『民衆宗教の祈りと姿』（ぎょうせい、1997年）、『木曽御嶽本教五十年のあゆみ』（ぎょうせい、1997年）、『石鎚山と瀬戸内の宗教文化』（岩田書院、1997年）、『絵馬に見る民衆の祈りとかたち』（批評社、1999年）、『近世のアウトローと周縁社会』（臨川書店、2006年）、『江戸の漂泊聖たち』（吉川弘文館、2007年）、『近世の遊行聖と木食観正』（吉川弘文館、2007年）、『武州御嶽山信仰』（岩田書院、2008年）、『念仏行者と地域社会』（大河書房、2008年）、『富士・大山信仰』（岩田書院、2008年）、『江戸の女人講と福祉活動』（臨川書店、2012年）、『博物館展示と地域社会—民俗文化史からのまなざし—』（岩田書院、2014年）、『城下町の民俗的世界—小田原の暮らしと民俗—』（岩田書院、2014年）、『旅と祈りを読む』（臨川書店、2014年）などがある。

愛知県豊田市稲武町

【古橋懐古館】

所在地

〒441-2513 愛知県豊田市稲武町タヒラ８　電話0565-82-2100

入館案内

開館時間：午前９時～午後４時30分

休館日　：毎週月・木曜日　年末年始（12月25日～１月７日）

入館料金：大人500円　小人250円

団体料金：大人450円　小人200円（団体は20名様以上となります）

民具―古橋懐古館所蔵資料からみる―』という本の刊行を依頼された。その後私が、平成二十六年四月から前館長の後を引き継いで三代目館長になり、年間八十日余を稲武の地で生活することになった。神奈川県小田原市に生まれ、平塚市で生活している私が適任であるのか不安はあったが、地域の方々とも親しくさせていただき、館長としての役目を果たしていきたいと思っている。今後は残された余命を、地域の活性化と、古橋懐古館の地域創生に関連した館活動に全力を捧げるつもりであります。本書の刊行がそのために役立つことができれば、望外の喜びである。

最後になったが本書の刊行にあたって一般財団法人古橋会理事長の古橋源六郎氏には陰になり日向になり全面的な協力をしていただいたことに感謝する次第である。

平成二十七年一月　久しぶりの花祭り見学から戻った日、氷点下八度Cのなかで記す。

西海　賢二

あとがき

愛知県豊田市稲武町稲橋にある「古橋懐古館」をはじめて見学させていただいたのは、昭和五十二年八月十二日のことでした。小田原から新幹線で名古屋へ、そして地下鉄を乗り継いで藤ヶ丘の駅へ、当時は、当駅から稲武直行のバスの便があり、それに揺られて八時間ほどかけて「古橋家文書研究会」に参加したのがすべての始まりでありました。翌年は当時筑波大学大学院歴史人類学研究科博士課程史学専攻（近世史）に在籍していた齋藤康彦・大石学・氏家幹人さんと私の四人で参加したのだが、それから三十八年の歳月が流れている。この間、継続して古橋懐古館に通っているのは、どういうわけか一番歴史学にうとい私だけになってしまった。研究会に参加していた初代の代表であり、私の指導教官でもあった芳賀登先生をはじめ、乾宏巳先生、吉原健一郎先生、長谷川伸三先生はすでに黄泉の国に旅立たれ、二代目の代表である木槻哲夫先生は病の身にあり、古文書の整理、目録の作成は頓挫しているのが現状である。

そうしたなかで私個人は古橋懐古館へ出かけるときは、所蔵の古文書・民具の調査だけでなく、三信遠に展開している花祭り・霜月祭り・念仏踊り・鬼祭りなどの民俗調査を続け、その日数は通算すると五百日余りとなった。その期間中、財団法人古橋会の前理事長古橋茂人氏、古橋懐古館の前館長古橋千嘉子さんには、宿泊の便宜をはじめ本当に全面的な協力を受けました。心より感謝する次第である。そのお二人が、平成二十四年九月三日に茂人氏、翌二十五年十二月二十八日に千嘉子さんが相次いで亡くなられたのは、痛恨のきわみでありました。

なお、財団法人古橋会は、平成二十四年に一般財団法人古橋会に改組され、三代目理事長に古橋家九代当主・古橋源六郎氏が就任された。そして新理事長より、懐古館の旧味噌蔵に展示してある民具を中心にして『山村の生活史と

古橋懐古館収蔵 民具図録

凡　例

1　本図録は、一般財団法人古橋会が運営する「古橋懐古館」収蔵資料のうち、民具の主要なものを収録した。

2　民具の分類は、日本民具学会などが提示するものとは異なり、古橋千嘉子前館長の64年間の生活体験に基づくものである。したがって、「民具」とは言えないものも含まれているし、本来の分類ならば花器と分類されるものであっても、それを盆として活用したものであればそれは盆の中に組み込まれている。

各民具の個別番号は、前館長の整理番号に従った。なお原則として、同一民具にはａ・ｂなどの枝番号を付したが、掲載順など、一部訂正したものもある。

3　写真はすべて同じサイズにし、縦位置の写真も横に寝かせた形で収録した。

4　本図録に収録した民具の目録を末尾に掲げたが、これは前館長の作成したリストに基づいているため、法量などは明記していない。なお、民具に記載された文字資料の一部は「　」を付して注記した。

5　今回は、古橋懐古館収蔵資料を公開し利用していただくための第一段階であり、本図録に収録した民具のデータ整理、特徴ある民具の解説や、未収録の民具調査など、残された課題は多い。なによりも、民具以外の重要な古文書・書画などが膨大にあり、それも古橋家古文書研究会の手により整理中である。今後は、これらの資料を順次公開していく予定である。

なお、本書第四章「生活の用具―古橋懐古館収蔵民具図録の解説をかねて―」で収蔵民具について解説しているのでご参照いただきたい。

1　住　居

1　照明具

1 小田原提灯

2 弓張り提灯

3 手燭

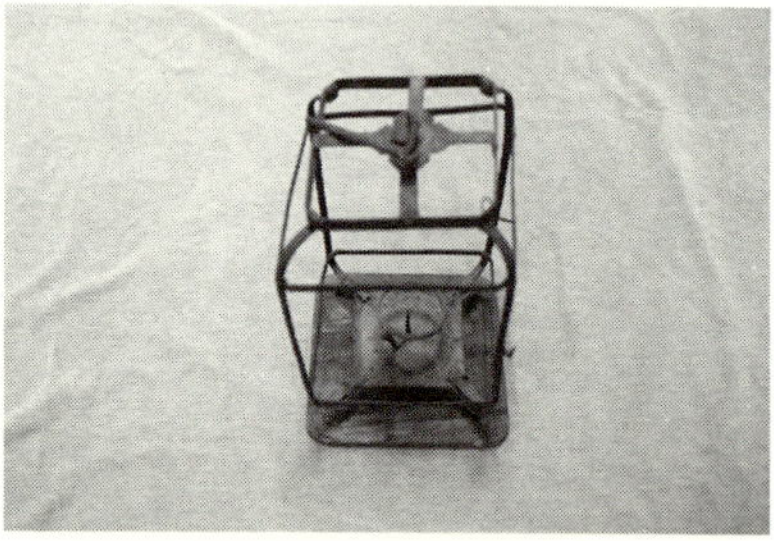

4 手燭

5a 手燭

5b 手燭

9 燭台

6 手燭

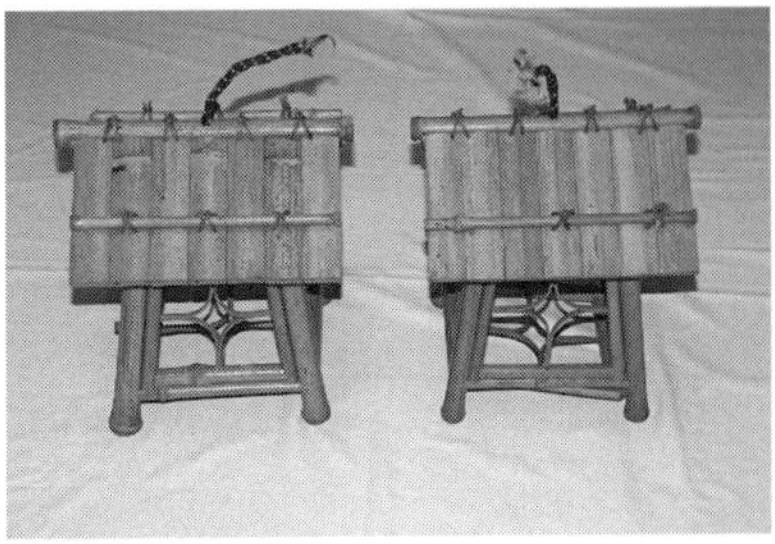

10 民芸風燭台

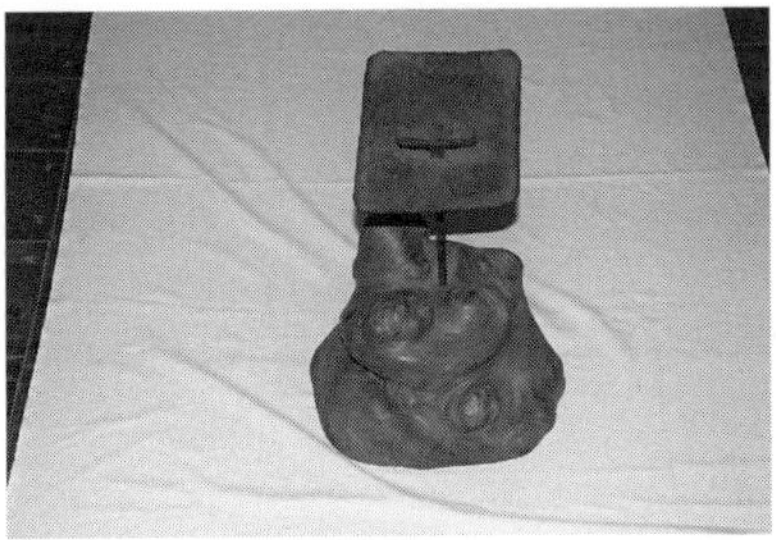

7 燭台

11 しんちゅう燭台

8 燭台

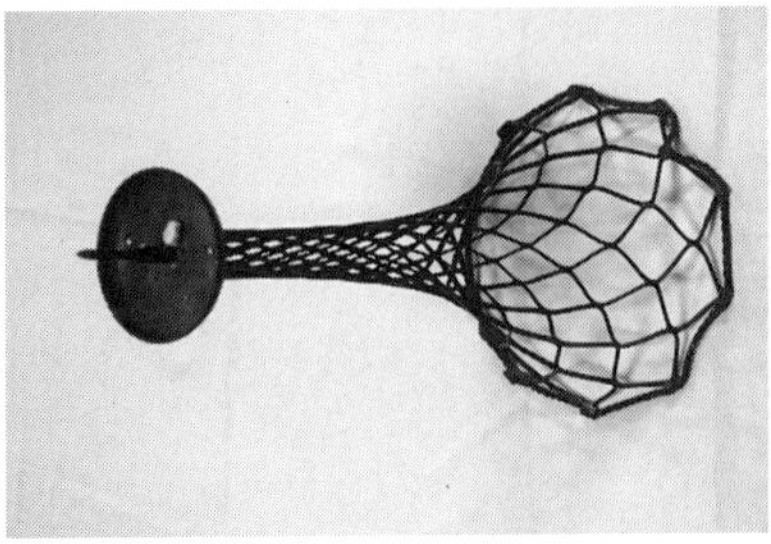

12 銅燭台（別府細工）

13 ランプ

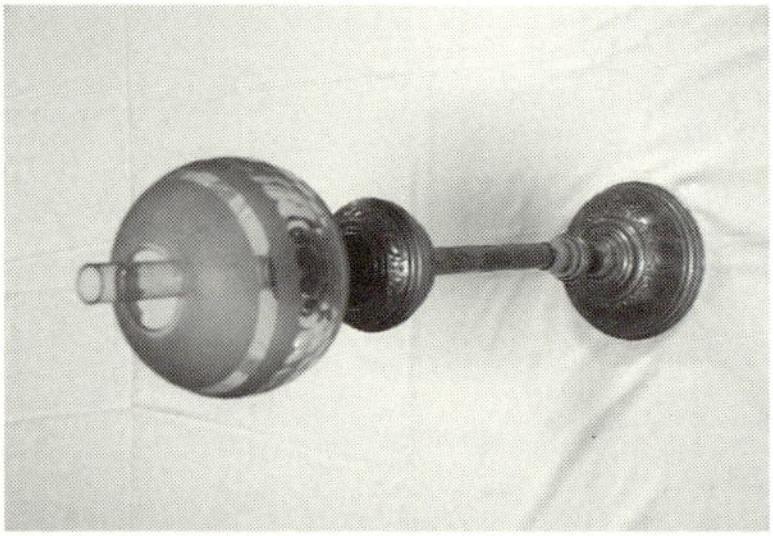

17 石油蒸気ランプ

14 ランプ

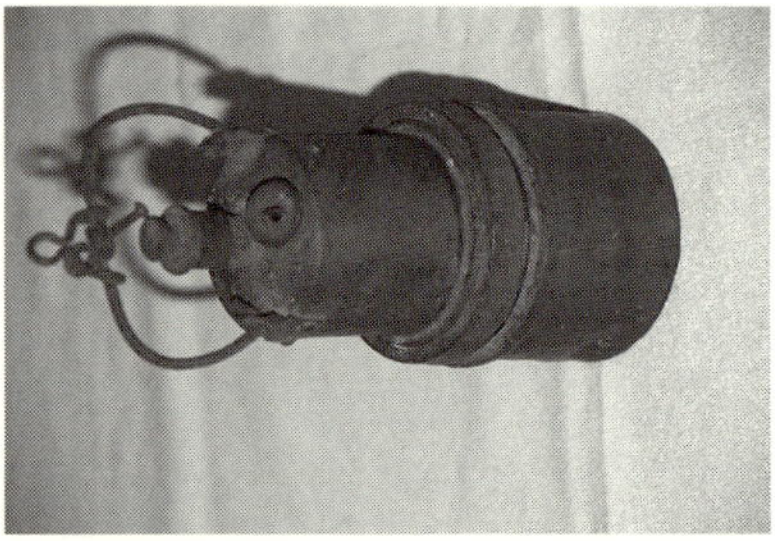

18 カンテラ

15 石油蒸気ランプ

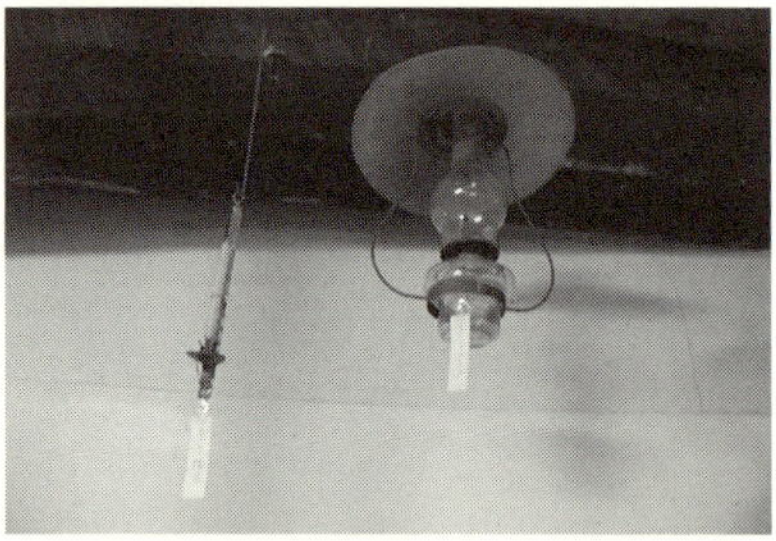

19 吊りランプ

16 石油蒸気ランプ

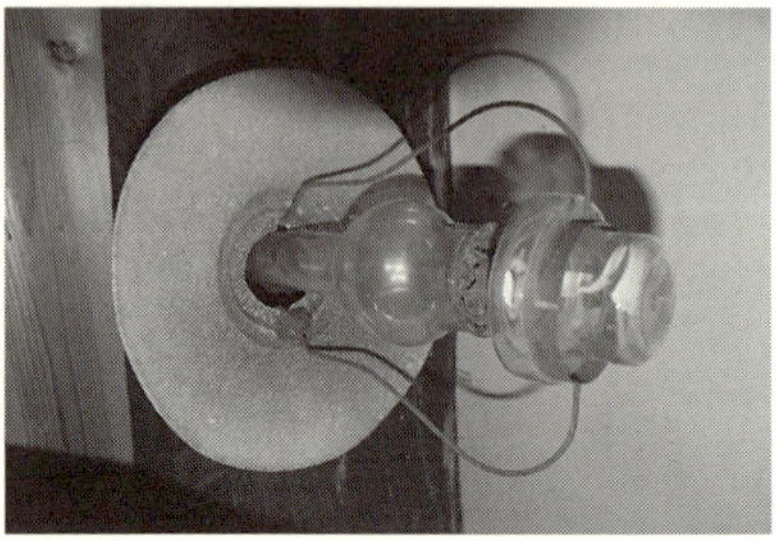

20 吊りランプ

21 行灯

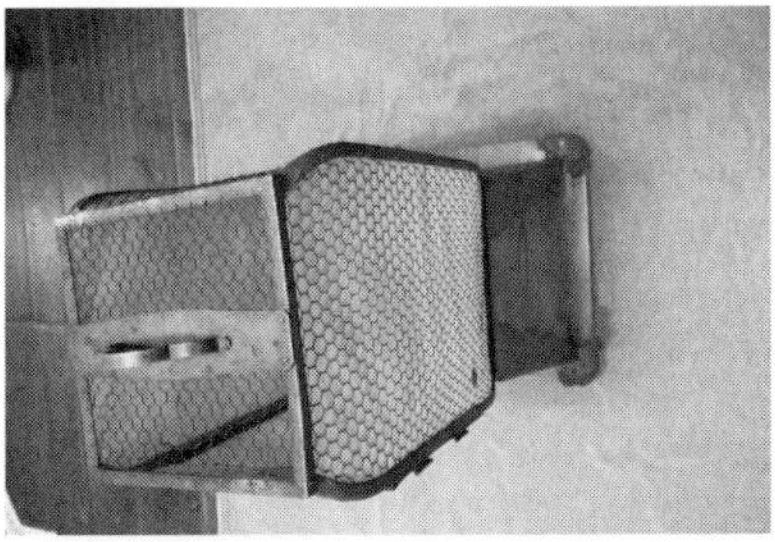

22 行灯

23 灯明つけ具

2　暖房具

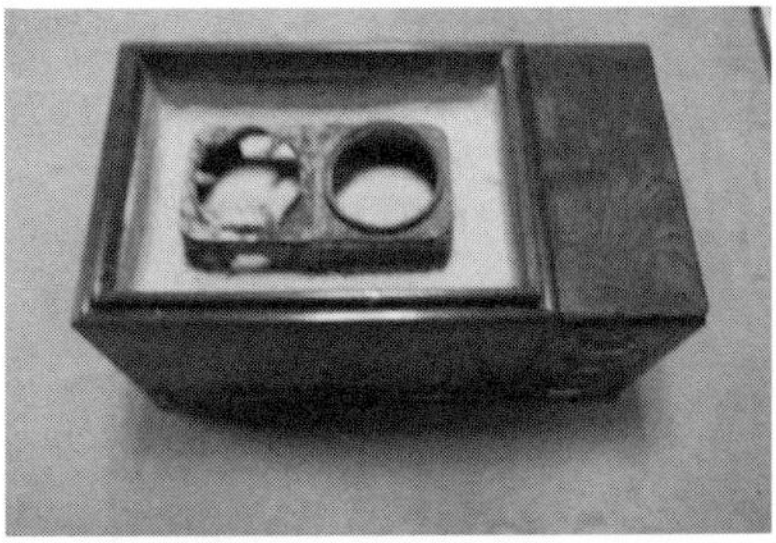

1 長火鉢

2a 足炉

2b 足炉

3 炭入れ

4 台じゅう

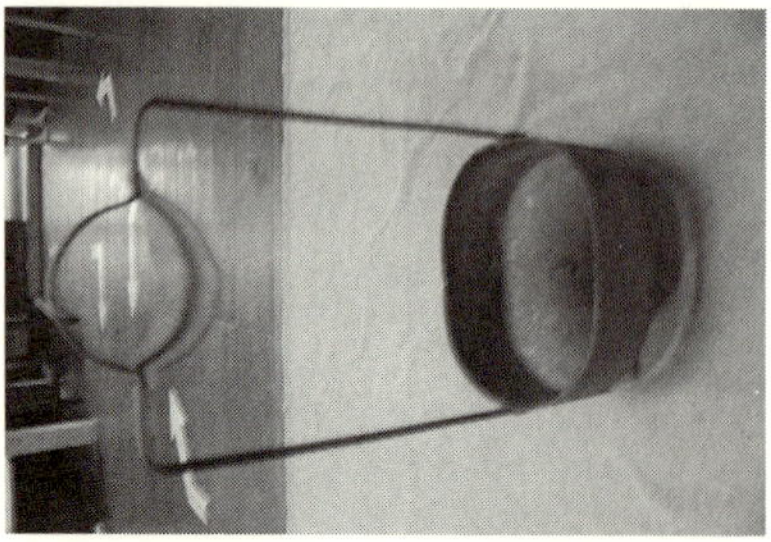

5 台じゅう

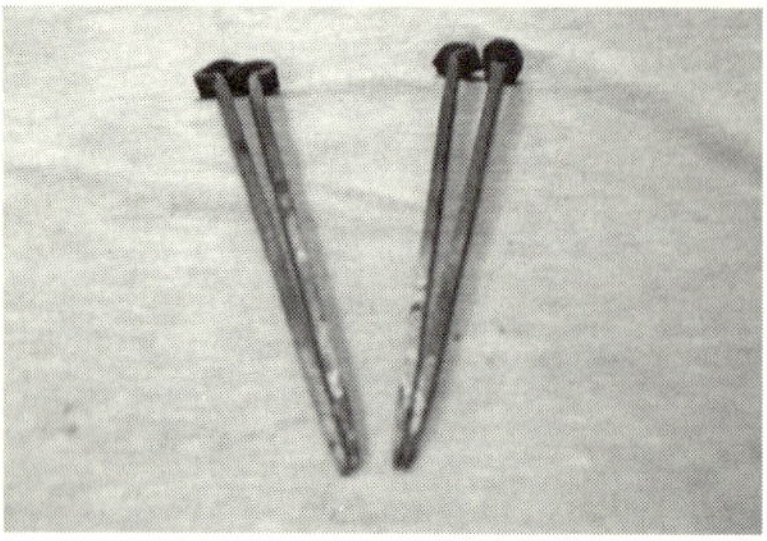

6 火箸

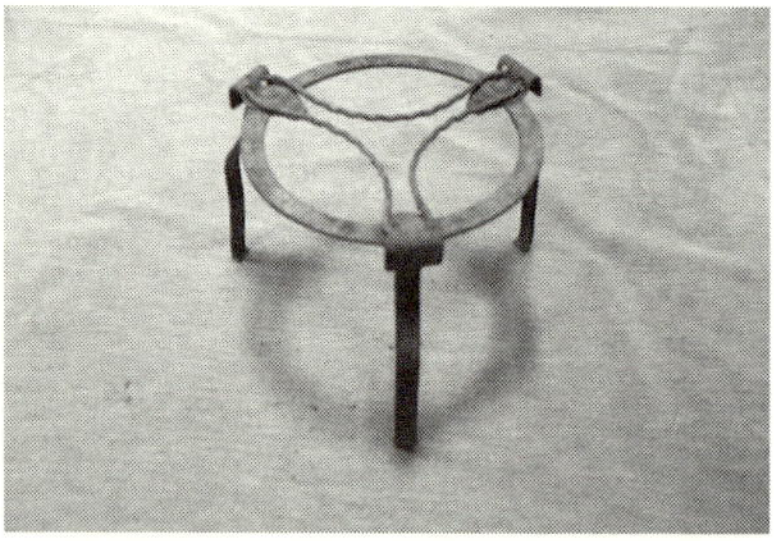

7 五徳

8 練炭おこし

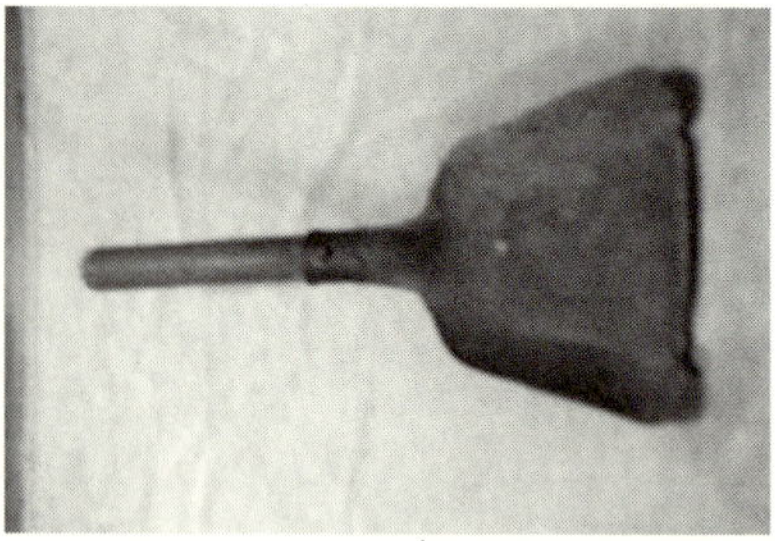

9 十能

10 炭びつ

11 置きこたつ

12a 置きこたつ

12b 置きこたつ

12c 置きこたつ（下枠「奥之八畳」）

13 手あぶり

14 手あぶり

15 火鉢

16 湯たんぽ

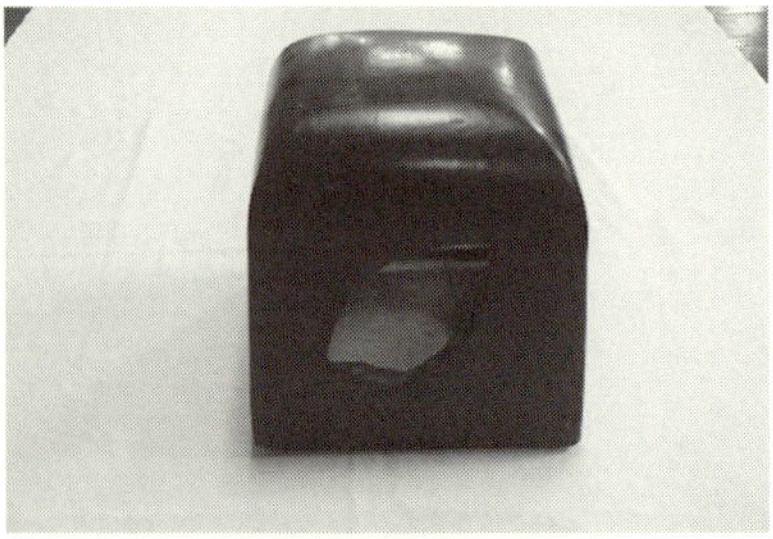
17 猫こたつ

20a いろり

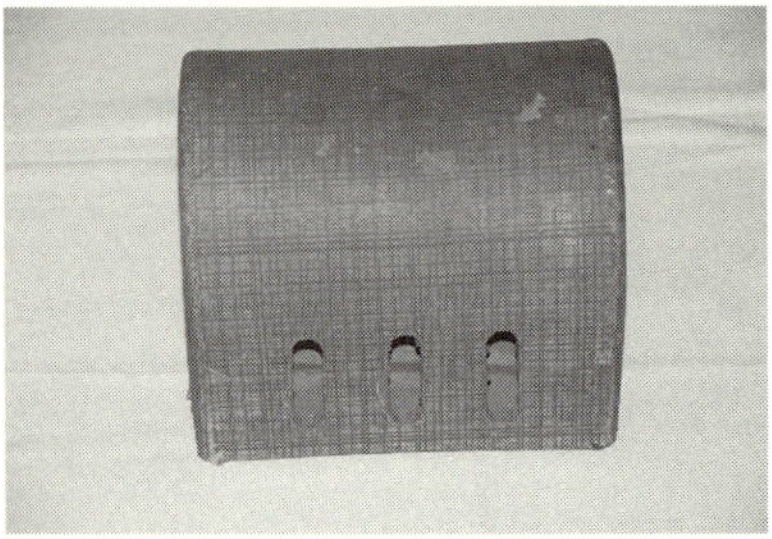
18 猫こたつ

20b いろり（自在鉤）

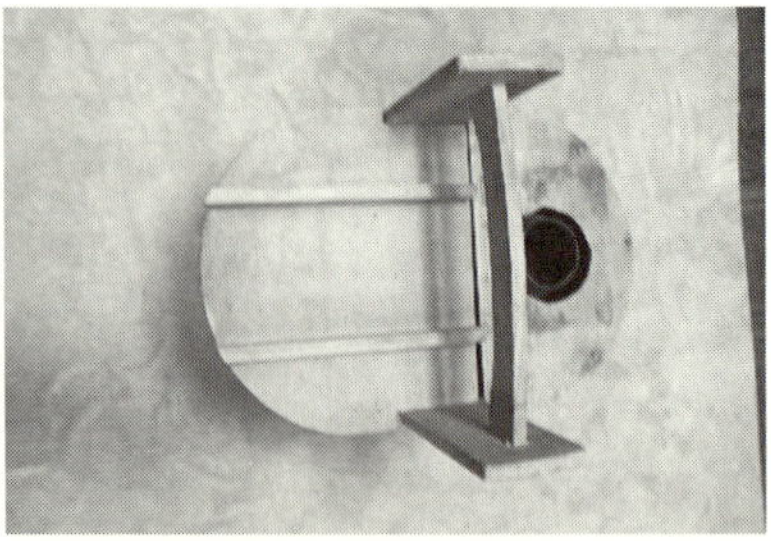
19a 足温器

20c いろり（自在鉤）

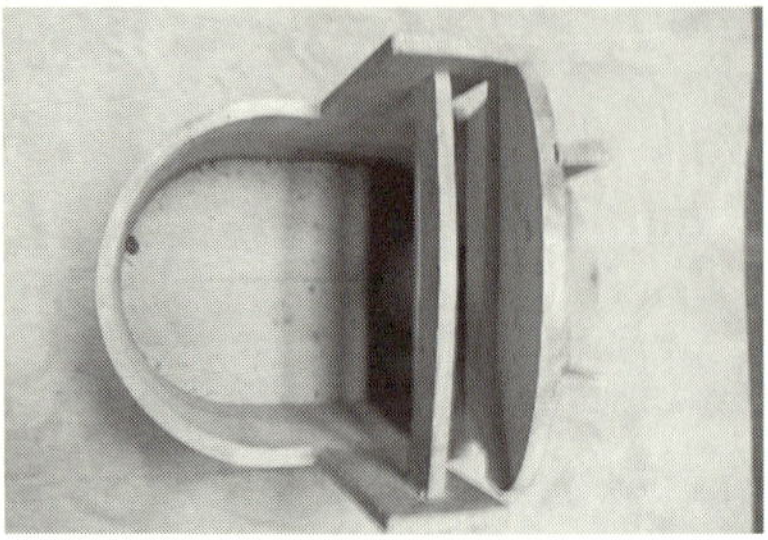
19b 足温器

20d いろり（火消壺）

3　収納具

3b 柳行李

1 唐びつ

4 乱小箱

2 小ダンス

5 信玄袋

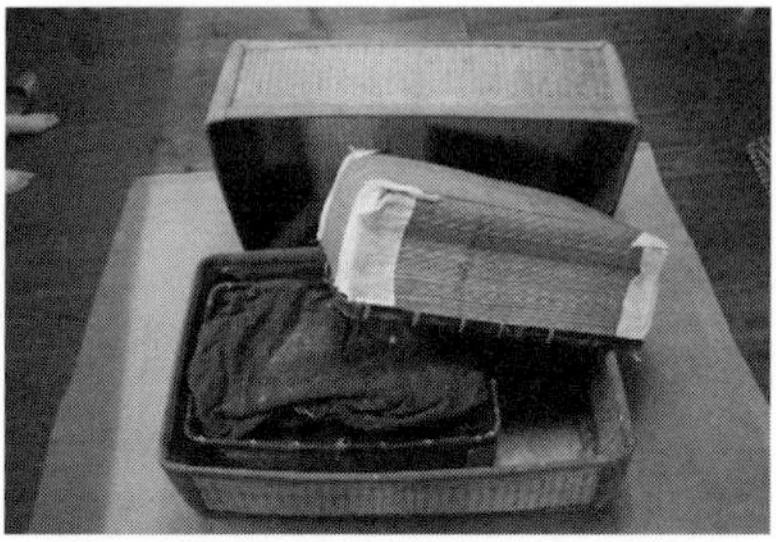

3a 柳行李

4　花器

1 花器

2 花器

3 花器

4 釣瓶型花器

5 大竹花挿（箱）

5　寝具その他

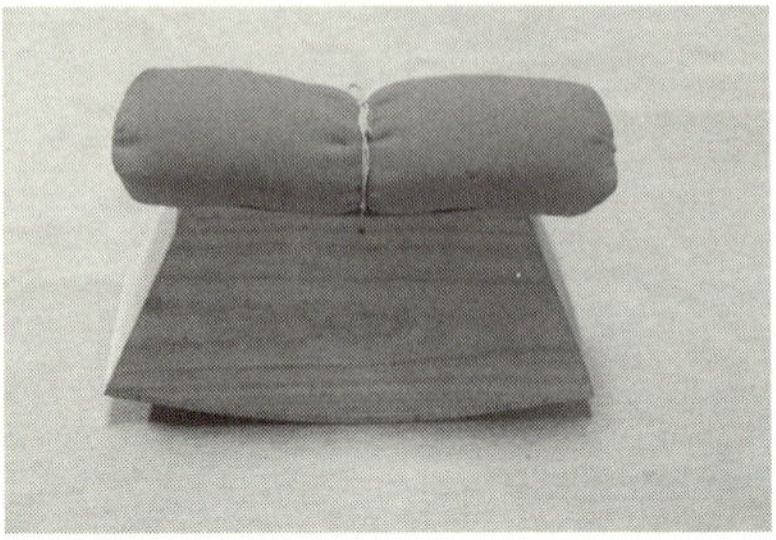

1 箱枕

2 箱枕

3 箱枕

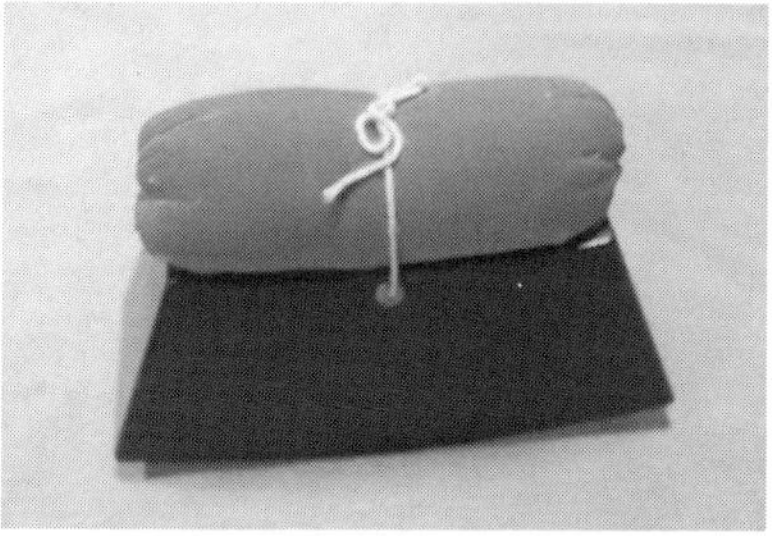
4 箱枕

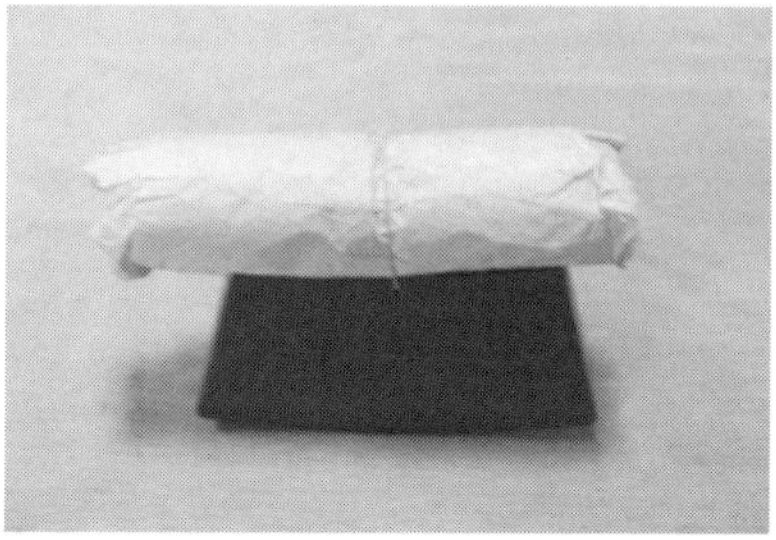
5 箱枕

6 箱枕

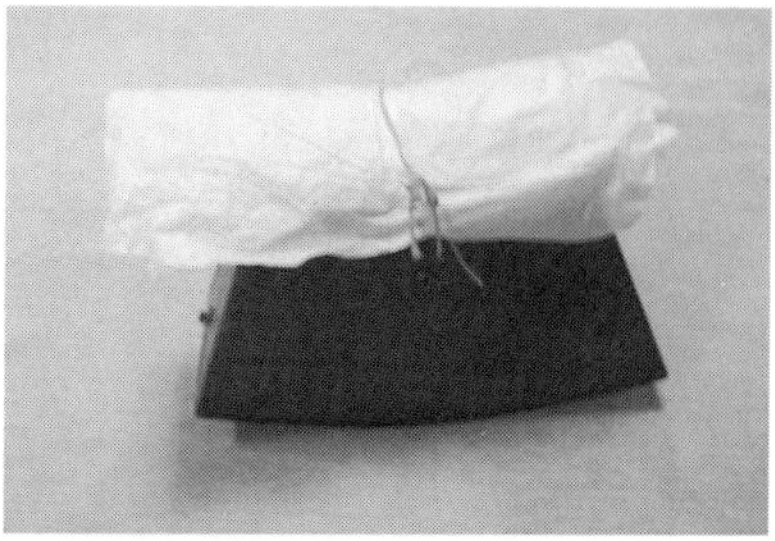
7 箱枕

8 陶器製枕

9 陶器製箱枕

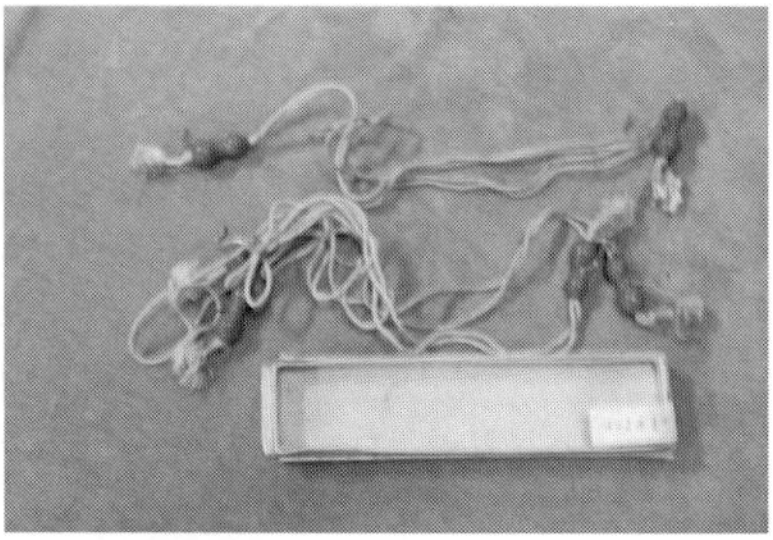

10 蚊帳のつりて

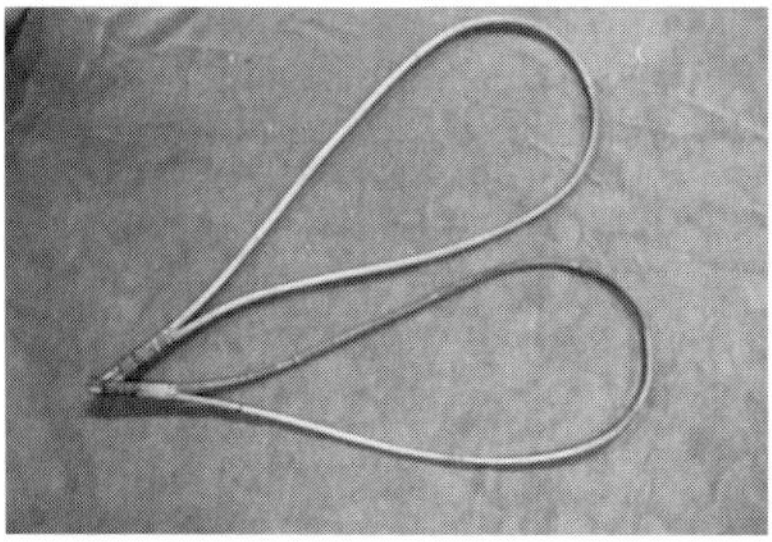

11 ふとんたたき

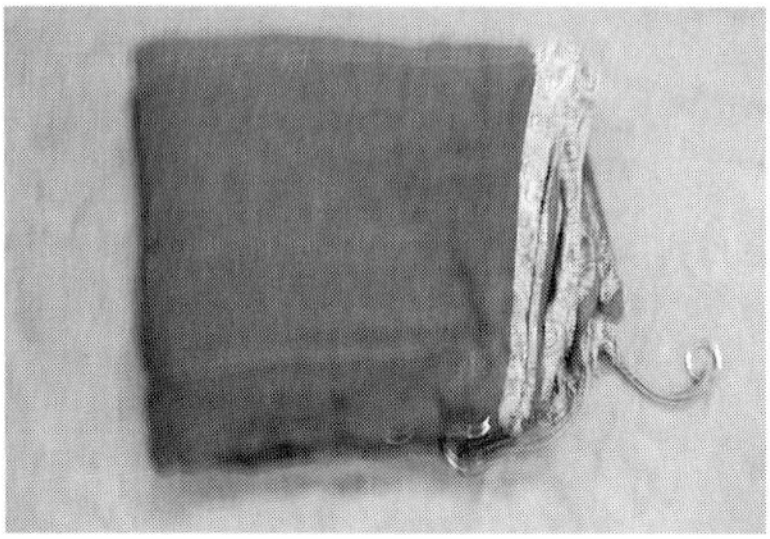

12 蚊帳

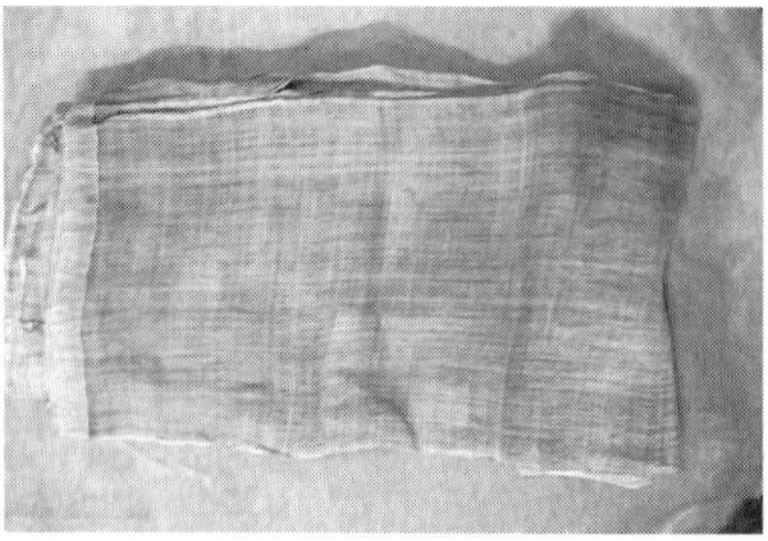

13 麻のれん

14 涼具

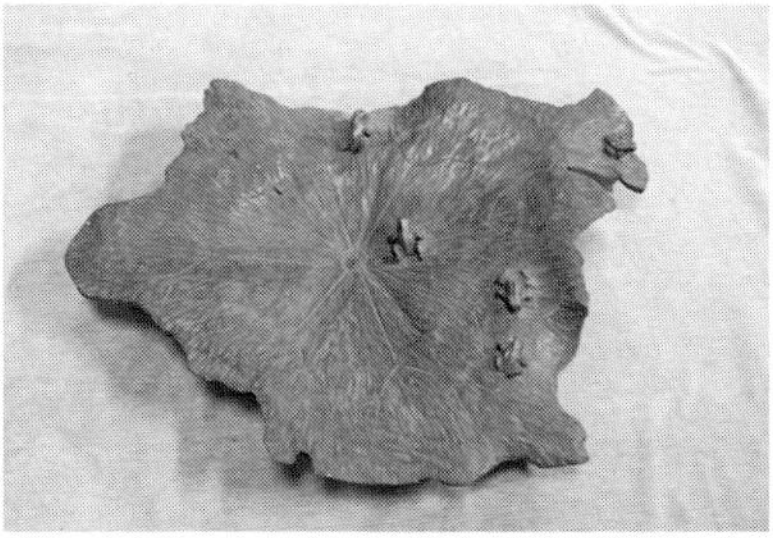

15 涼具

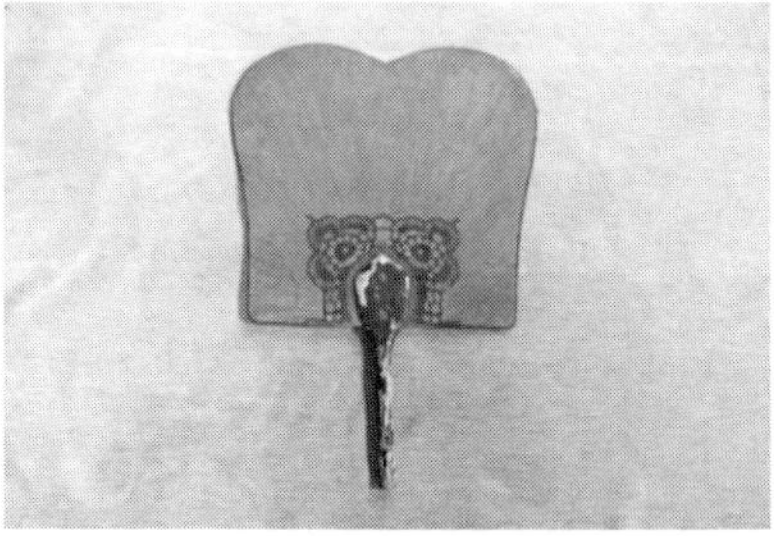

16 うちわ

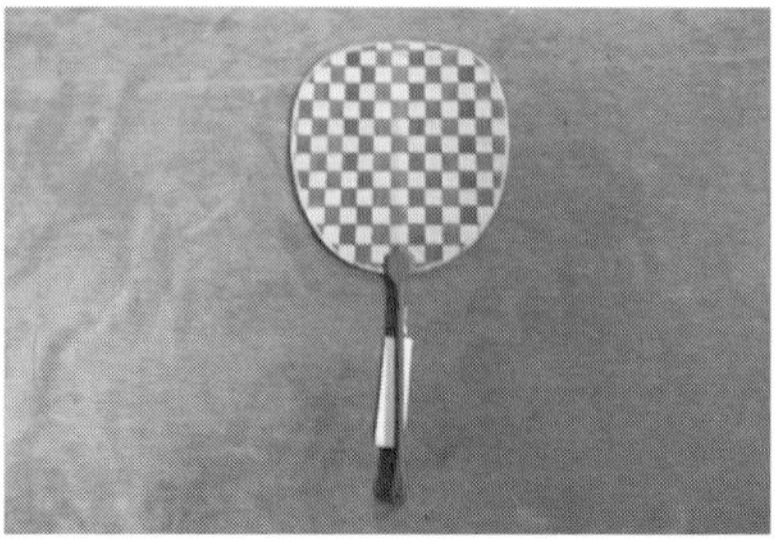

17 うちわ

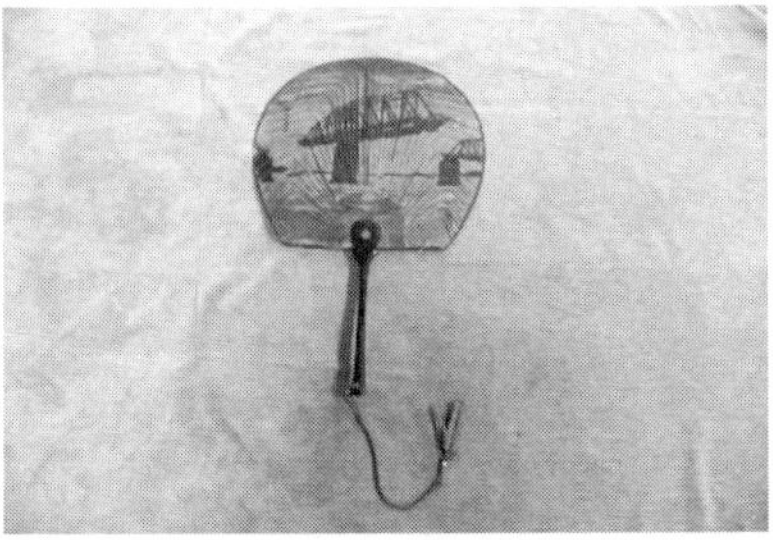

18 うちわ

6　屋根瓦

19 うちわ

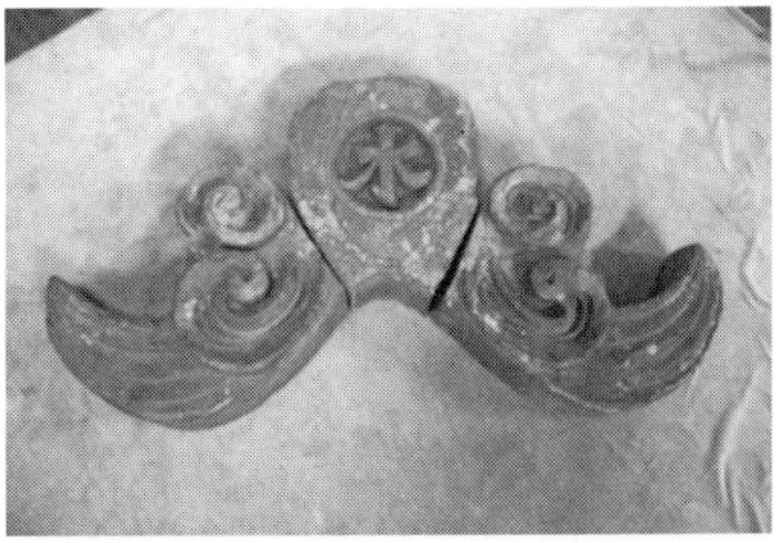

1a 屋根瓦

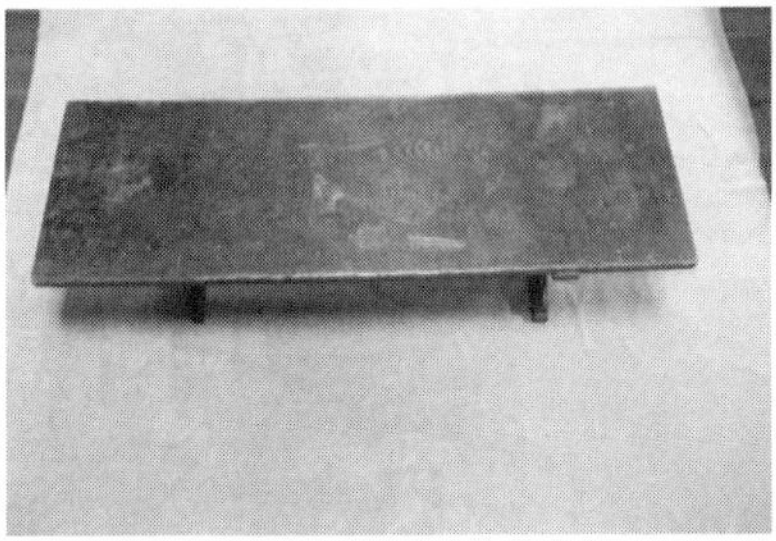

20 小机

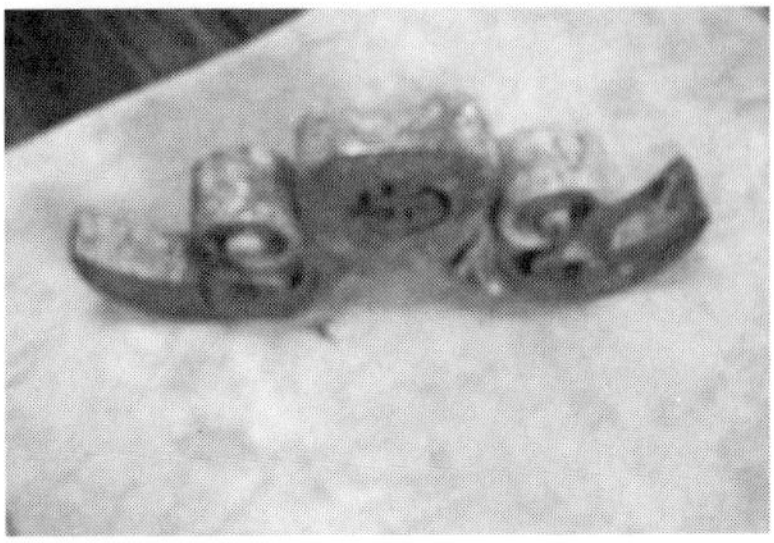

1b 屋根瓦

2　人生儀礼

1 古橋家先祖祭使用膳及楪子

2c 古橋家定紋付膳椀

2a 古橋家定紋付膳椀

2d 古橋家定紋付膳椀

2b 古橋家定紋付膳椀

2e 古橋家定紋付膳椀

2f 古橋家定紋付膳椀

2g 古橋家定紋付膳椀

2h 古橋家定紋付膳椀

2i 古橋家定紋付膳椀

3a 霊膳供用膳椀

3b 霊膳供用膳椀

3c 霊膳供用膳椀

4a 五十年祭・百年祭使用皆朱膳椀

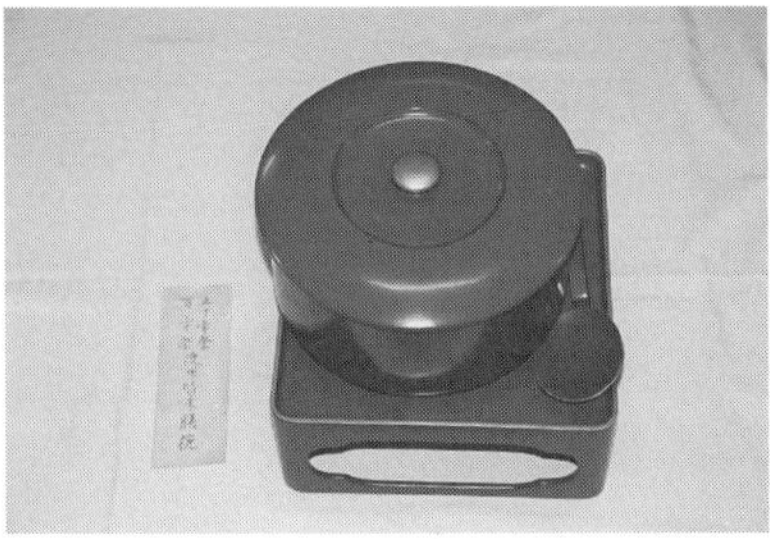

4b 五十年祭・百年祭使用皆朱膳椀

4c 五十年祭・百年祭使用皆朱膳椀

4d 五十年祭・百年祭使用皆朱膳椀

4e 五十年祭・百年祭使用皆朱膳椀

4f 五十年祭・百年祭使用皆朱膳椀

4g 五十年祭・百年祭使用皆朱膳椀

4h 五十年祭・百年祭使用皆朱膳椀

4i 五十年祭・百年祭使用皆朱膳椀

4j 五十年祭・百年祭使用皆朱膳椀

4n 五十年祭・百年祭使用皆朱膳椀

4k 五十年祭・百年祭使用皆朱膳椀

5a 広蓋

4l 五十年祭・百年祭使用皆朱膳椀

5b 広蓋（裏）

4m 五十年祭・百年祭使用皆朱膳椀

6a 広蓋

6b 広蓋（裏）

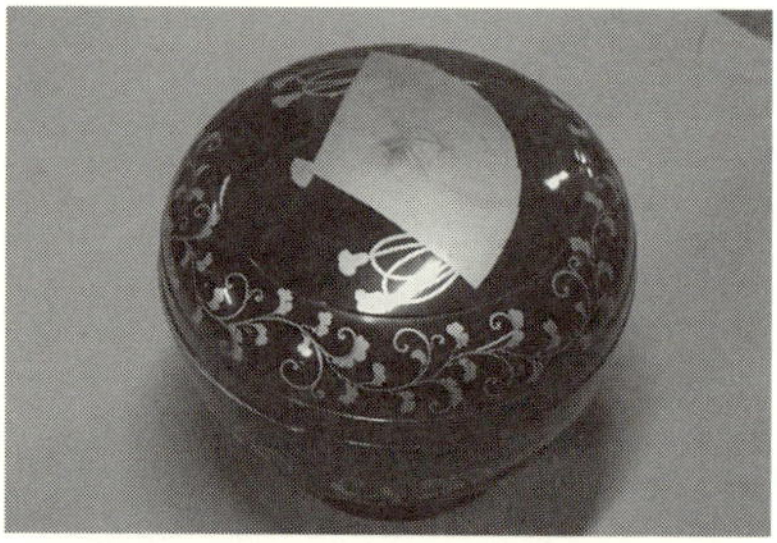
8b 食籠

7a 大鉢台

8c 食籠

7b 大鉢台（裏）

9a 硯蓋

8a 食籠

9b 硯蓋（裏）

10a 硯蓋

12 重箱

10b 硯蓋（裏）

13a 重箱

11a 高足重

13b 重箱

11b 高足重

14a 盃台

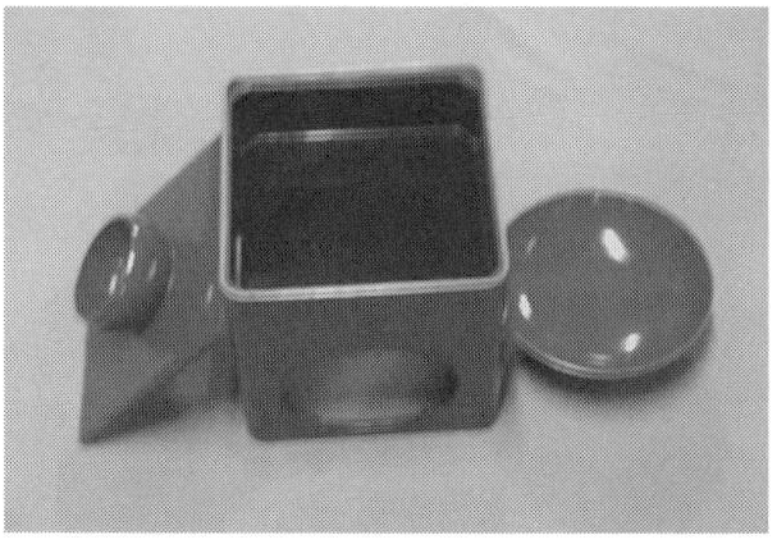

14b 盃台

15a 盃

15b 盃

16a 盃

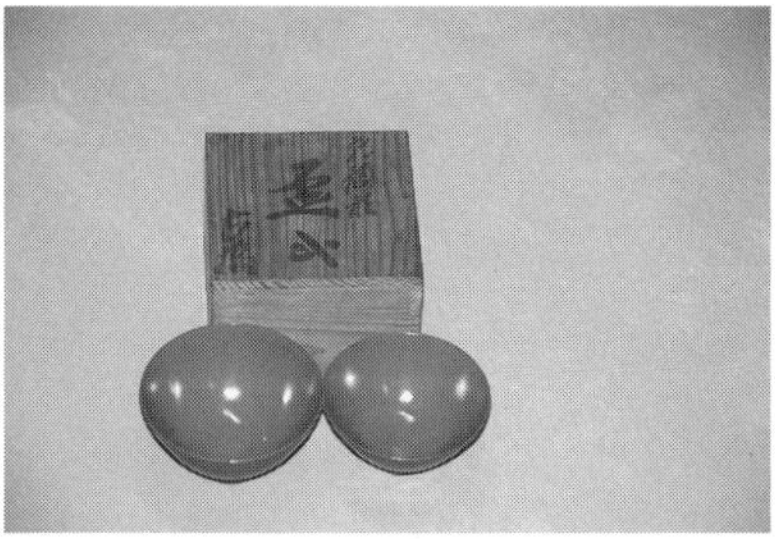

16b 盃

17a 蛤形肴入れ

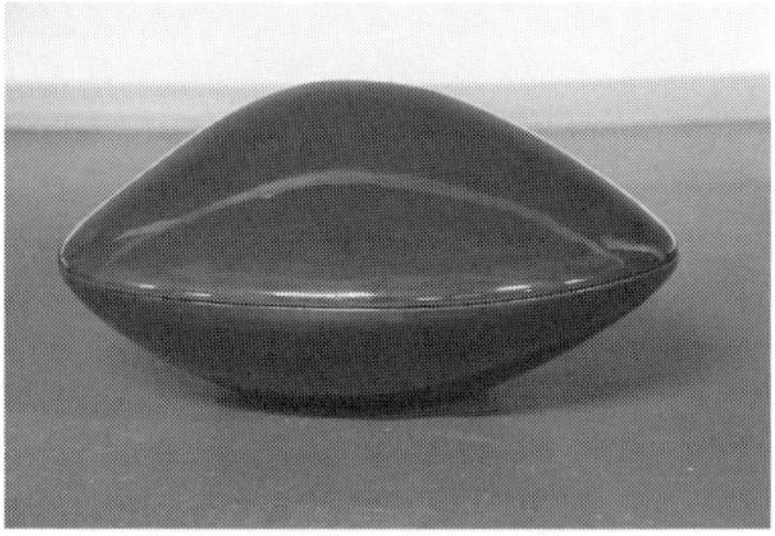

17b 蛤形肴入れ

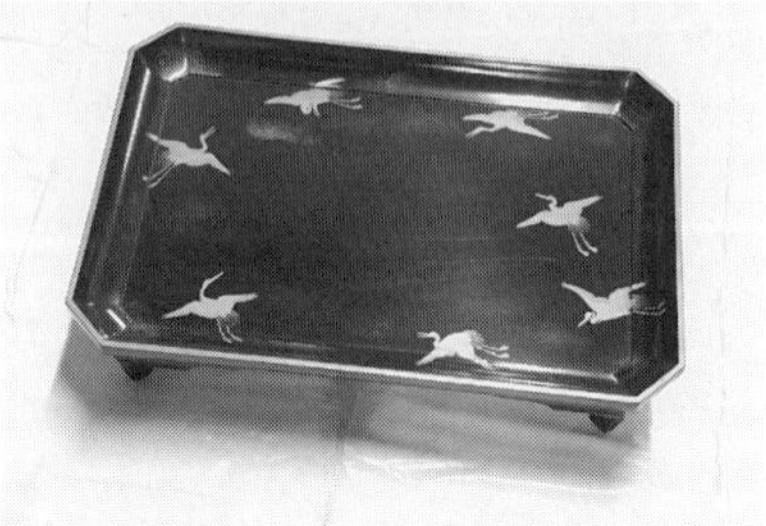

18 脚付盆

19 烏帽子

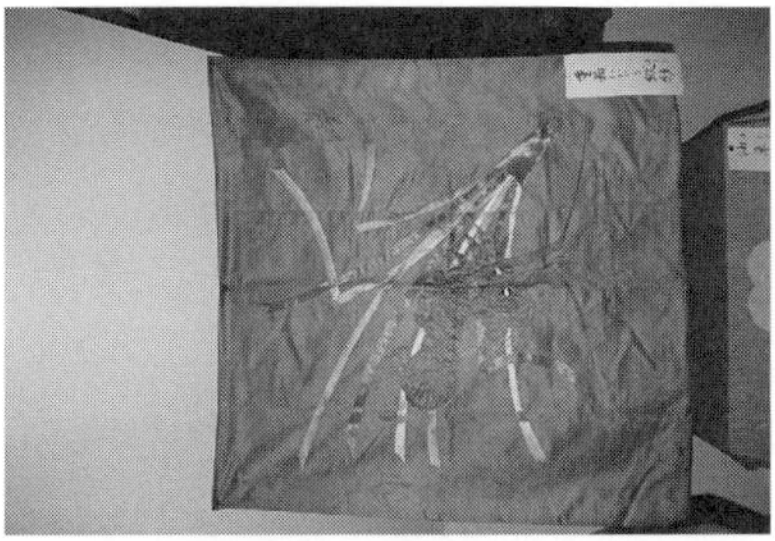

20 重箱にかける袱紗

21 油箪

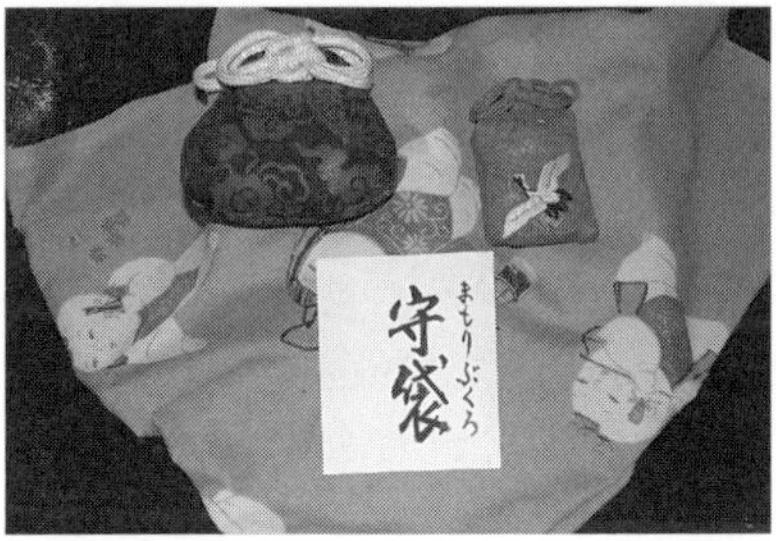

22a 守袋

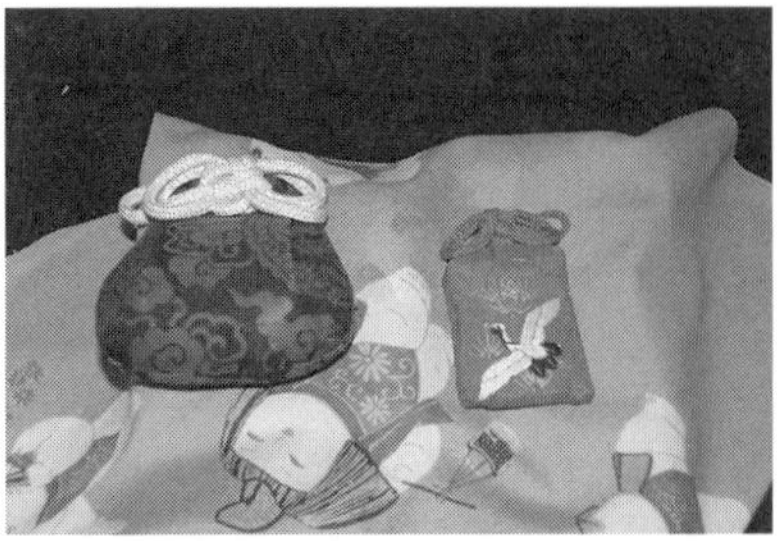

22b 守袋

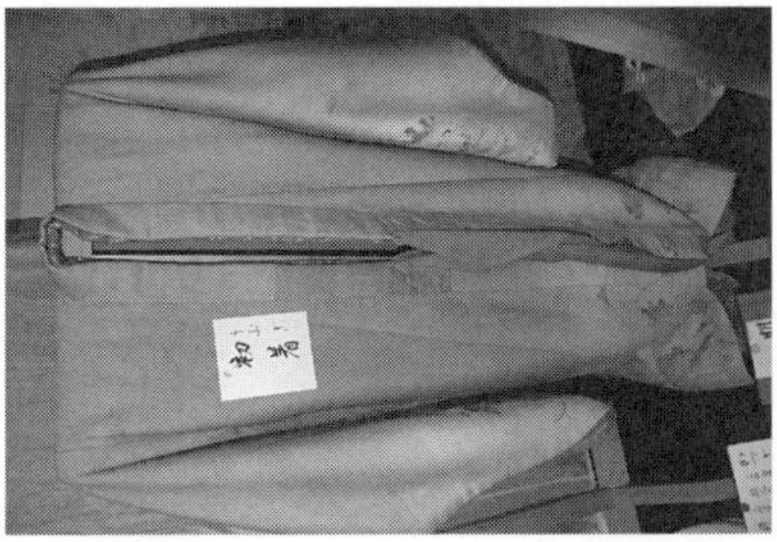

23 初着

24 喪家提灯

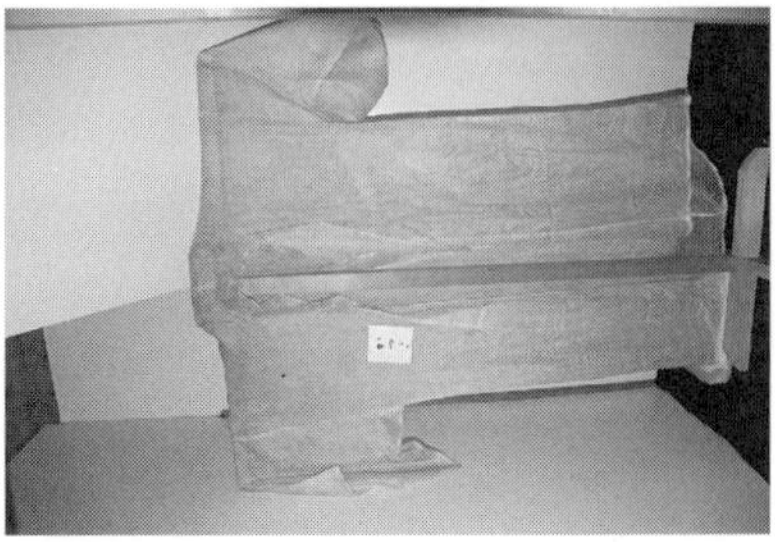

25 かつぎ

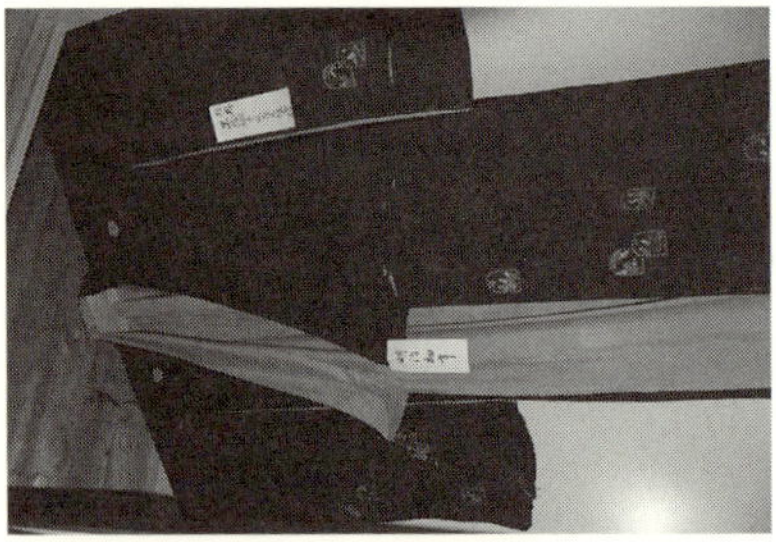

26 打掛

27a 銚子

27b 銚子

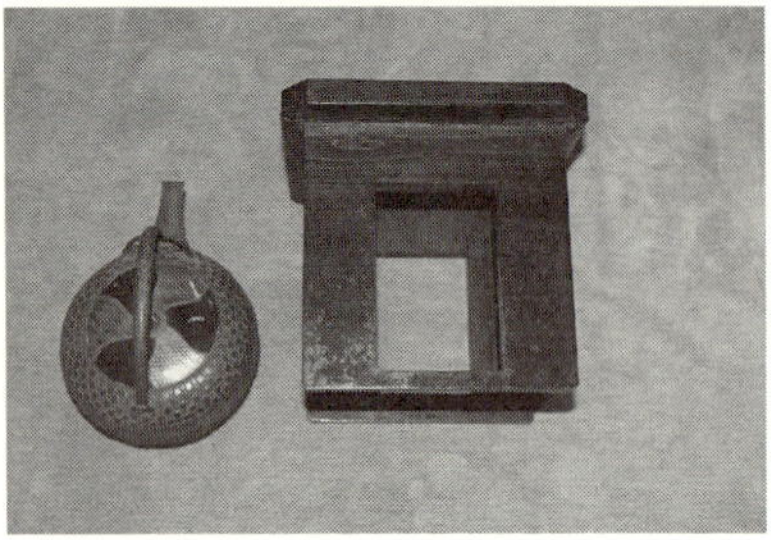

27c 銚子

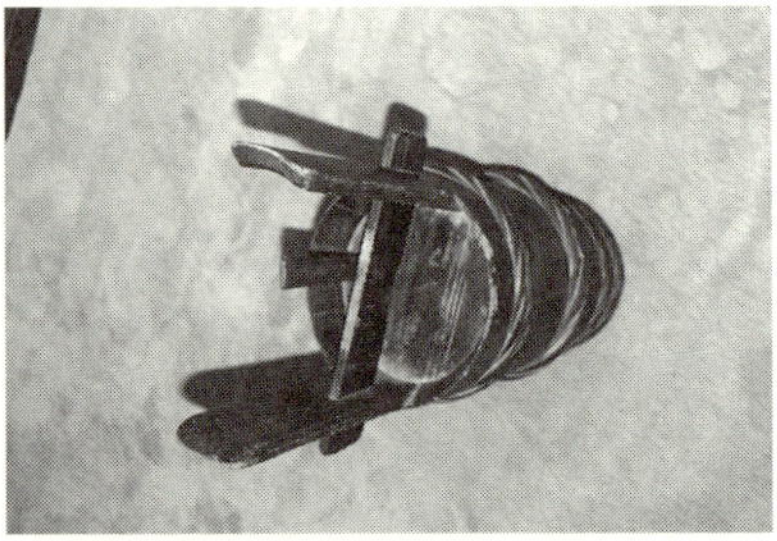

28 角樽

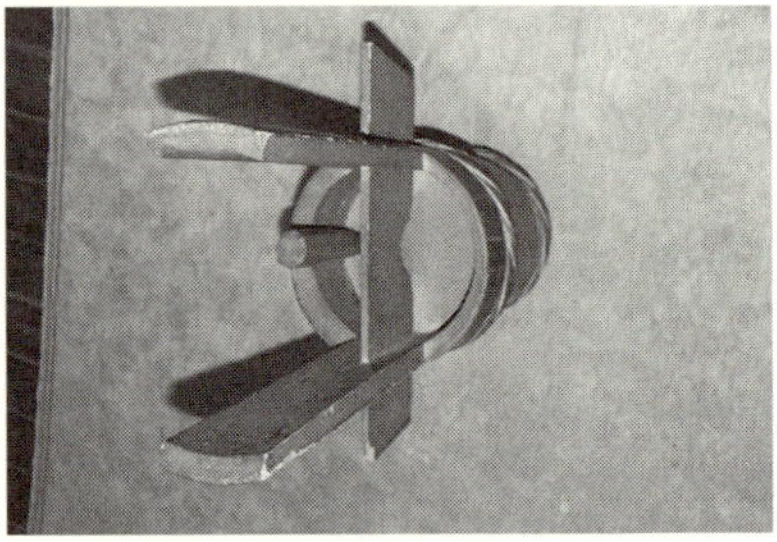

29 角樽

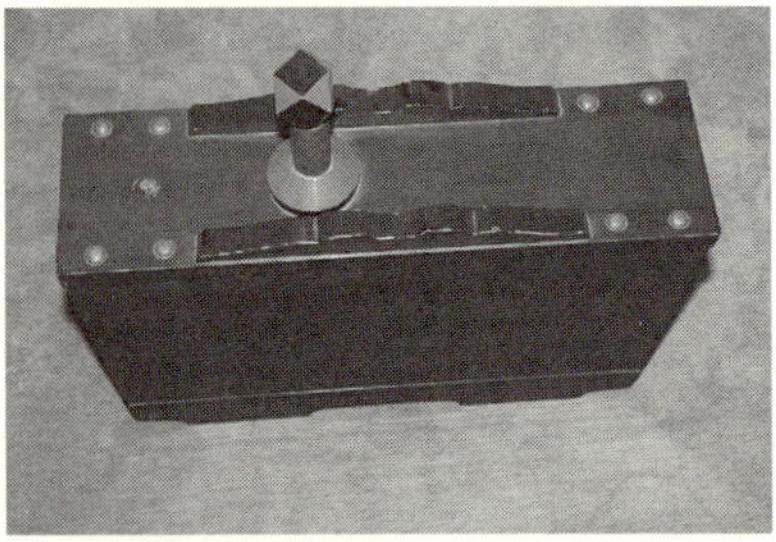

30 袖樽（又は指だる）

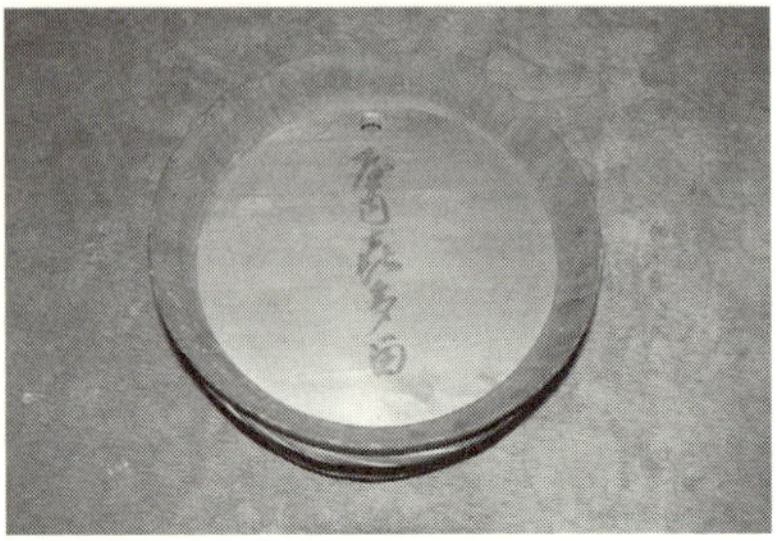

31a 酒樽（「屋内喜多留」）

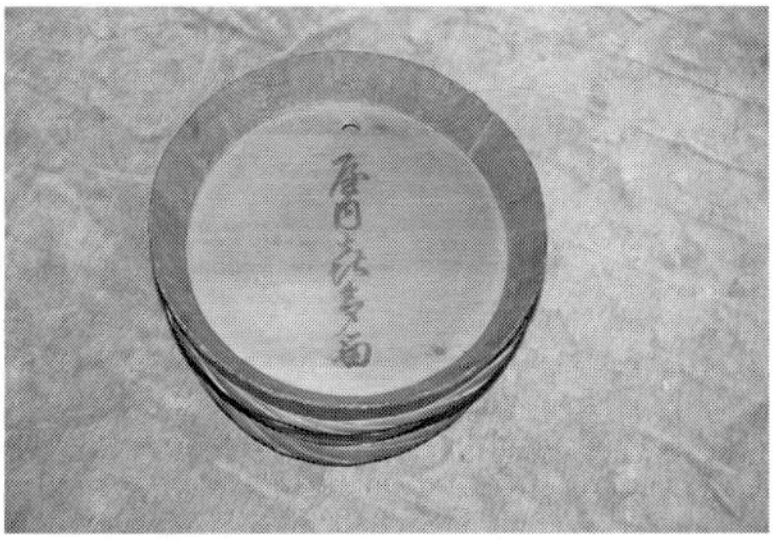

31b 酒樽

3　民俗知識

1　教育用具

1a 明治期尋常小学校筆記具
（石筆・消布）

1b 明治期尋常小学校筆記具

2a 庭順往来

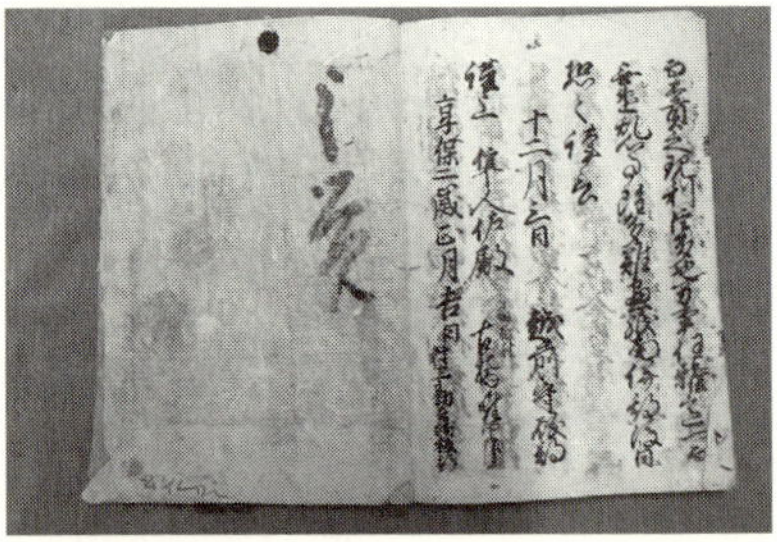

2b 庭順往来

3 渡辺崋山画「一掃百態」寺小屋の図

2 医療用具

1a 薬籠

1b 薬籠

2a 蘭引き（瀬戸製）

2b 蘭引き

3 大山式吸入器

4 薬タンス

3　暦

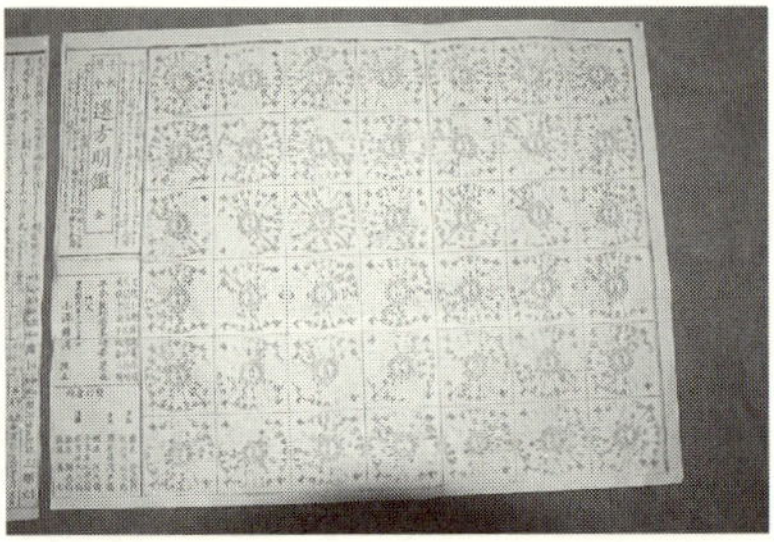

1 選方明鑑（平安藤村南峯信安著）

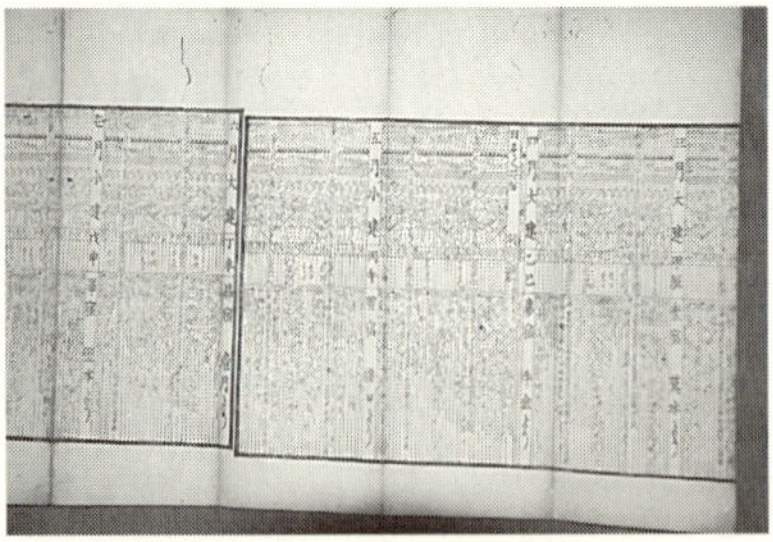

2 文化十四年丁午暦（伊勢暦）

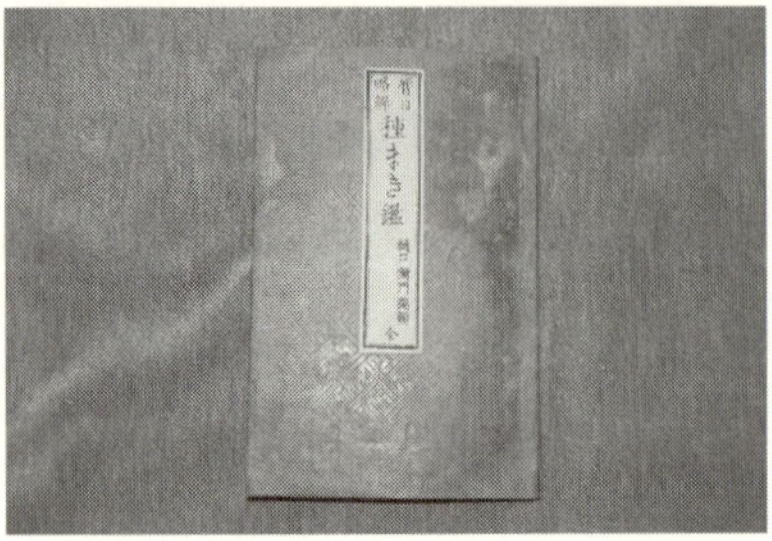

3 種まき鑑（明治13年）

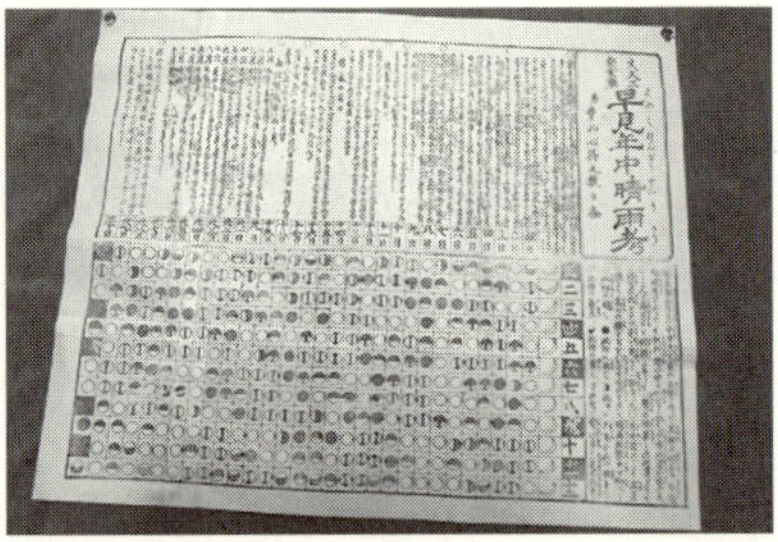

4 早見年中晴雨考（文久3年）

5a 木材標本（木鑑）

5b 木材標本

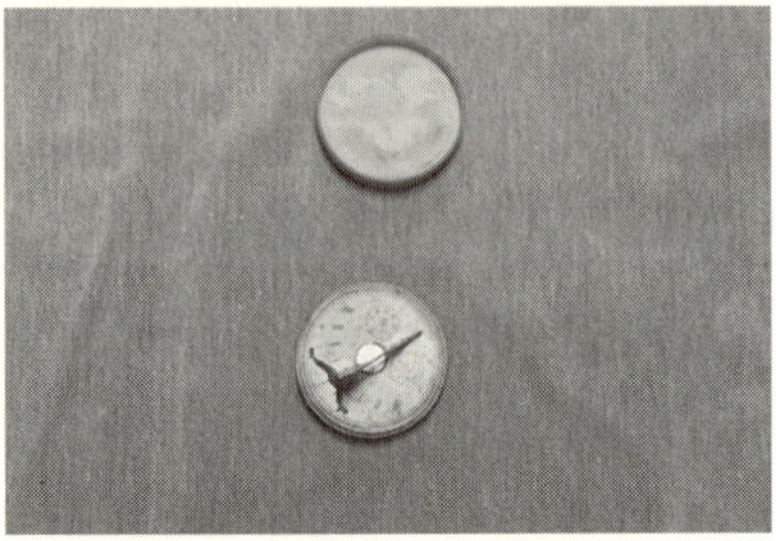

6 唐時鐘平面日時計

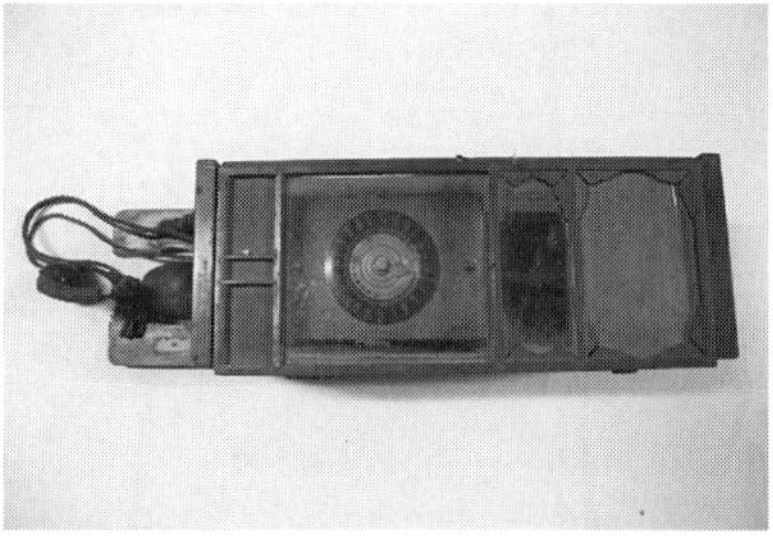
7 唐時計

4　年中行事

1　調理用具

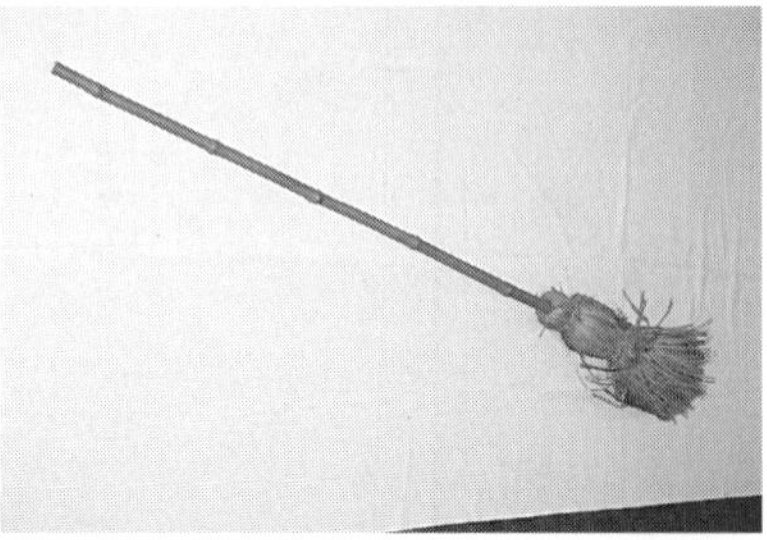

1 柄だわ

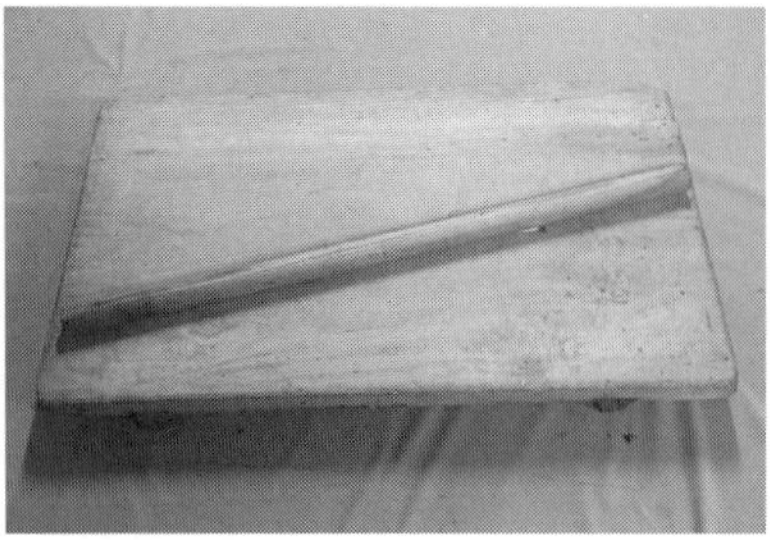

2 のし棒・のし板

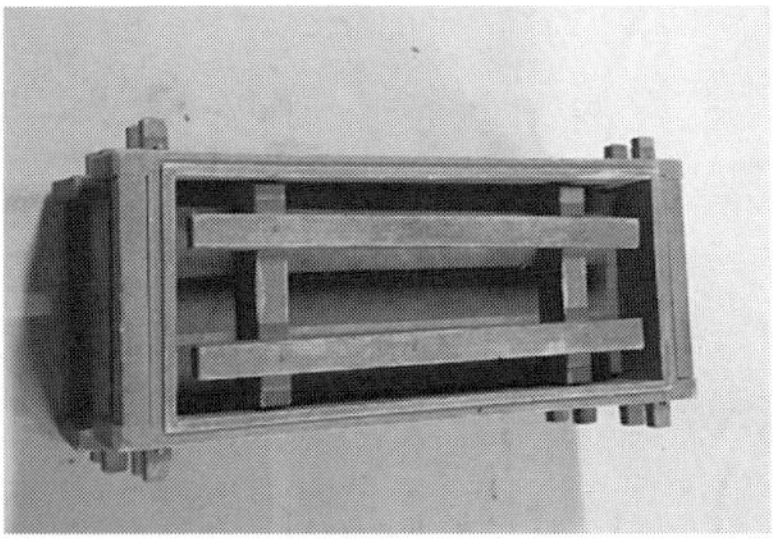

3 豆腐製造用具

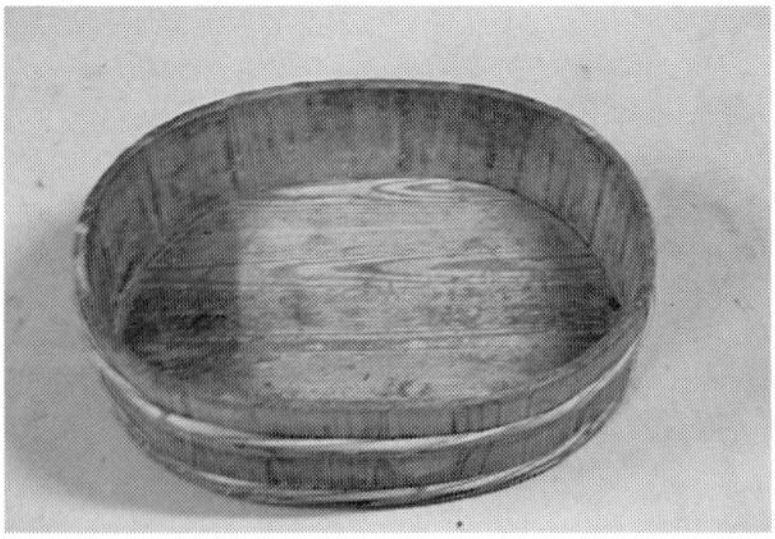

4 豆腐製造用具

2　節句飾

1 節句幟

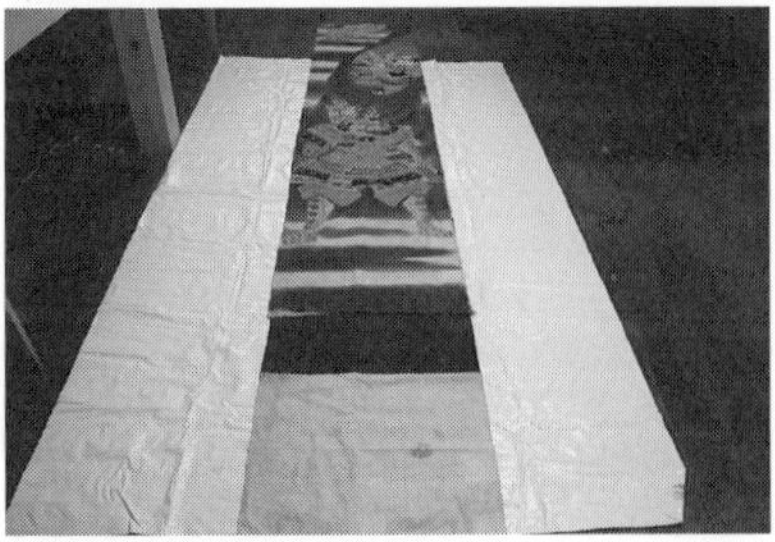
2a 節句幟

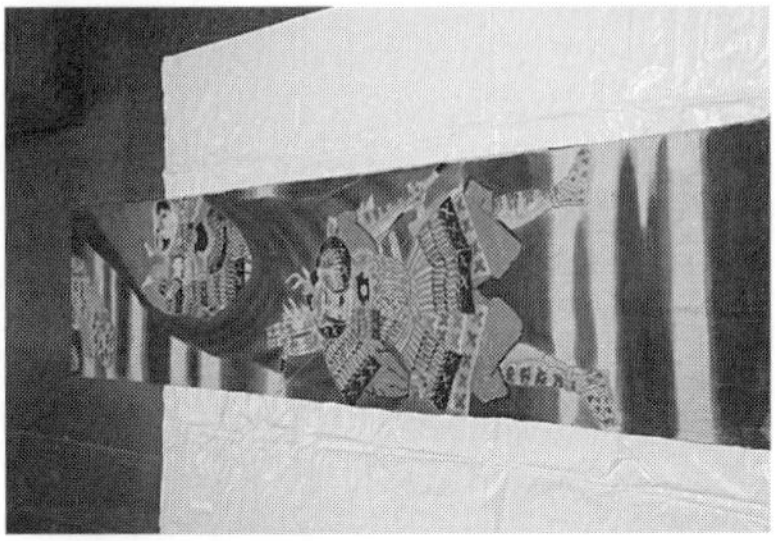
2b 節句幟

3a 節句幟

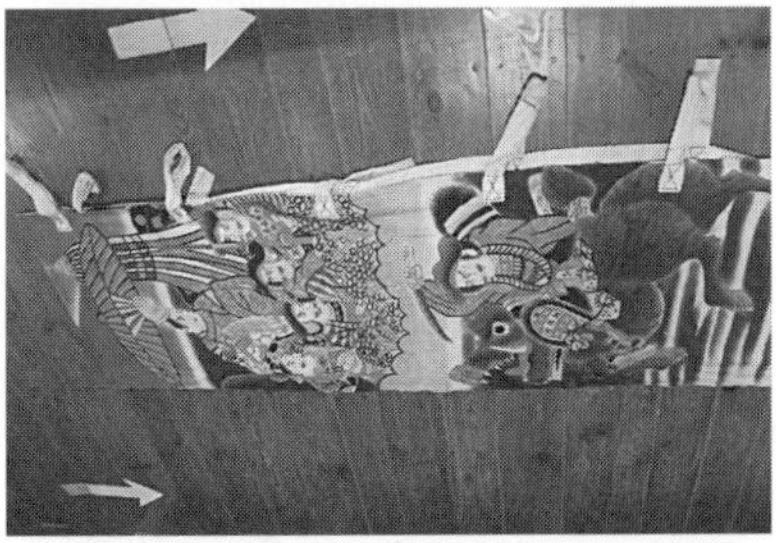
3b 節句幟

4a 節句幟

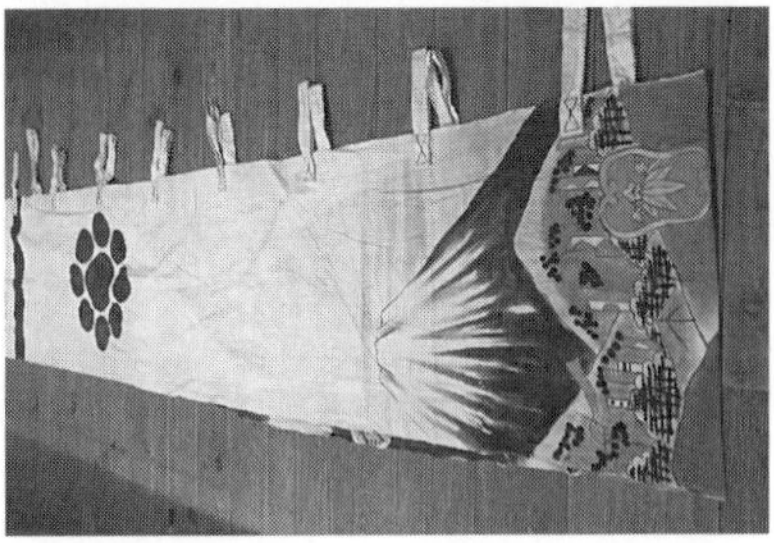
4b 節句幟

5a 節句用膳椀

5b 節句用膳椀

3　里帰り雛

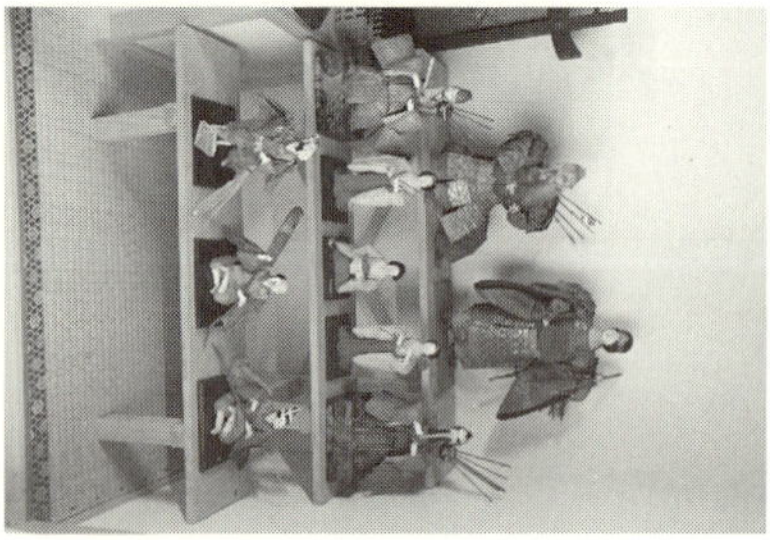

1a 里帰り雛

1b 里帰り雛

1c 里帰り雛

2 里帰り雛

3a 里帰り雛

3b 里帰り雛

2 丑

3c 里帰り雛

3 丑

4　十二支飾皿

（加賀山代窯・九谷美陶園寄贈）

4 寅

1 子

5 寅

6 卯

7 卯

8 辰

9 辰

10 巳

11 午

12 未

13 申

14 酉

5　十二支陶器

（瀬戸松葉窯・太田銅吉氏寄贈）

15 戌

1 子・恵比寿大黒

16 亥

2 丑

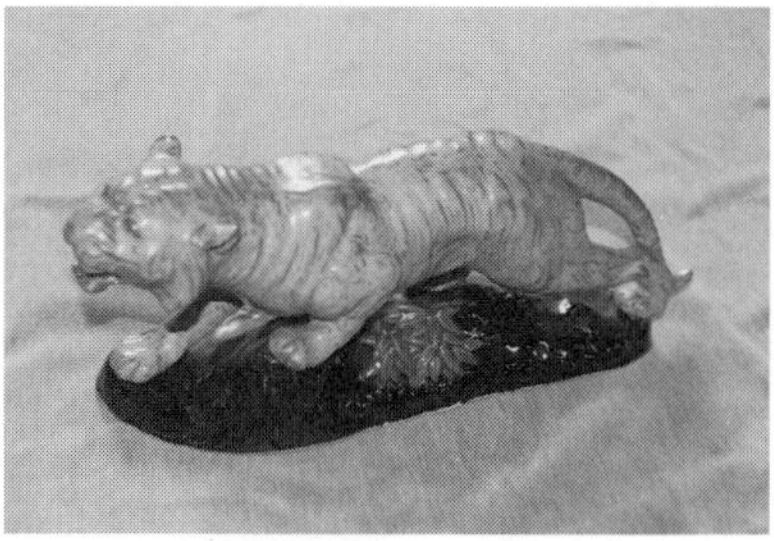

3 寅

4 卯・布袋

8 未

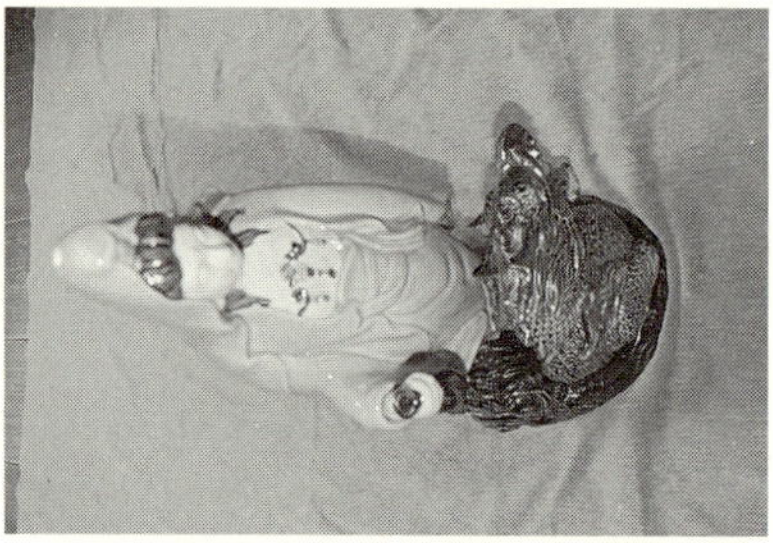

5 辰・観音

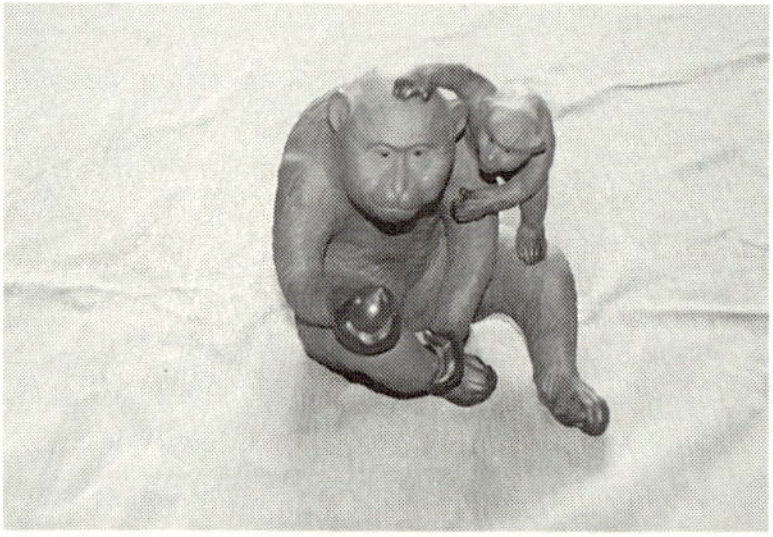

9 申

6 巳・亀

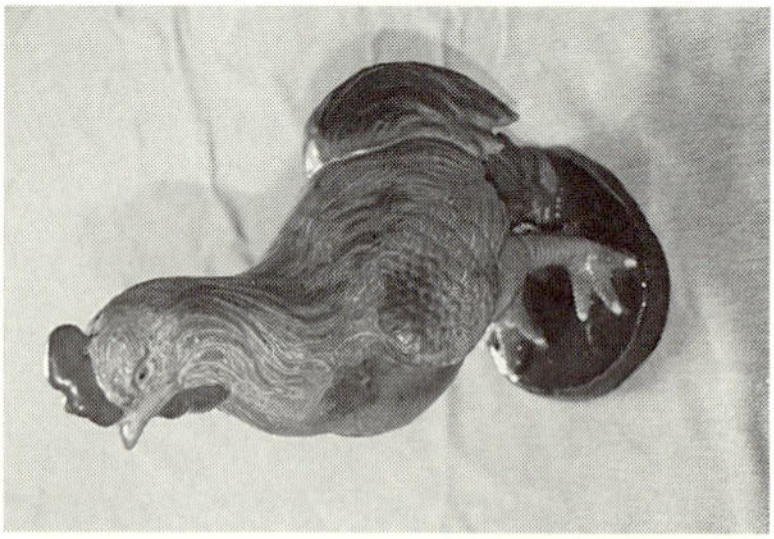

10 酉

7 午

11 戌

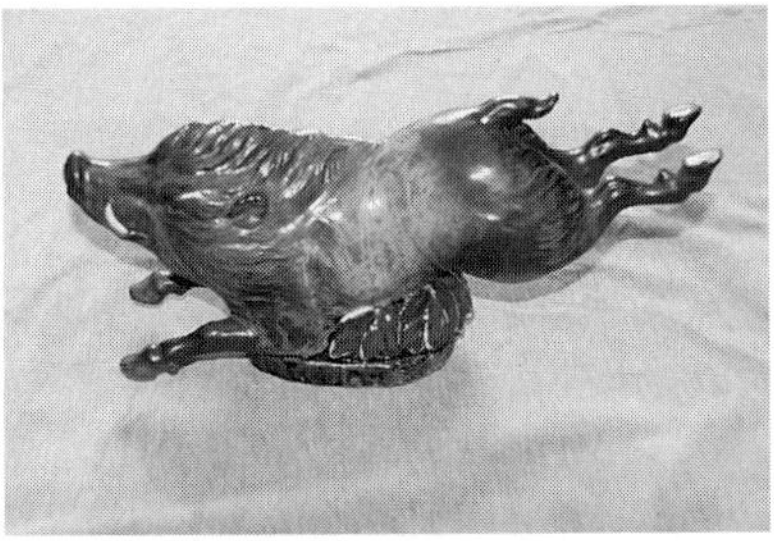

12 亥

5　社会生活

1　防災用具

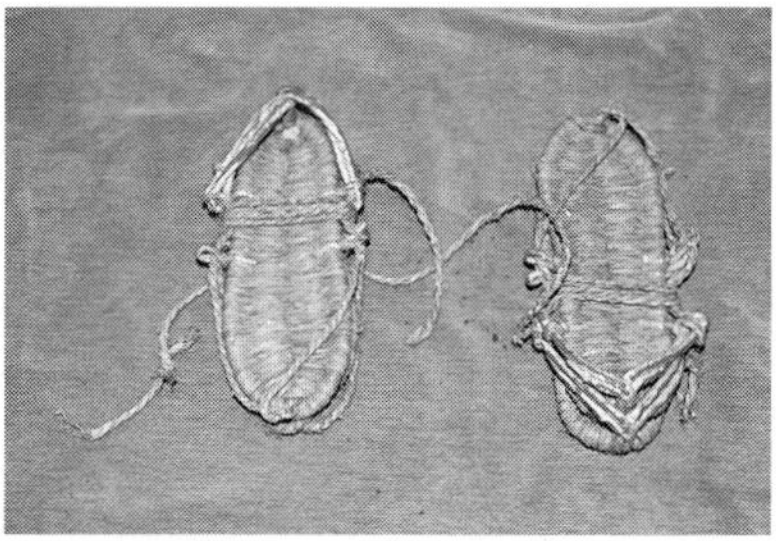
3 わらじ

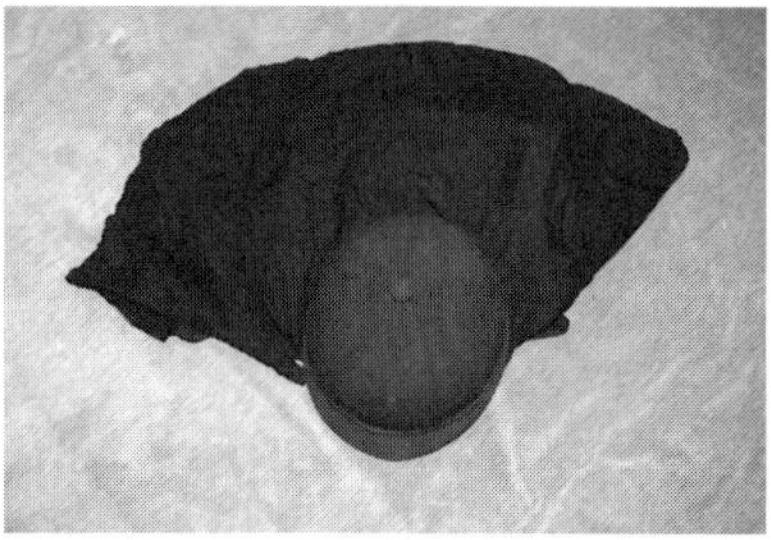
1 防災頭巾

4 非常用持出し箱

2 電灯遮光用カバー

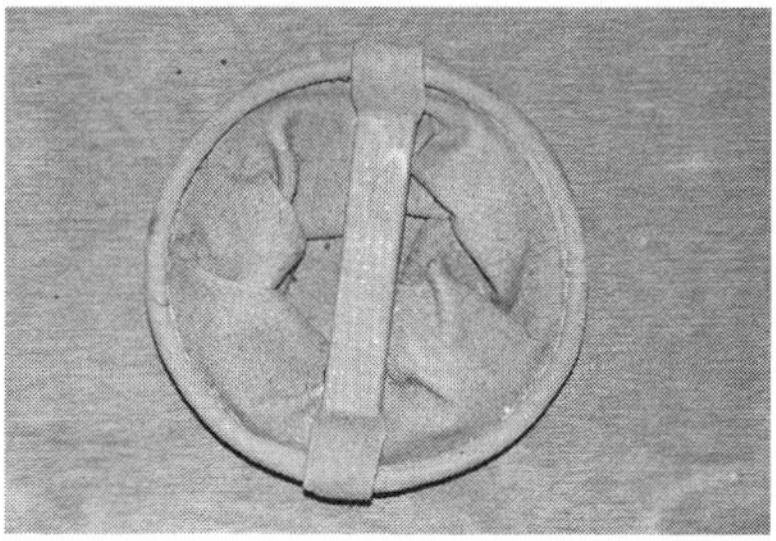
5 水籠

6 水籠

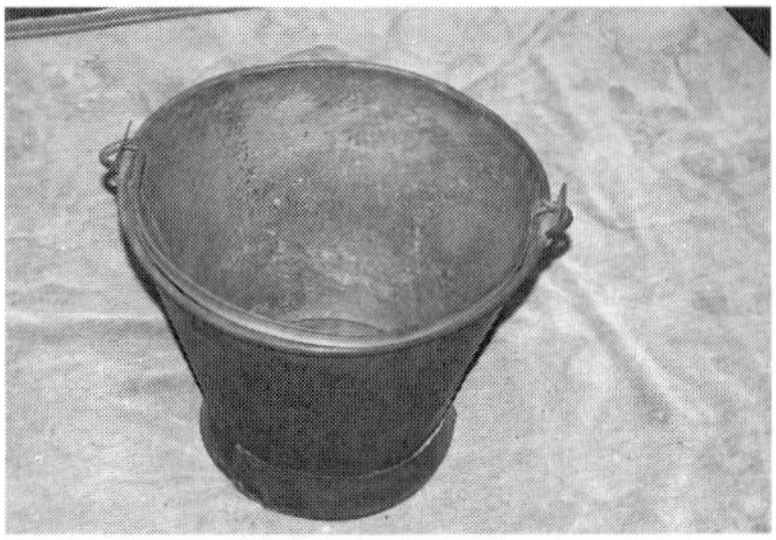

10 防火用具

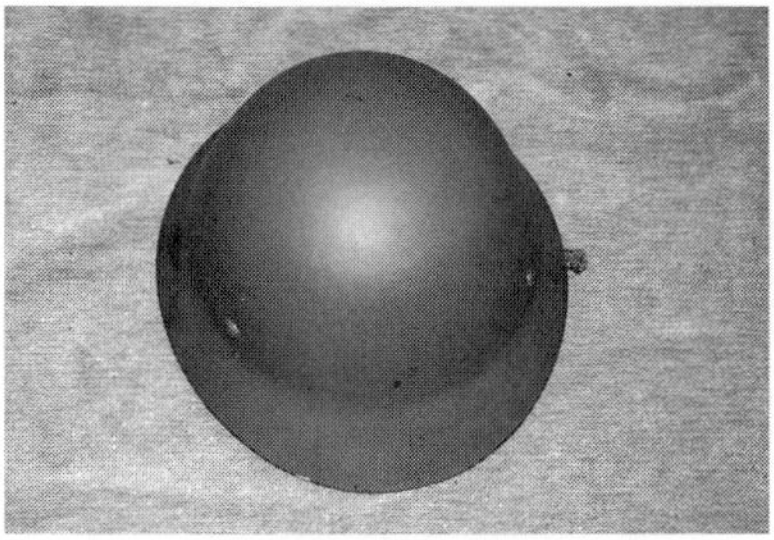

7 鉄かぶと（ヘルメット）

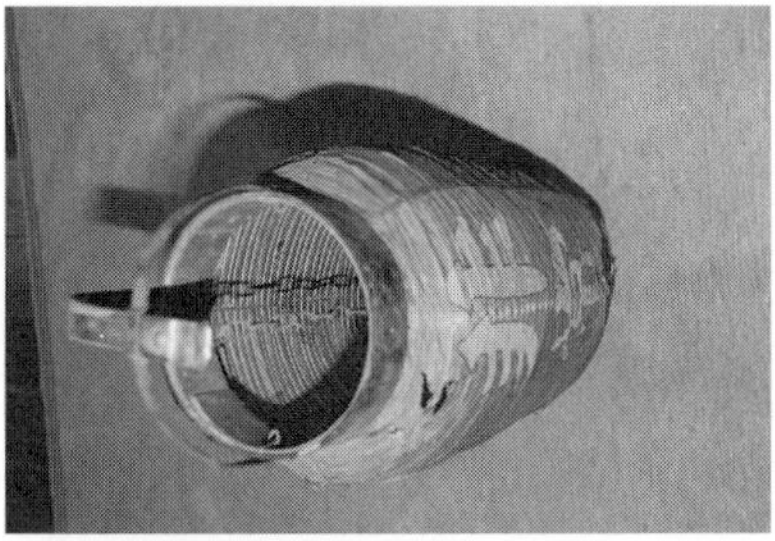

11 非常用提灯

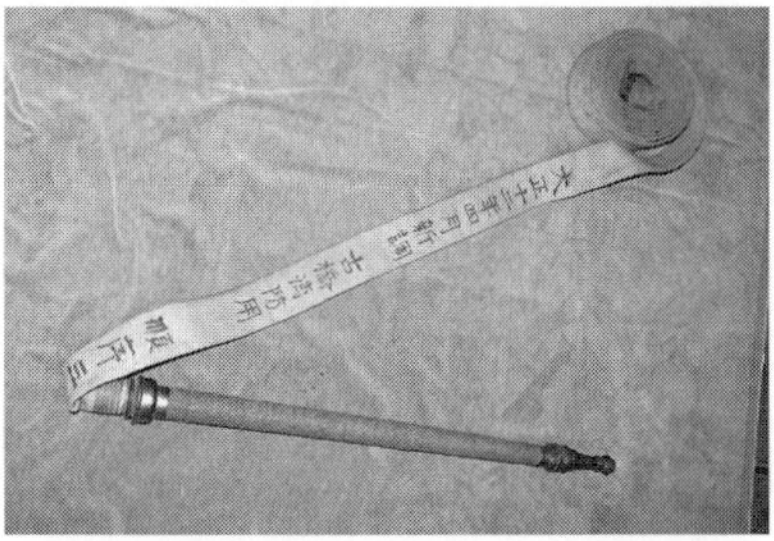

8 放水用具

12 非常用提灯

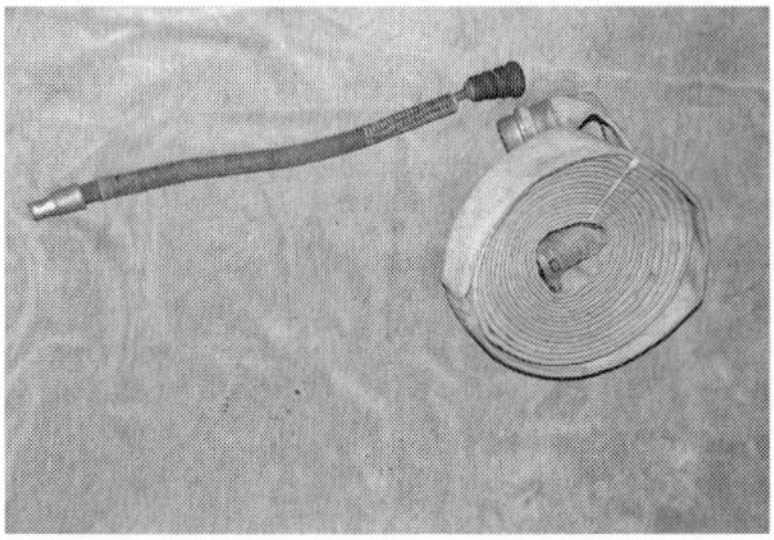

9 放水用具

13 提灯（金属製）

14 ポンプ

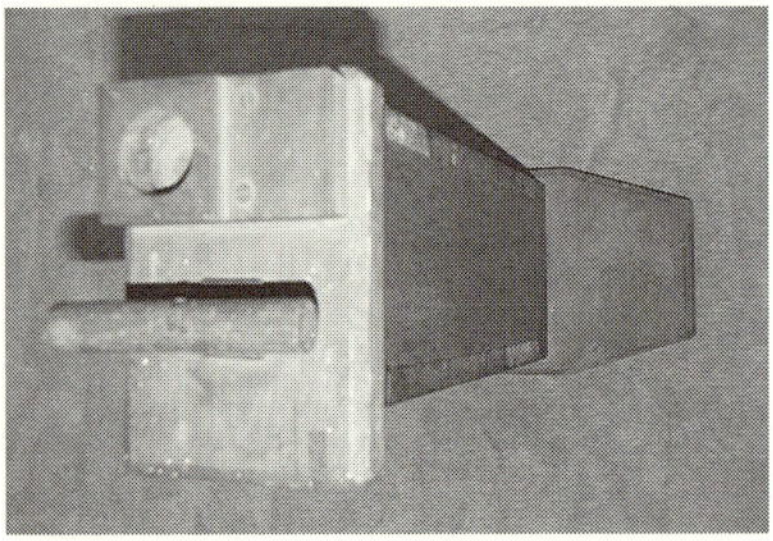

15 ポンプ

2　備荒貯蔵食品

1 備荒米

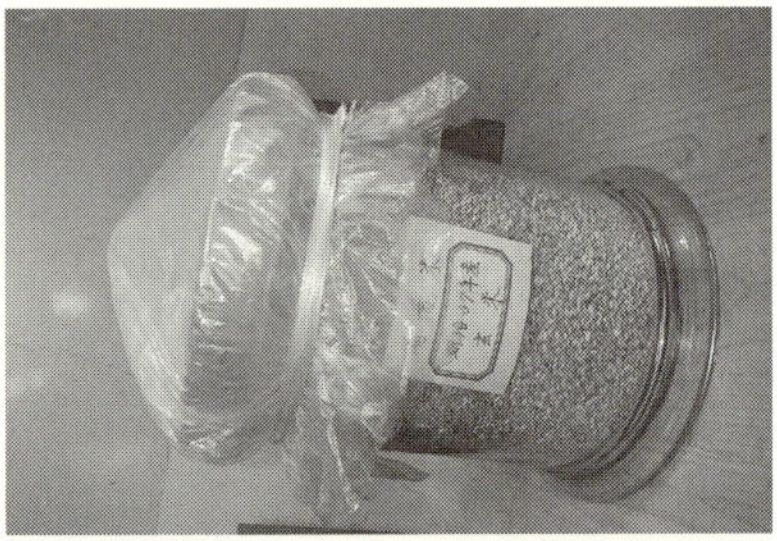

2 備荒米

3 備荒米

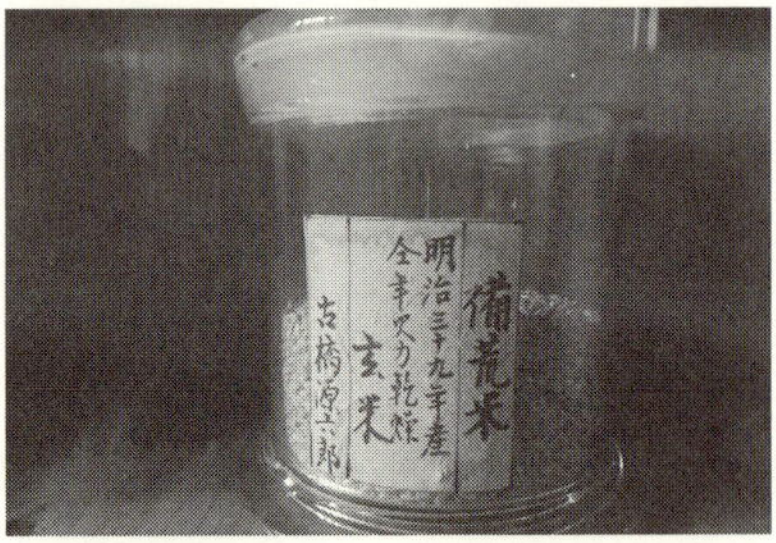

4 備荒米

5 備荒乾草

6 備荒乾草

7 備荒乾草

8 備荒あらめ

9 備荒あらめ

10 備荒梅干

11 備荒わらび粉

12 備荒竹の実

13 備荒小豆

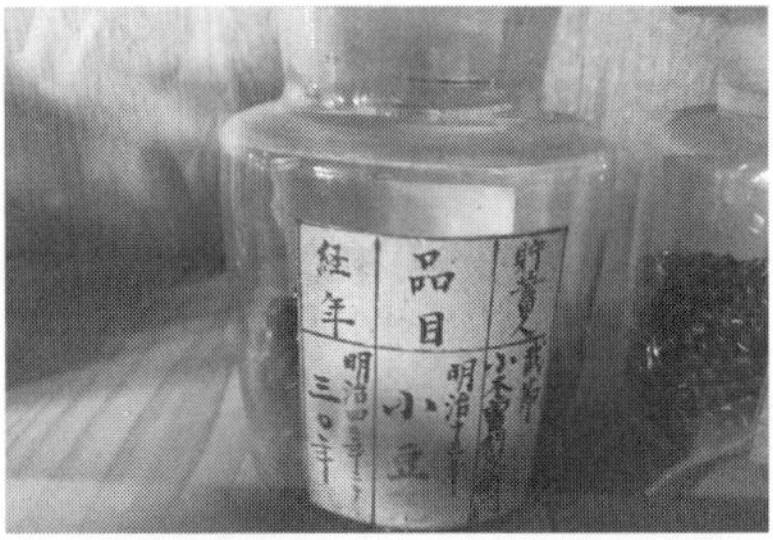

14 備荒小豆

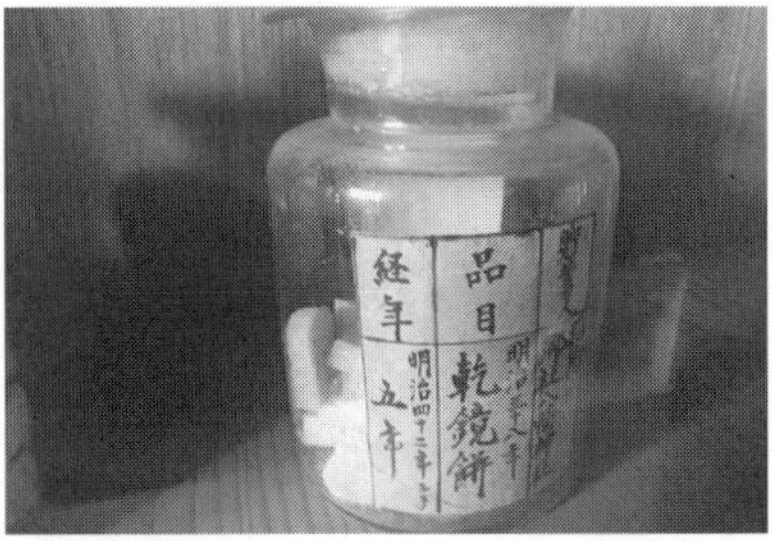

15 備荒乾鏡餅

16 備荒凍餅

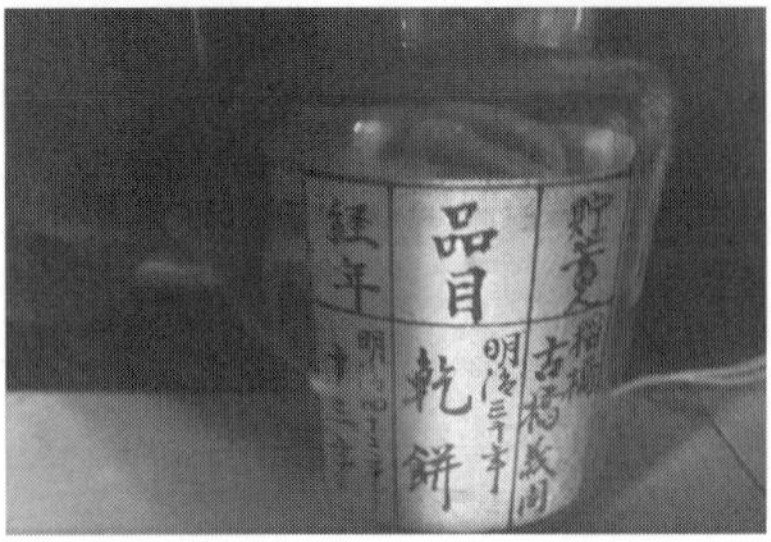

17 備荒乾餅

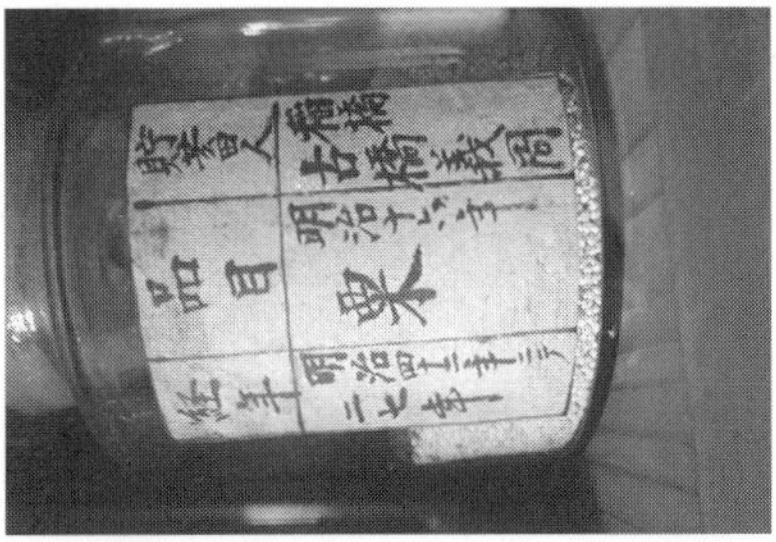

18 備荒栗

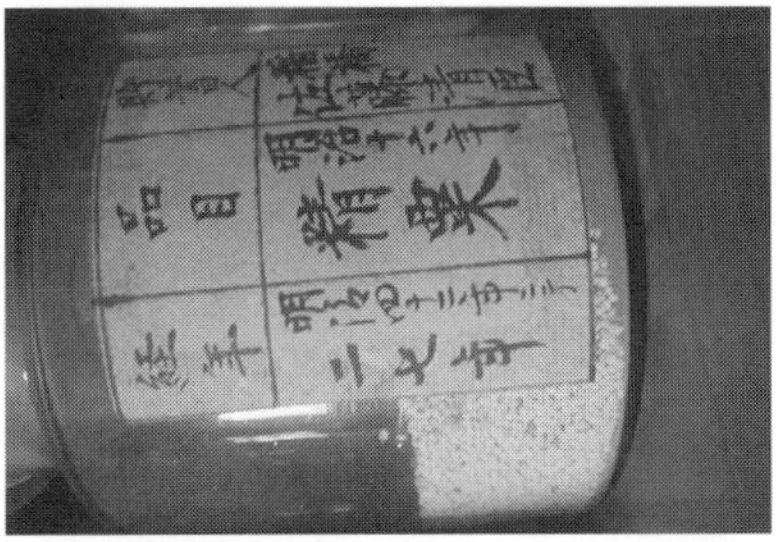

19 備荒精栗

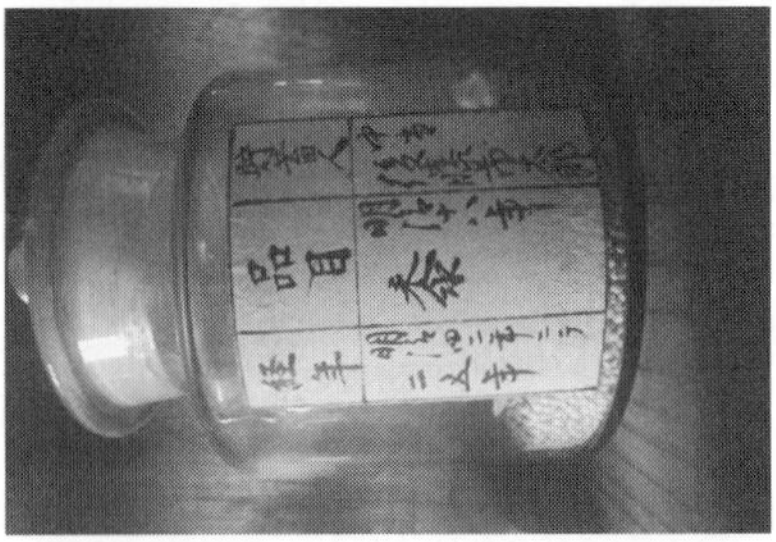

20 備荒黍

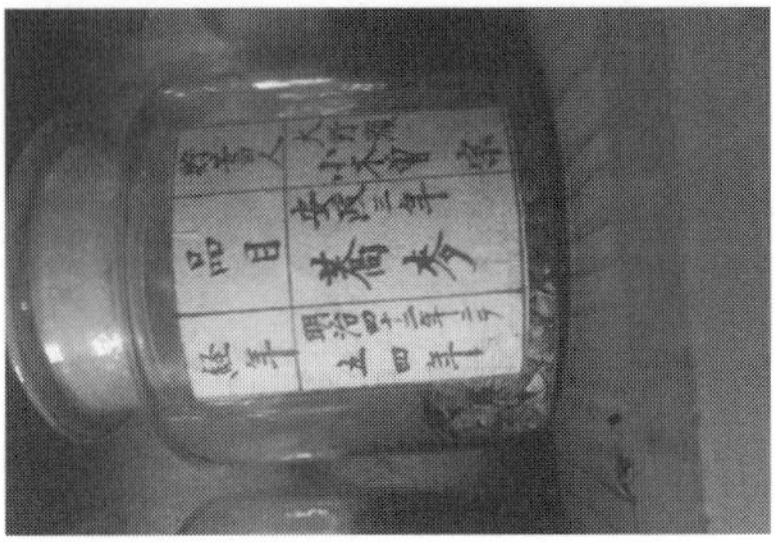

21 備荒蕎麦

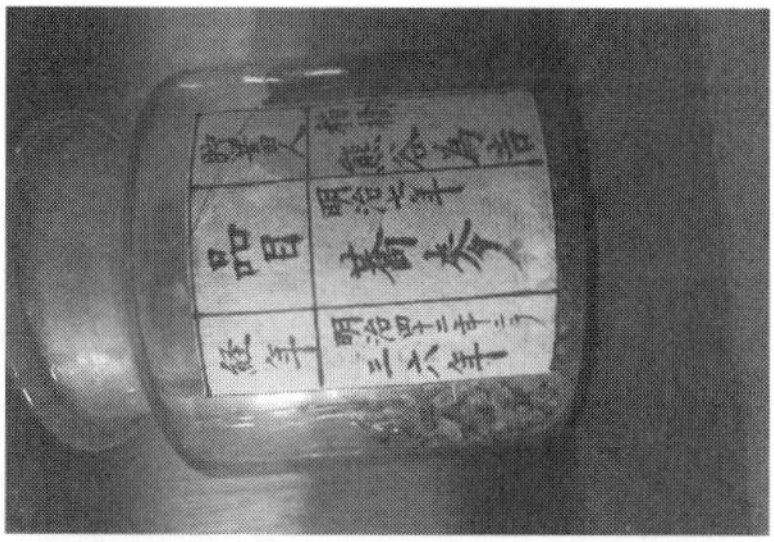

22 備荒蕎麦

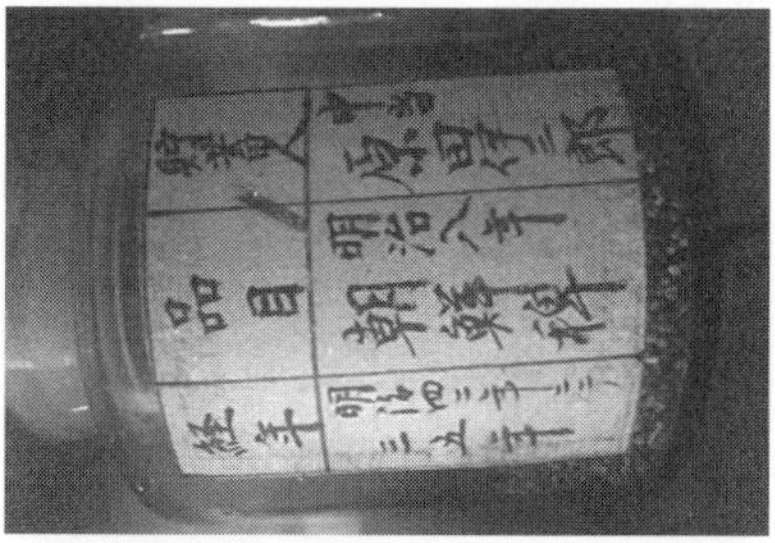

23 備荒朝鮮稗

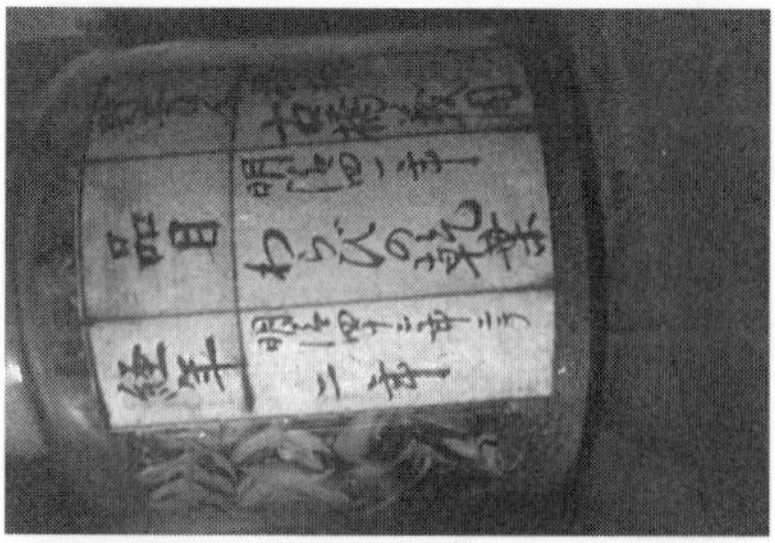

24 備荒わらびの乾葉

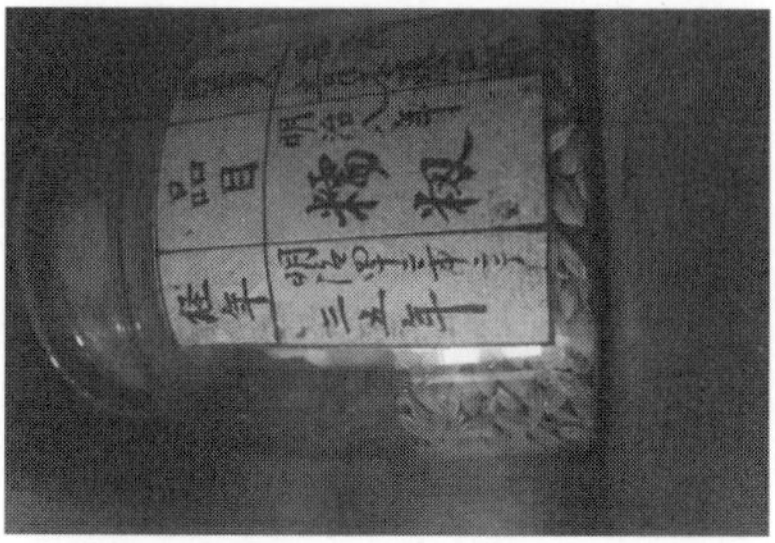

25 備荒糯籾

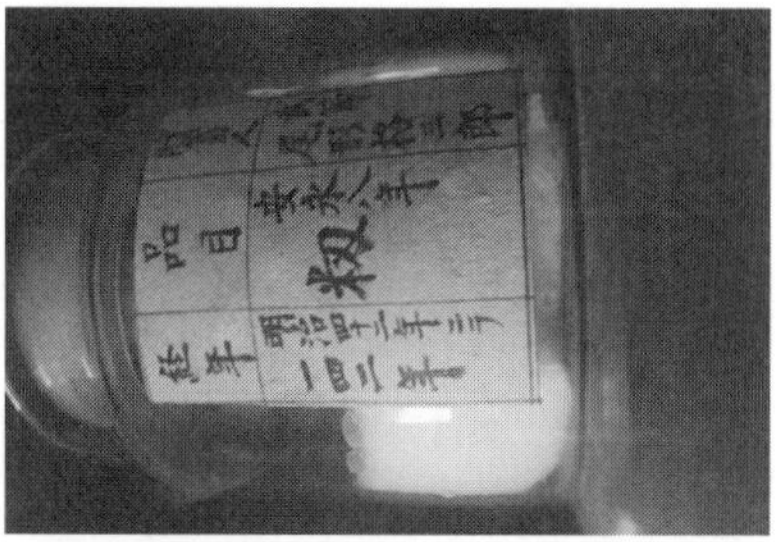

26 備荒籾

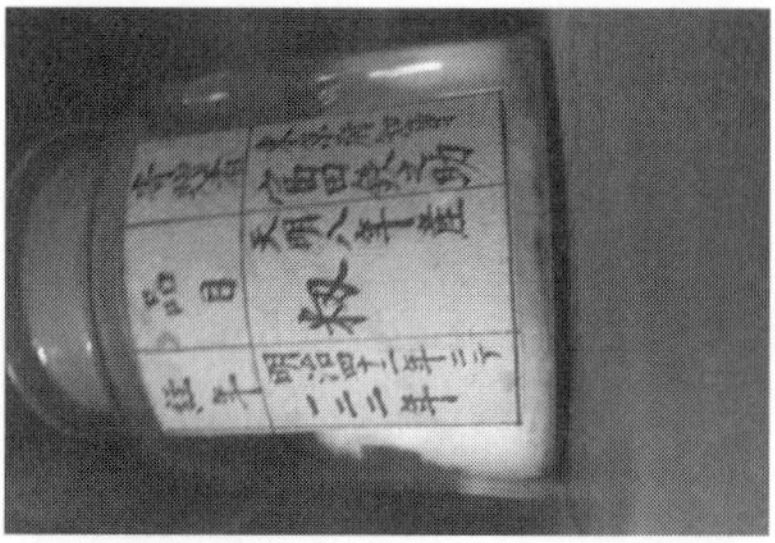

27 備荒籾

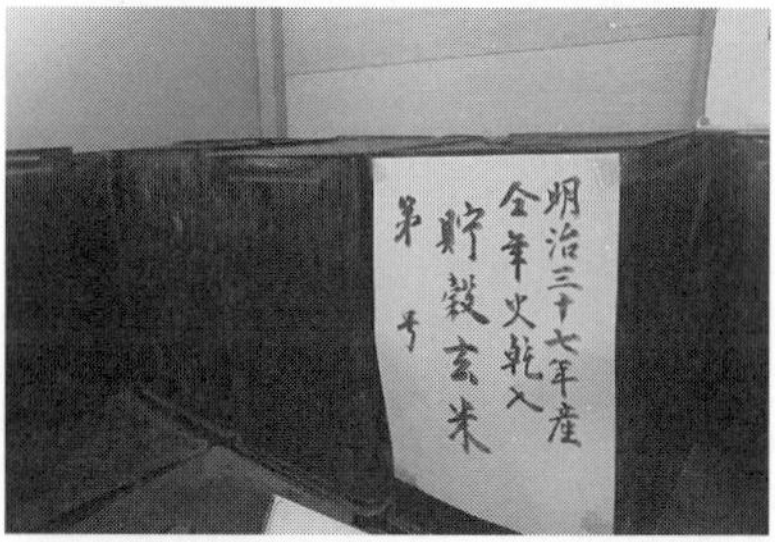

28a 貯穀玄米

28b 貯穀玄米

28c 貯穀玄米

28d 貯穀玄米

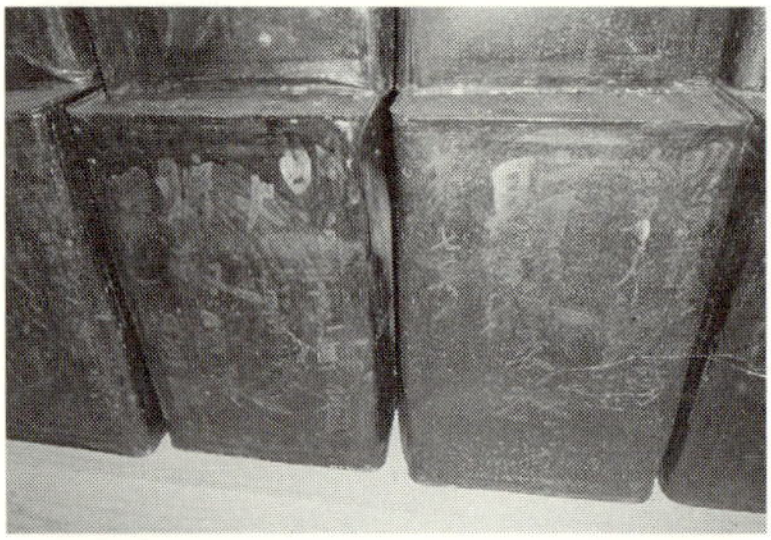

28e 貯穀玄米

28f 貯穀玄米

6　広告・商業

1　看板・広告

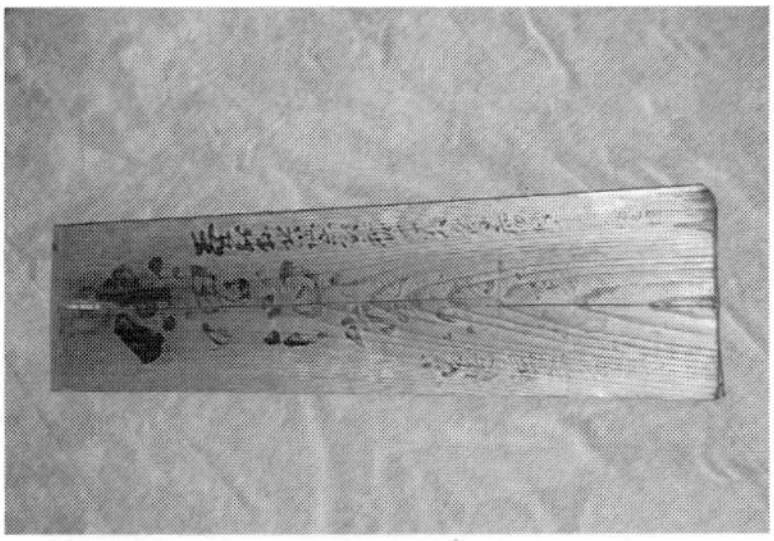

1 看板（「味噌溜製造場」）

2 看板（「醬油有」）

3 看板（「味淋酎」）

4a 看板（表「毛路はく」）

4b 看板（裏「毛路白」）

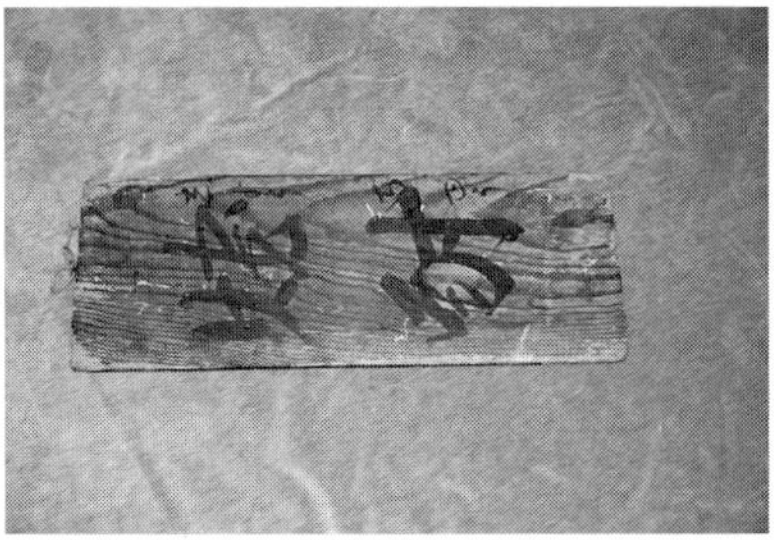

5a 看板（表「焼酎」）

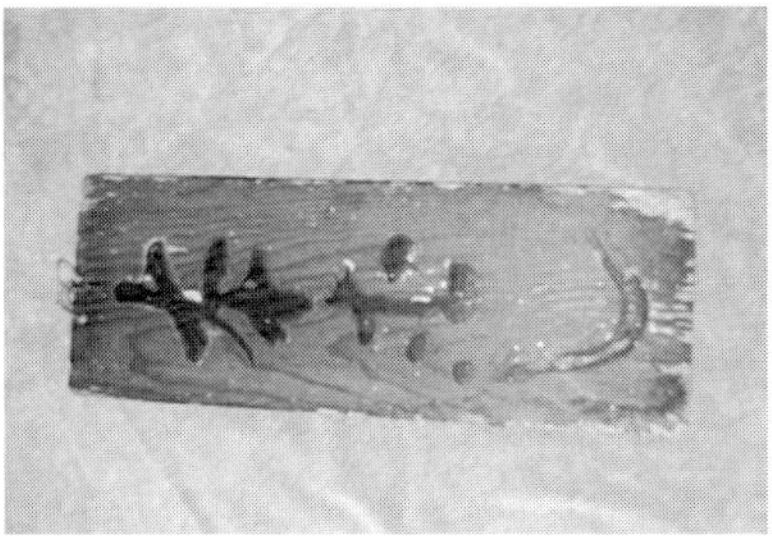

5b 看板（裏「本直し」）

6 看板（「三楚有」）

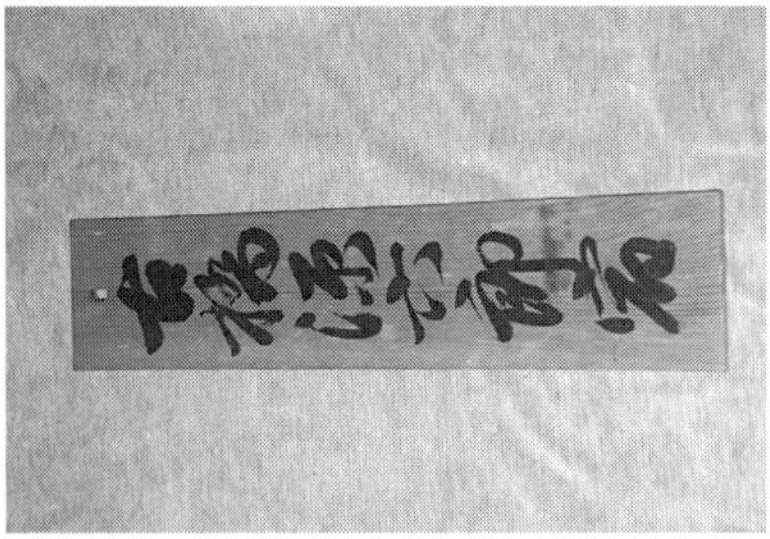

7 看板（「古橋源六郎宿」）

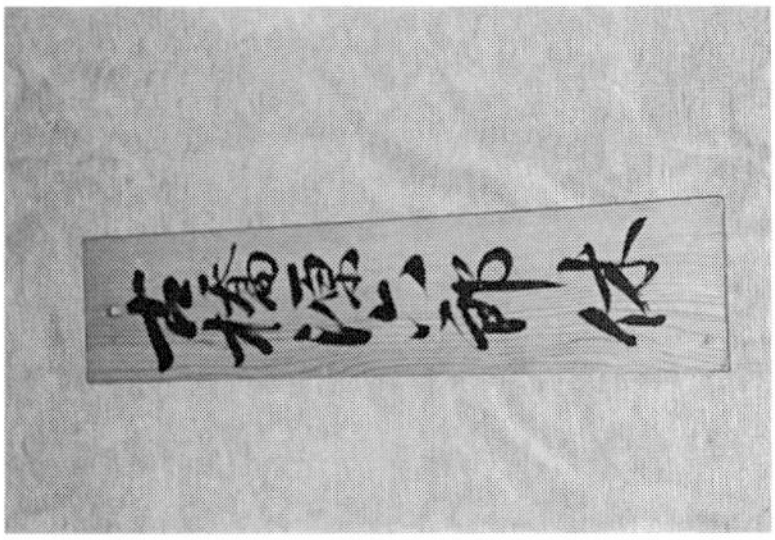

8 看板（「古橋源六郎休」）

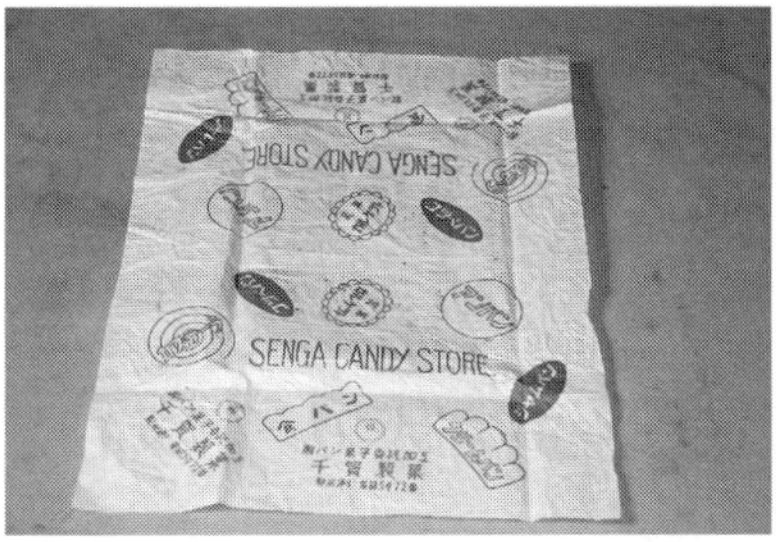

9 広告

10 広告

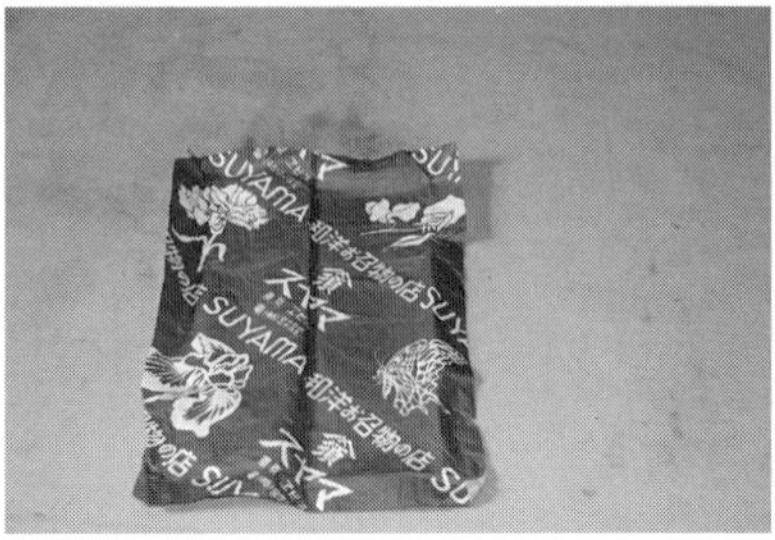

11 広告

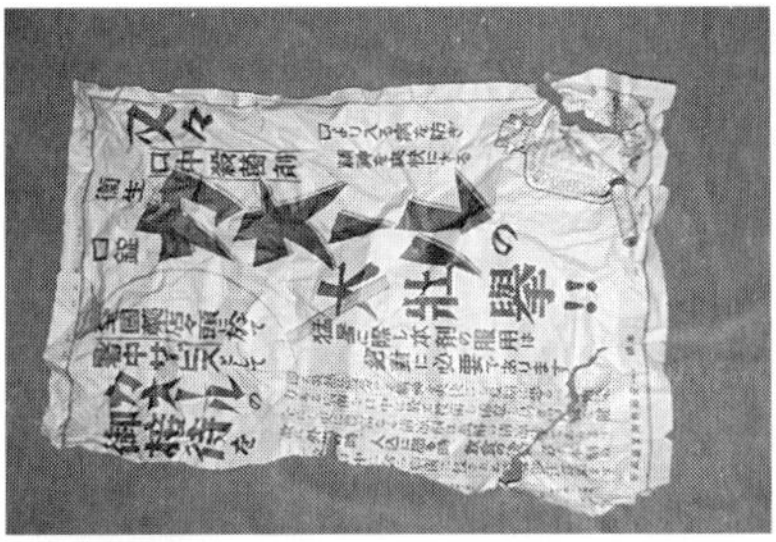

12 広告

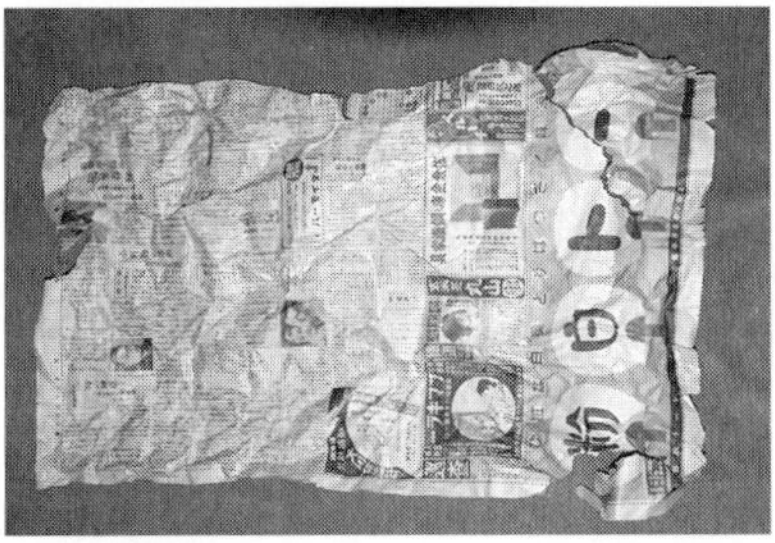

13 広告

14 広告

2　計算・計量用具

1a 金銭登録機

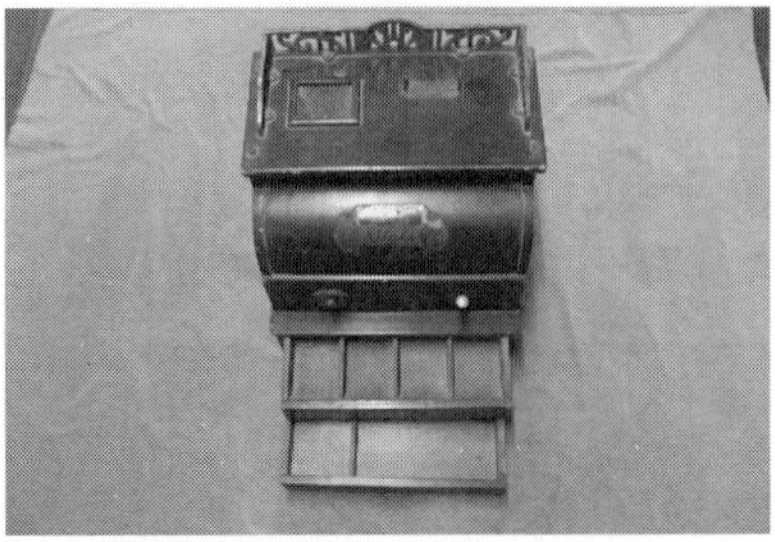

1b 金銭登録機

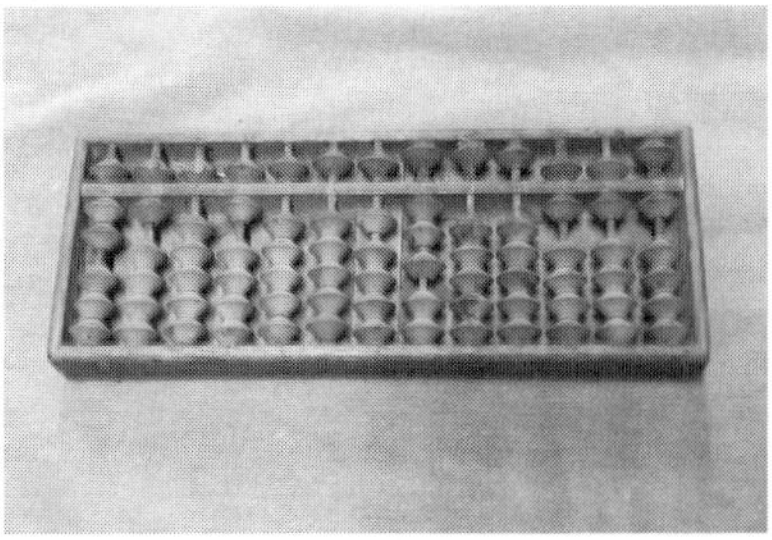

2 算盤

3 算盤(裏「いちい香油 岡伊製油所」)

4 算盤

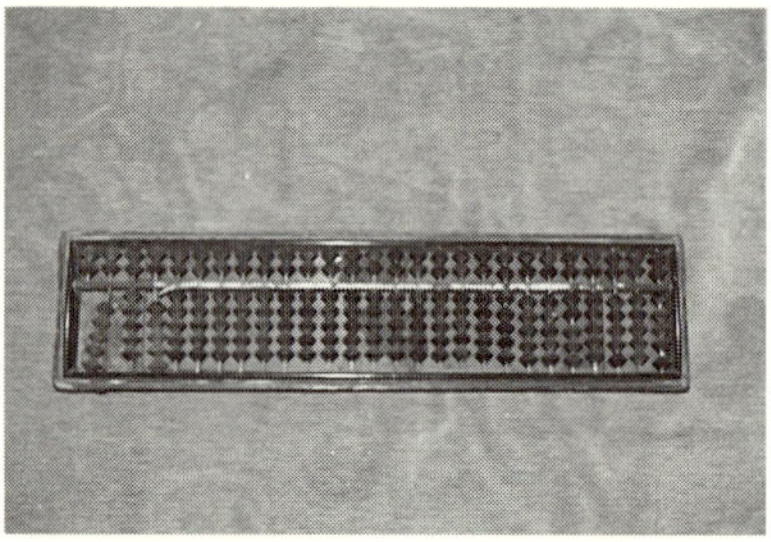

5 算盤

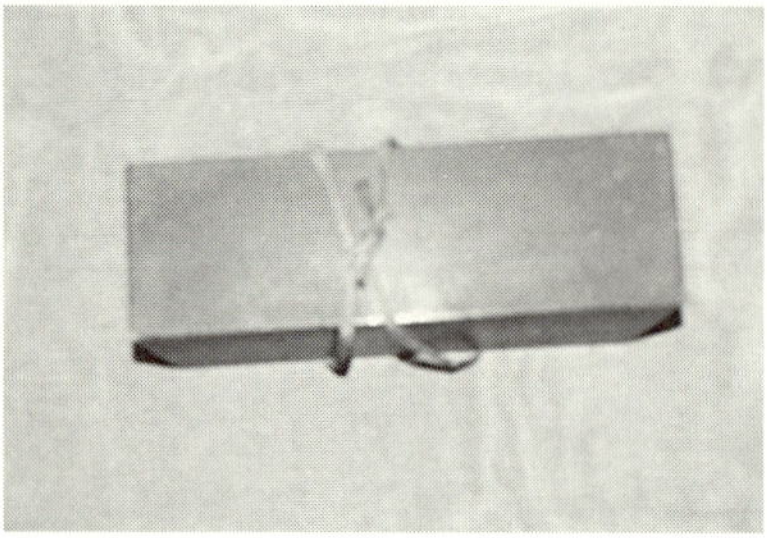

6 整理箱

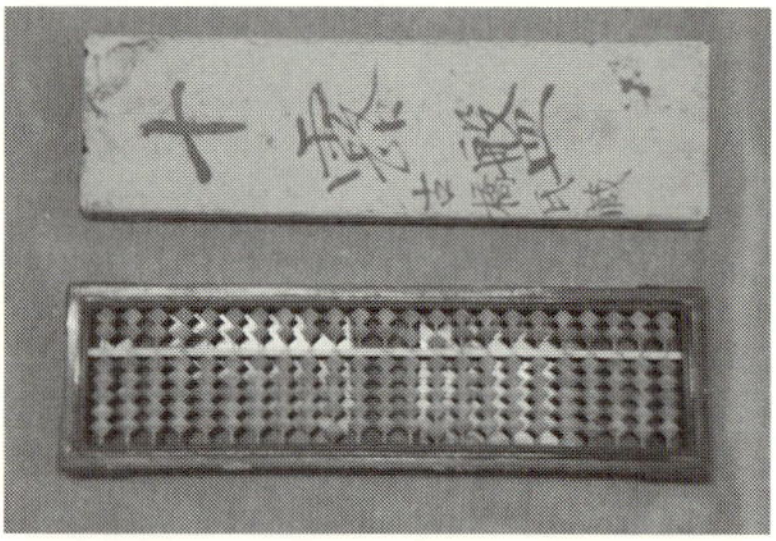

7a 算盤（十露盤）

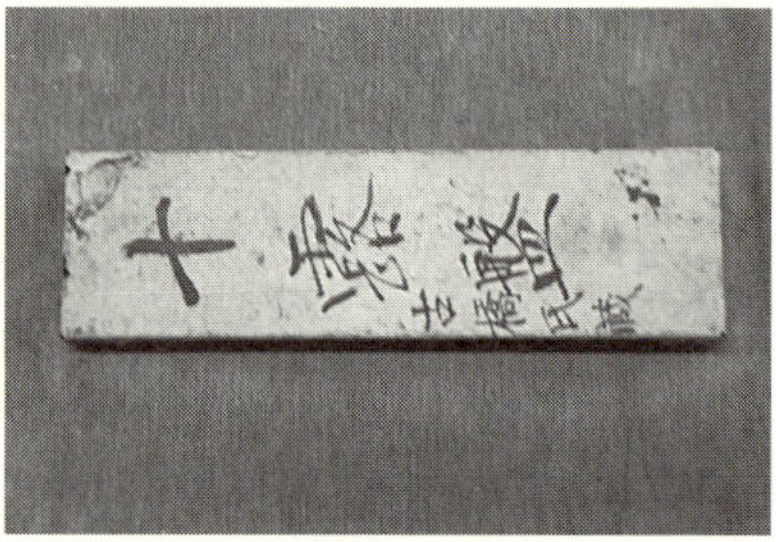

7b 算盤（十露盤）

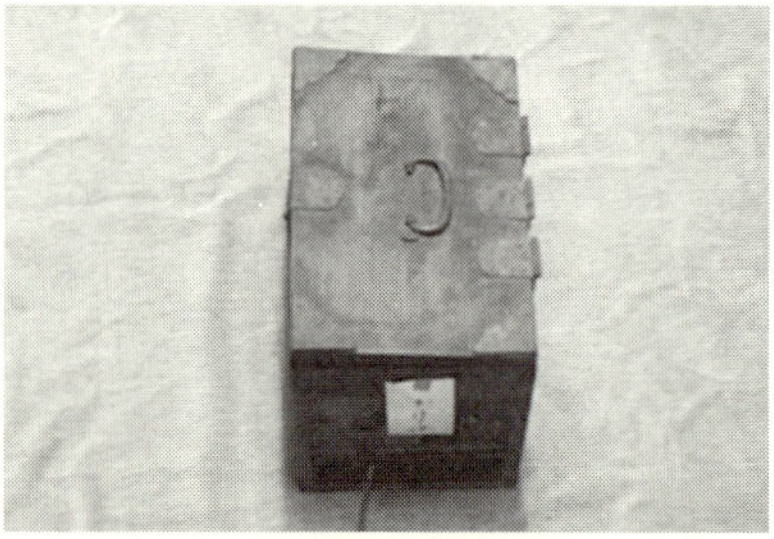

8a かけ硯

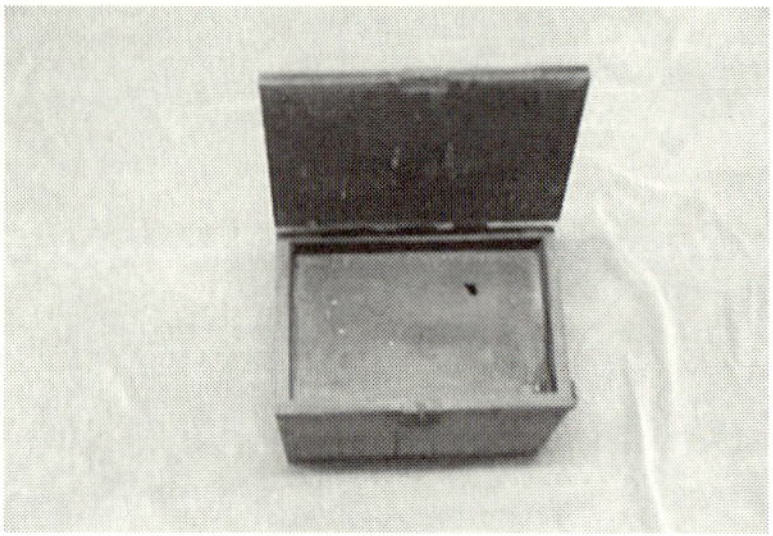

8b かけ硯

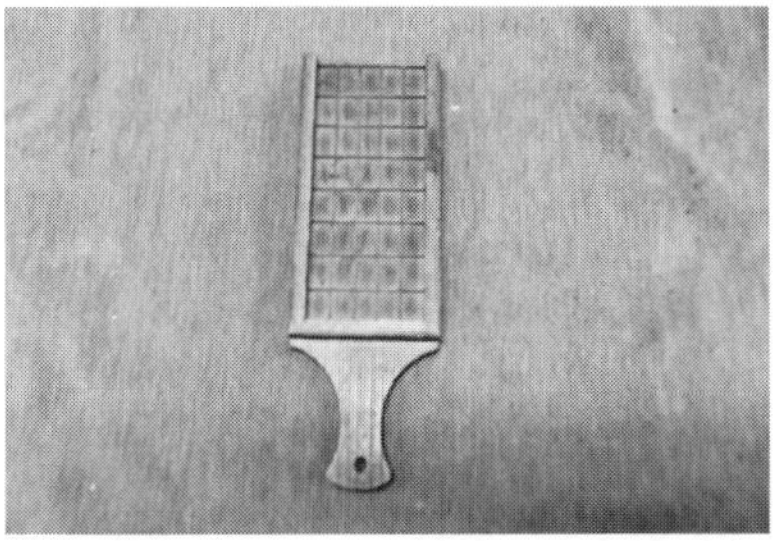

9 銭枡

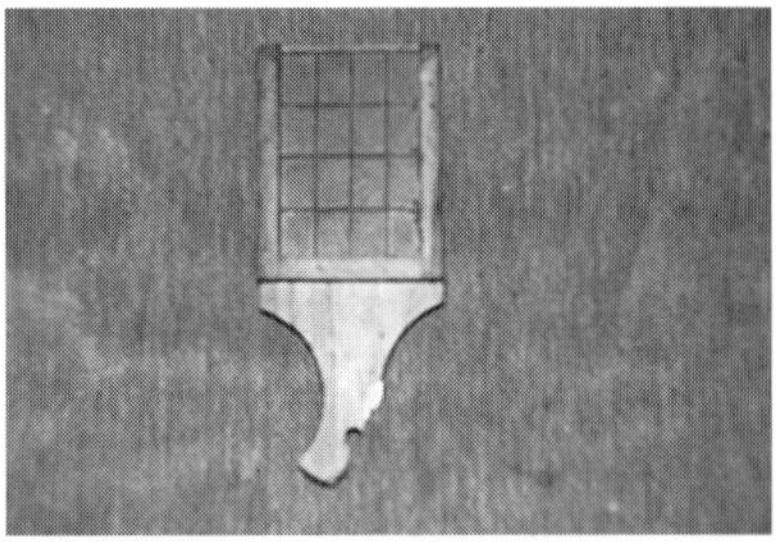

13a 銭枡

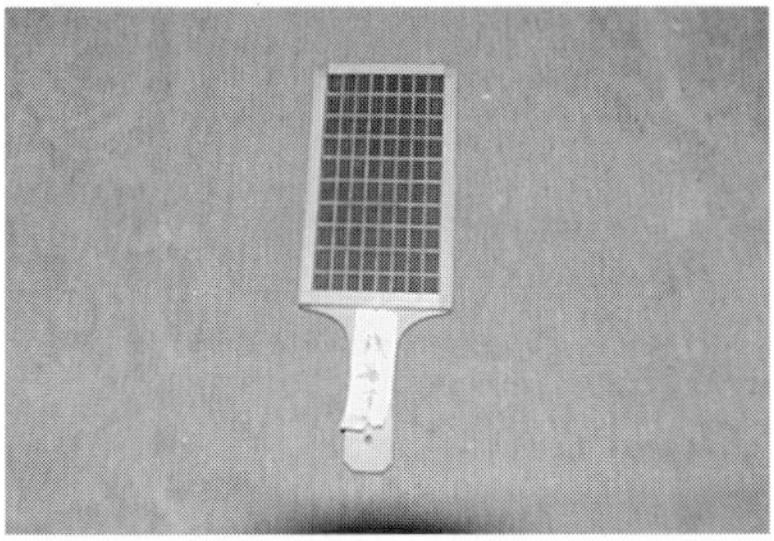

10 銭枡

13b 銭枡（裏）

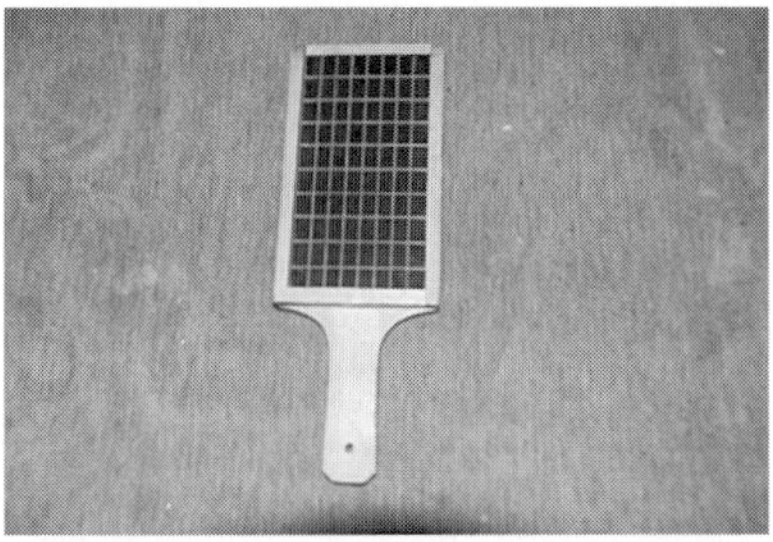

11 銭枡

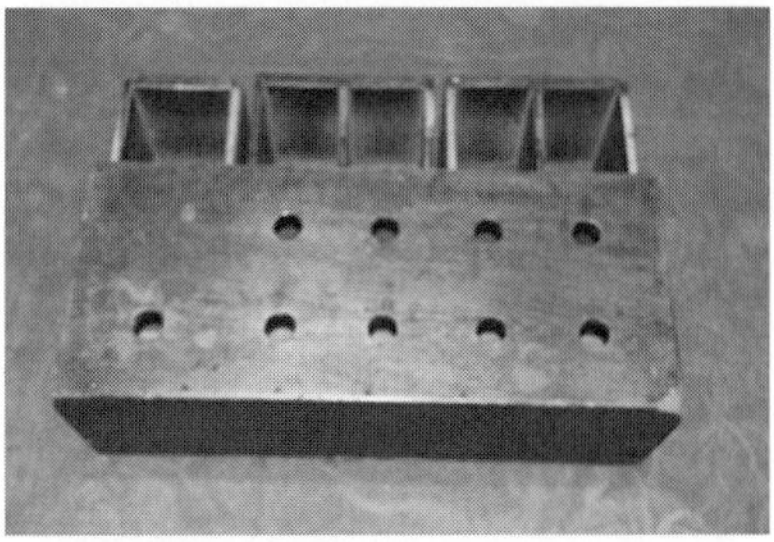

14 貯金箱

12 銭枡

15 銭箱

16 大福帳　算盤入れ

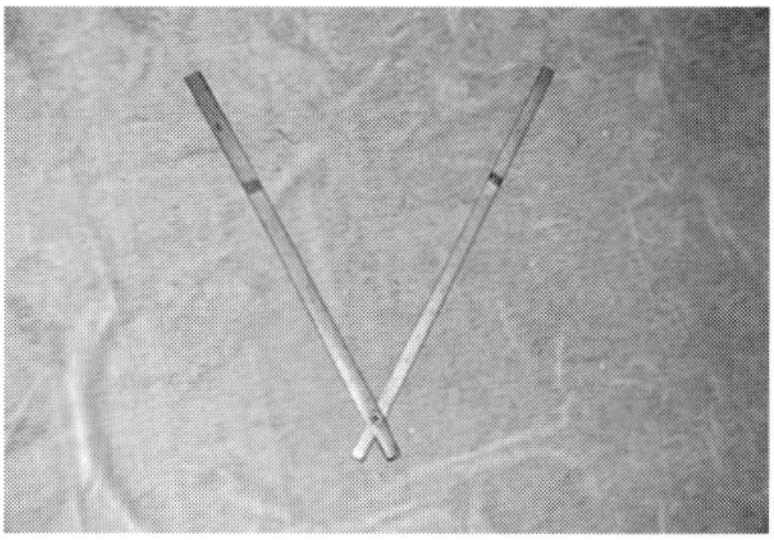

20 ものさし

17 一斗枡（丸）

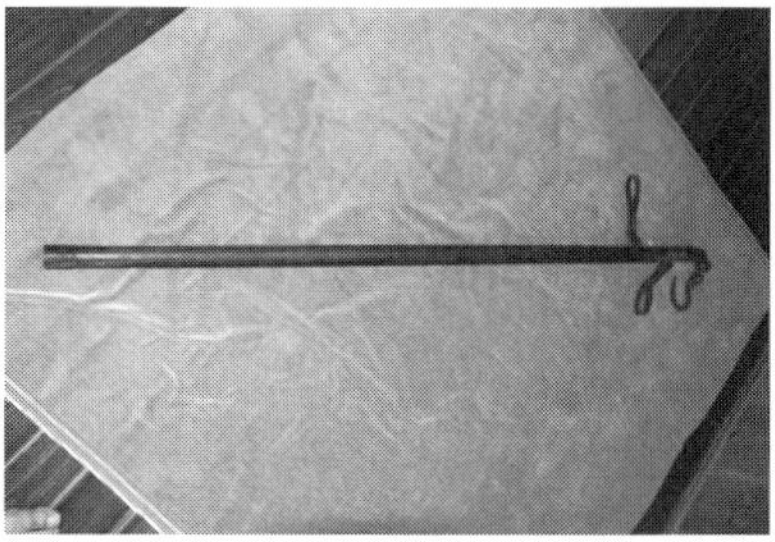

21 棹ばかり

18 一斗枡（角）

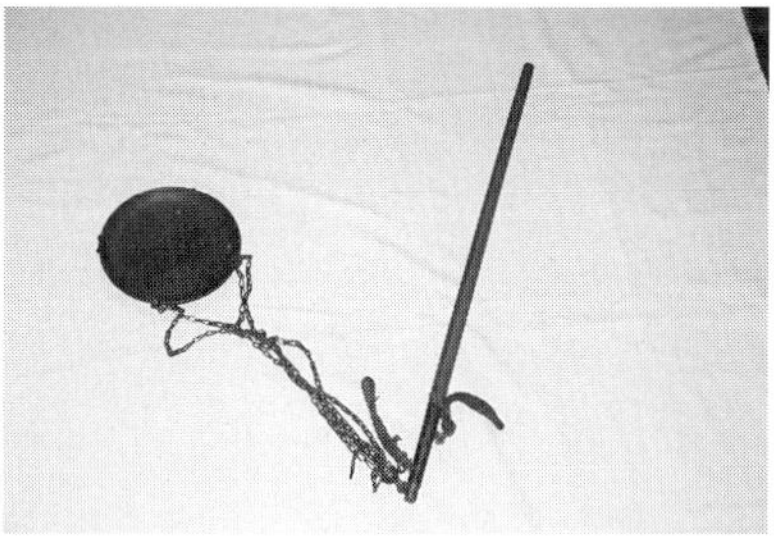

22 棹ばかり

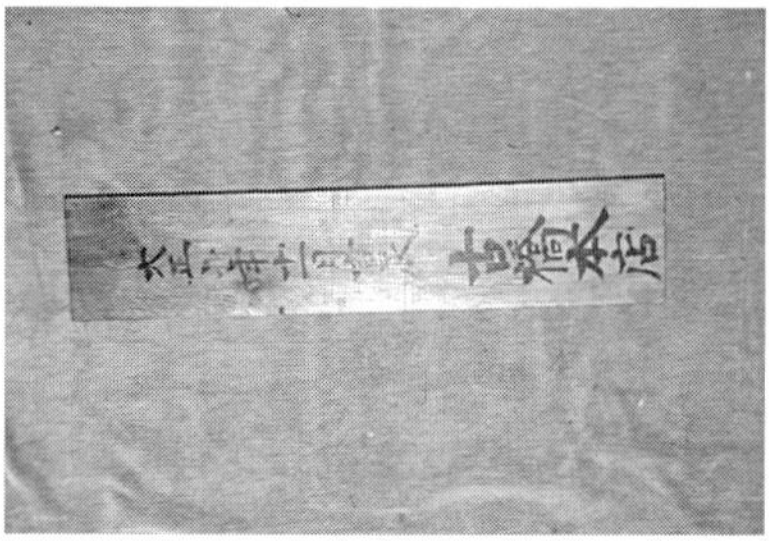

19 帳簿裁判専用書類入れ

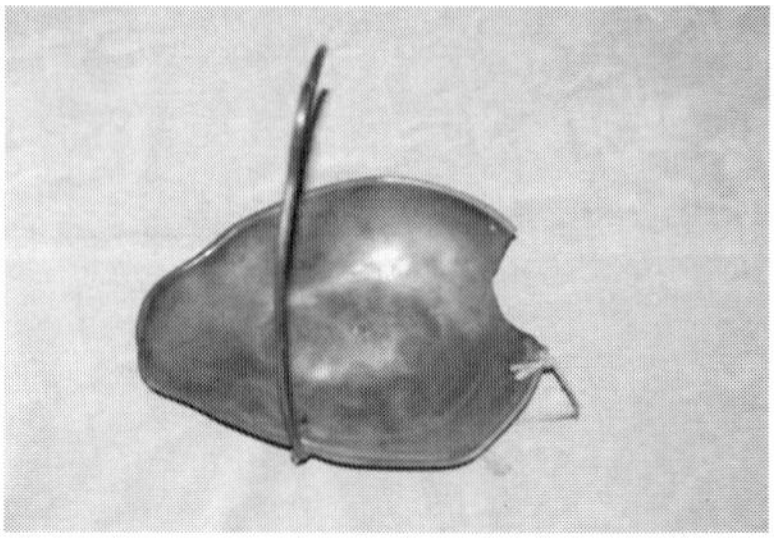

23 棹ばかり

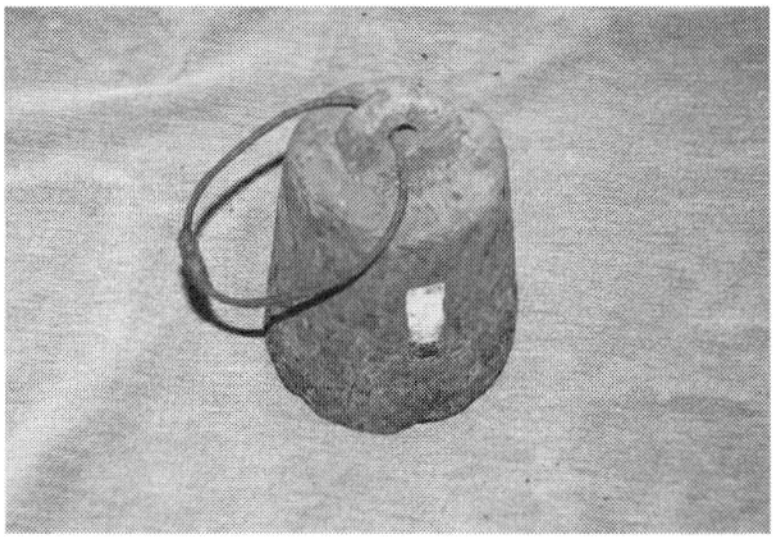

24 分銅

3　ラベル・印鑑

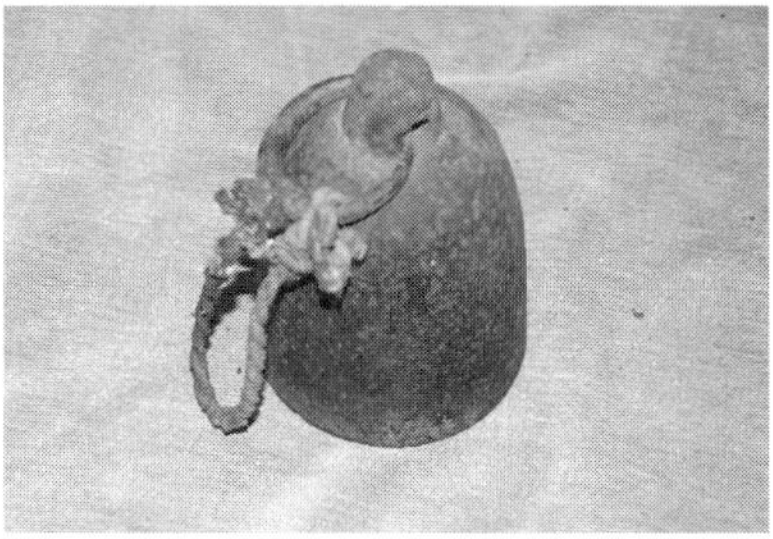

25 分銅

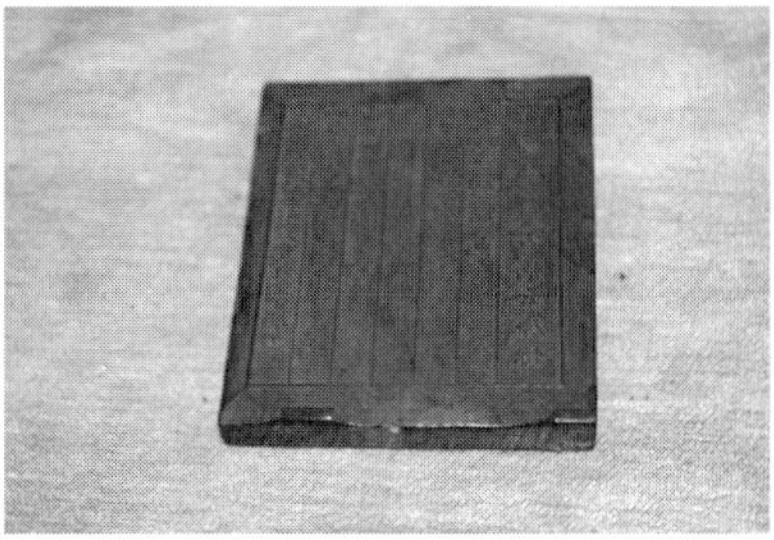

1 伝票版木

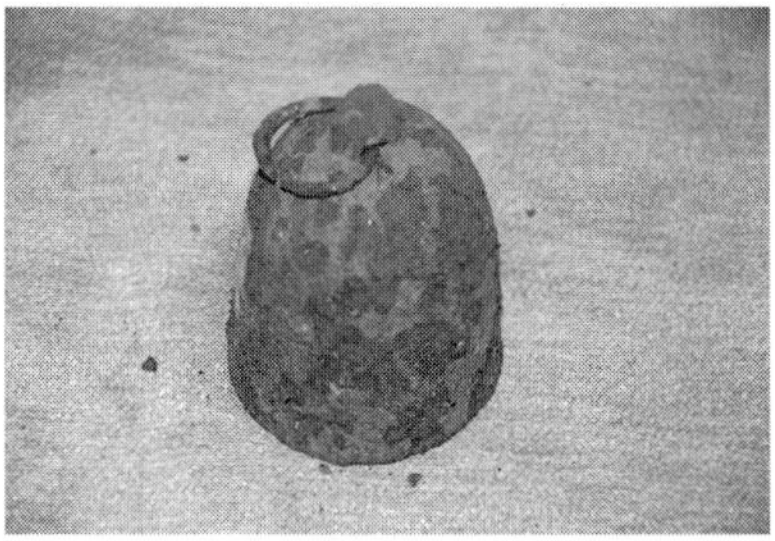

26 分銅

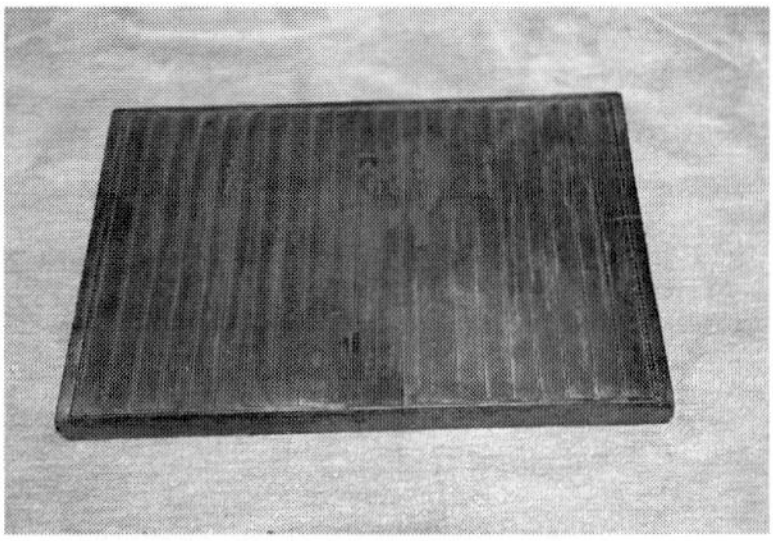

2 十行色板（「六月東屋敷」）

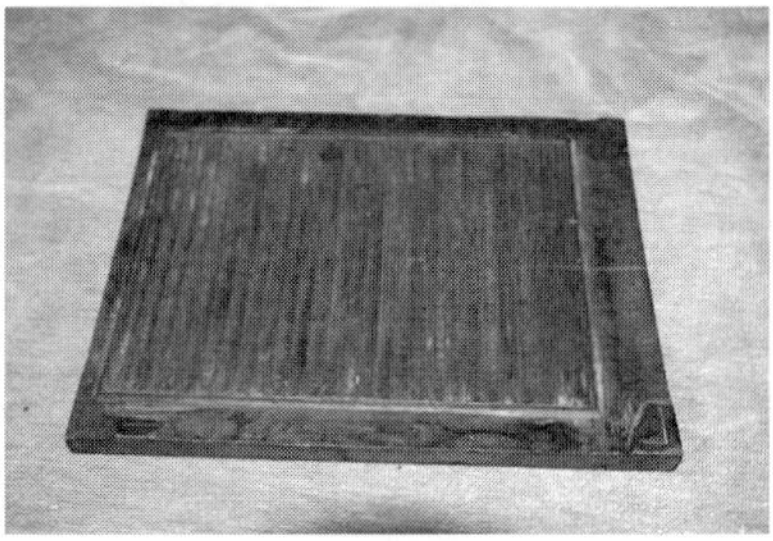

3 十行色板（「古橋氏」）

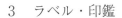

4 十行色板

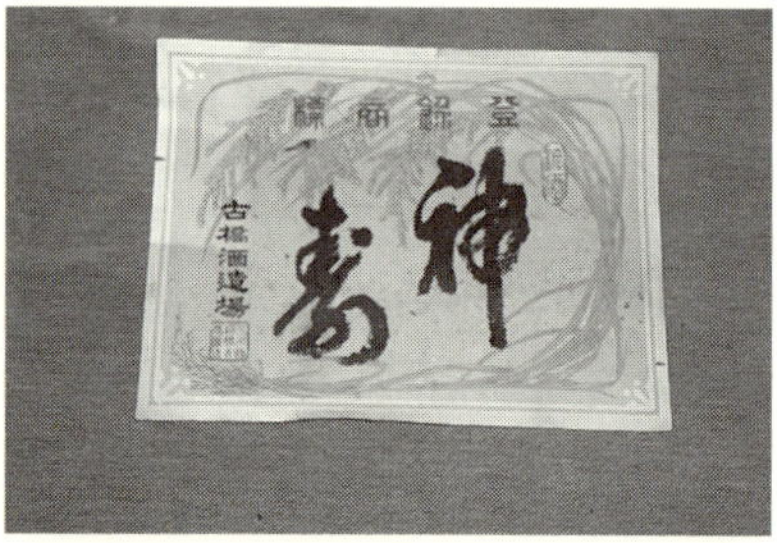

8 酒ラベル「神寿」

5 十行色板

9 酒ラベル「玉芝」

6 送券 版木

10 味淋ラベル「玉乃緒」

7 図面

11 酒ラベル「神寿」

12 酒度数ラベル

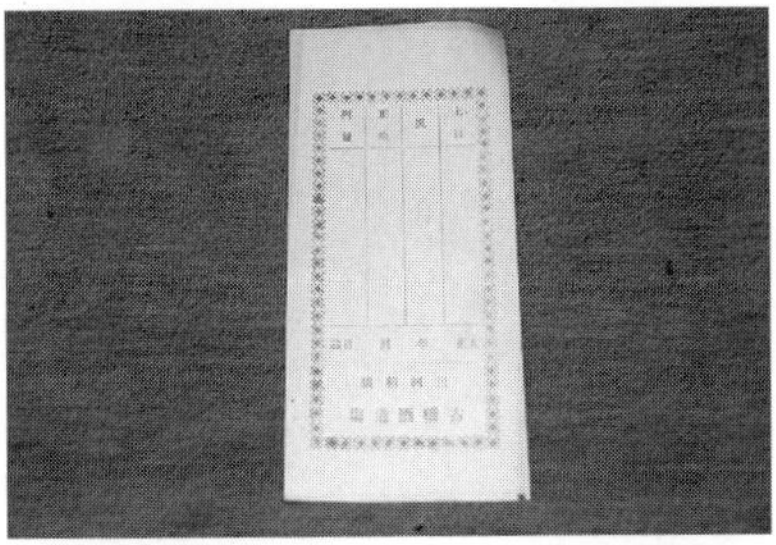

13 伝票

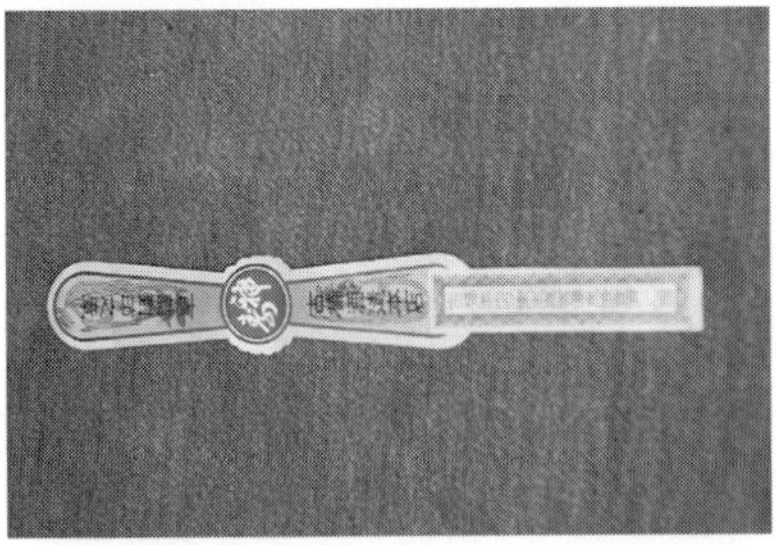

14 酒キャップラベル

15 酒荷札

16a 通帳（通し「現金酒之通」）

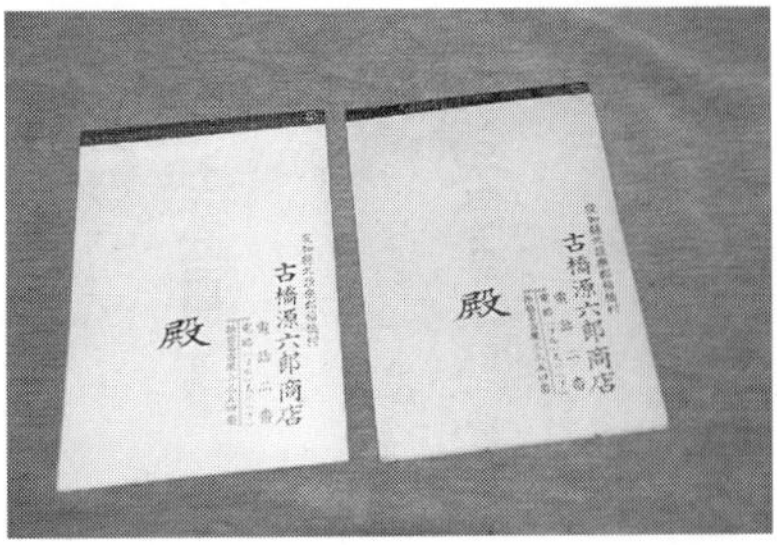

16b 通帳

17 商標印鑑

18 印鑑（「奥三河古橋」）

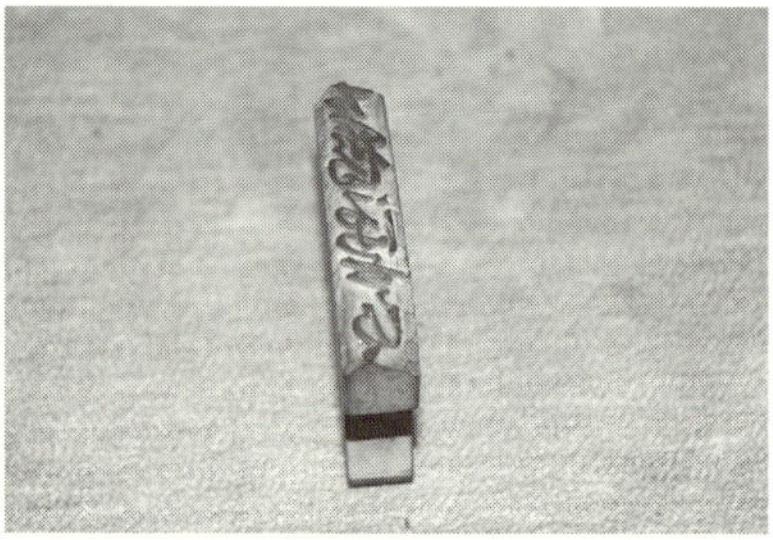

19a 印鑑（「古橋源六郎」）

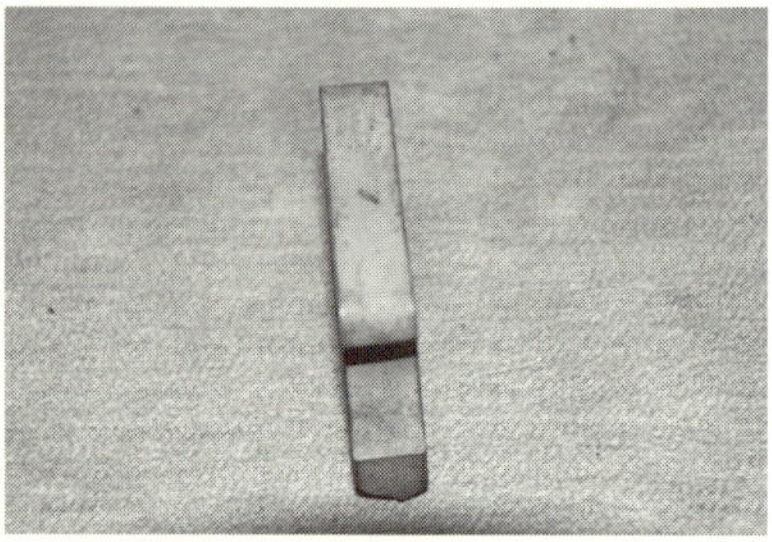

19b 印鑑

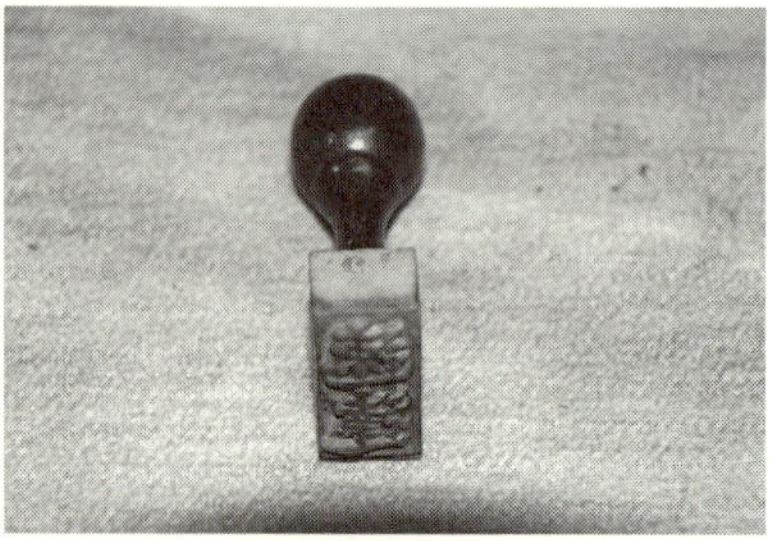

20 印鑑（「速達」）

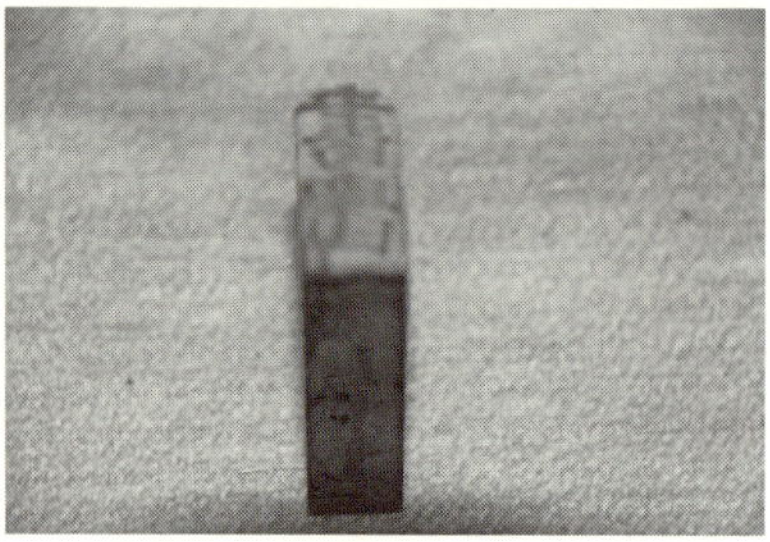

21 印鑑（「書留」）

22 印鑑（「親展」）

23 印鑑（「至急」）

24 印鑑（「消」）

25 印鑑入れ

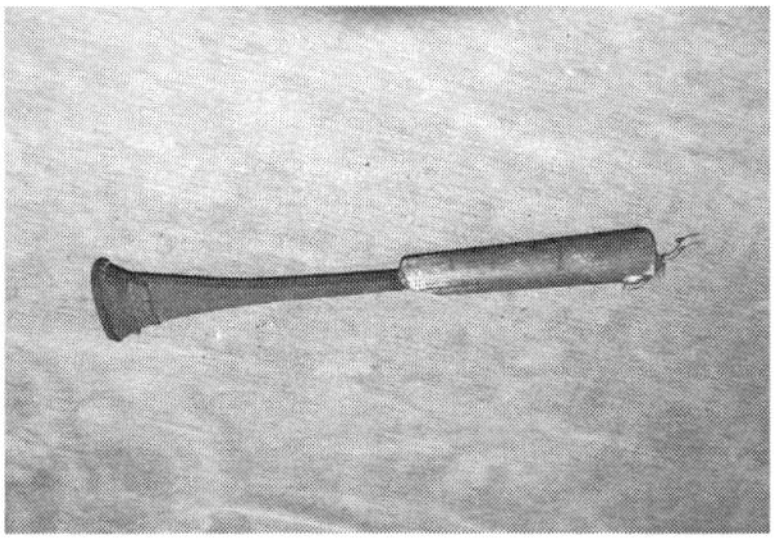

26 焼印

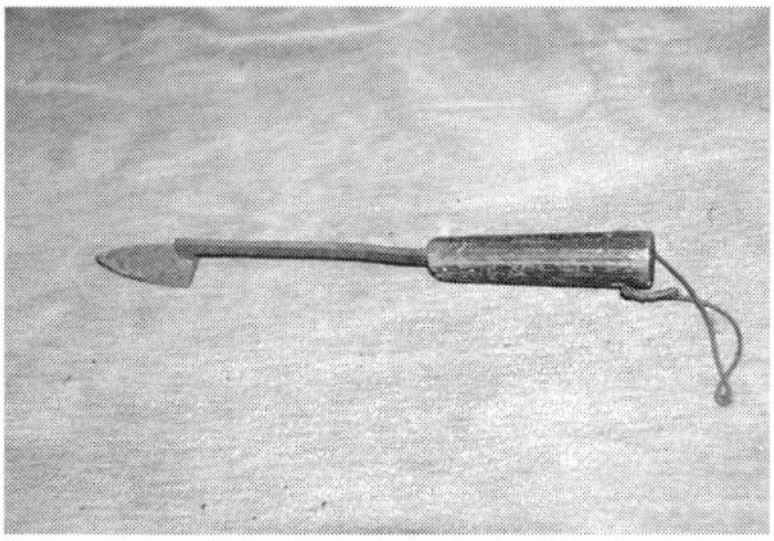

27 焼きコテ

4　版木

1a 版木・摺物（英仏会話篇）

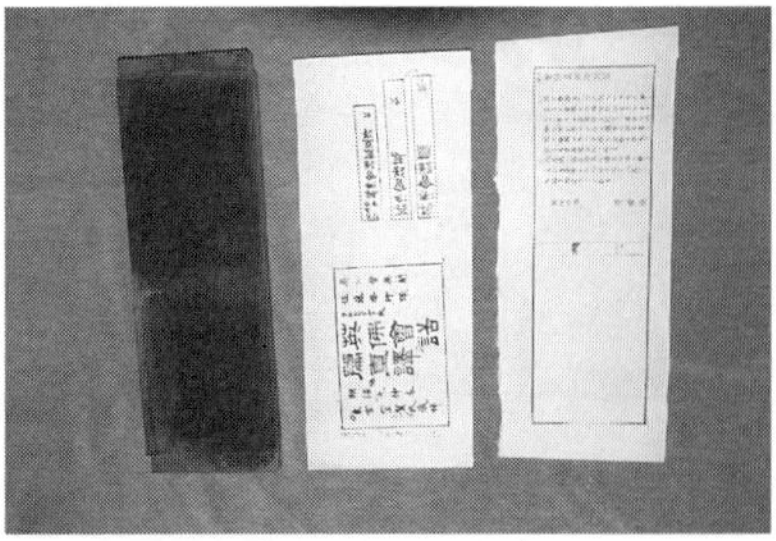

1b 版木・摺物

1c 版木・摺物

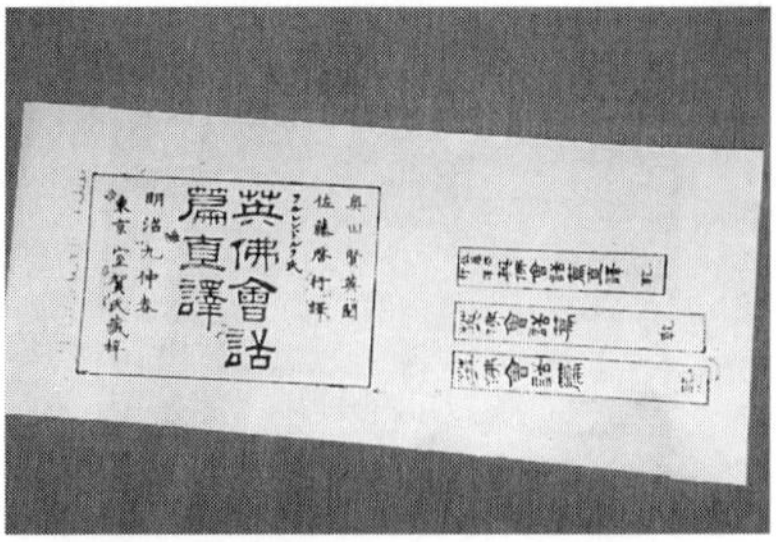

1d 版木・摺物

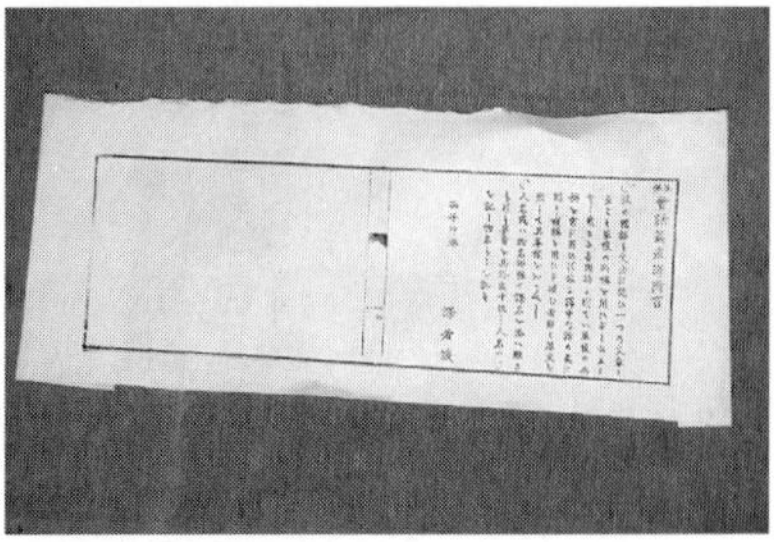

1e 版木・摺物

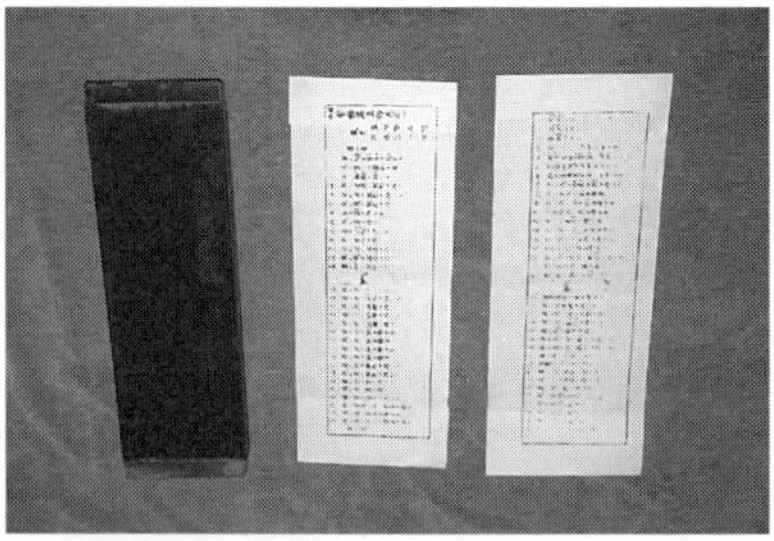

2a 版木・摺物（英仏会話篇）

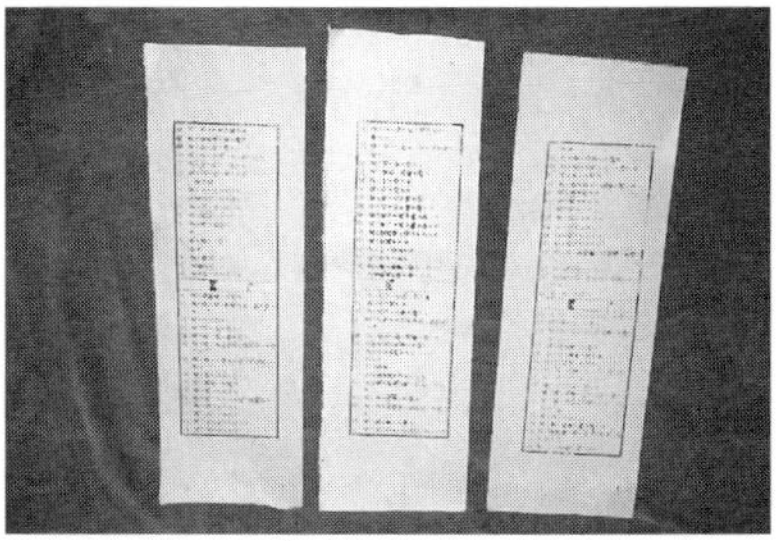

2e 版木・摺物

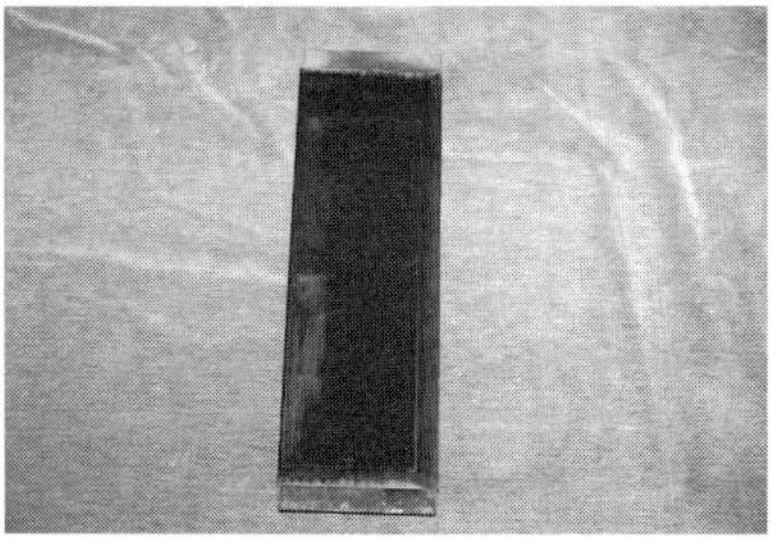

2b 版木・摺物

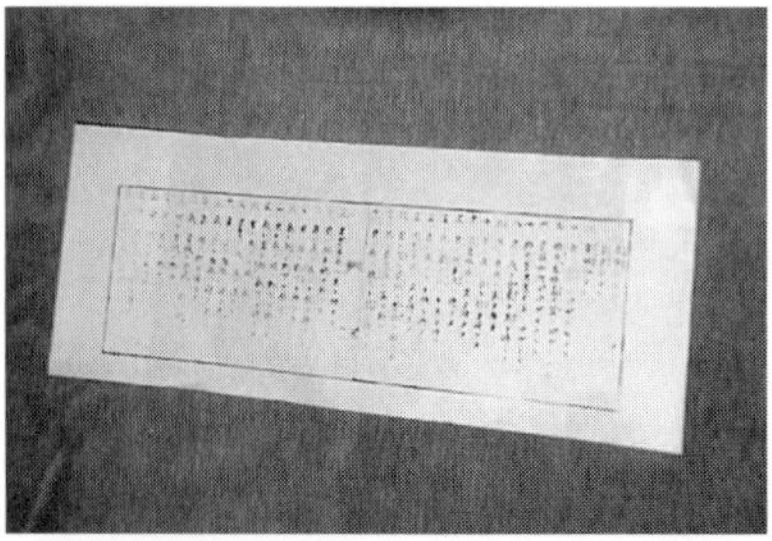

2c 版木・摺物

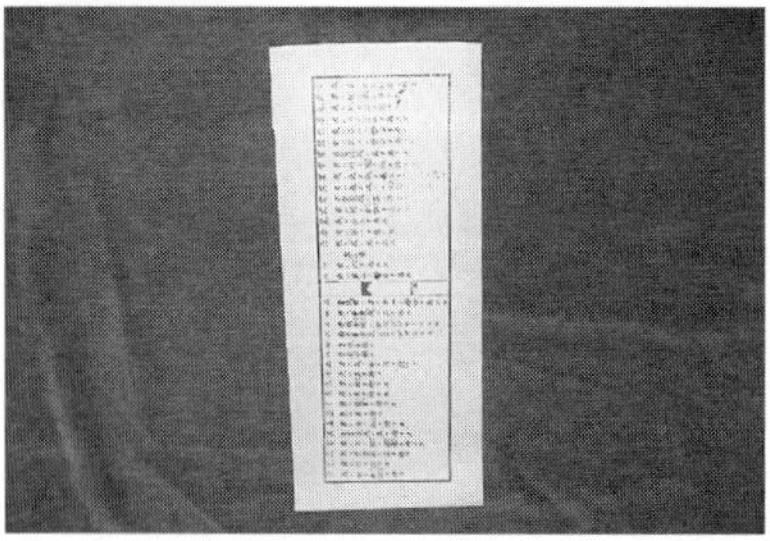

2d 版木・摺物

7　交通・運搬

1　籠

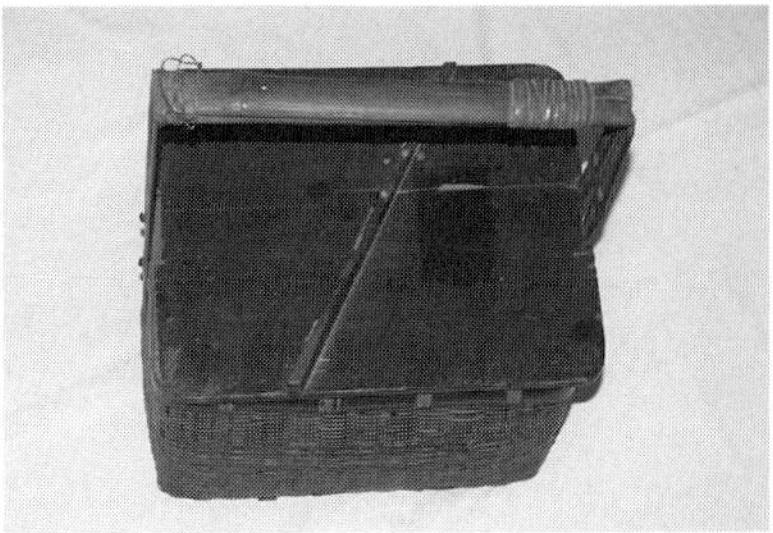

3 おかもち

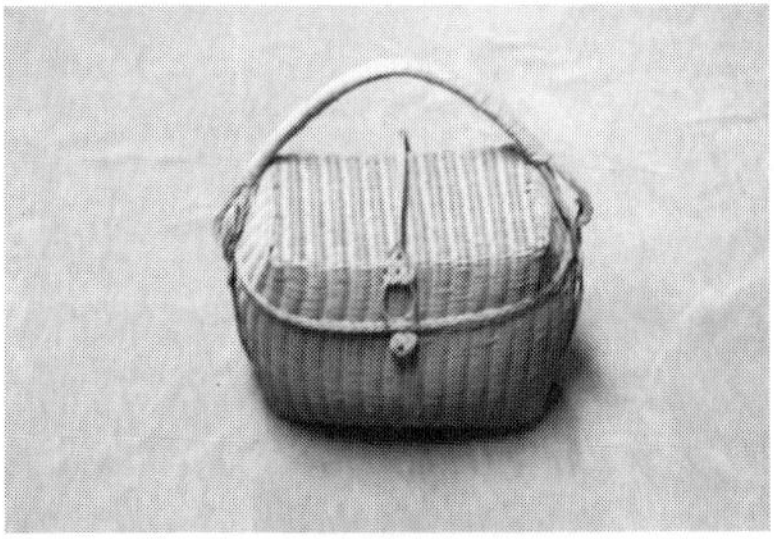

1 弁当箱

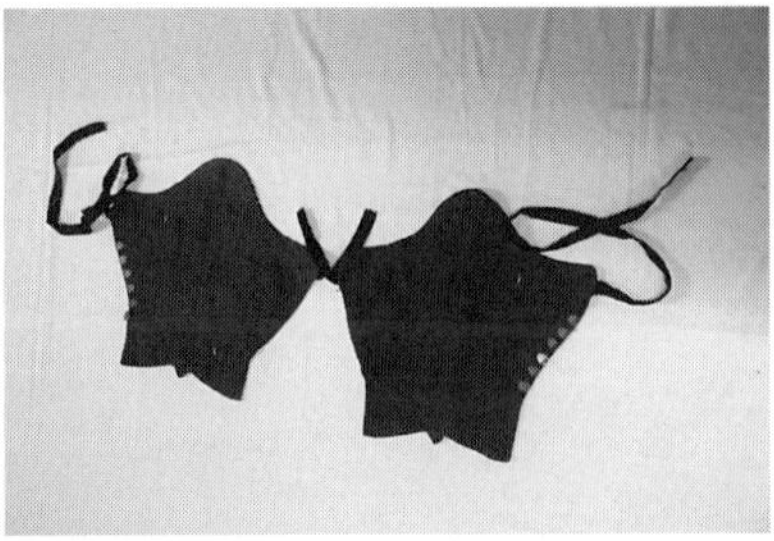

4 江戸脚絆

2 弁当籠

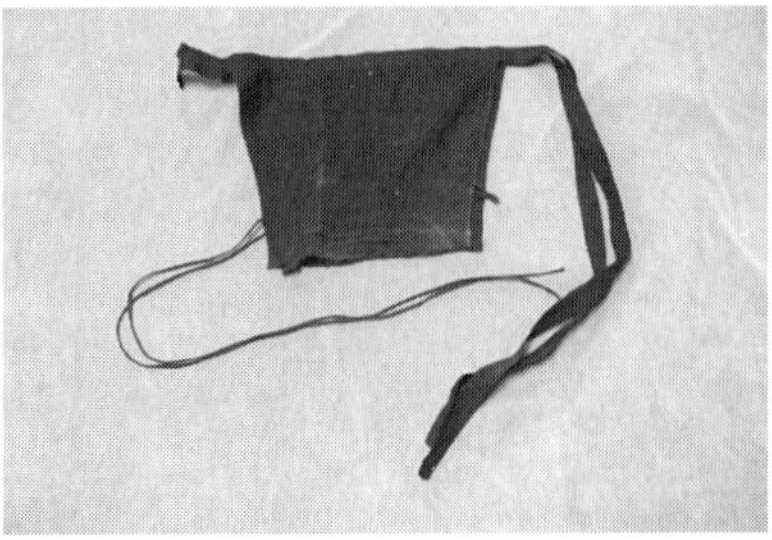

5 大津脚絆

6 荷物籠

10 籠

7 荷物籠

11 バケット

8 信玄袋

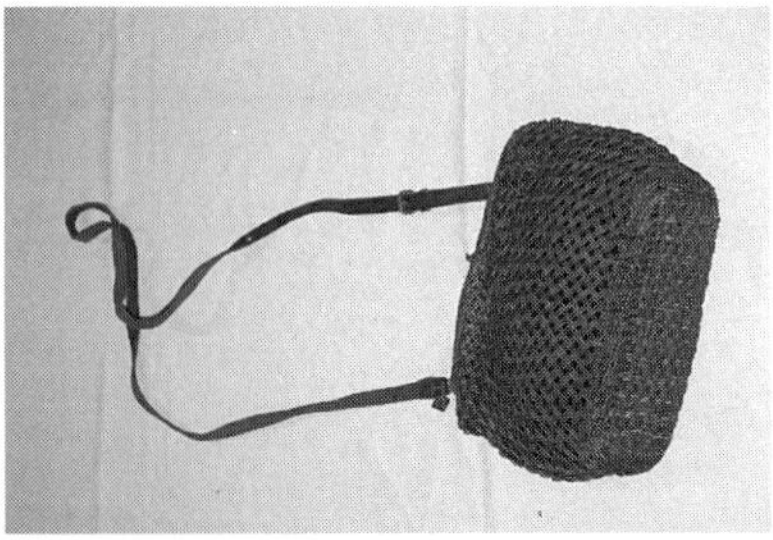

12 手提げ

9 かばん

13 瓢箪徳利

14 道中わりご

18 手提げ

15 手提げ袋

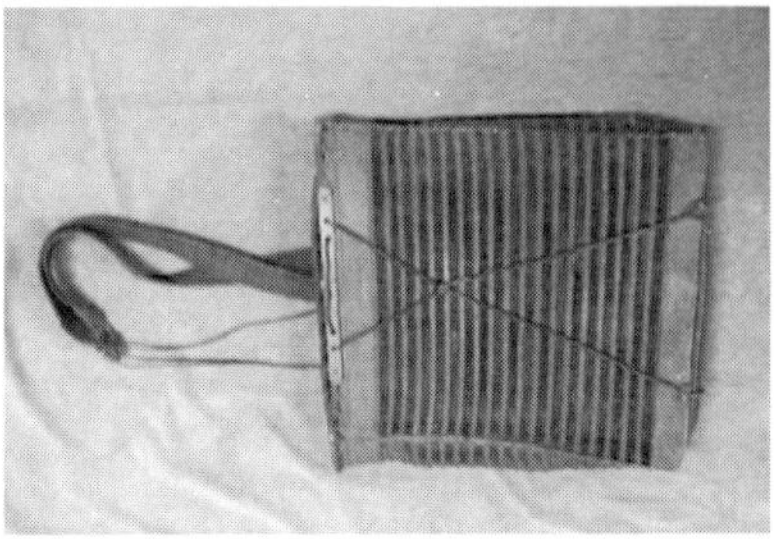
19 手提げ

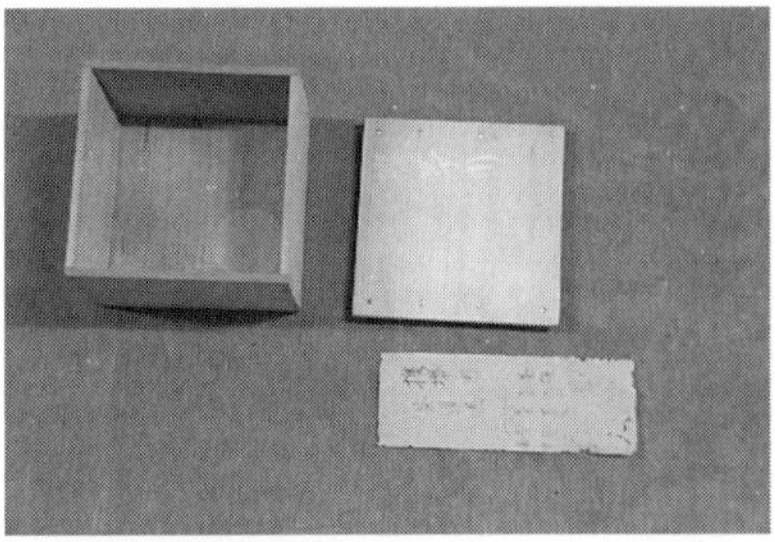
16 携帯用茶道具箱

20a 背板（しょいた）

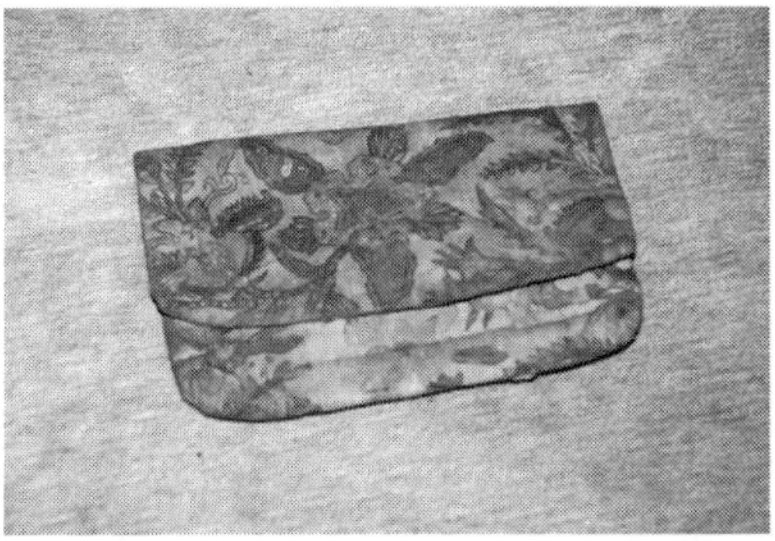
17 小物入れ

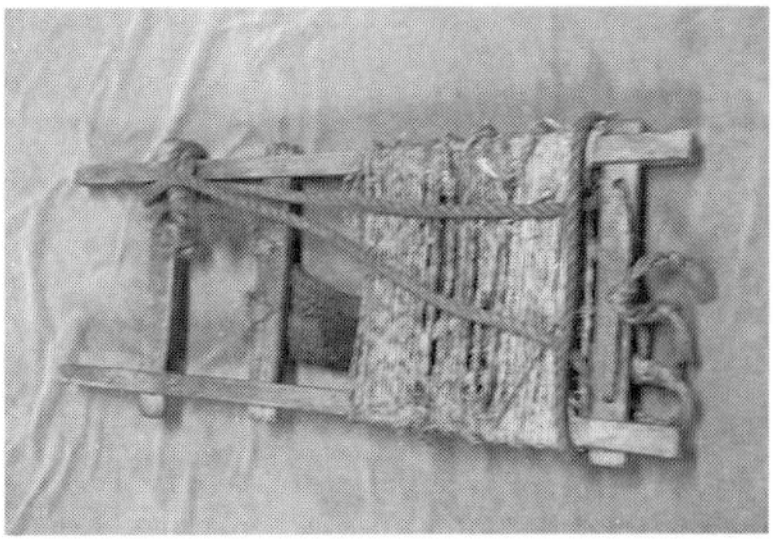
20b 背板

2 履き物

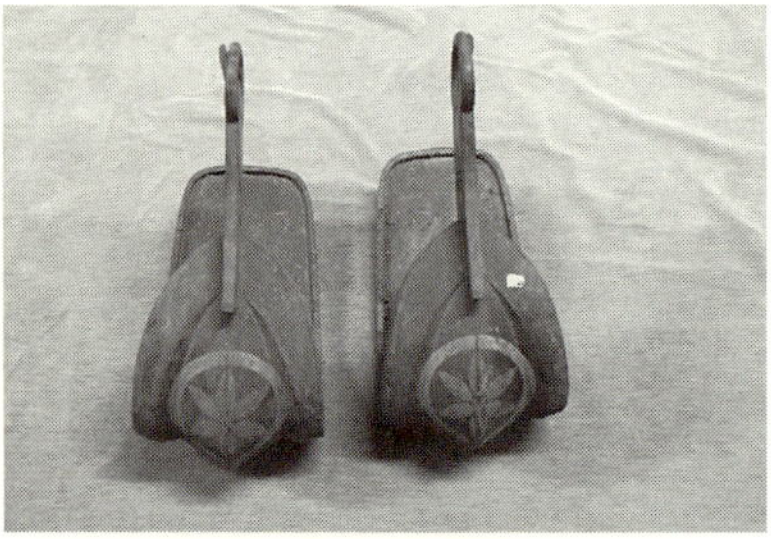

1 鐙

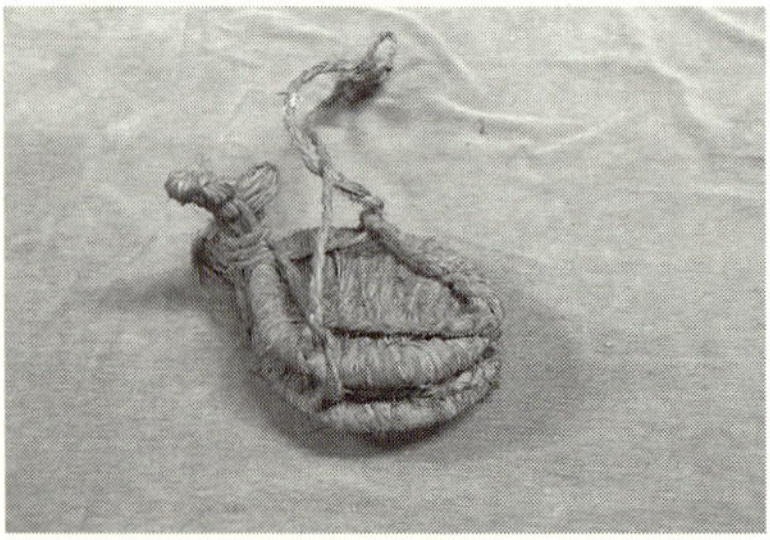

2 馬のはきもの

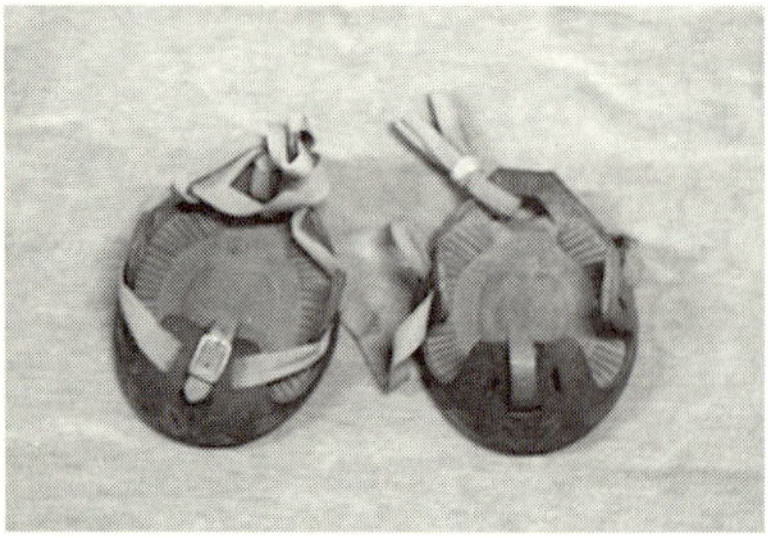

3 馬のはきもの

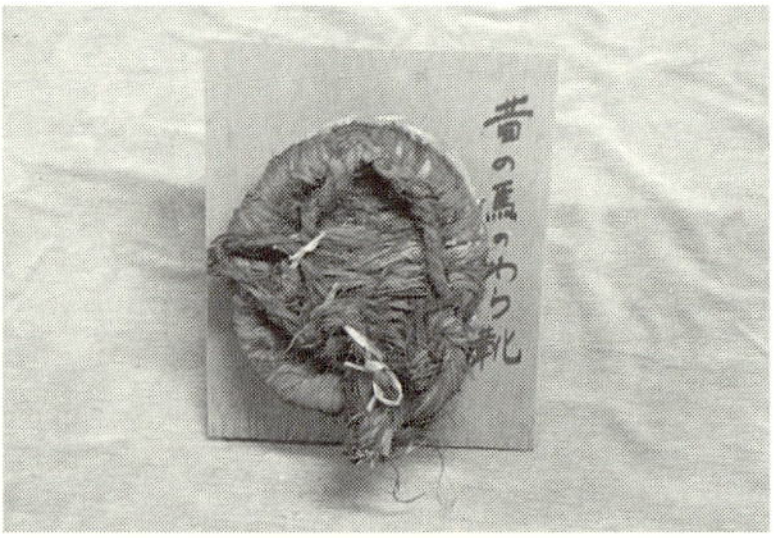

4 馬のわら靴

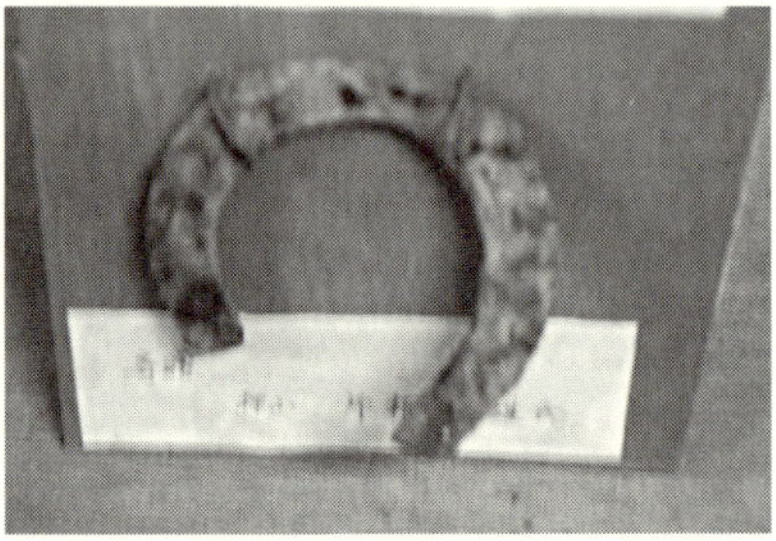

5 馬のかなぐつ

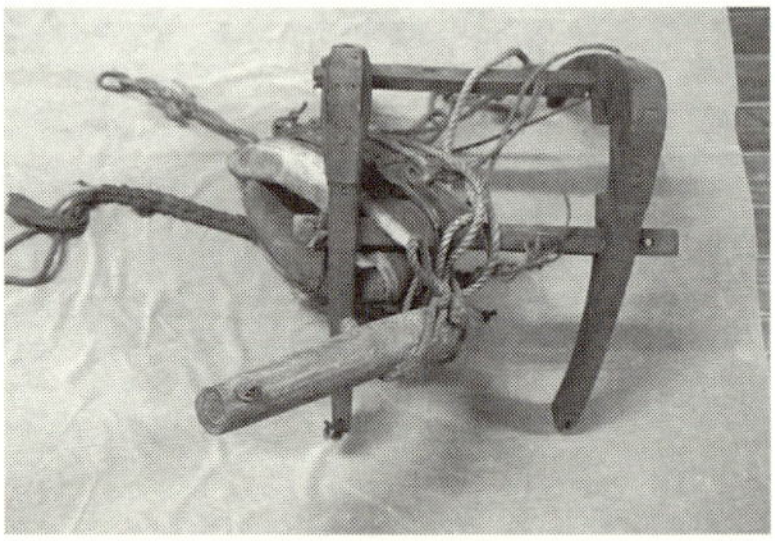

6 鞍（安若刻印あり）

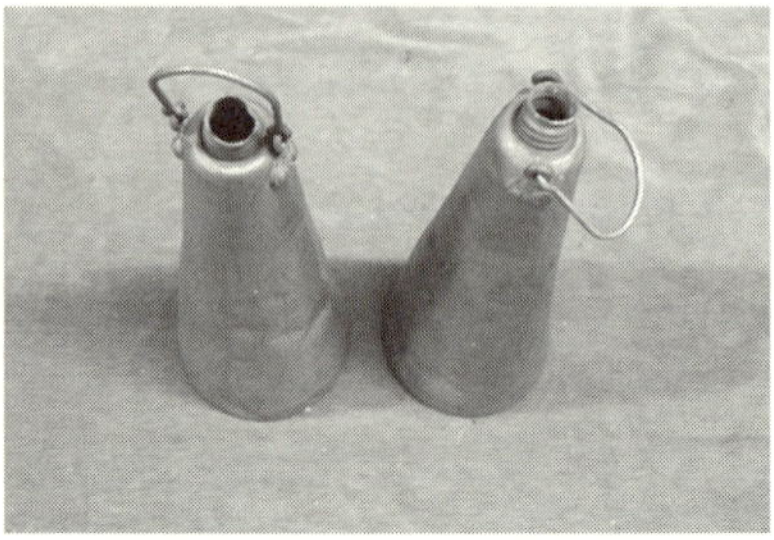

7 水筒

8　衣生活

1　着物

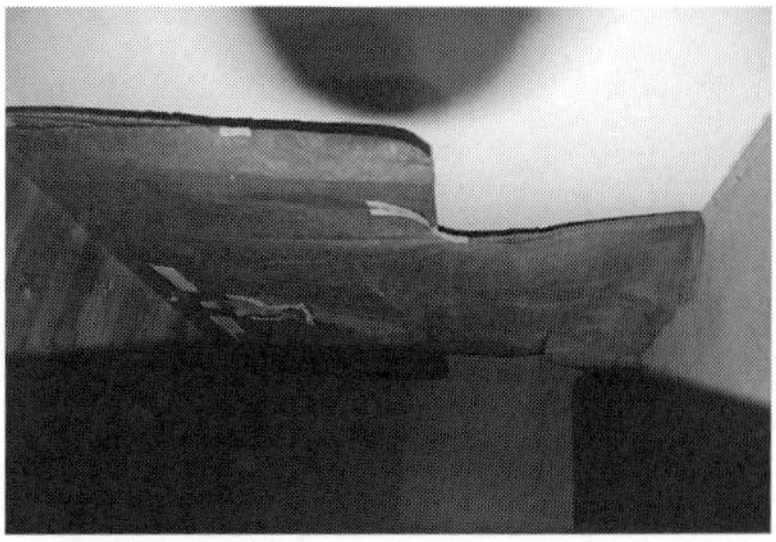

3 雨合羽

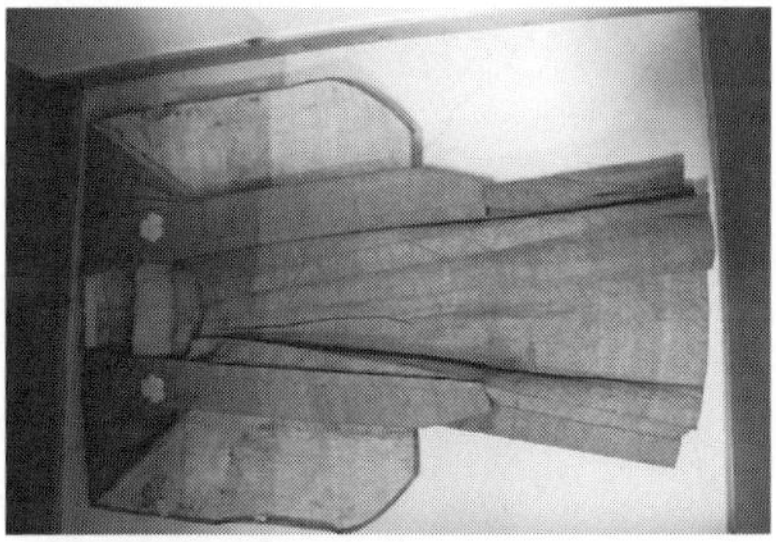

1 羽織・袴

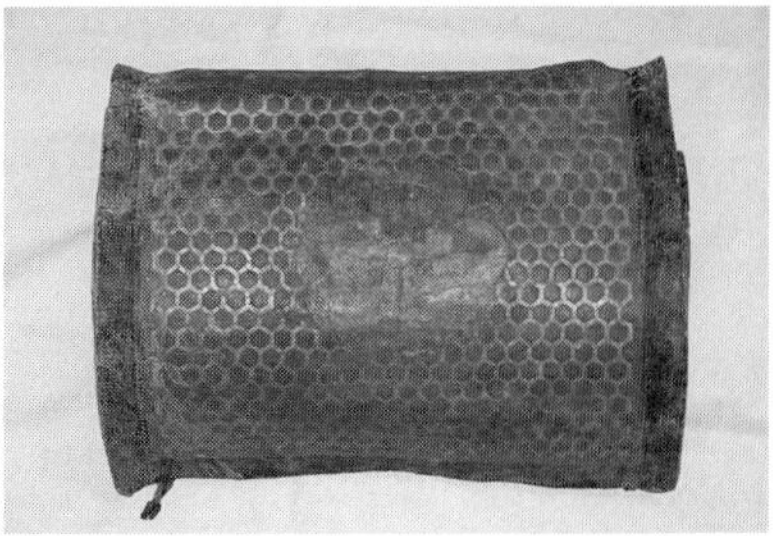

4 胴当て

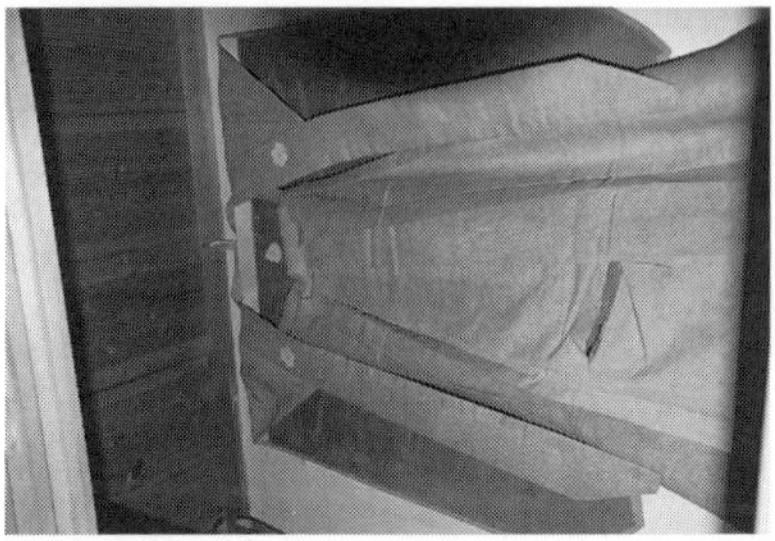

2 羽織・袴

2　化粧用具

1a 柄鏡

1b 柄鏡

2 柄鏡（「藤原光授」）

3 柄鏡

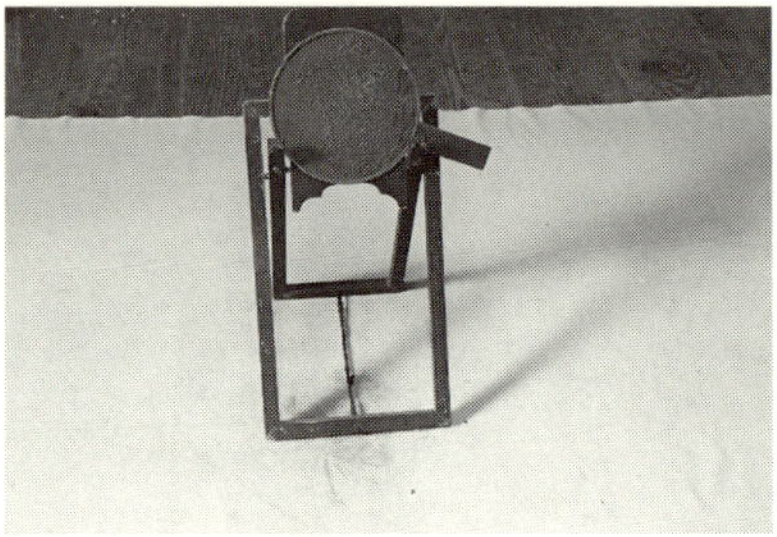

4a 手鏡

4b 手鏡

5a 手鏡

5b 手鏡

6a 手鏡

6b 手鏡

7a 手鏡

7b 手鏡

8 手鏡

9a 手鏡

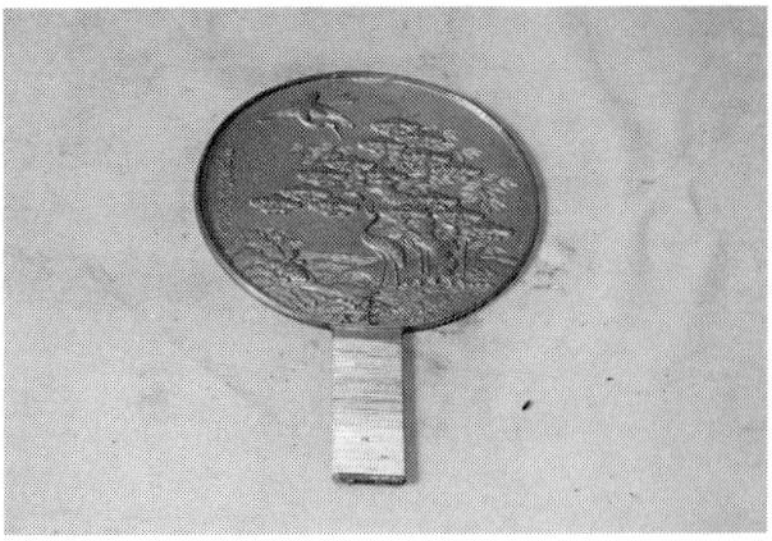

9b 手鏡

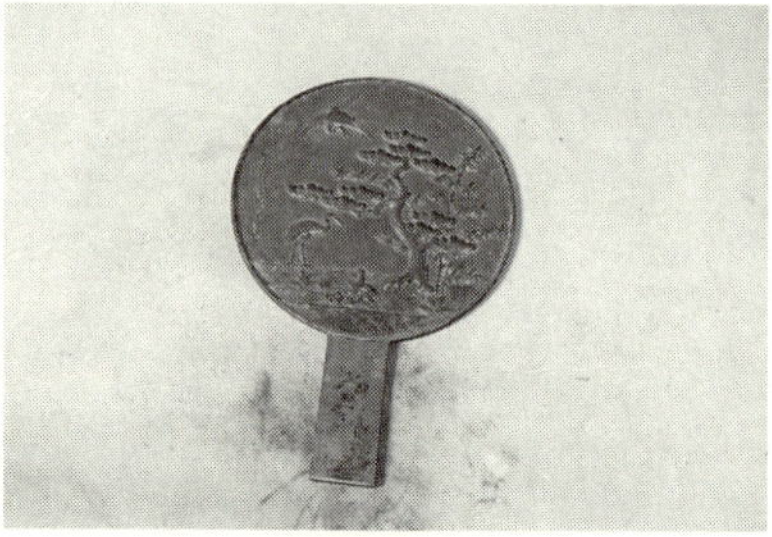

10 手鏡

13b 耳盥

11 手鏡

13c 耳盥

12 手鏡

14a 金盥

13a 耳盥

14b 金盥

15 鏡台

18 鏡台

16 鏡台

19 鏡台

17a 鏡台

3　裁縫・洗濯用具

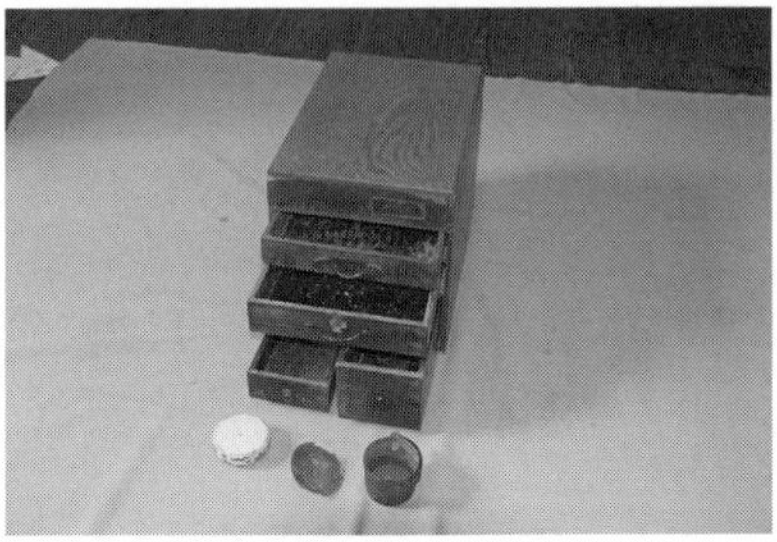

17b 鏡台

1 手織り機

2 手織り機（請合　矢作茶屋町西橋屋伝次郎　大伝）

6 手織り着物

3 手織り機

7a 行李

4 手織り機

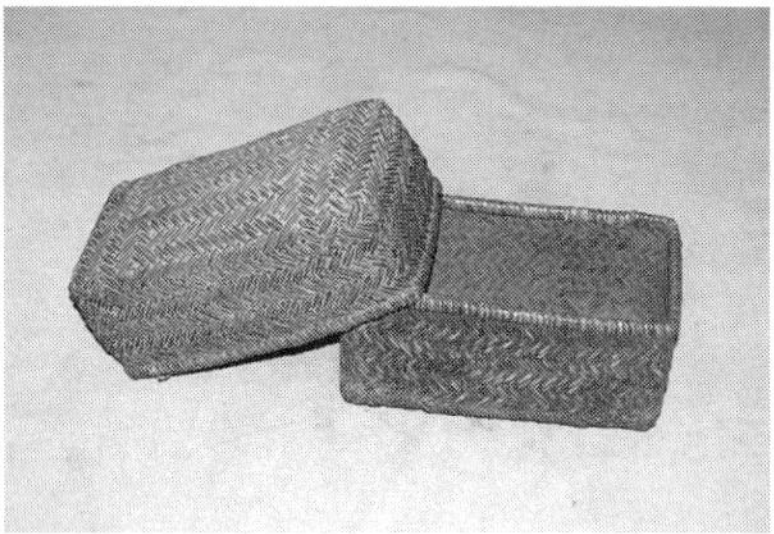

7b 行李

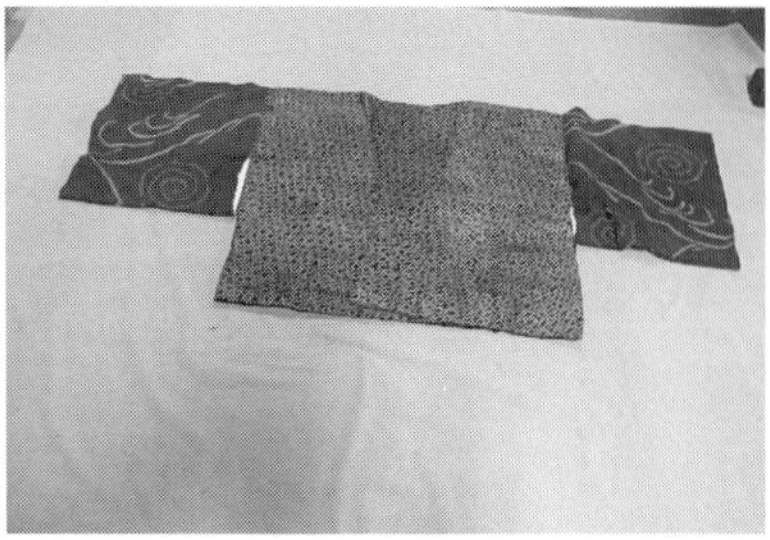

5 手織り着物

8a 針箱

8b 針箱

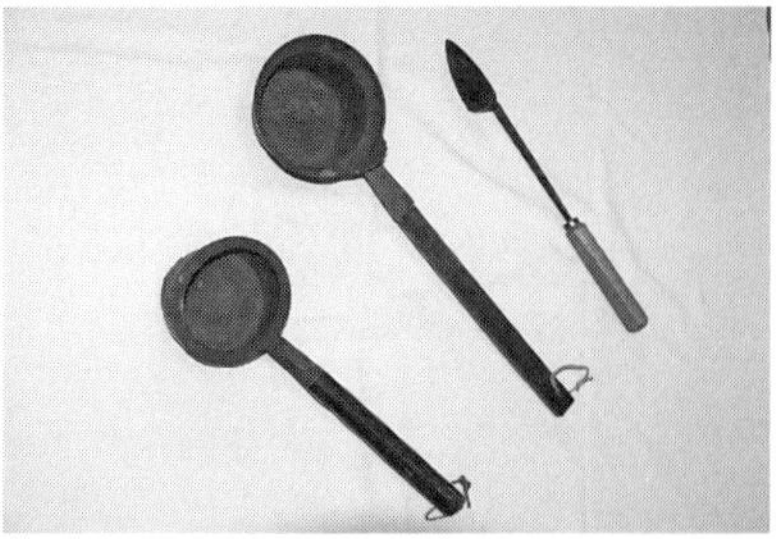

11a 火熨斗・鏝

9a 針箱

11b 火熨斗（ひのし）

9b 針箱

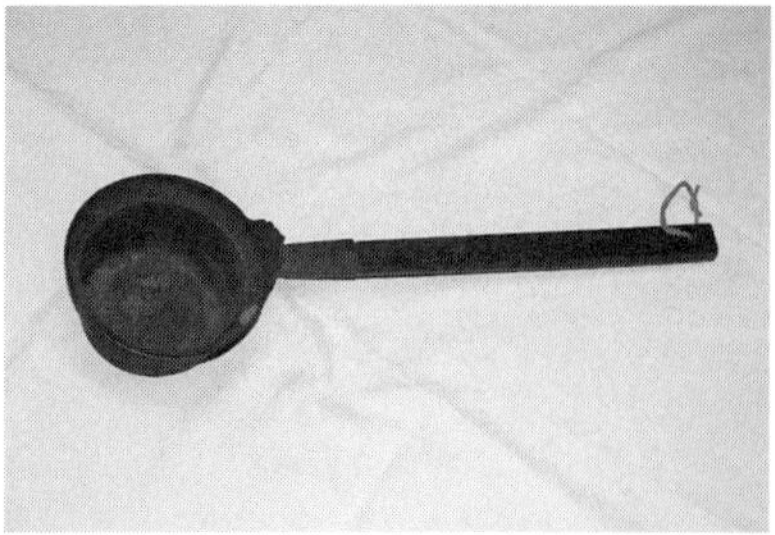

11c 火熨斗

10 針箱

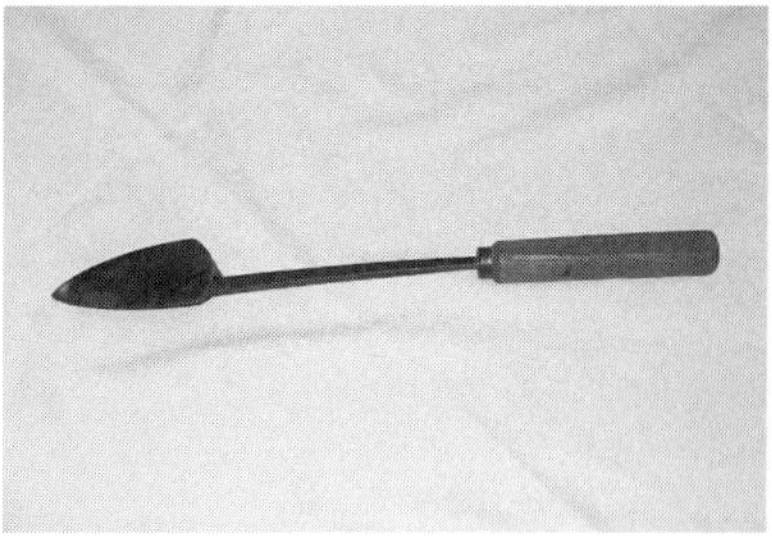

11d 鏝（アイロン）

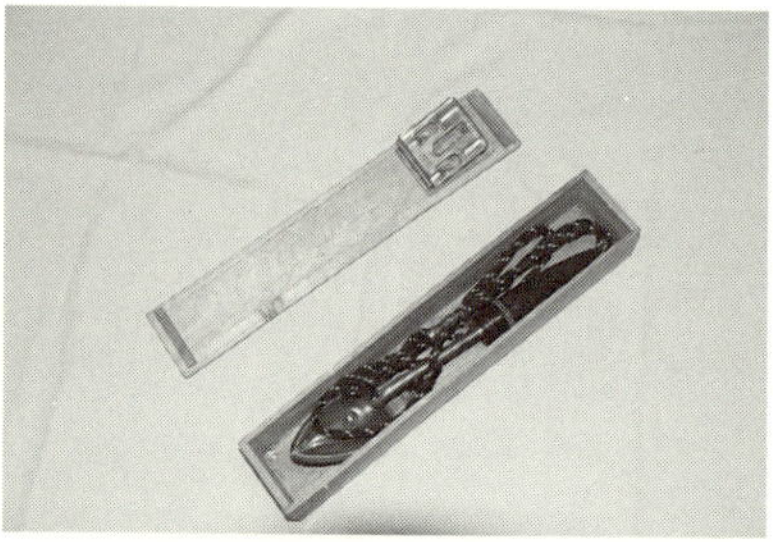

12 御裁縫鏝

13 アイロン（東芝電気アイロン）

14 アイロン（東芝スチームアイロン）

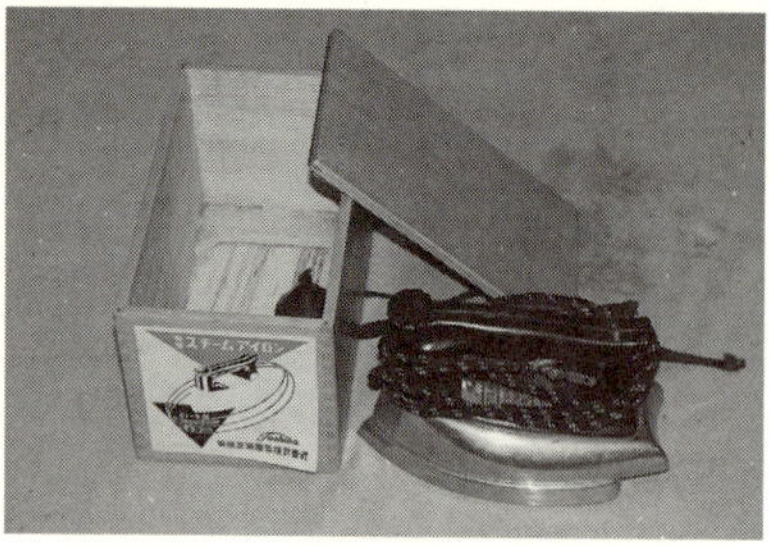

15 アイロン（東芝スチームアイロン）

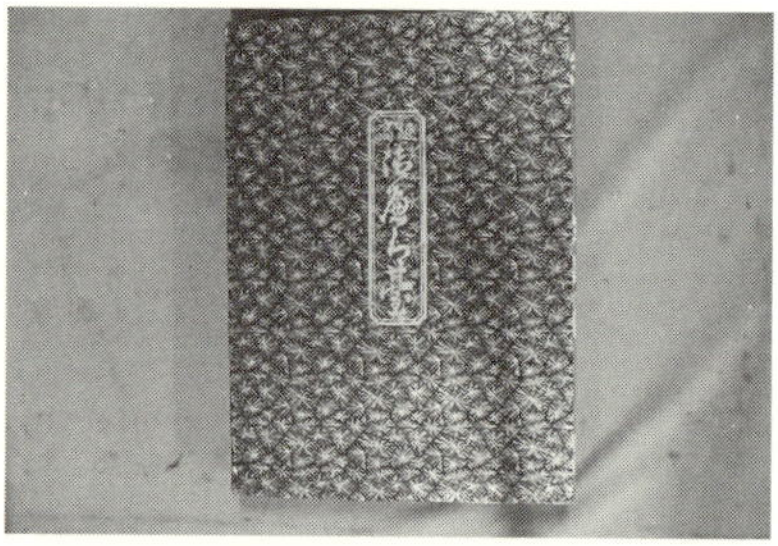

16a へら台

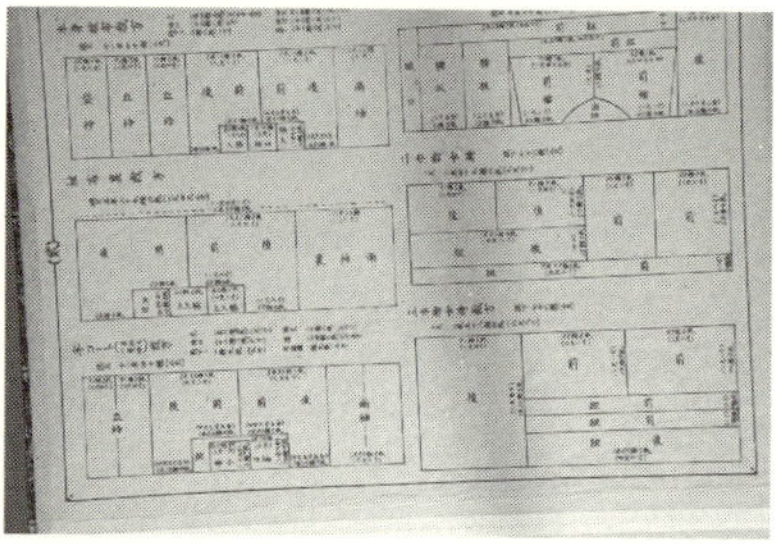

16b へら台

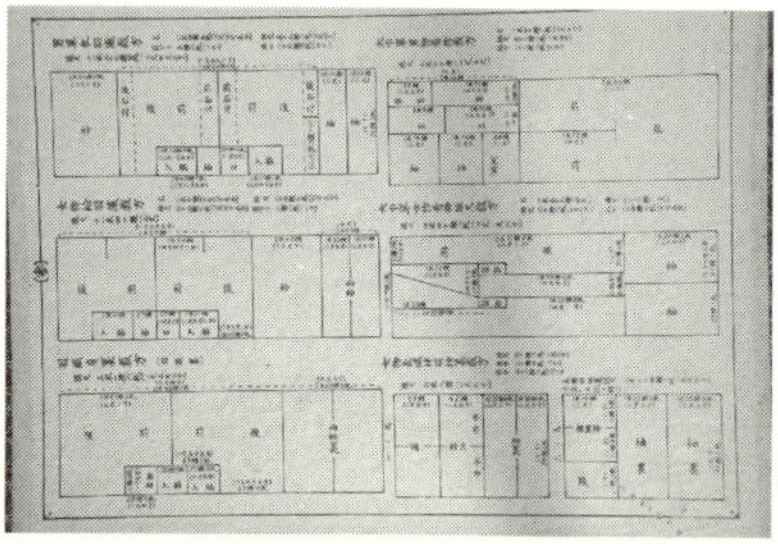

16c へら台

17 盥（たらい）

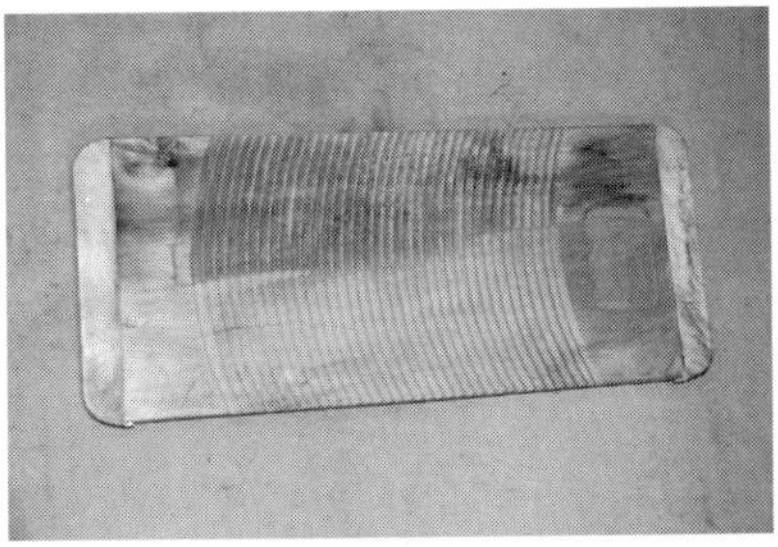

18 洗濯板

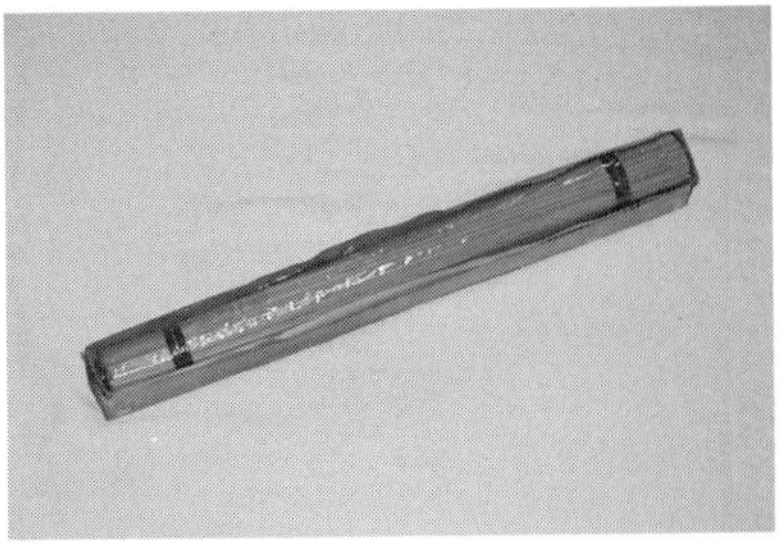

19d 伸子張具

19a 伸子張具

20a 砧

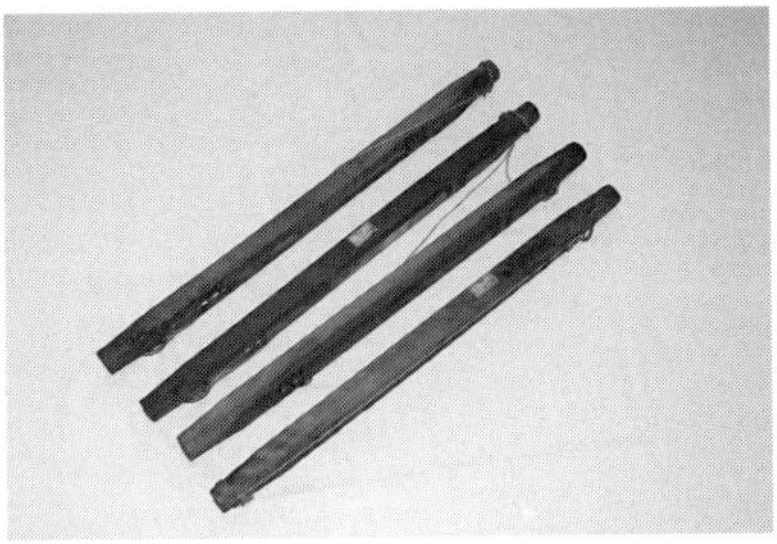

19b 伸子張具

20b 砧

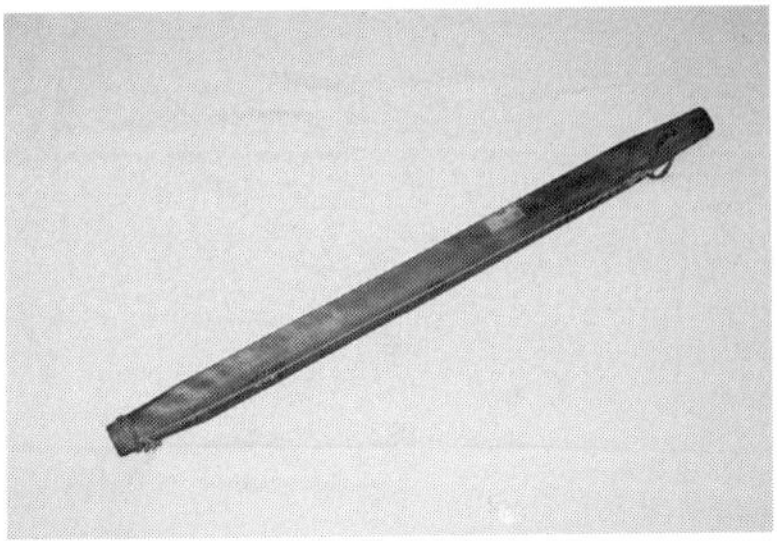

19c 伸子張具

21 ふのり

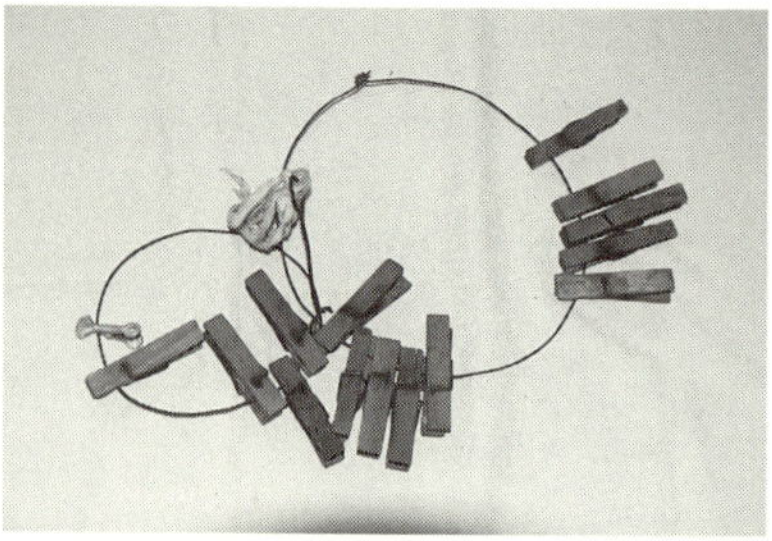

22 洗濯挟み

4 履き物・かぶりもの

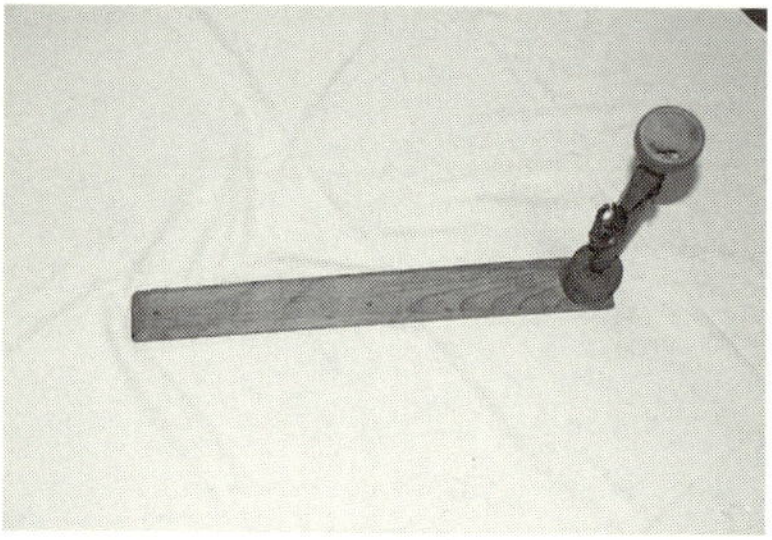

23 絎（くけ）台

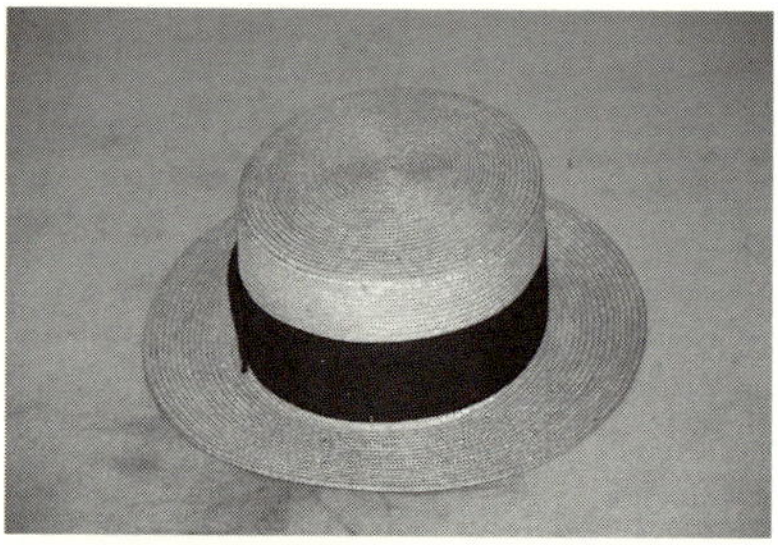

1 カンカン帽

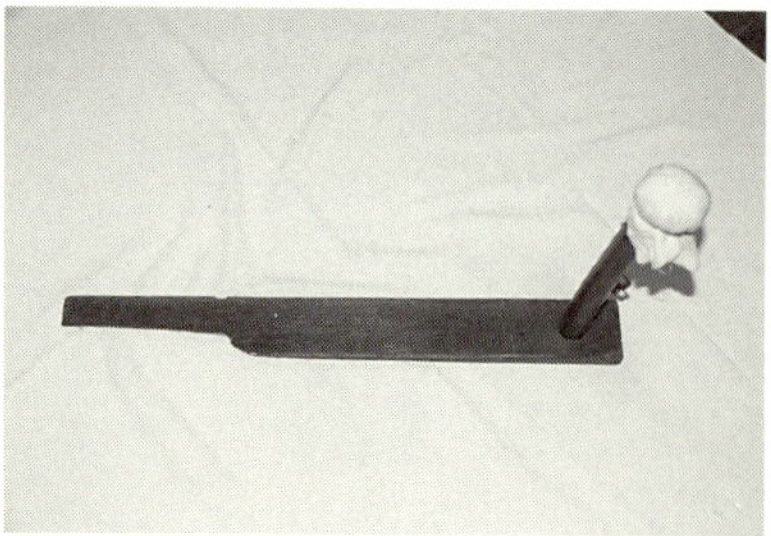

24 絎（くけ）台

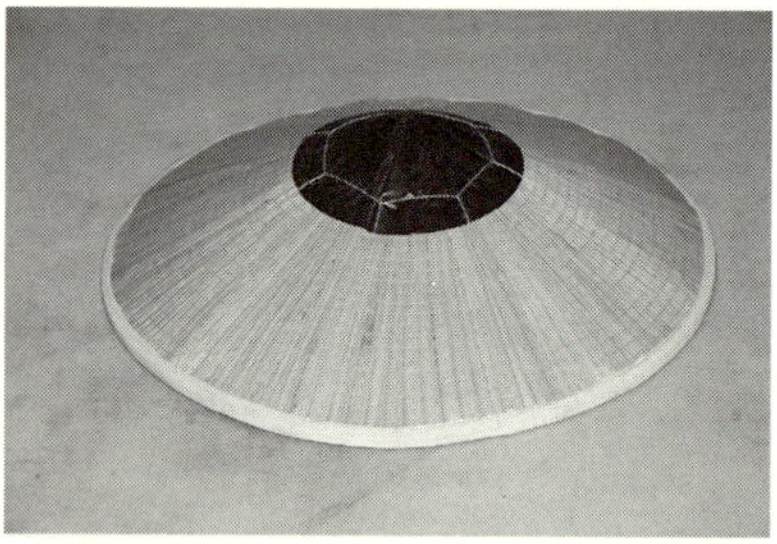

2 菅笠

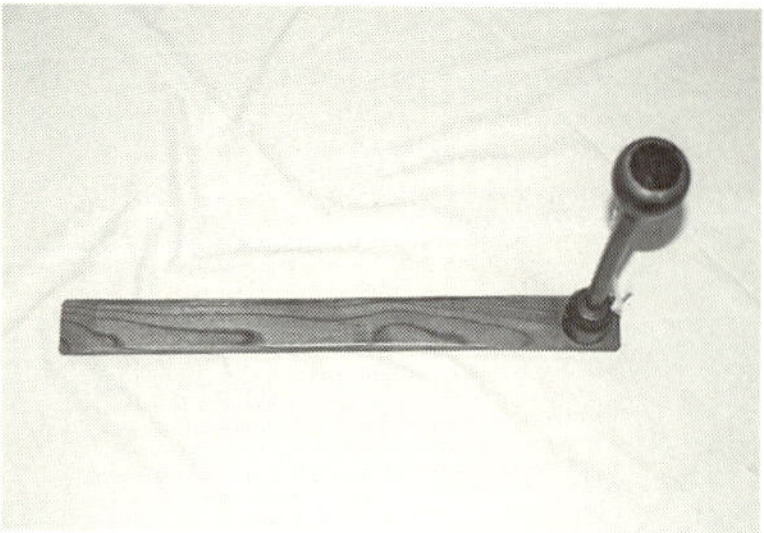

25 絎（くけ）台

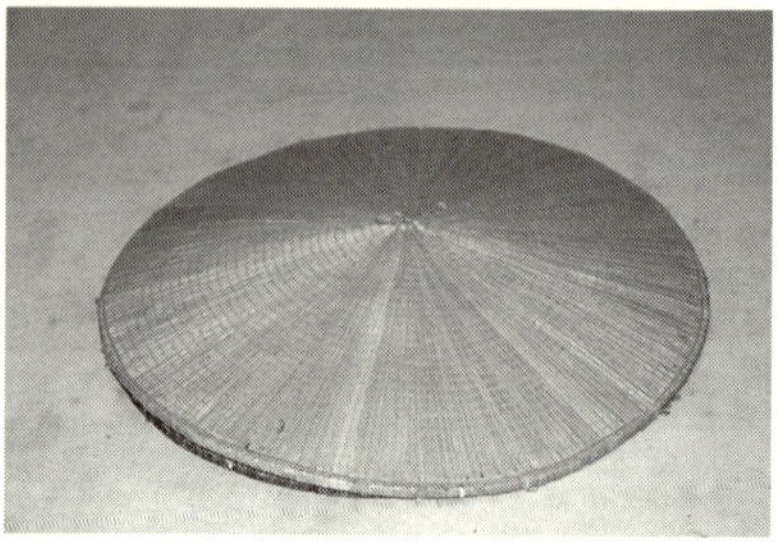

3 菅笠

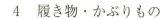

4 檜笠

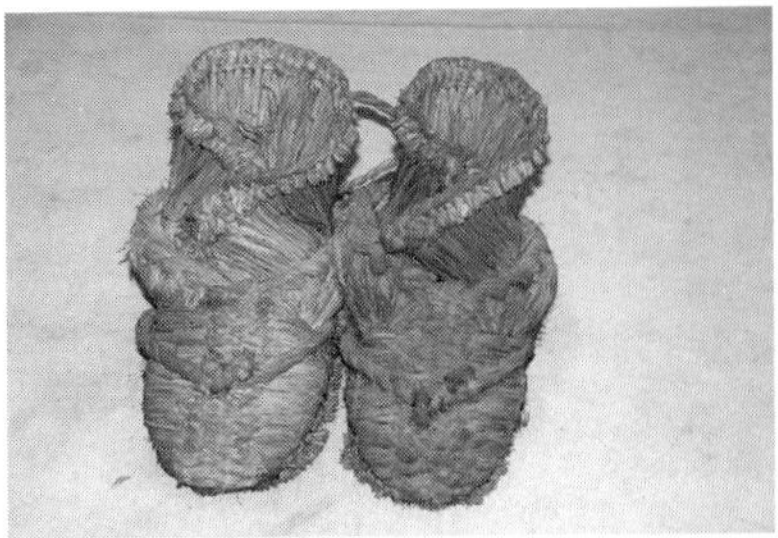

8 雪靴

5 陣笠

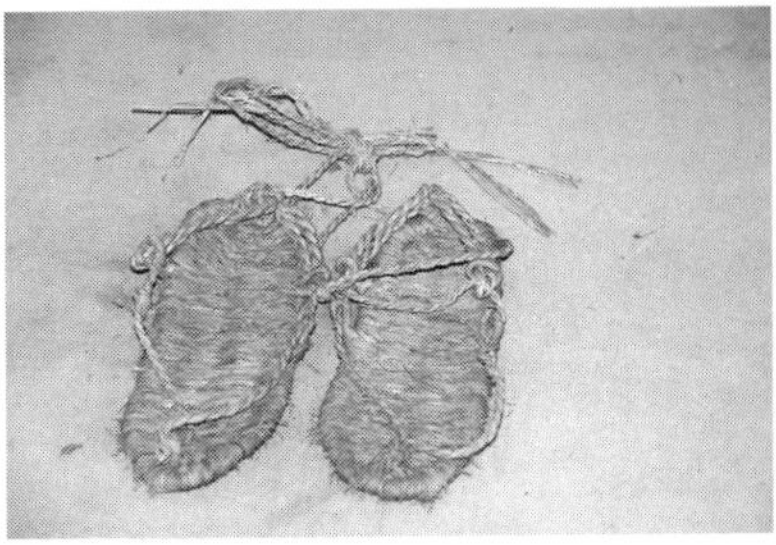

9 草鞋

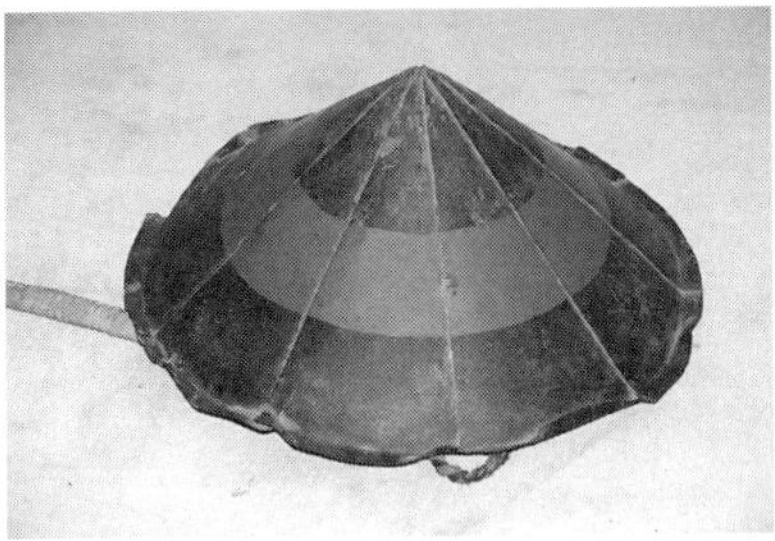

6 陣笠

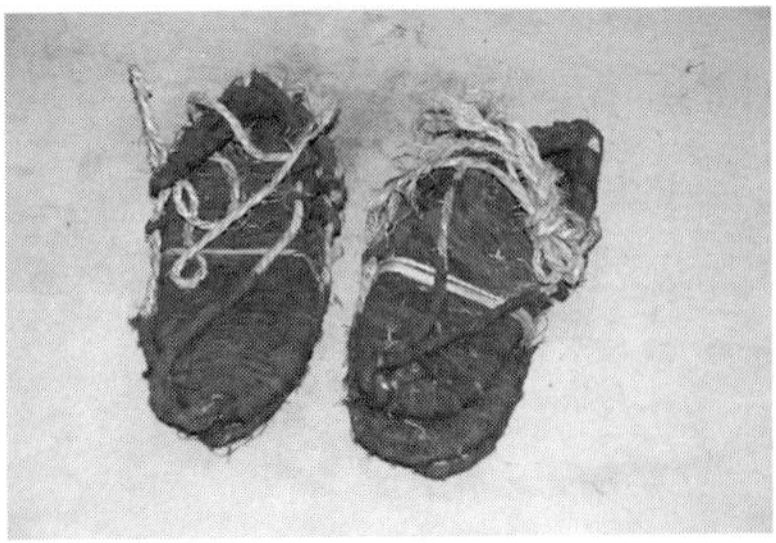

10 草鞋

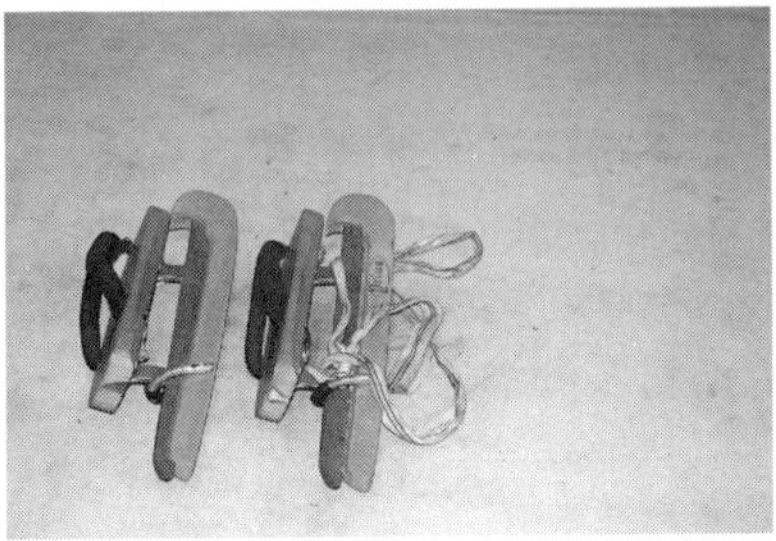

7 下駄スケート

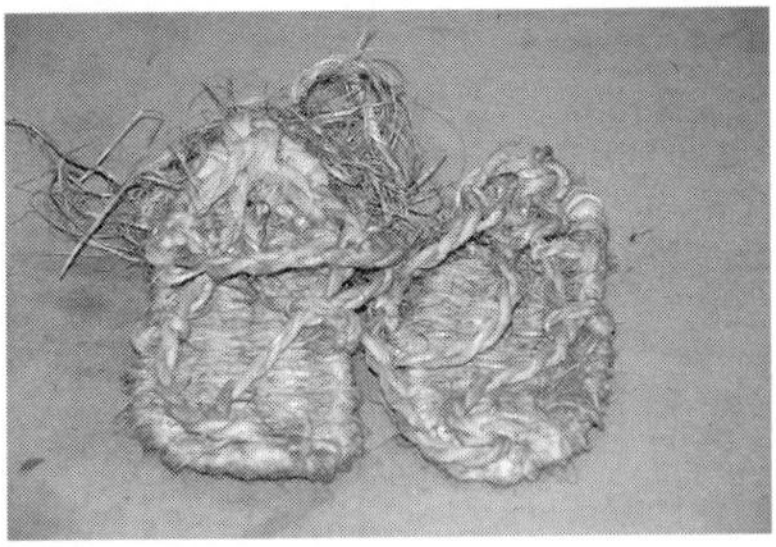

11 草鞋

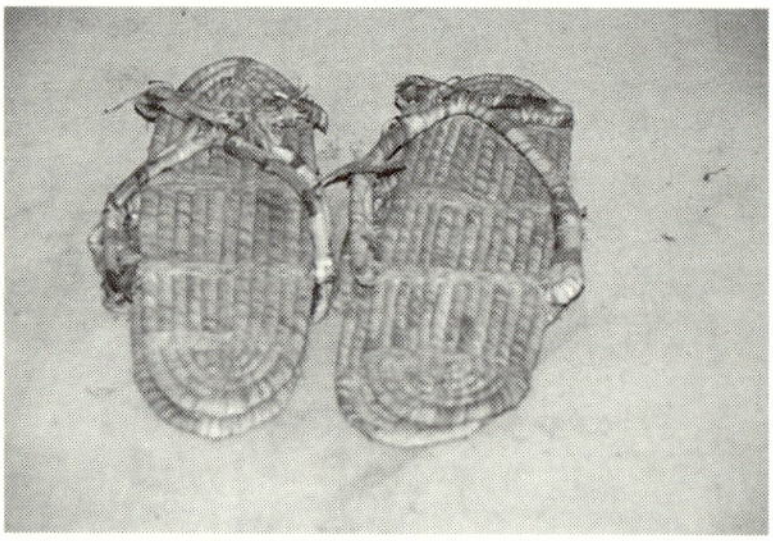

12 竹皮草履

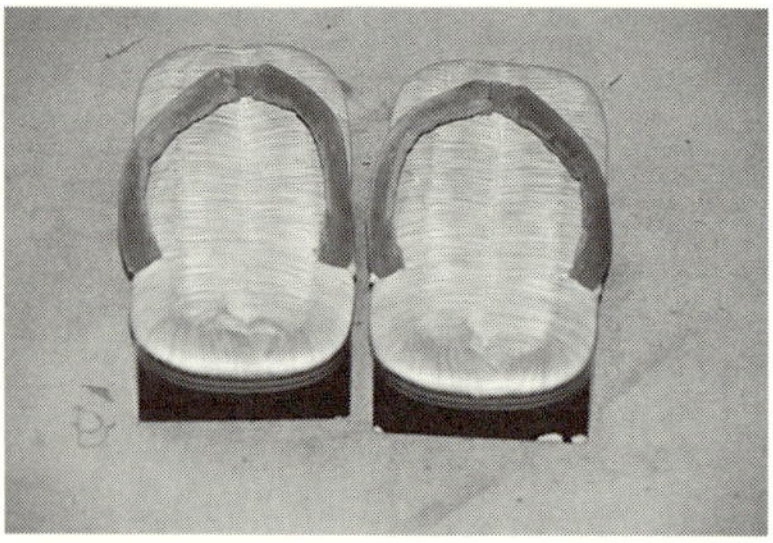

13a ばうち

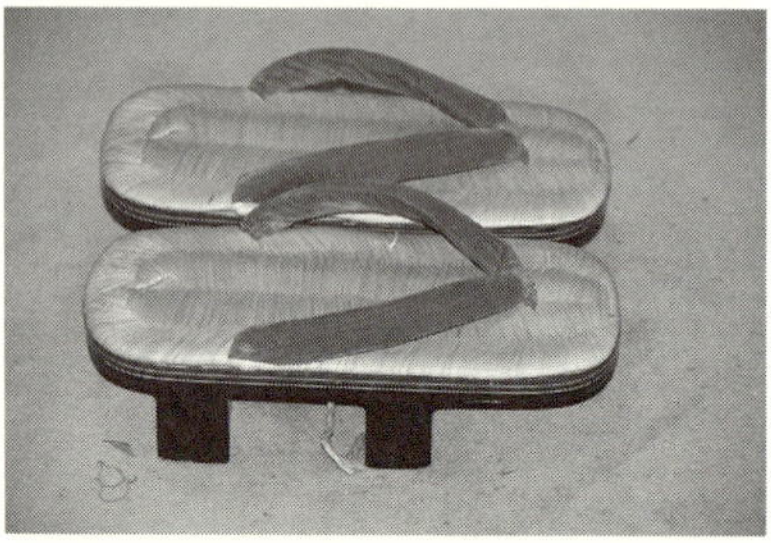

13b ばうち

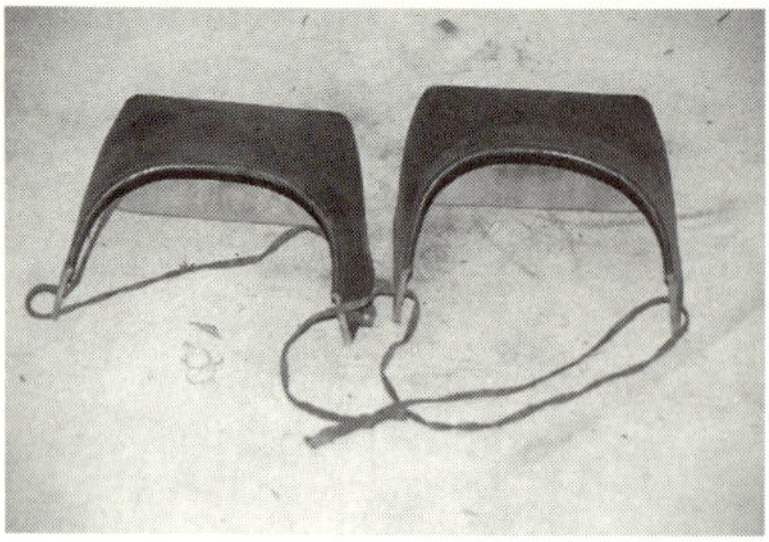

14 爪皮

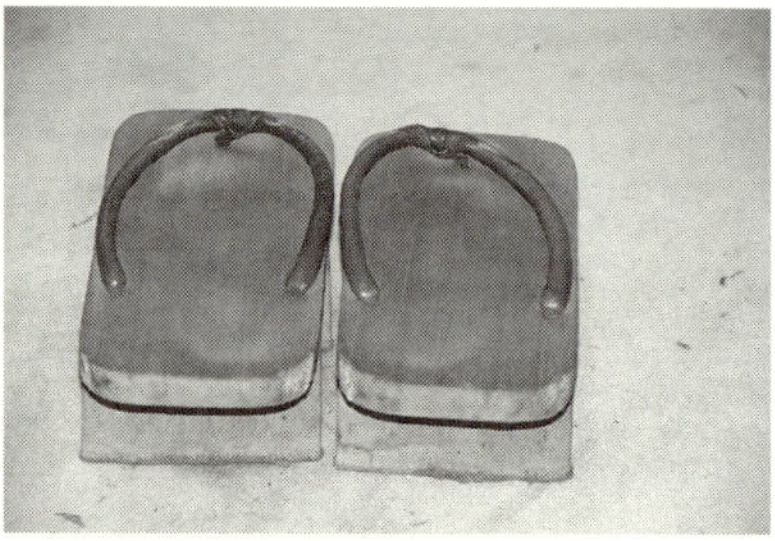

15 雨下駄

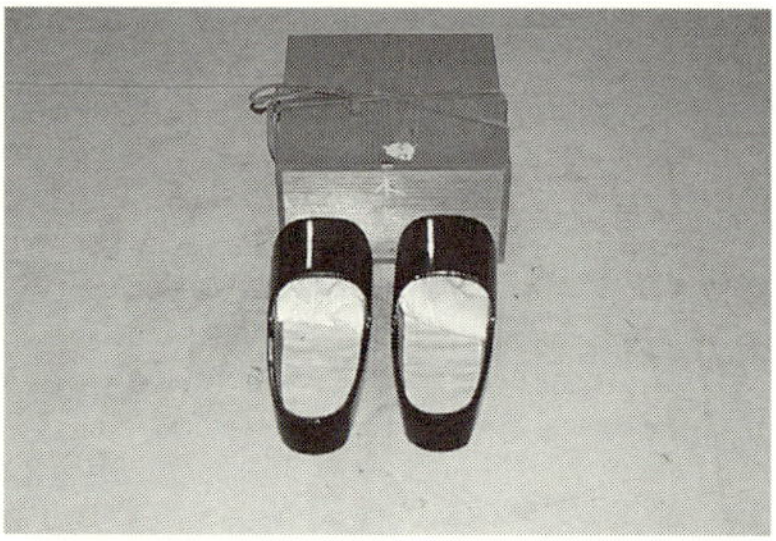

16a 木沓

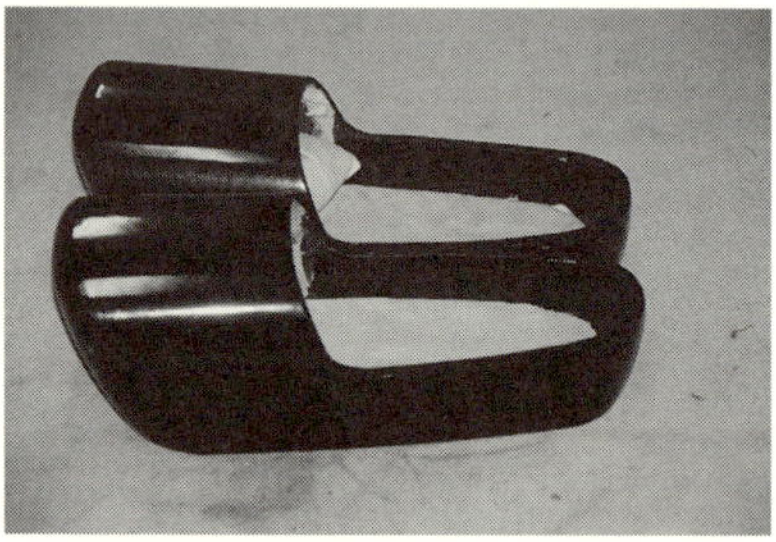

16b 木沓

9　生産・生業

1　染織・機織用具

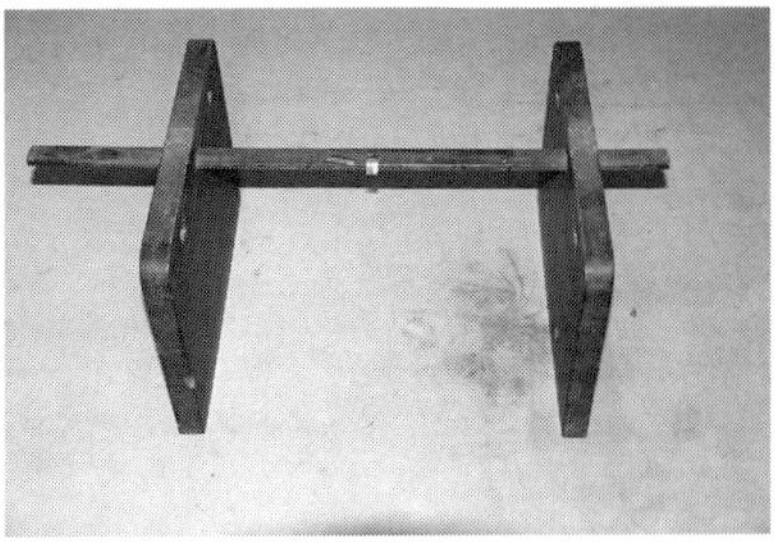

3 あそびかざり

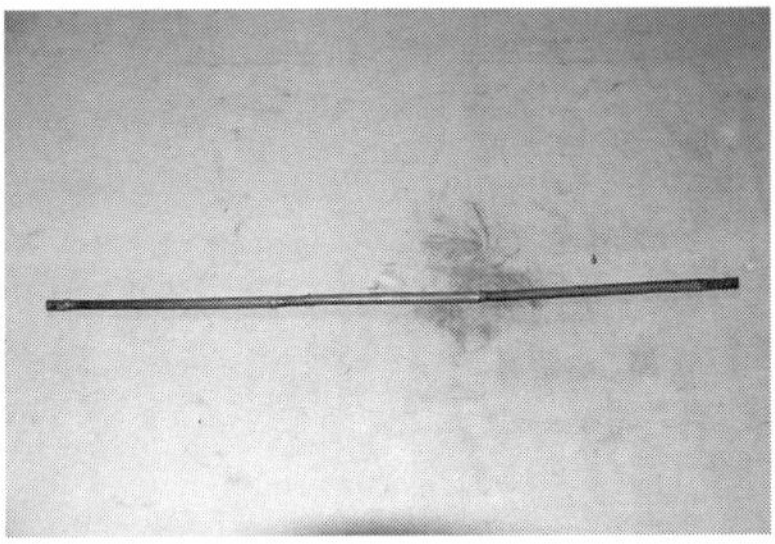

1 反物巻

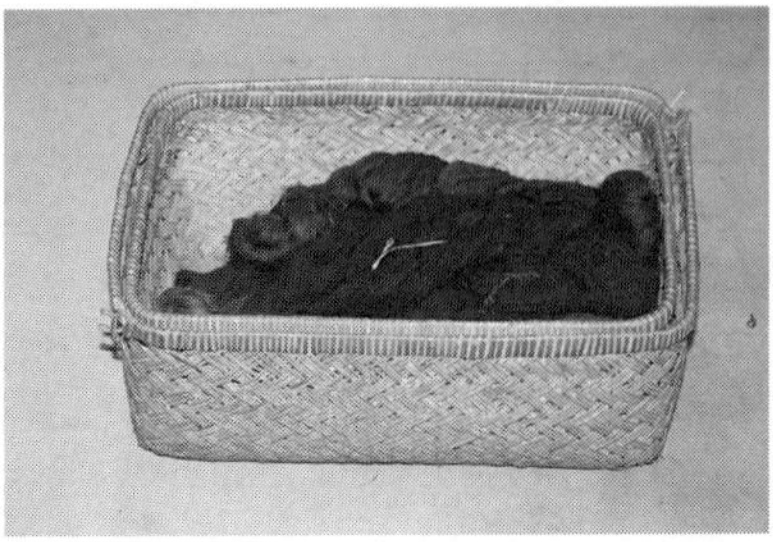

4a おさ

2 かなもどき

4b おさ

5a めがね

5b めがね

6a くだ箱

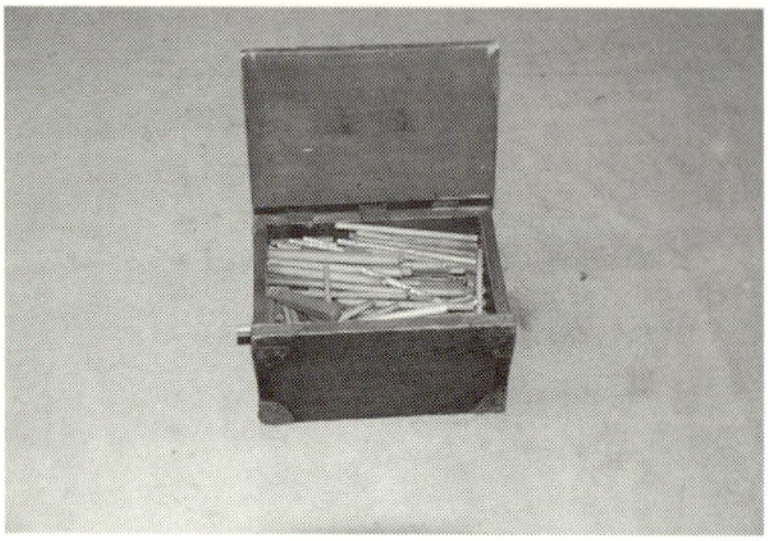

6b くだ箱

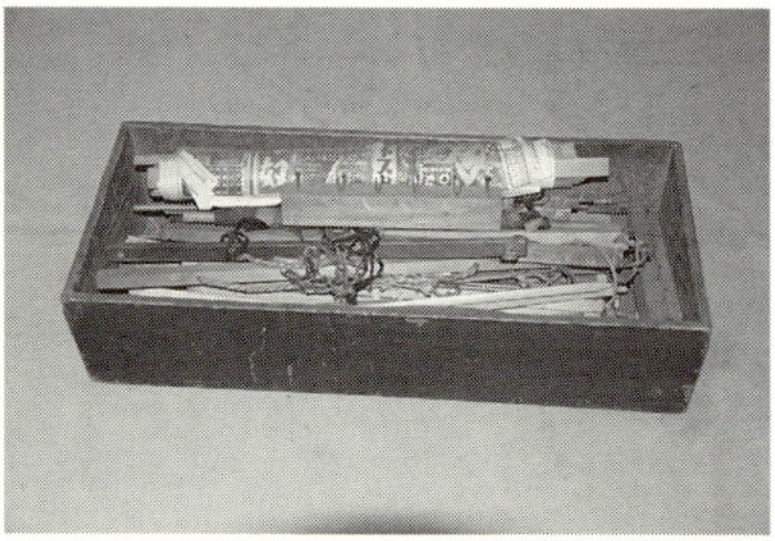

6c くだ箱

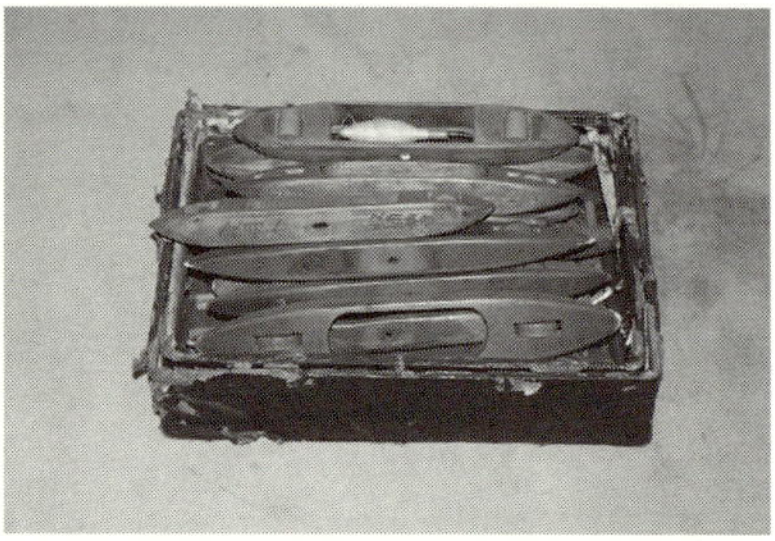

7a ひ

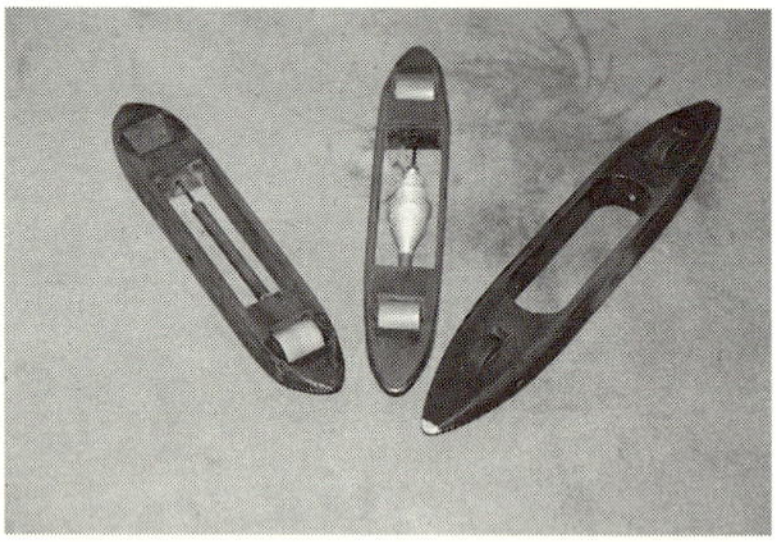

7b ひ

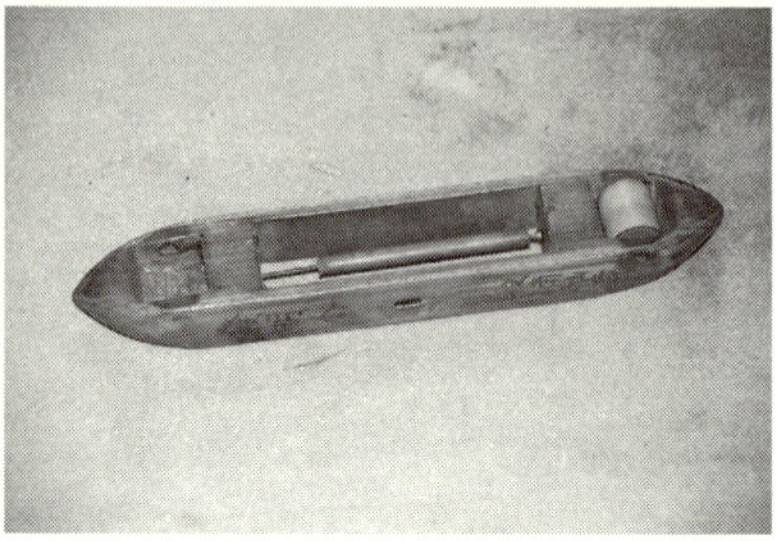

7c ひ

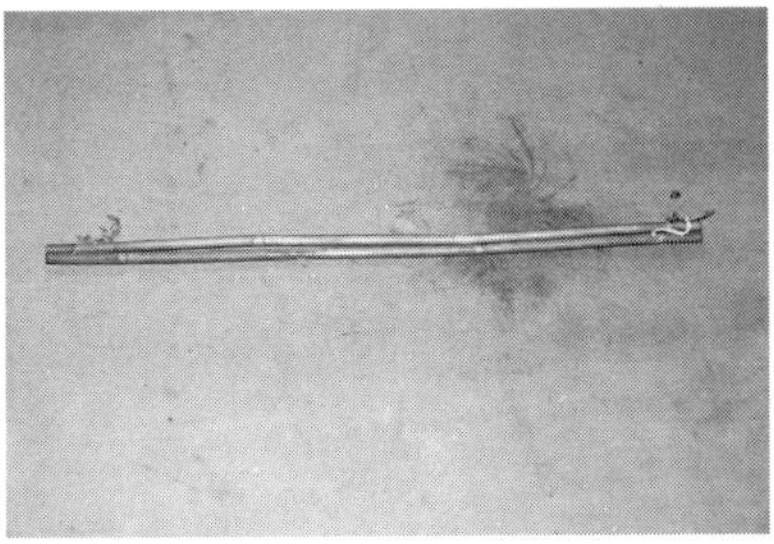

8a あぜ竹

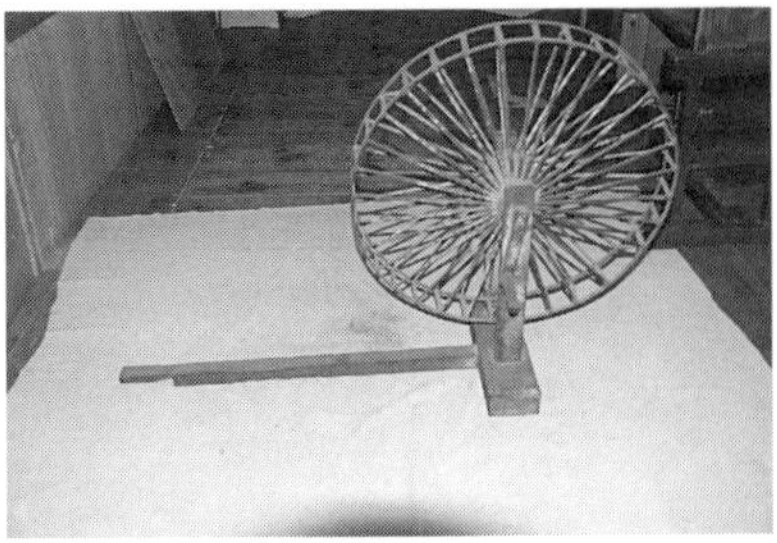

11 かなもどき

8b あぜ竹

12 かなもどき

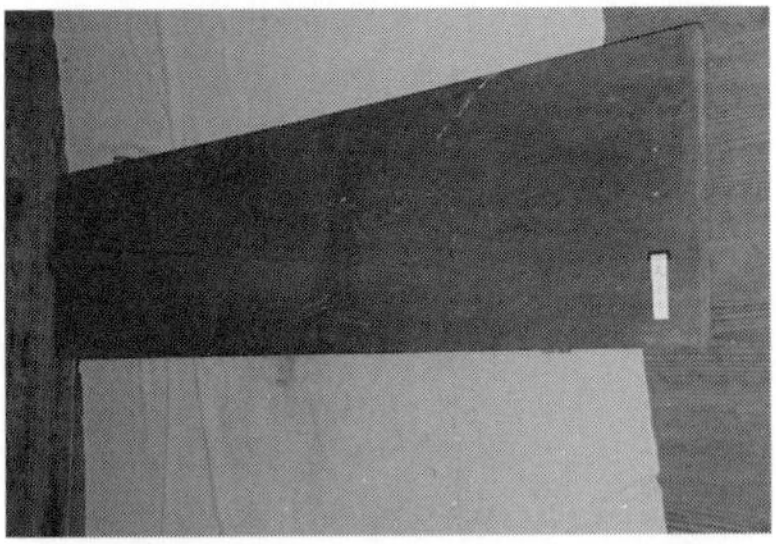

9 裁ち台

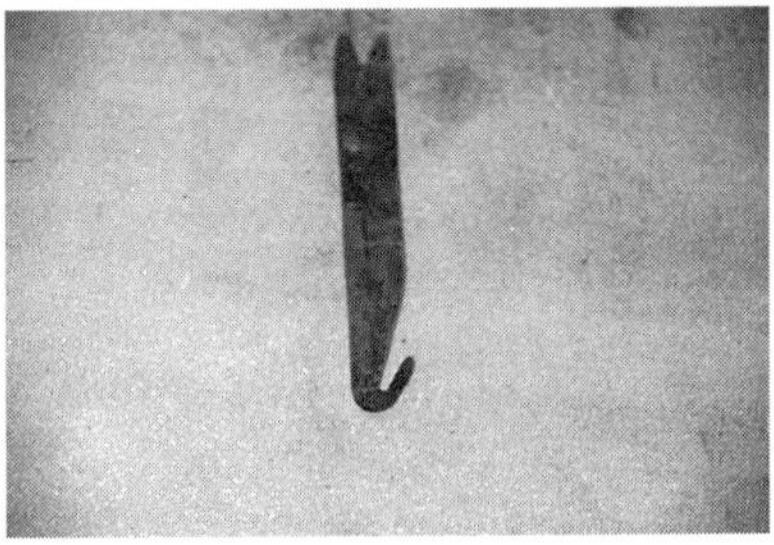

13 筬通し（おさ通し）

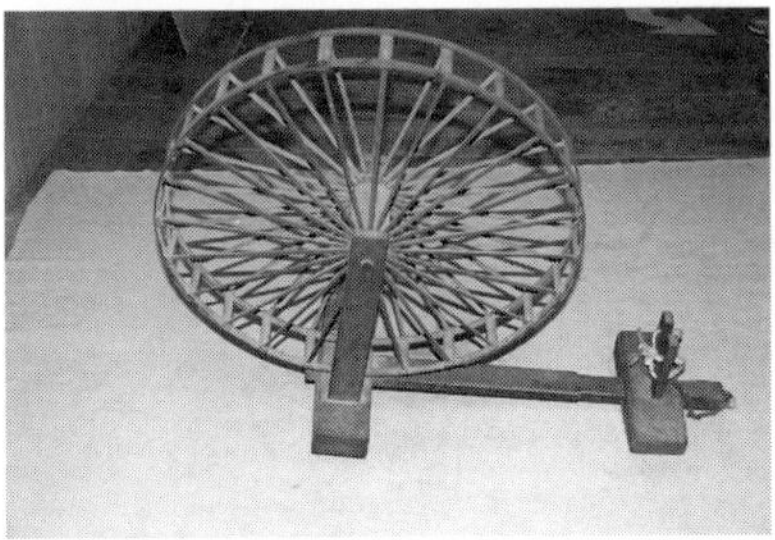

10 かなもどき

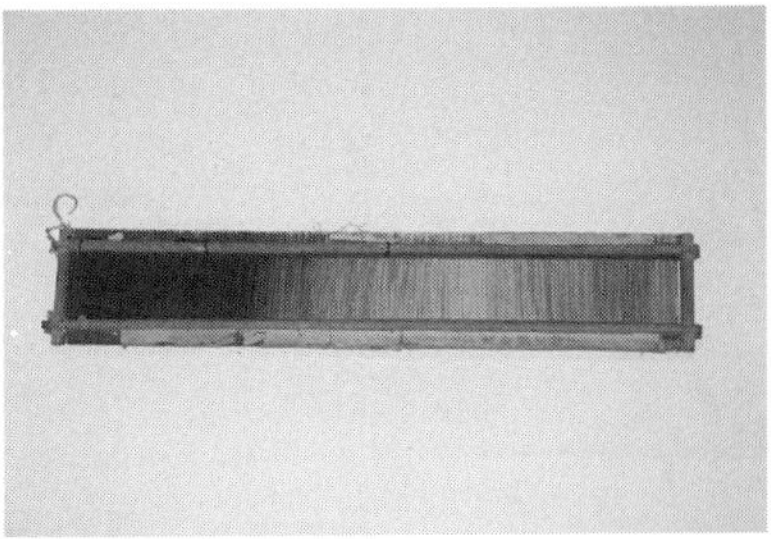

14 縢の繊維裁着（たっつけ）

15 あそひかけ台

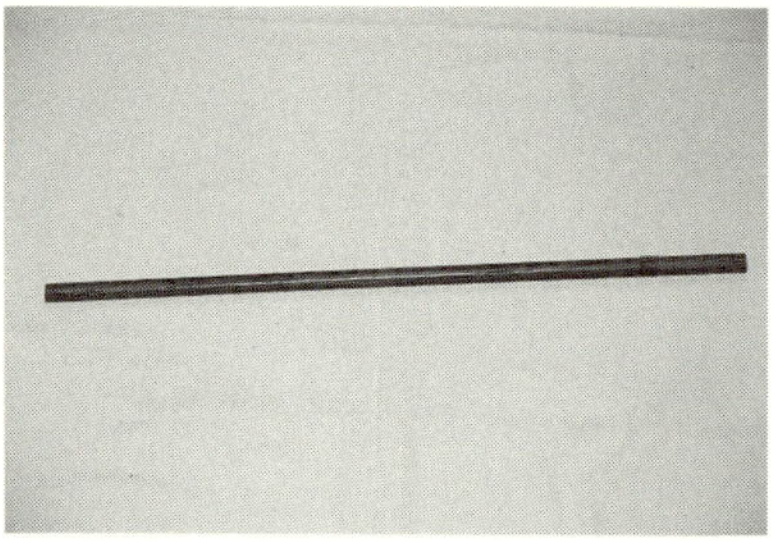
16 織り付け棒

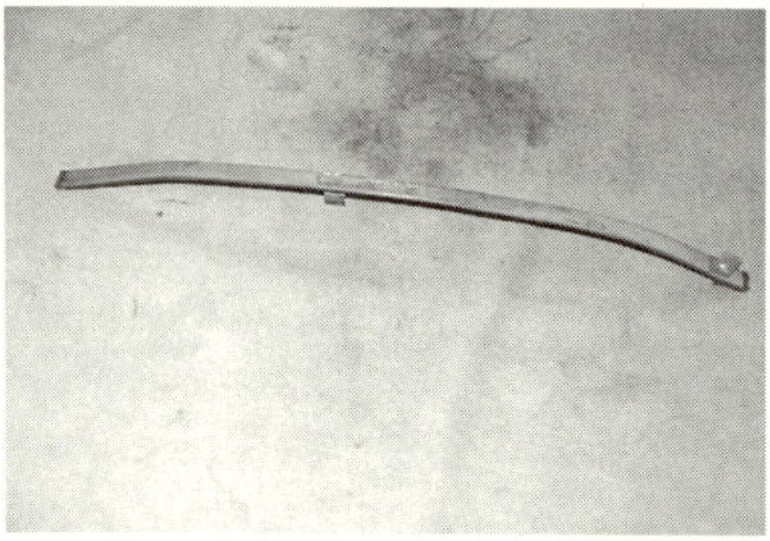
17 伸子（しんし）

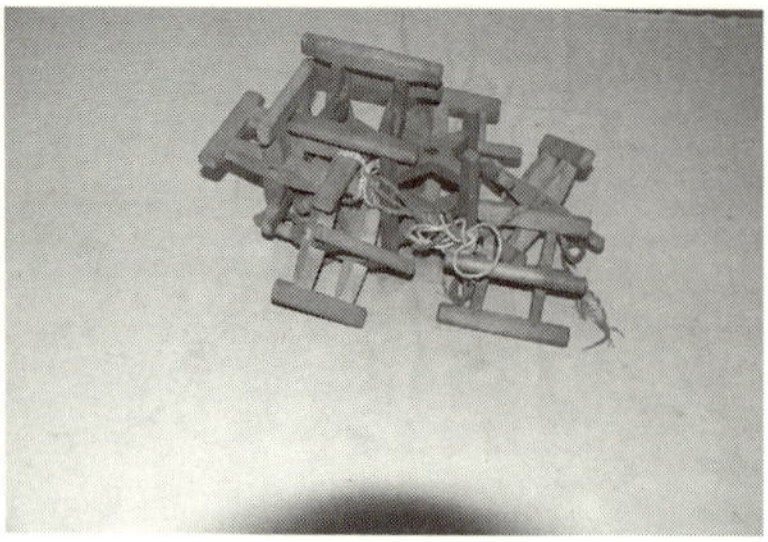
18 わく

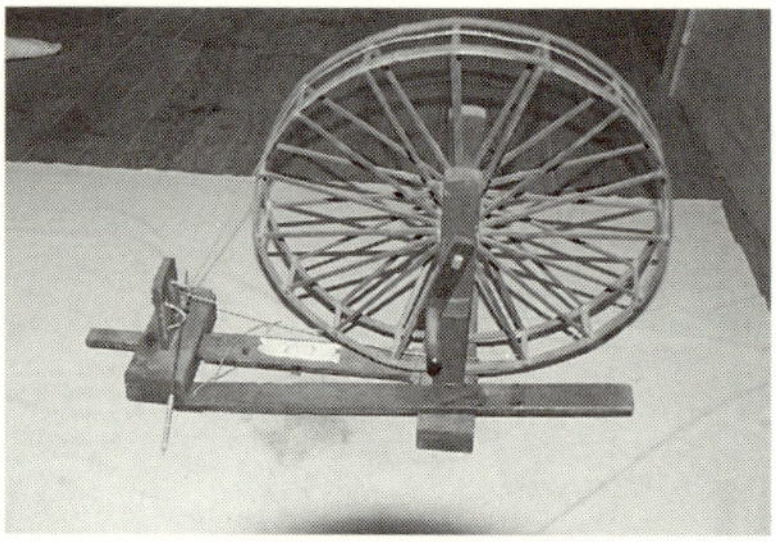
19 糸巻き車

20 縞帳と縞布見本

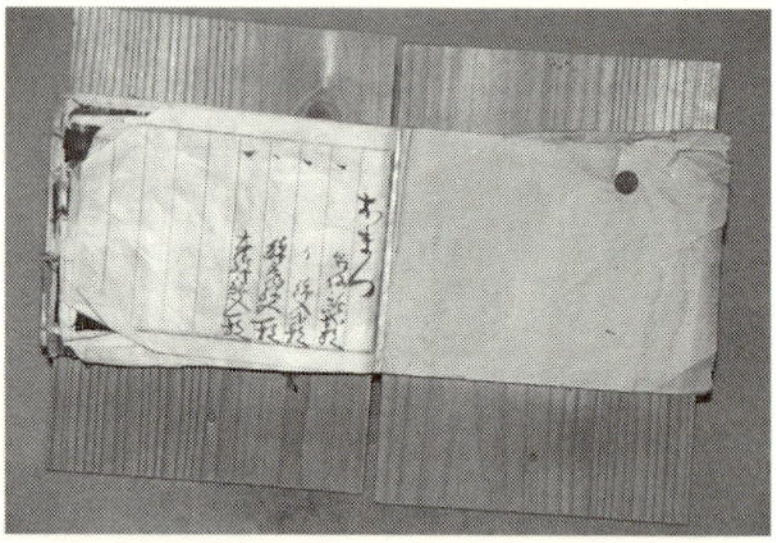
21a 縞帳

21b 縞帳

21c 縞帳

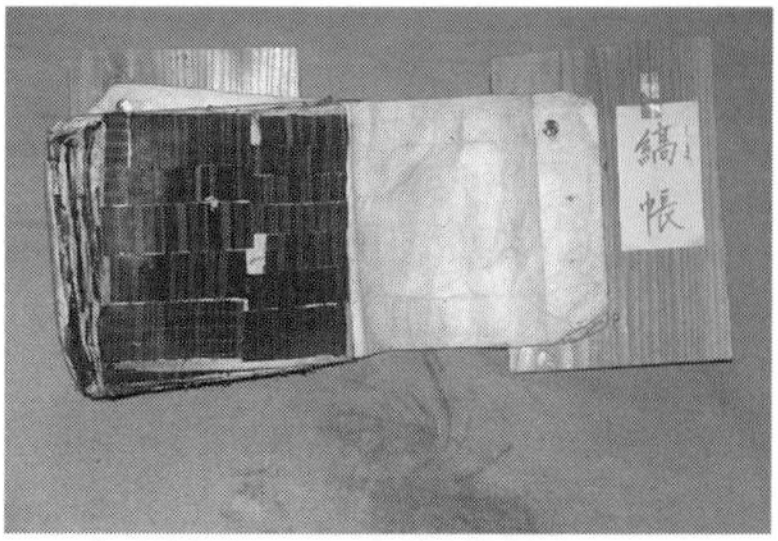

22a 縞帳

21d 縞帳

22b 縞帳

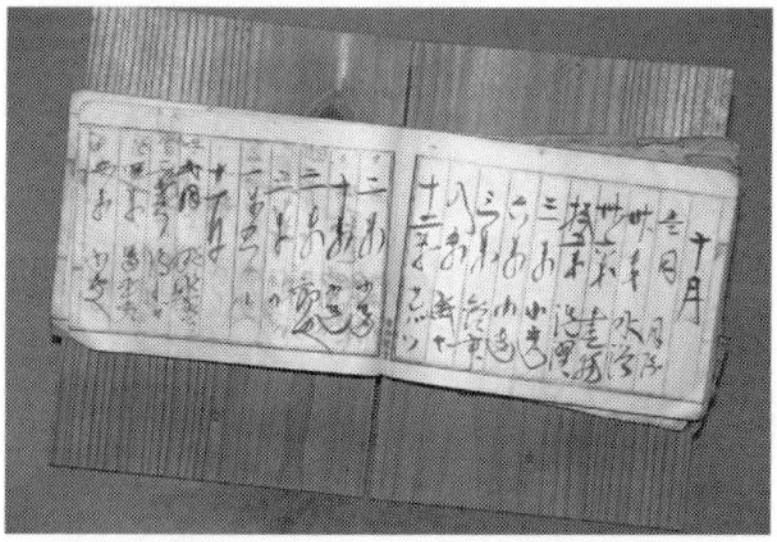

21e 縞帳

22c 縞帳

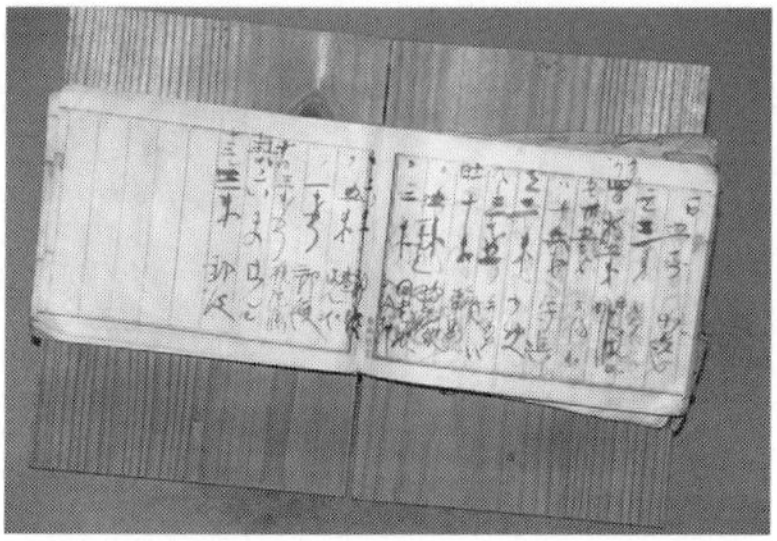

21f 縞帳

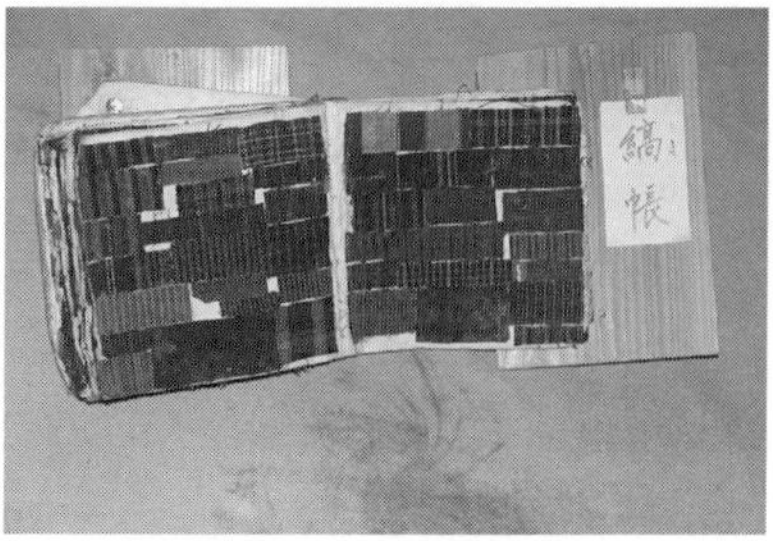

22d 縞帳

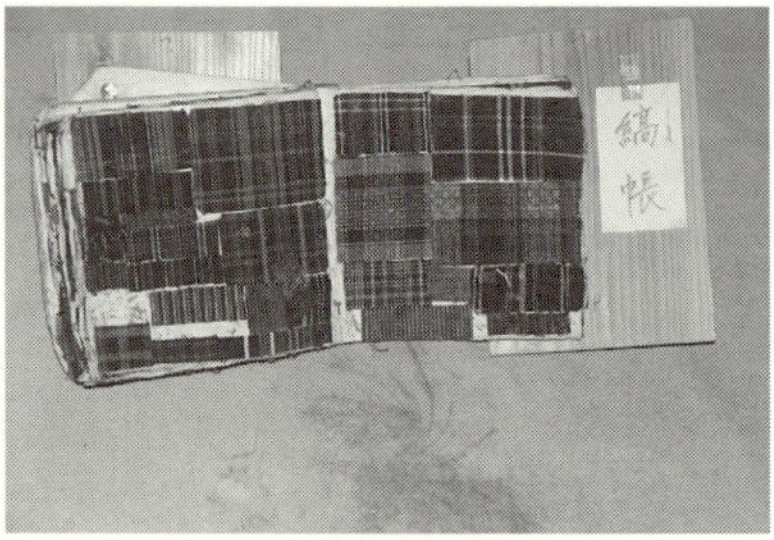

22e 縞帳

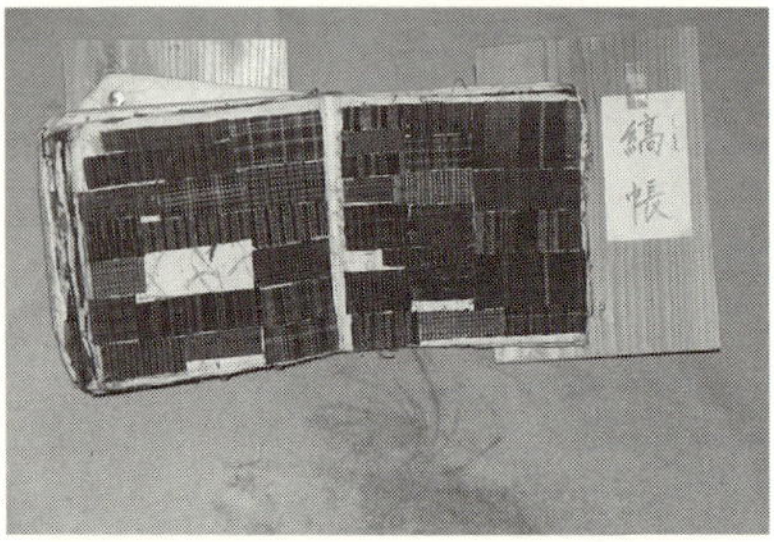

22f 縞帳

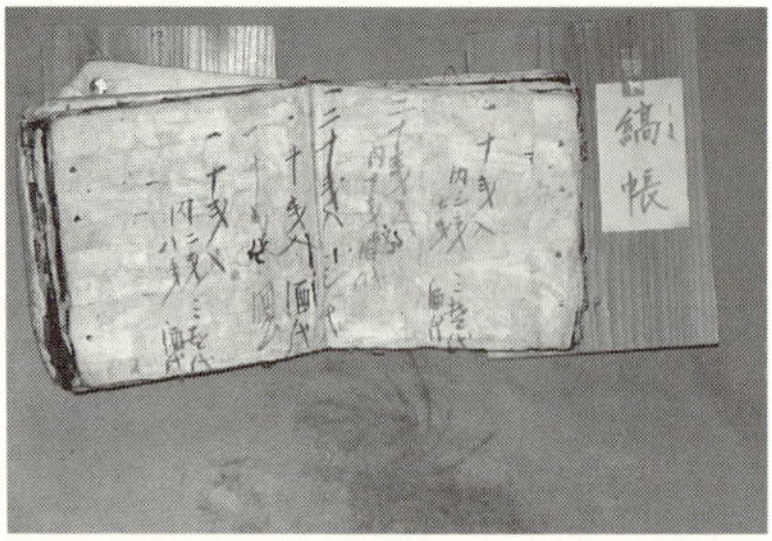

22g 縞帳

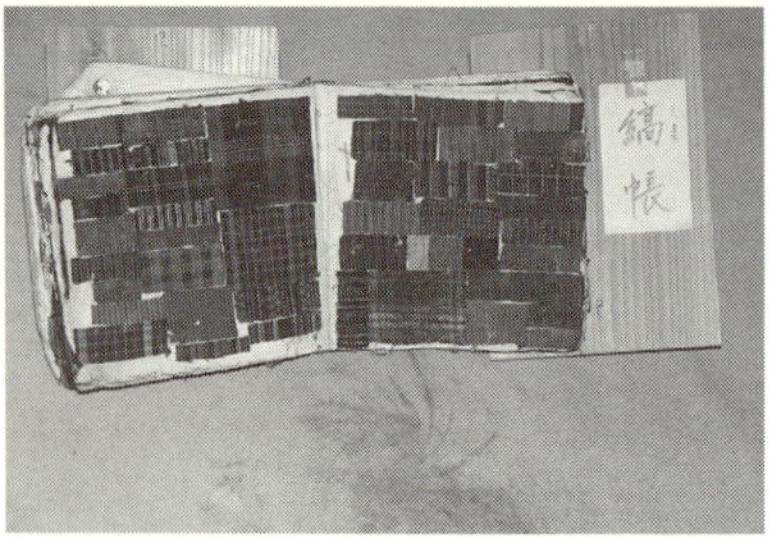

22h 縞帳

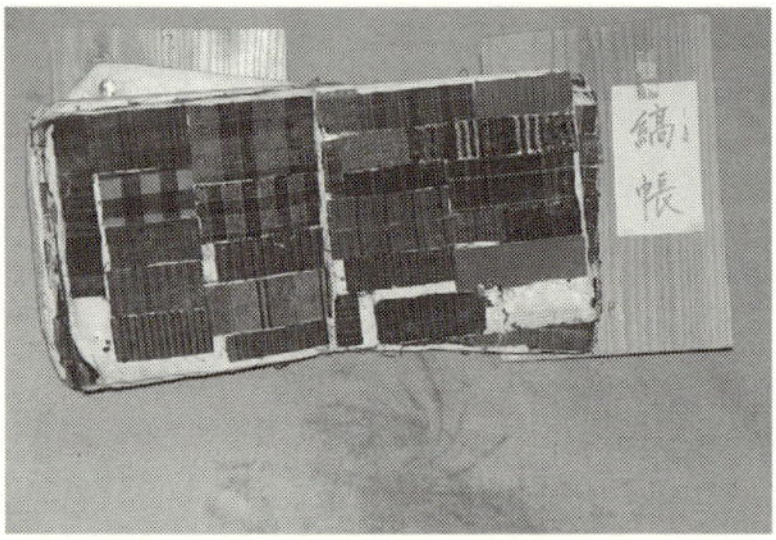

22i 縞帳

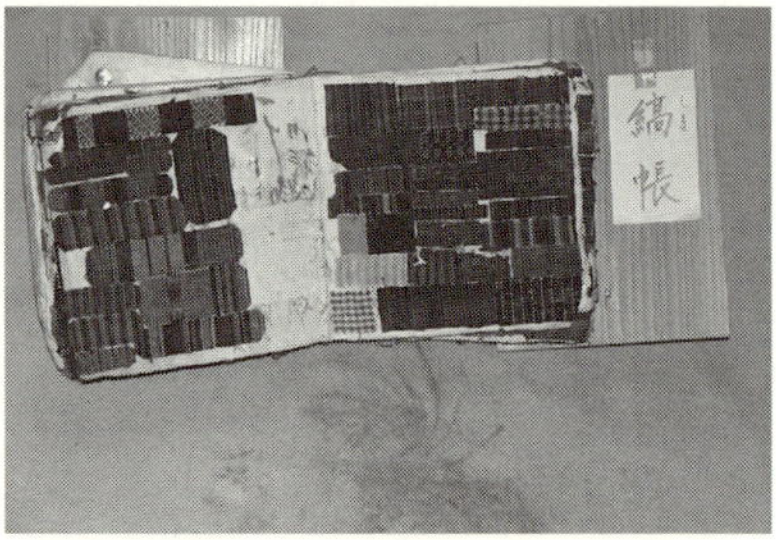

22j 縞帳

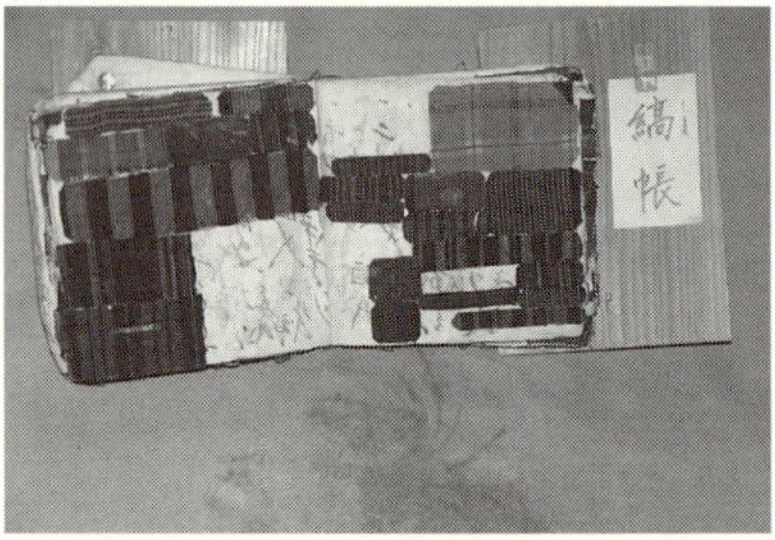

22k 縞帳

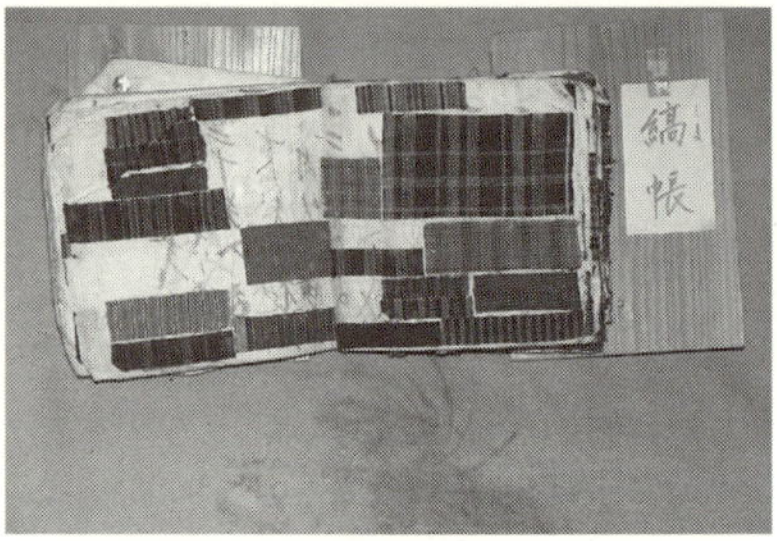

22l 縞帳

22m 縞帳

22n 縞帳

22o 縞帳

22p 縞帳

22q 縞帳

22r 縞帳

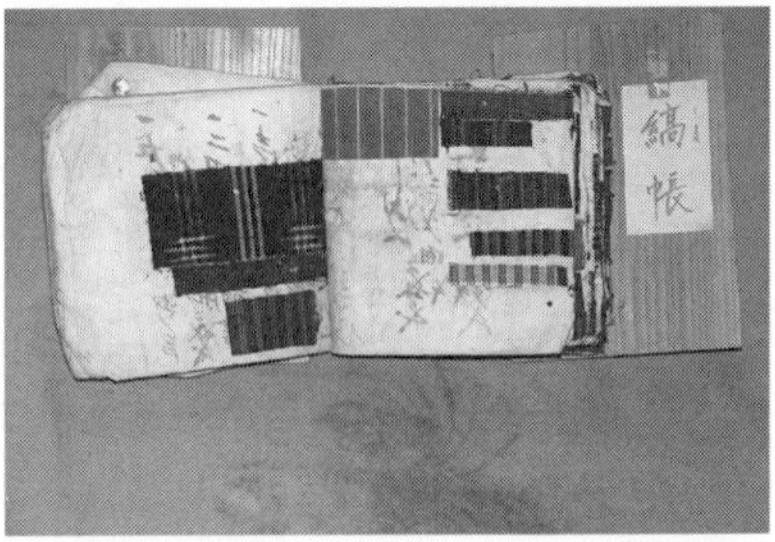

22s 縞帳

23a 縞手本

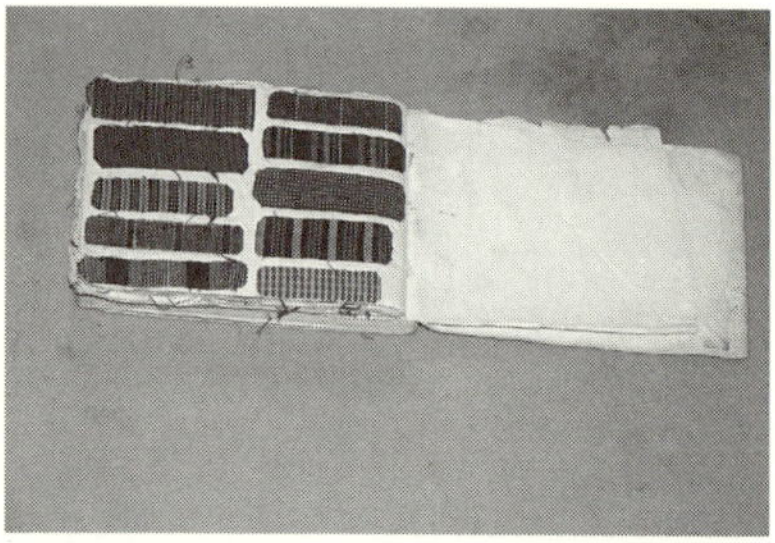

23b 縞手本

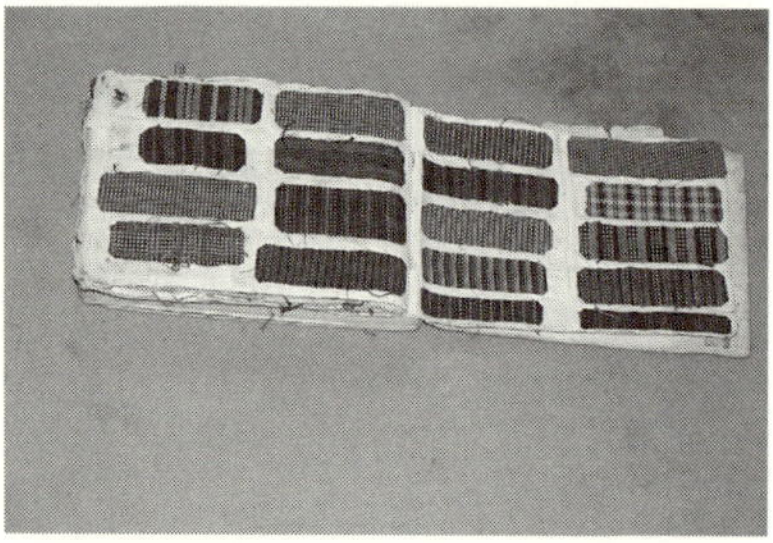

23c 縞手本

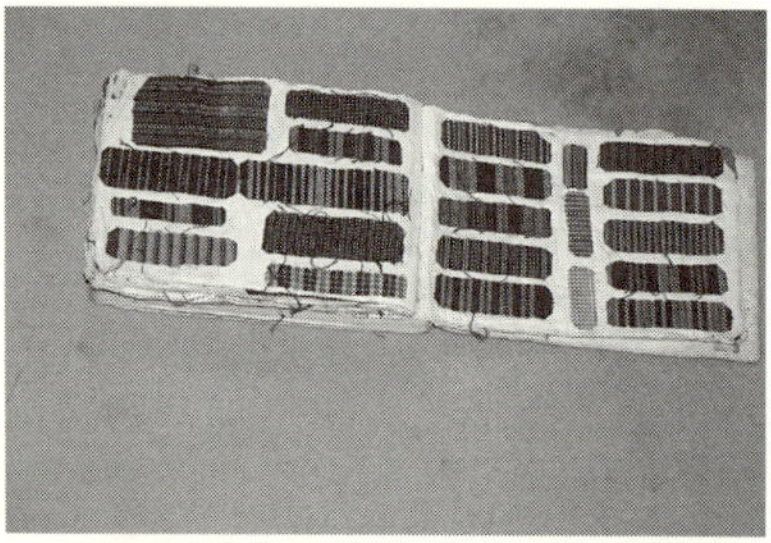

23d 縞手本

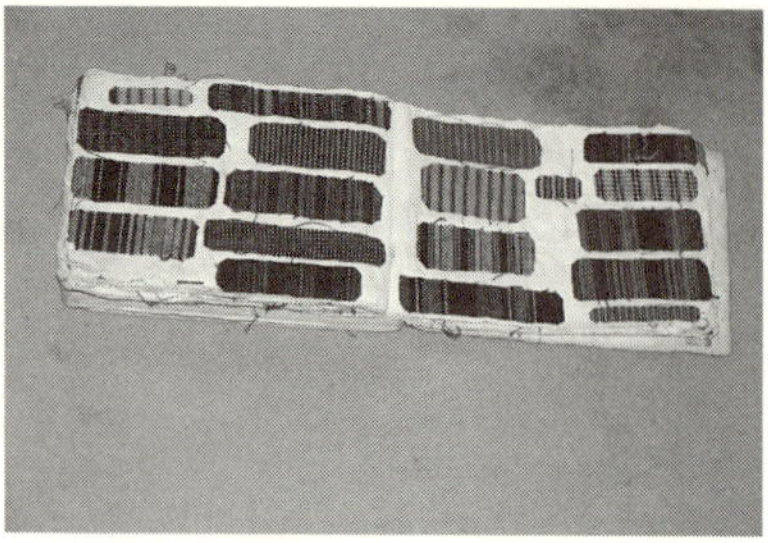

23e 縞手本

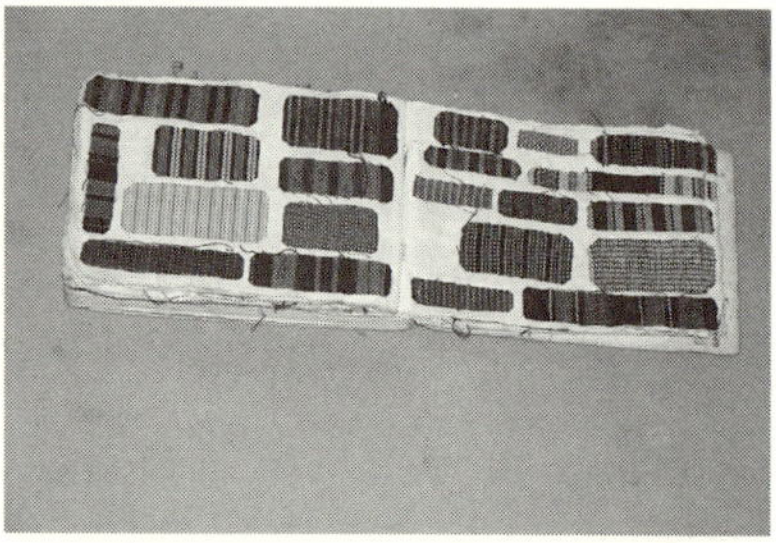

23f 縞手本

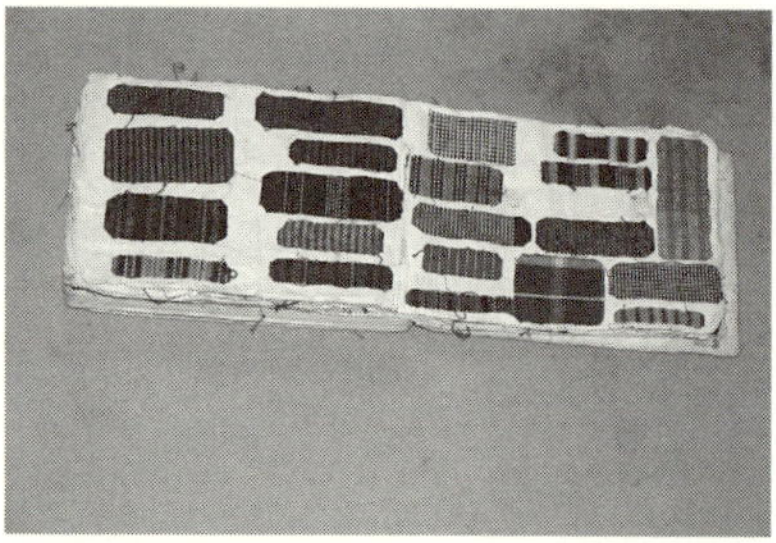

23g 縞手本

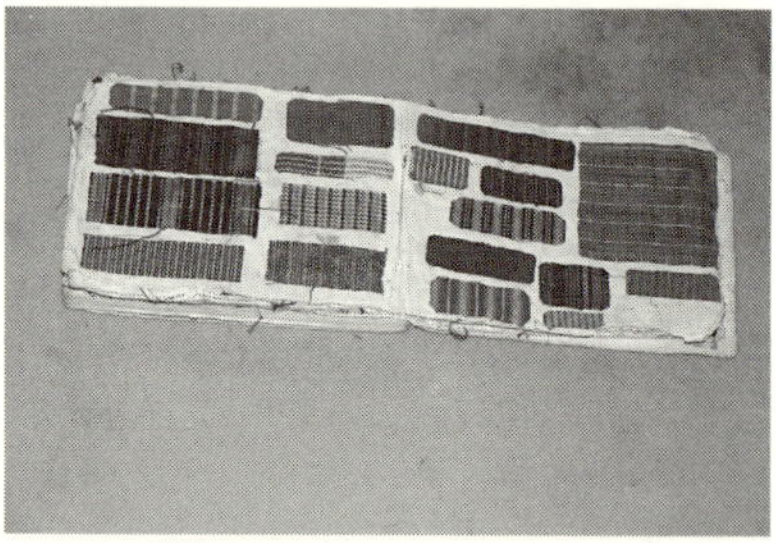

23h 縞手本

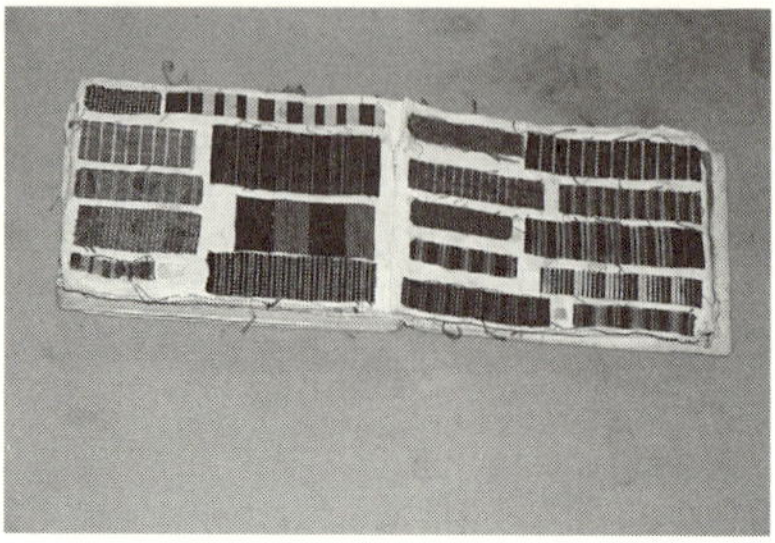

23i 縞手本

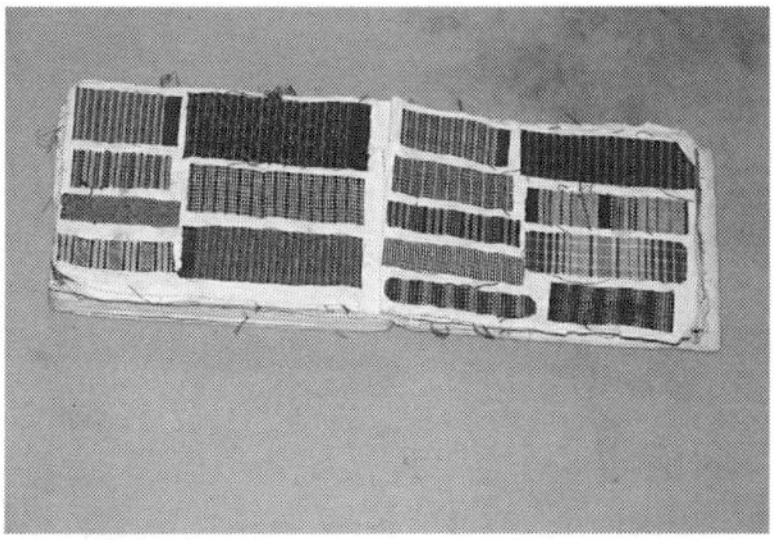

23j 縞手本

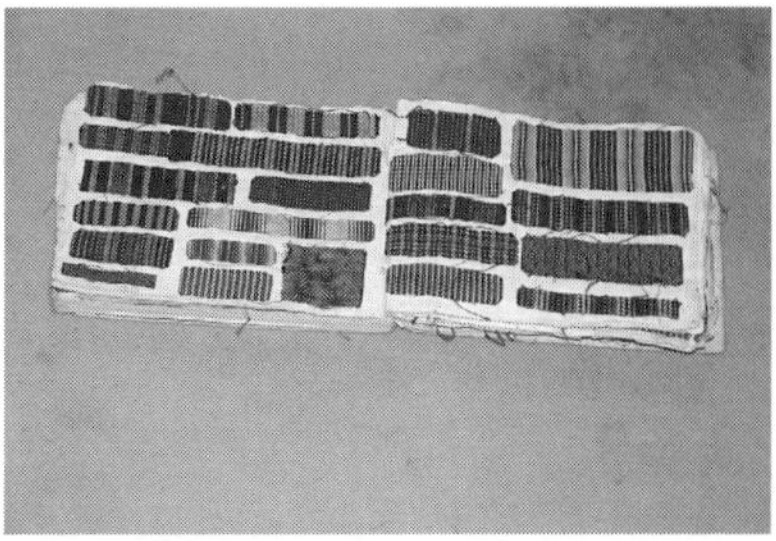

23n 縞手本

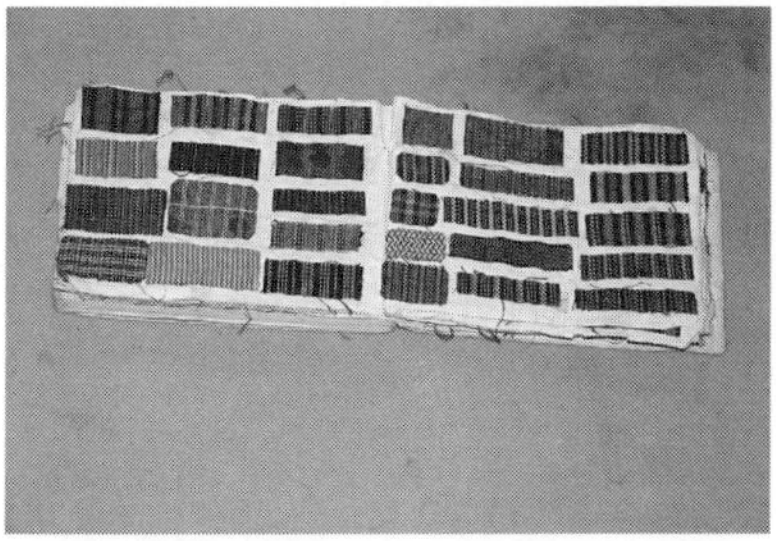

23k 縞手本

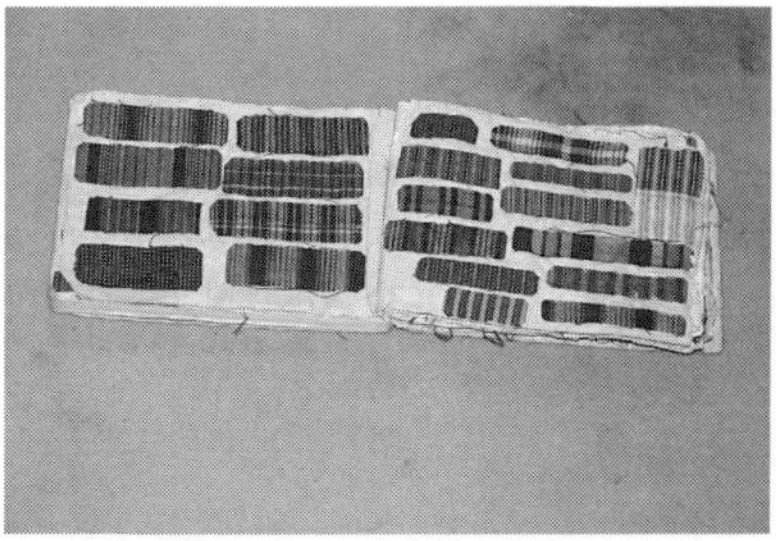

23o 縞手本

23l 縞手本

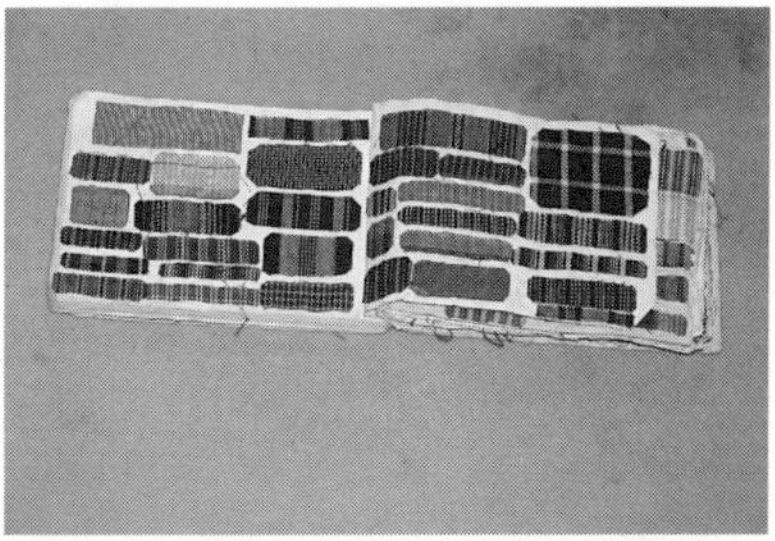

23p 縞手本

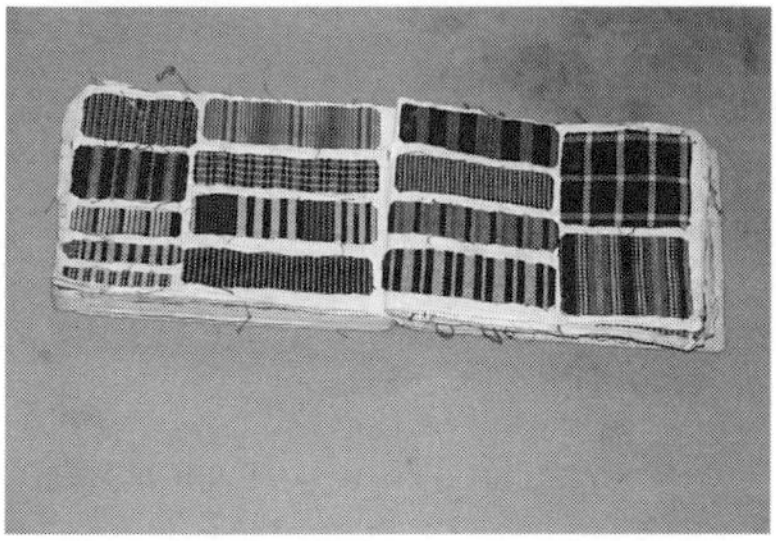

23m 縞手本

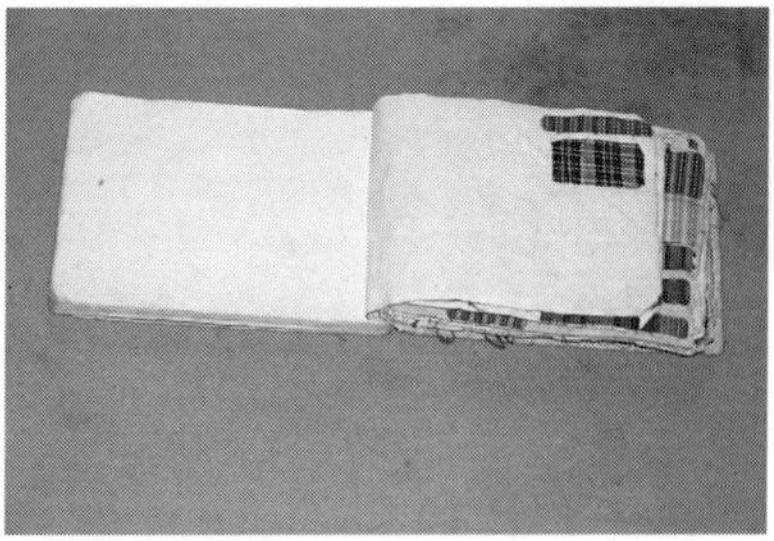

23q 縞手本

23r 縞手本

24 縞布見本

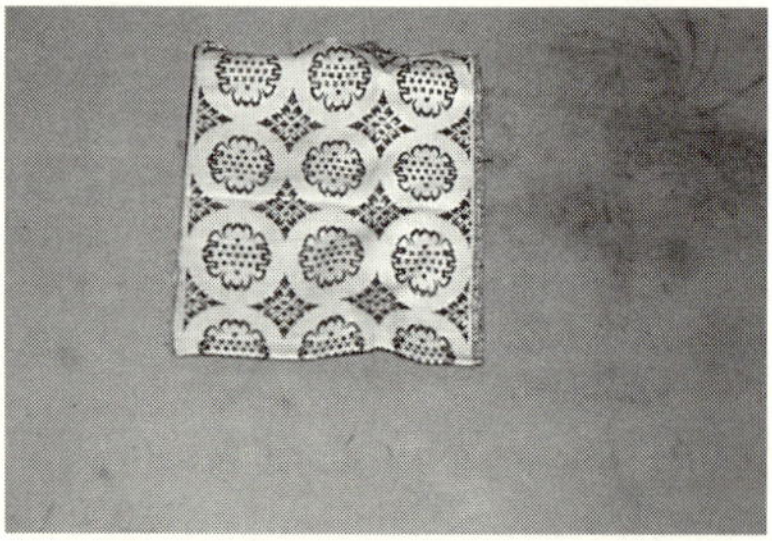

25a 縞布見本

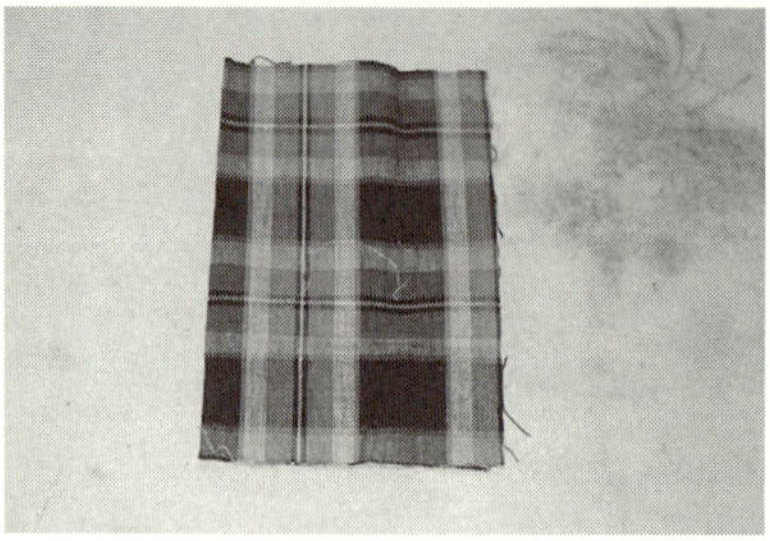

25b 縞布見本

25c 縞布見本

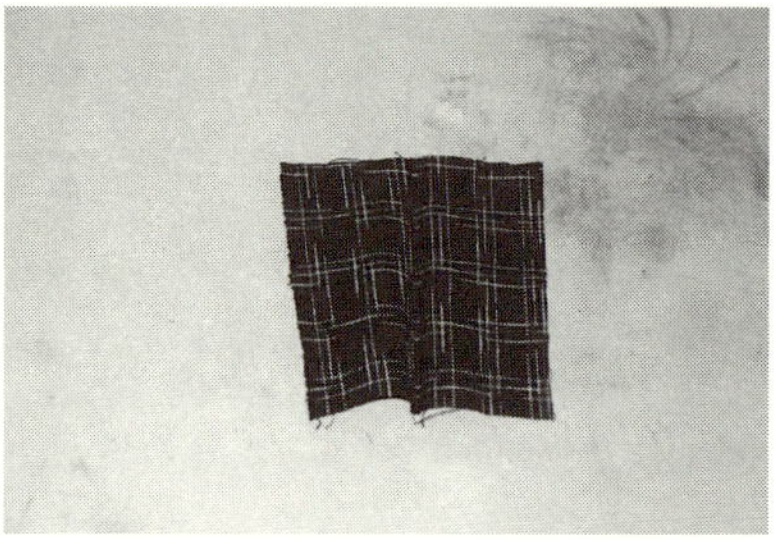

25d 縞布見本

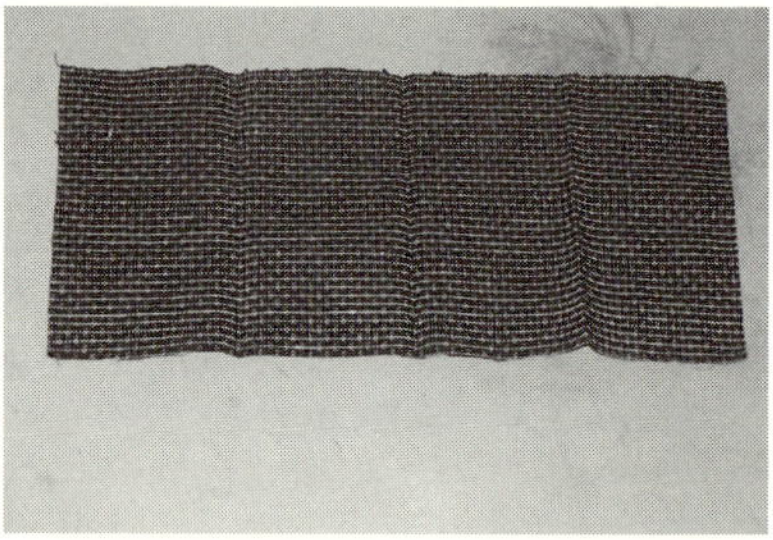

25e 縞布見本

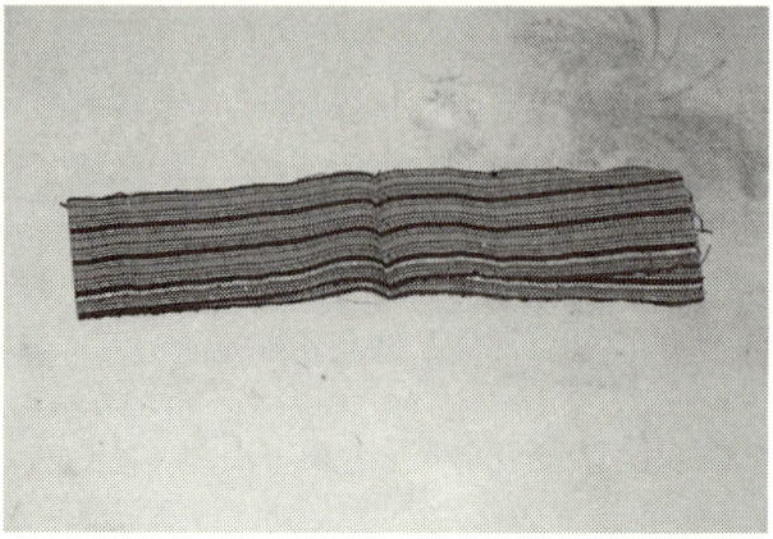

25f 縞布見本

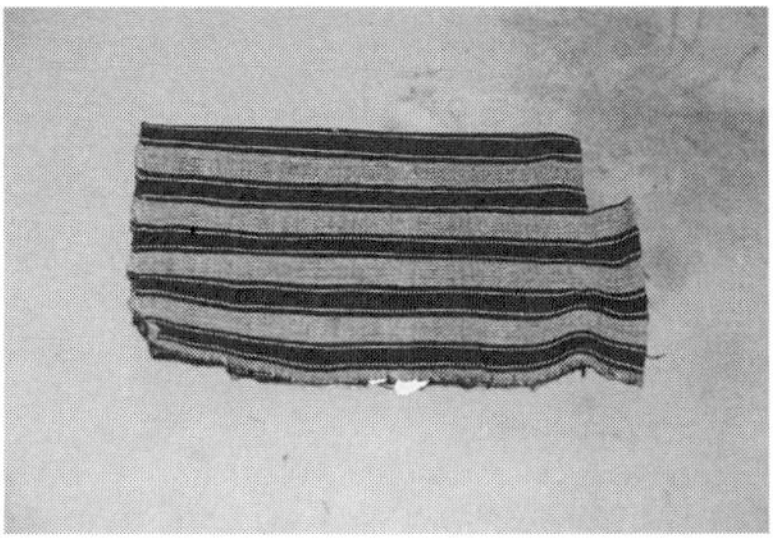

25g 縞布見本

27 麻糸

25h 縞布見本

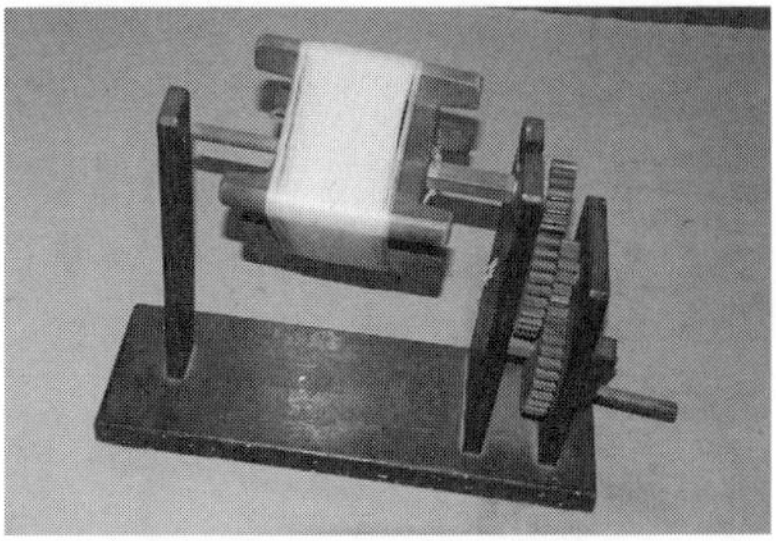

28 座繰り

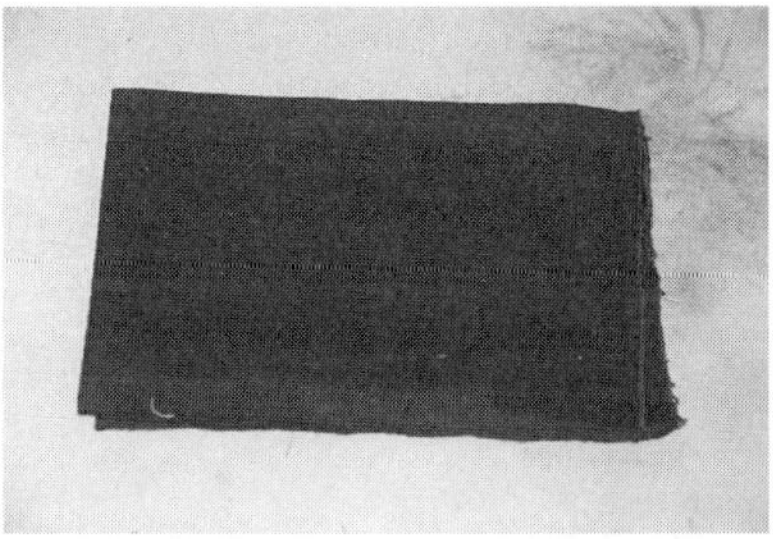

25i 縞布見本

29a 座繰り

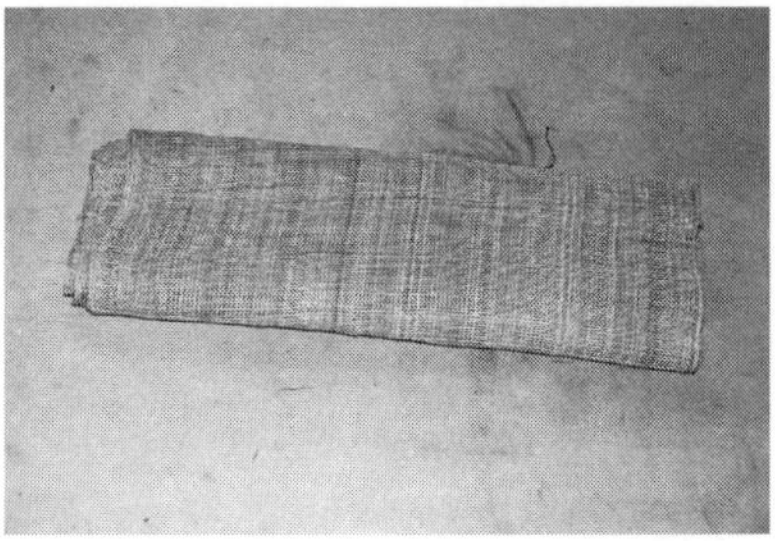

26 裂織

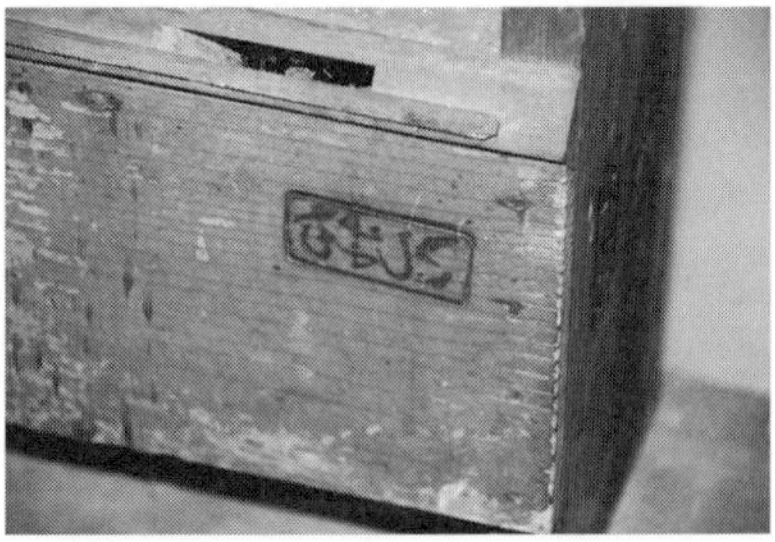

29b 座繰り

2　酒造用具

1 瓶

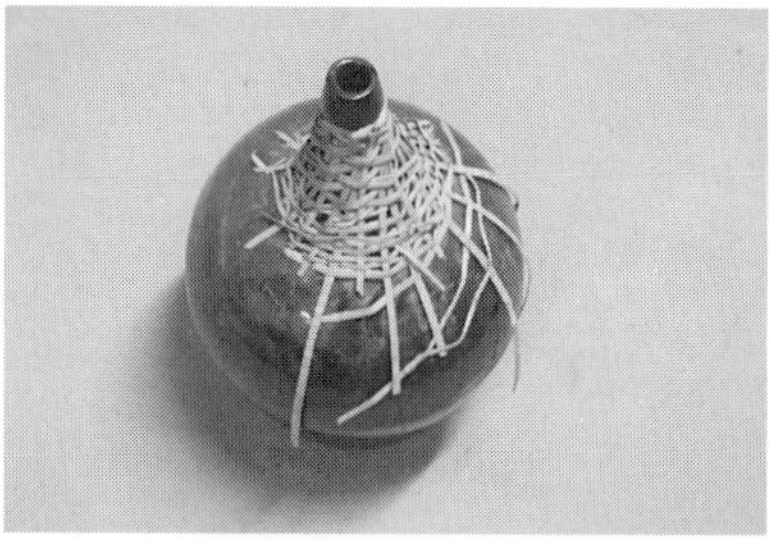

2 瓶

3 陶器酒造樽（「神寿」）

4 陶器酒造樽（「神寿」）

5 陶器酒造樽（「神寿」）

6 大綱

7 大綱

8 看板（「三楚有」）

12 酒造樽

9 手桶

13 暖気樽

10 酒造樽

14a 清酒しめ袋

11 酒造樽

14b 清酒しめ袋

14c 清酒しめ袋

3　養蚕用具

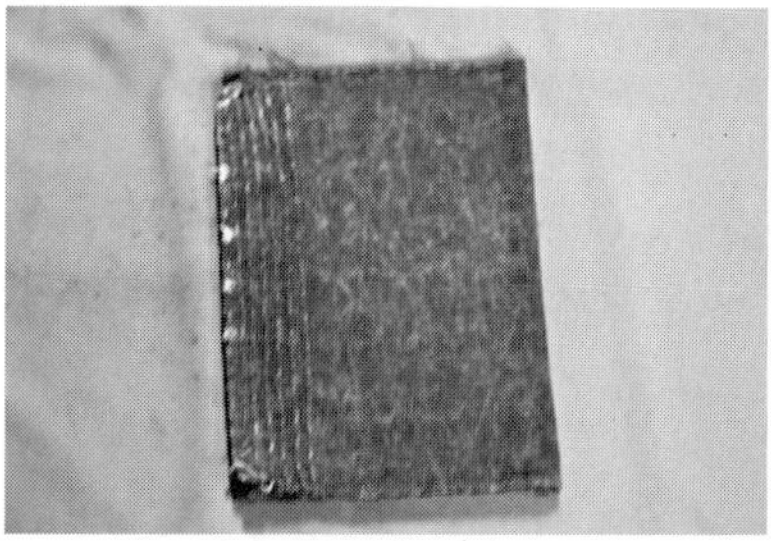

14d 清酒しめ袋

1 腰籠

14e 清酒しめ袋

2 桑つみ籠

15 大団扇（酒づくり道具）

3 桑つみ籠

4 桑つみ籠

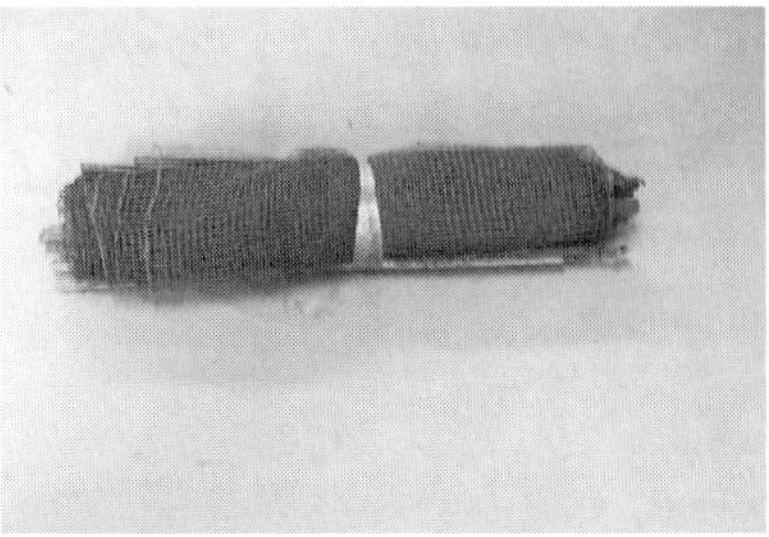

5d 養蚕用具

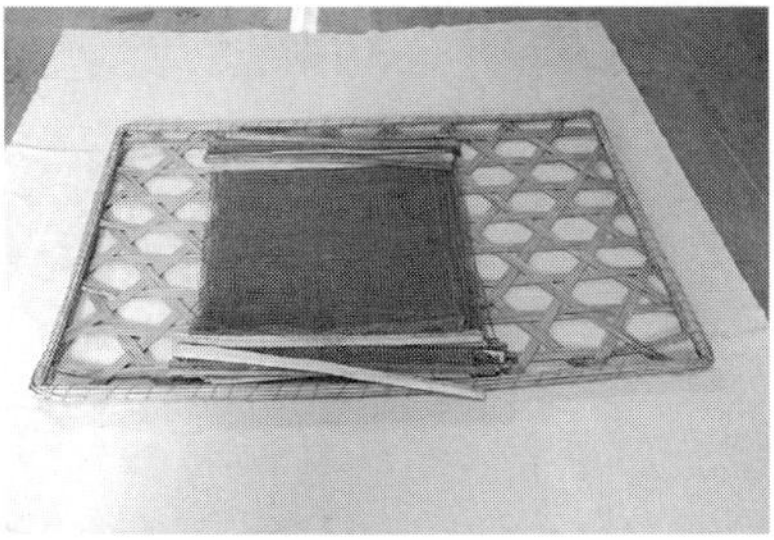

5a 蔟（ろじ）

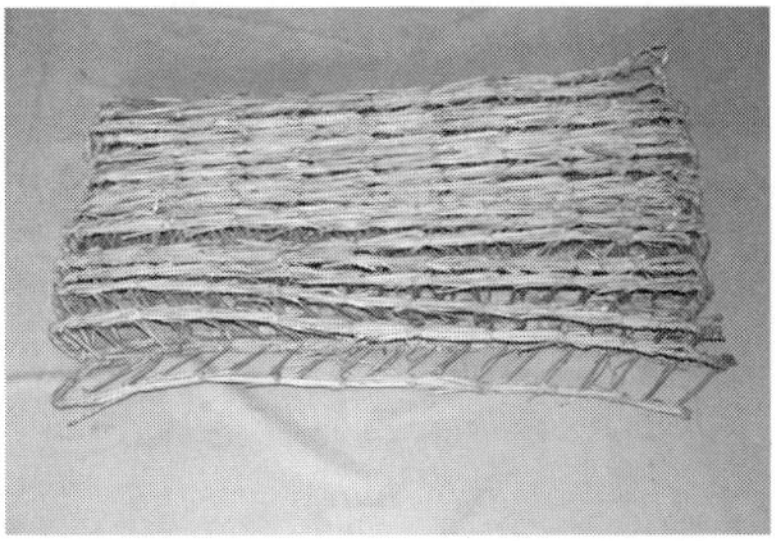

6 蔟（まぶし）

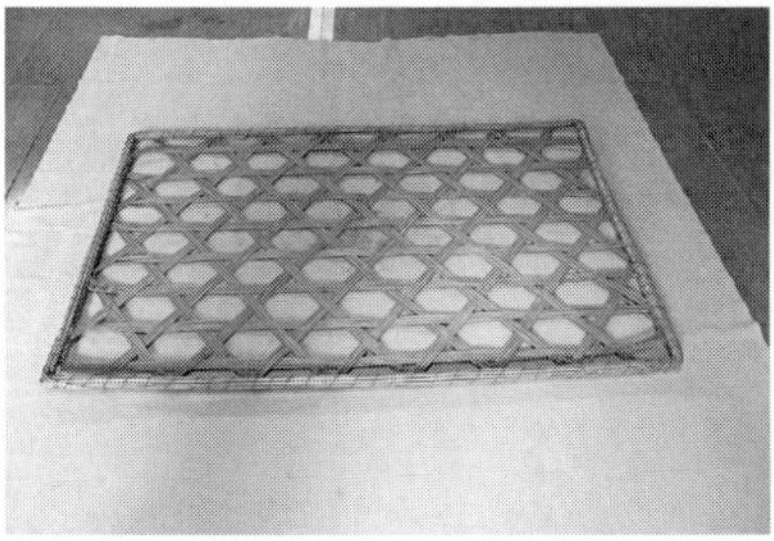

5b 蔟（ろじ）

7 養蚕用　フォルマリン瓶

5c 養蚕用具

8a 桑葉截刻器（信濃盛進社）

8b 桑葉截刻器

8f 桑葉截刻器

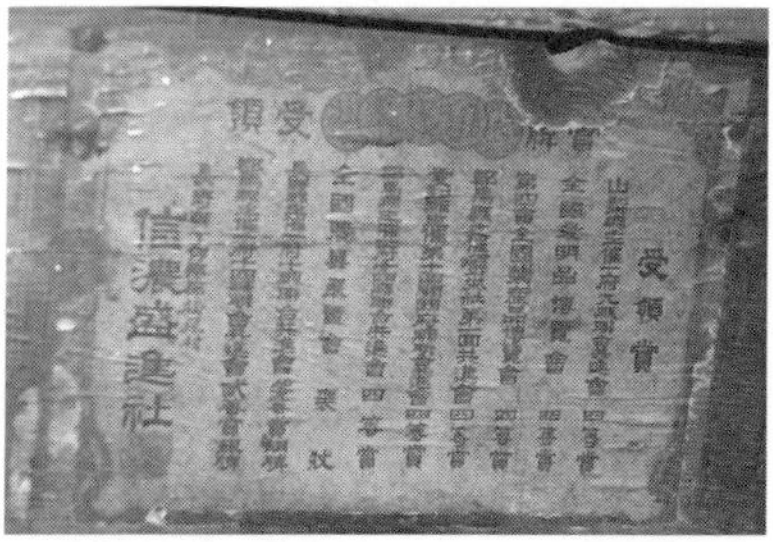
8c 桑葉截刻器

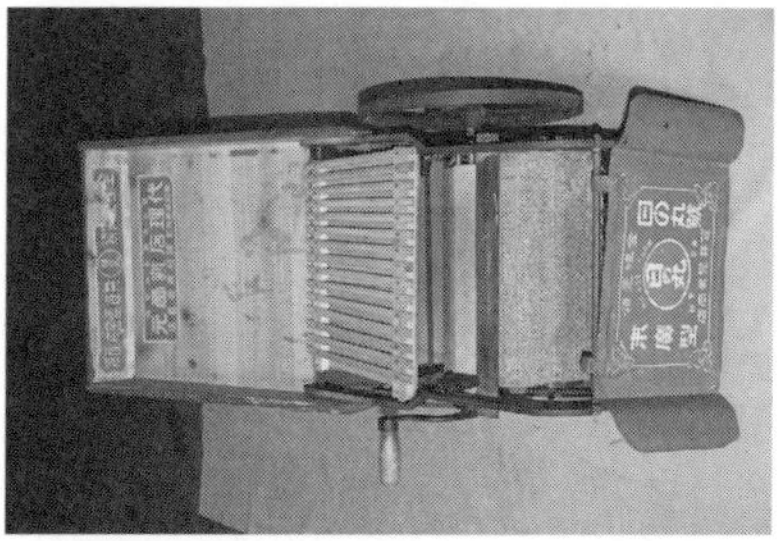
9a 桑葉截刻器（けばとり）

8d 桑葉截刻器

9b 桑葉截刻器

8e 桑葉截刻器

9c 桑葉截刻器

9d 桑葉截刻器

10 桑切り俎板

11 桑切り包丁

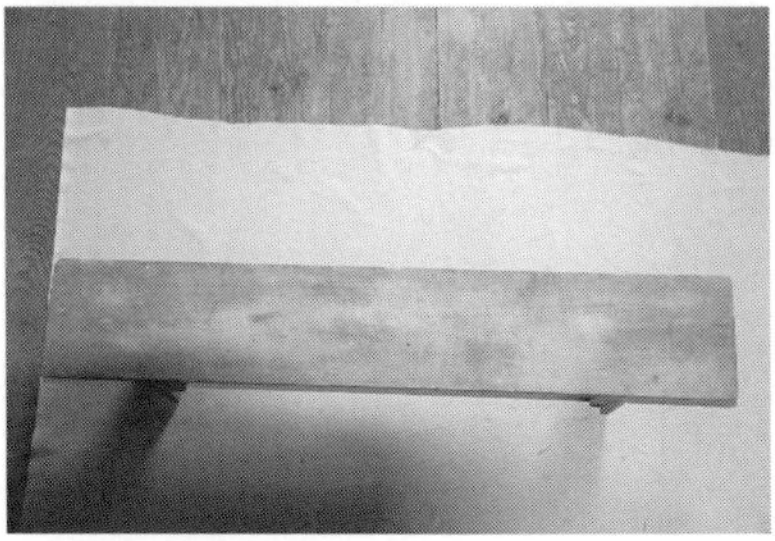

12 まな板

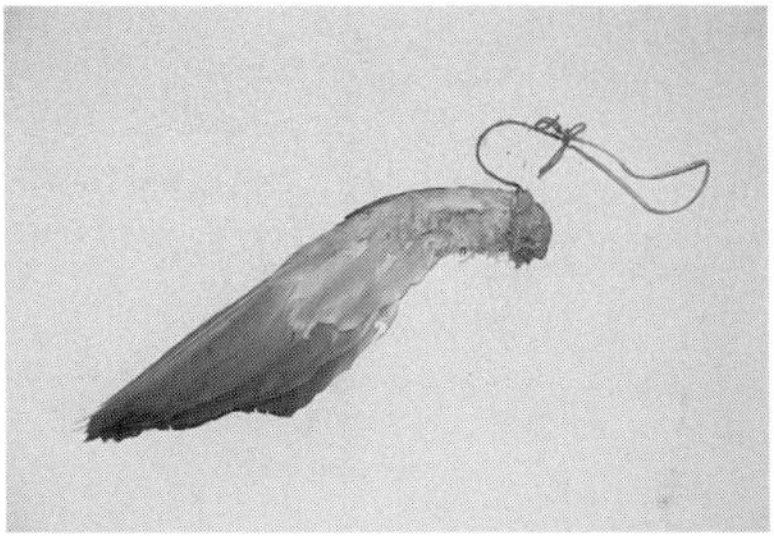

13 けごはき（羽根ほうき）

14 切り桑入れ笊（毛蚕用）

4　草履つくり用具

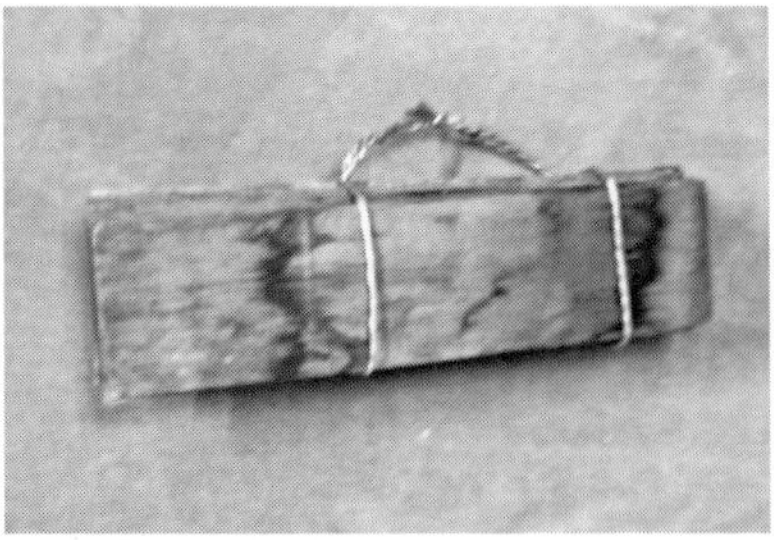

1 草履つくり具

10　木地漆器

1 漆鉢

4a 漆鉢

2 漆鉢

4b 漆鉢

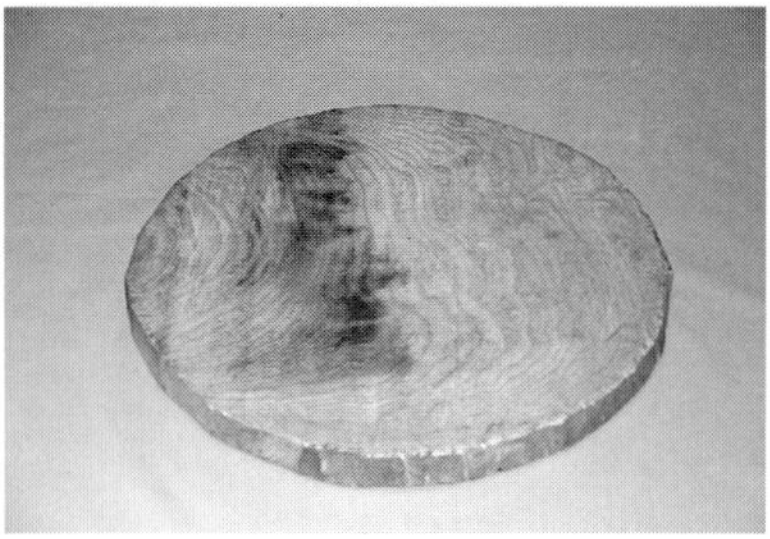

3 漆鉢

5a 漆鉢

5b 漆鉢

7b 漆鉢

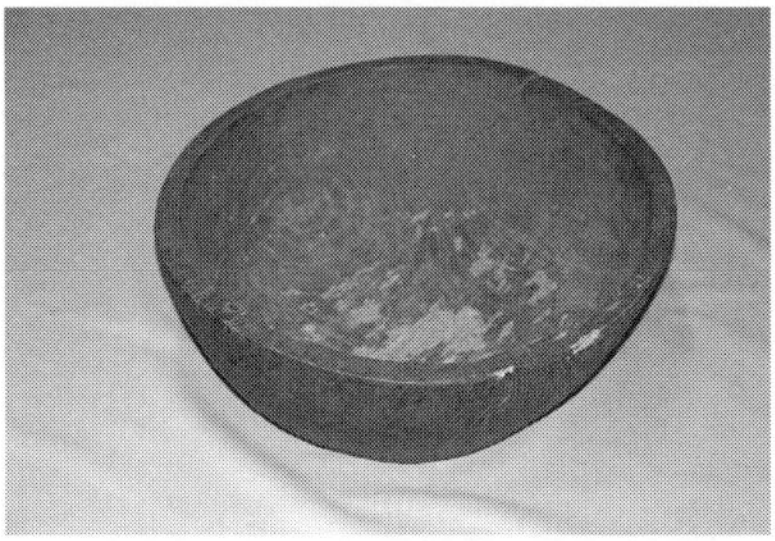

6a 漆鉢

8a 漆鉢

6b 漆鉢

8b 漆鉢

7a 漆鉢

9a 漆鉢

9b 漆鉢

11b 漆鉢

10a 漆鉢

12a 手廻し轆轤

10b 漆鉢

12b 手廻し轆轤

11a 漆鉢

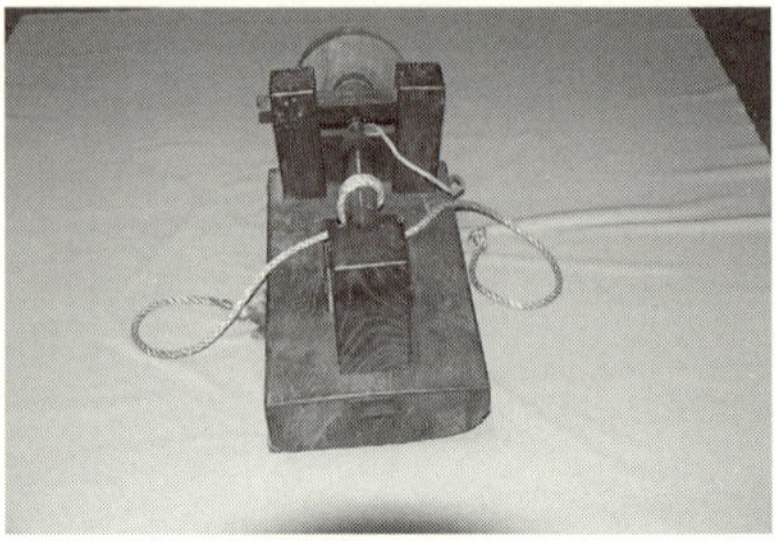
12c 手廻し轆轤

13 足踏式轆轤

14a 木地盆

14b 木地盆

14c 木地盆

15a 木地盆

15b 木地盆

16a 磨漆蒔絵槇杢盆

16b 磨漆蒔絵槇杢盆

16c 磨漆蒔絵榠杢盆

17a 朝顔研出蒔絵黒呂色春日盆

17b 朝顔研出蒔絵黒呂色春日盆

17c 朝顔研出蒔絵黒呂色春日盆

18 黒地金蒔絵天目盆

19a 花月台　安政 2 年

19b 花月台

19c 花月台

19d 花月台

20a 花月台（盃台）　安政 4 年

20b 花月台（盃台）

20c 花月台（盃台）

20d 花月台（盃台）

21a 木地小皿　宝暦 6 年

21b 木地小皿

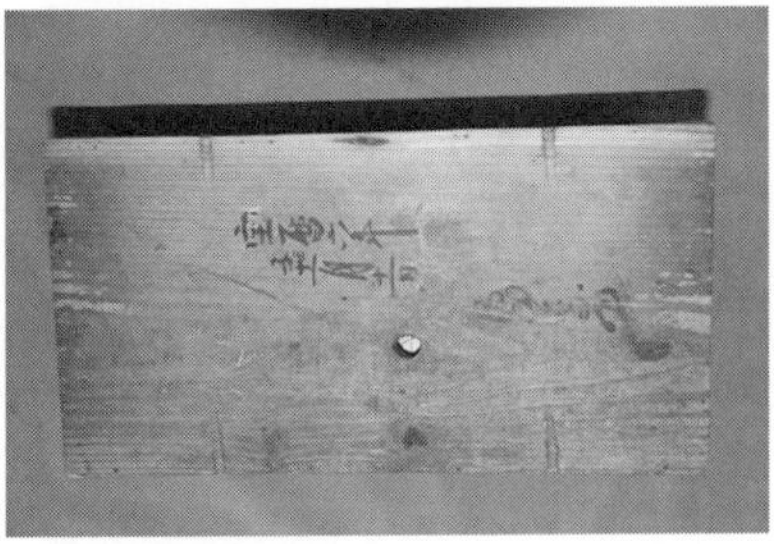
21c 木地小皿

22a 蒲萄内朱七ツ鉢

22b 蒲萄内朱七ツ鉢

23a 本朱大梅松　吸物椀　安政２年

23b 本朱大梅松　吸物椀

23c 本朱大梅松　吸物椀

24a 桑木地門本朱 吸物椀 天明４年

24b 桑木地門本朱　吸物椀

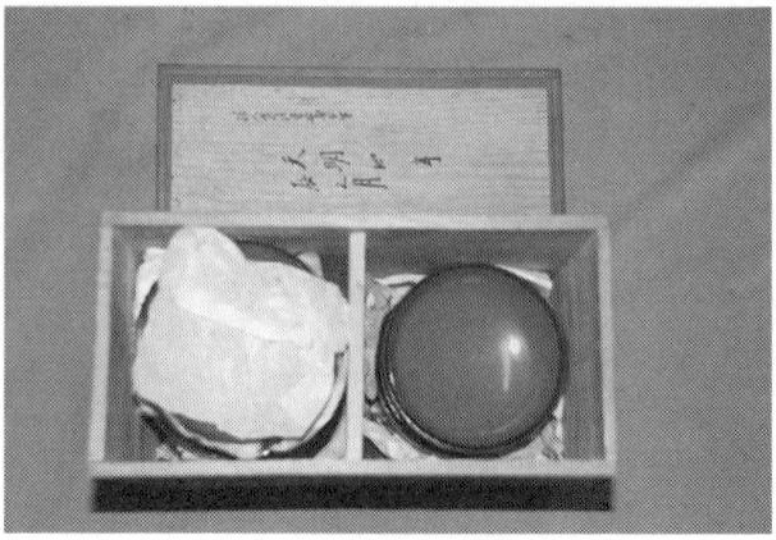
24c 桑木地門本朱　吸物椀

24d 桑木地門本朱　吸物椀

27 脚足盆

25 根来椀種　盃洗箱

28a 栗木地　摺漆朱竹絵丸膳

26a 螺鈿（らでん）

28b 栗木地　摺漆朱竹絵丸膳

26b 螺鈿

29a 栗木地　摺漆朱竹絵丸膳

29b 栗木地　摺漆朱竹絵丸膳

30a 栗木地　摺漆朱竹絵丸膳

30b 栗木地　摺漆朱竹絵丸膳

31a 栗木地　摺漆朱竹絵丸膳

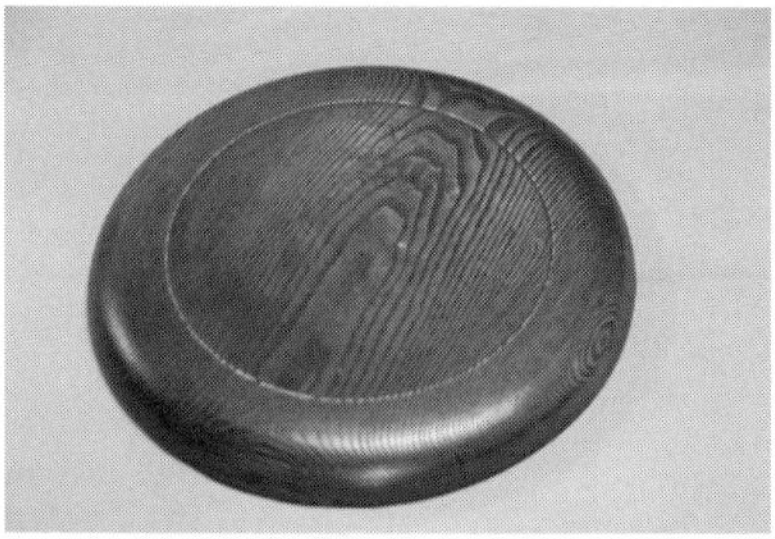

31b 栗木地　摺漆朱竹絵丸膳

32 栗木地　摺漆朱竹絵丸膳(28～31)

33a 槇木地摺漆蒔絵丸膳

33b 槇木地摺漆蒔絵丸膳

34a 槇木地摺漆蒔絵丸膳

34b 槇木地摺漆蒔絵丸膳

35a 槇木地摺漆蒔絵丸膳

35b 槇木地摺漆蒔絵丸膳

36a 槇木地摺漆蒔絵丸膳

36b 槇木地摺漆蒔絵丸膳

37 槇木地摺漆蒔絵丸膳（33〜36）

38a 丸盆

38b 丸盆

39a 丸盆

39b 丸盆

40a お櫃

40b お櫃

41a 桑木地　内朱吸物椀

41b 桑木地　内朱吸物椀

42a 桑木地　内朱吸物椀

42b 桑木地　内朱吸物椀

46a 木地盆

43 黄色内朱蕎麦椀

46b 木地盆

44 黄色内朱蕎麦椀

47a 木地盆

45 欅拭漆盛器

47b 木地盆

48 木地盆

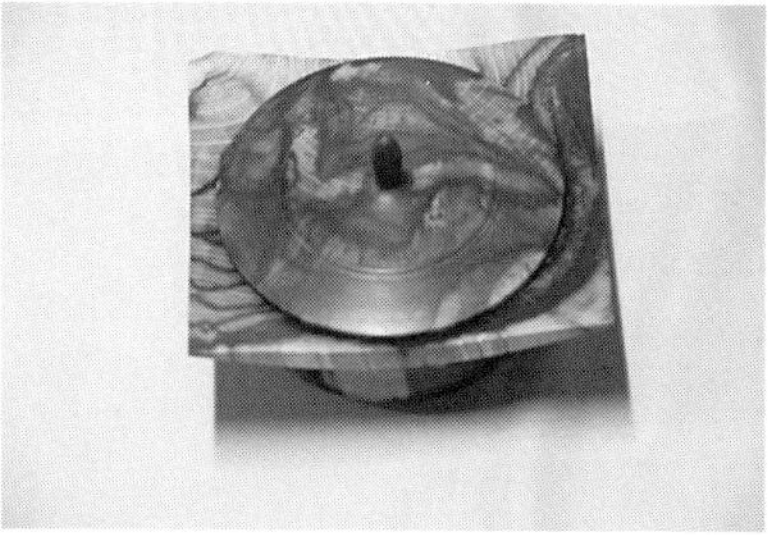

49 木地菓子入れ

50a 木地菓子入れ

50b 木地菓子入れ

51a 木地菓子入れ

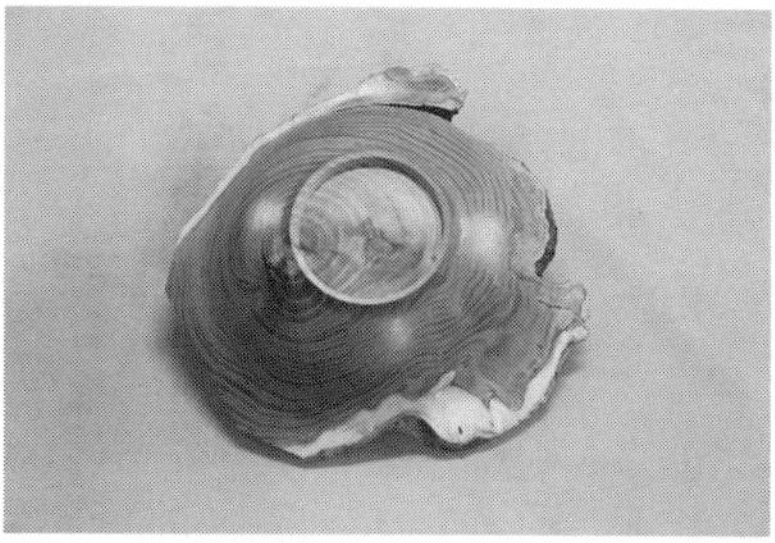

51b 木地菓子入れ

52a 蕎麦椀

52b 蕎麦椀

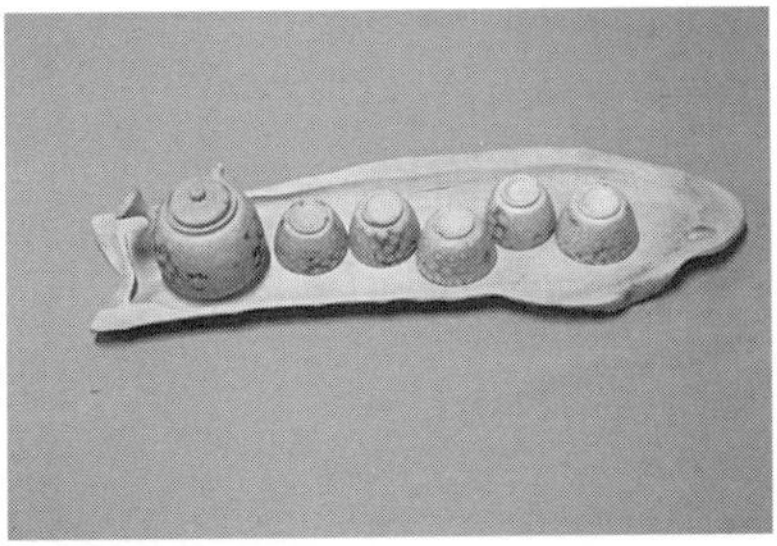

53 茶器セット

54a お櫃

54b お櫃

11 食生活

1　食器

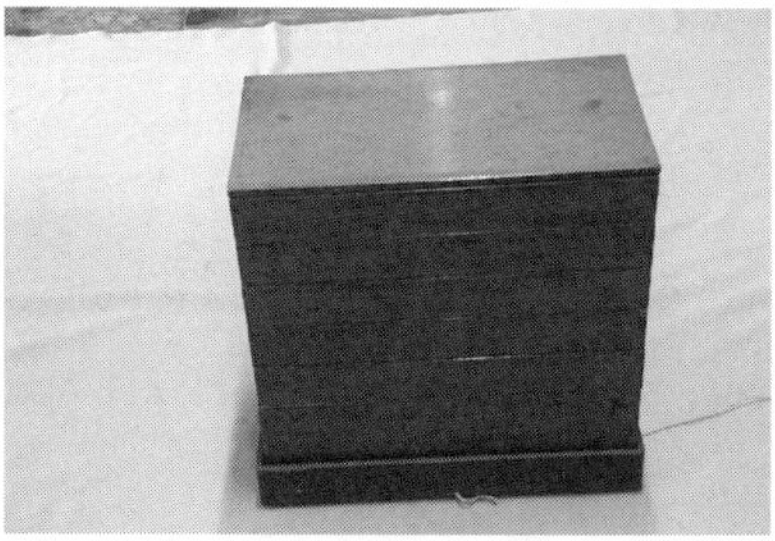
2a 破籠

1a 破籠

2b 破籠

1b 破籠

3a 破籠

3b 破籠

7 盆

4 汁つぎ

8 うどん食事用セット（4～7）

5 猪口（ちょこ）

9a 三つ丼

6 うどん鉢

9b 三つ丼

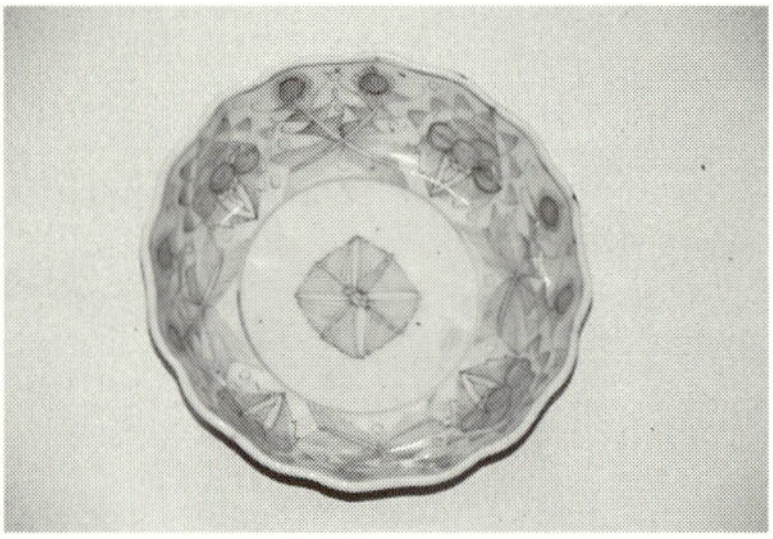

10 三つ丼

11d 茶通

11a 茶通（ちゃつ）

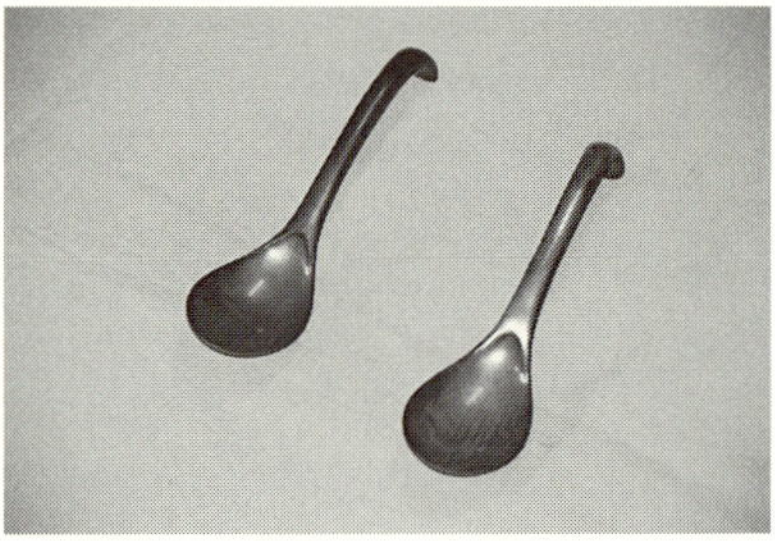

12a 杓（金属製）

11b 茶通

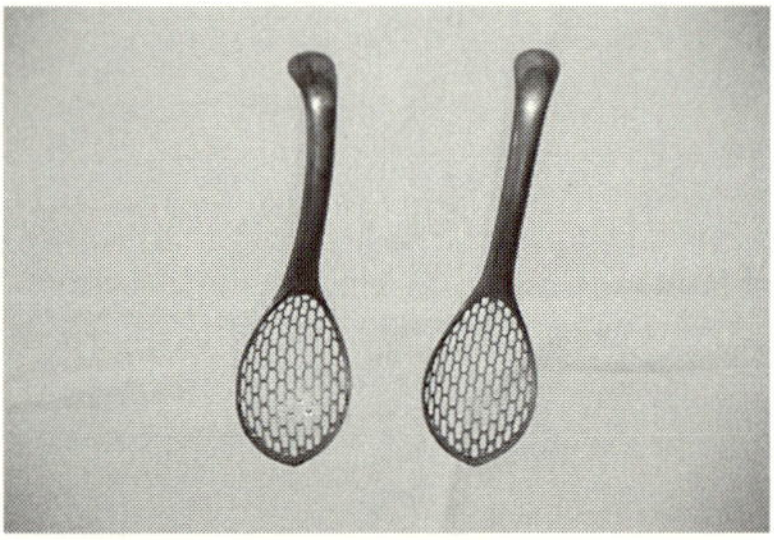

12b 杓

11c 茶通

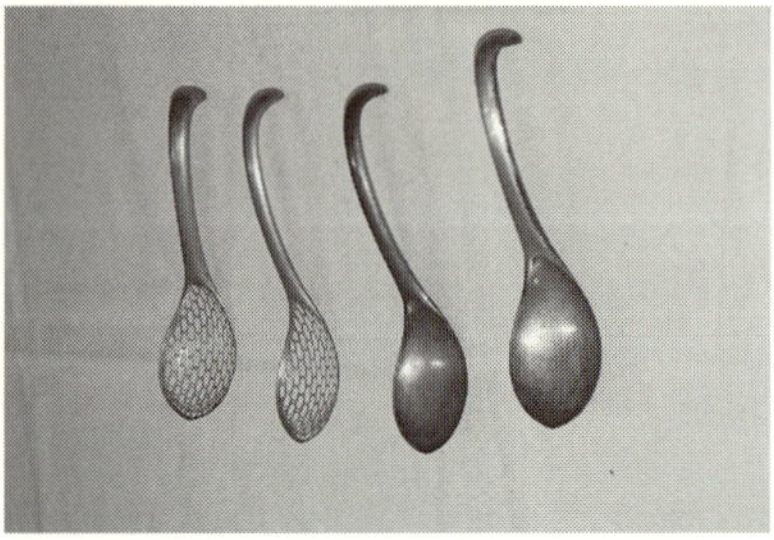

12c 杓

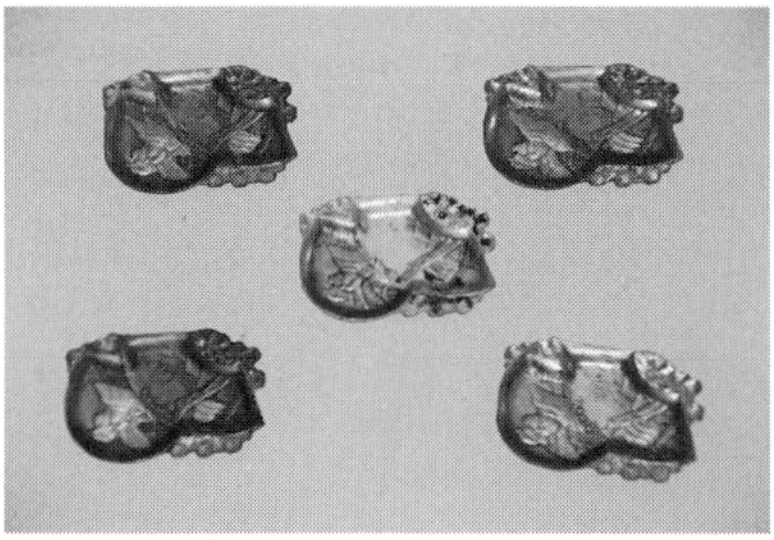

13 貝しゃもじ

14 貝しゃもじ

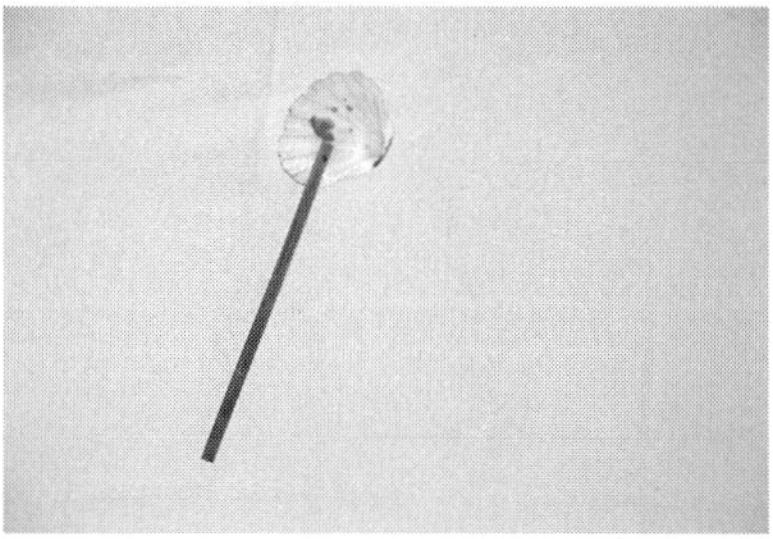

15a 貝しゃもじ

15b 貝しゃもじ

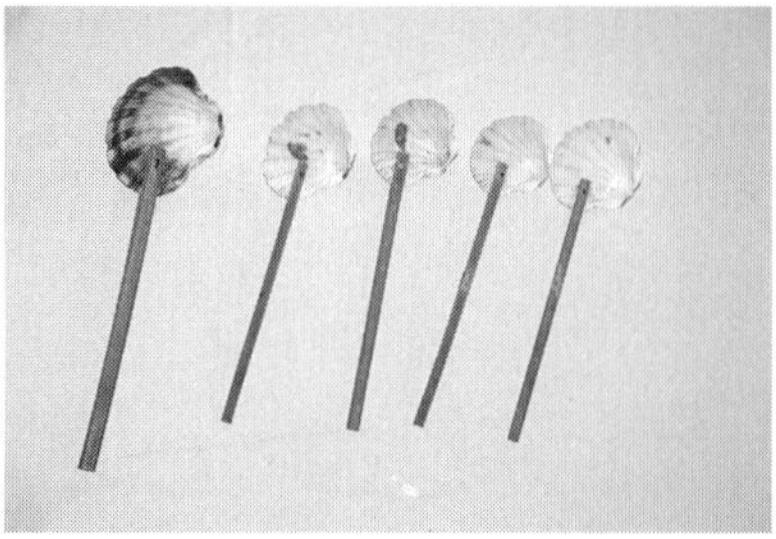

15c 貝しゃもじ

16 しゃもじ（木製・「豊川稲荷」）

17 皿

18a こね鉢

18b こね鉢

2　飯器

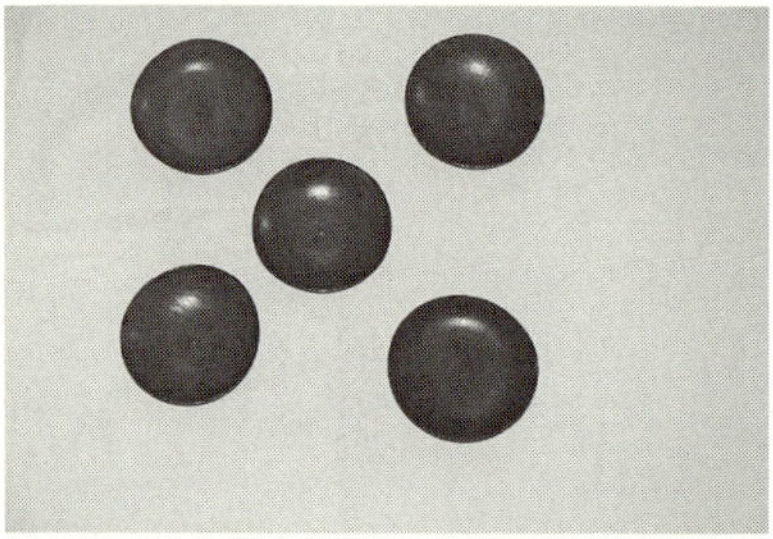

18c こね鉢

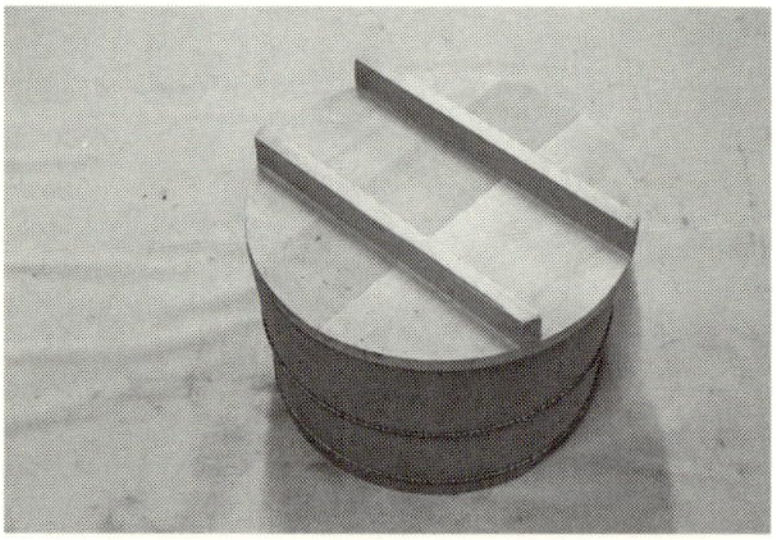

1a お櫃

19a こね鉢

1b お櫃

19b こね鉢

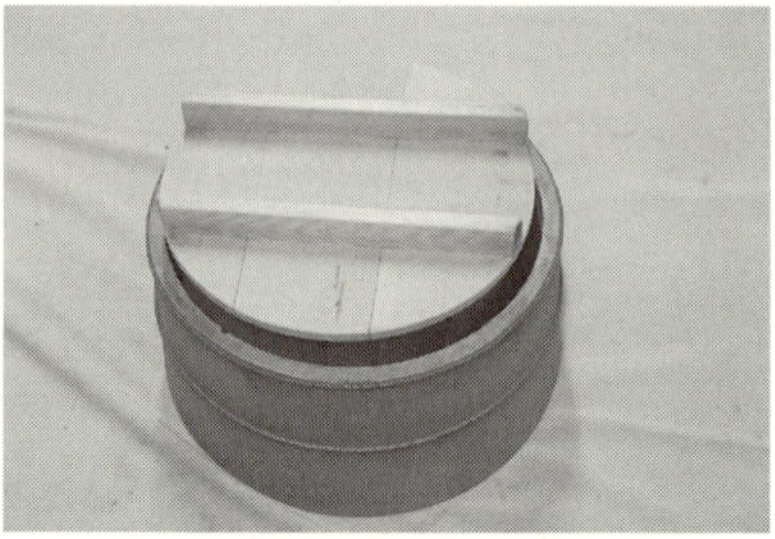

2 お櫃

3a くるみ

5b 塗櫃

3b くるみ

6 竹製お櫃

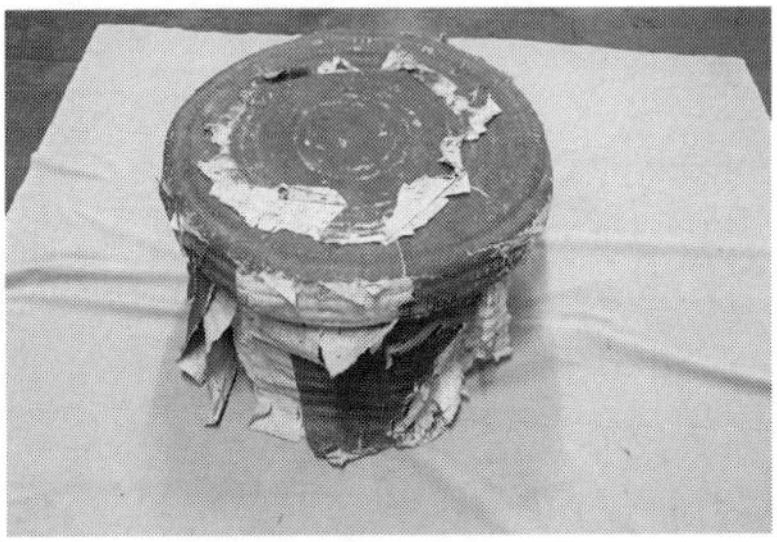

4 くるみ

7 竹製お櫃

5a 塗櫃（ぬりびつ）

8 夏用お櫃

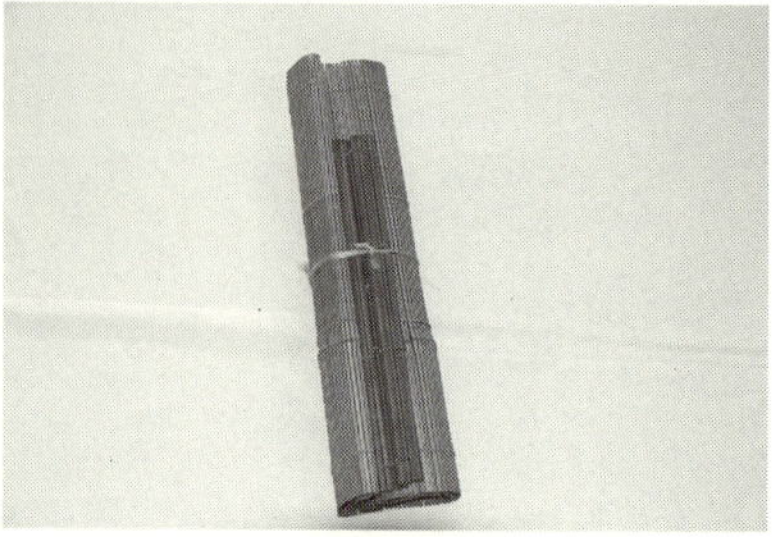

9 竹製お櫃かけ

3　弁当箱

1 そば重

2a 携帯用食事道具

2b 携帯用食事道具

3a 重箱

3b 重箱

3c 重箱

3d 重箱

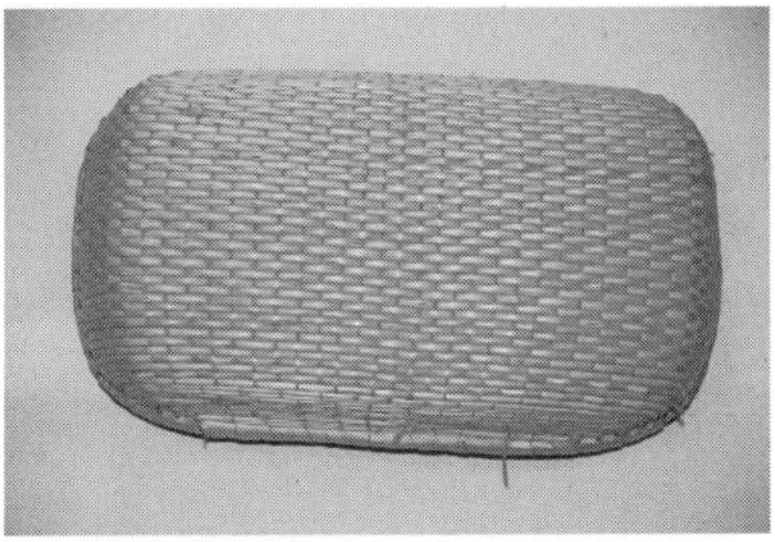

4 弁当箱

5a 弁当箱

5b 弁当箱

6a 弁当箱

6b 弁当箱

7a 弁当箱

7b 弁当箱

8a 弁当箱

10a 弁当箱

8b 弁当箱

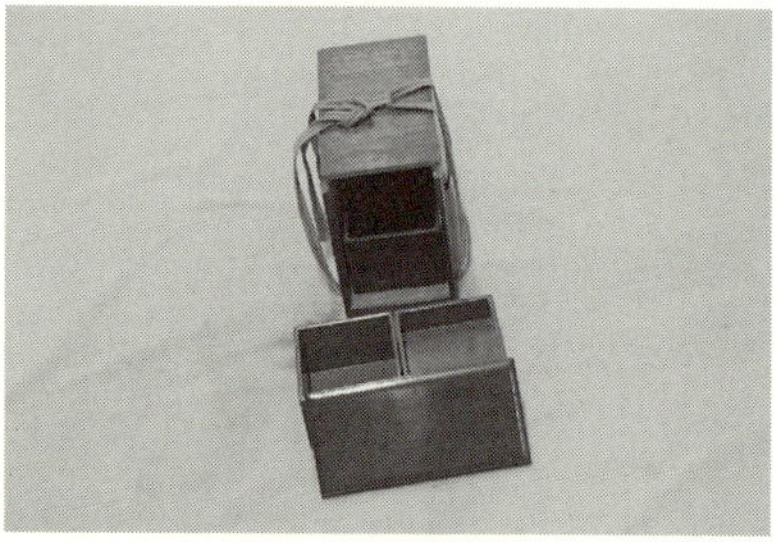

10b 弁当箱

9a 弁当箱

11a 弁当箱

9b 弁当箱

11b 弁当箱

12 漬物桶

13 漬物桶

4　調理調整用具

1 樽型いろり

2 煉炭焜炉（長方形）

3 煉炭焜炉（丸型）

4 炭火入れ（火消壺）

5 炊事用具

6 炊事用具

8b 大釜

7a 大釜

9 大釜

7b 大釜

10 大釜

8a 大釜

11 大釜

12 茶釜

13 茶釜

14 鉄瓶

15 鉄瓶

16 パン焼き器

17a 炒り鍋

17b 炒り鍋

18 鍋

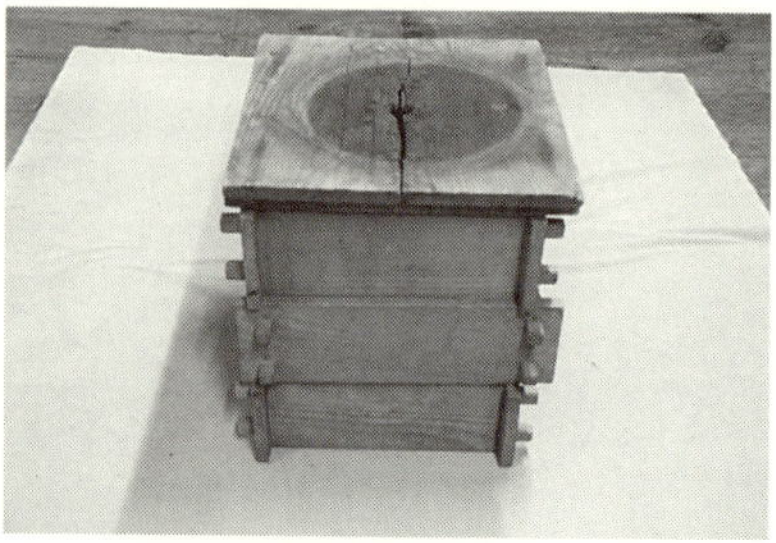
19 蒸籠（四角）

20 蒸籠（四角）

21 石臼

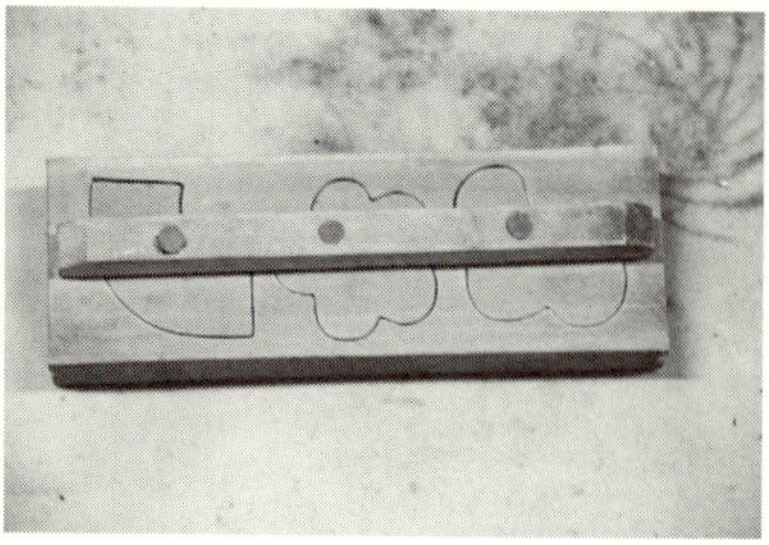
22 菓子枠

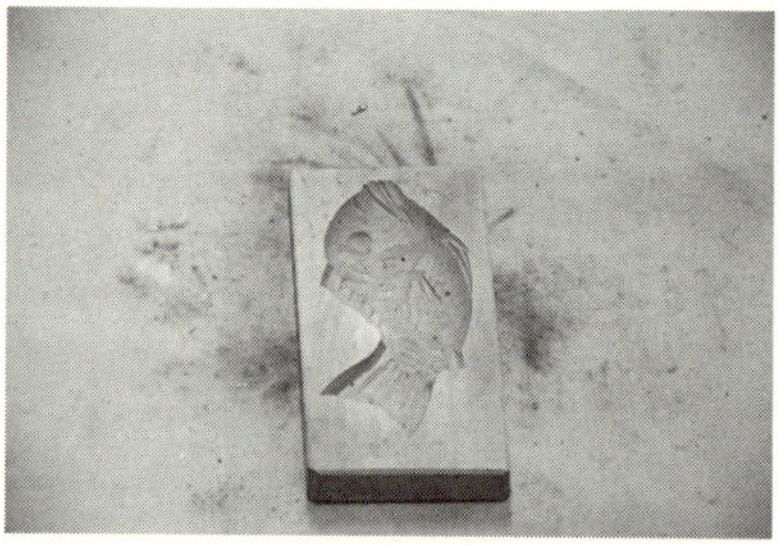
23 菓子枠

24 くりぬき盆

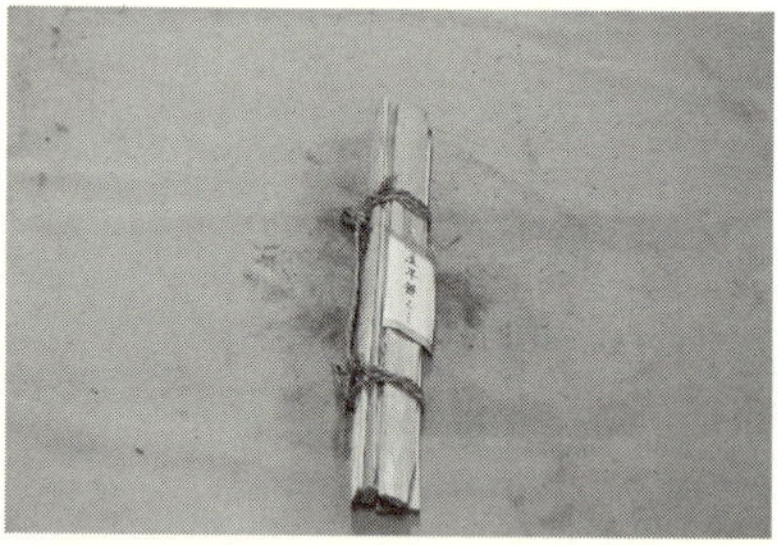
25 五平餅串

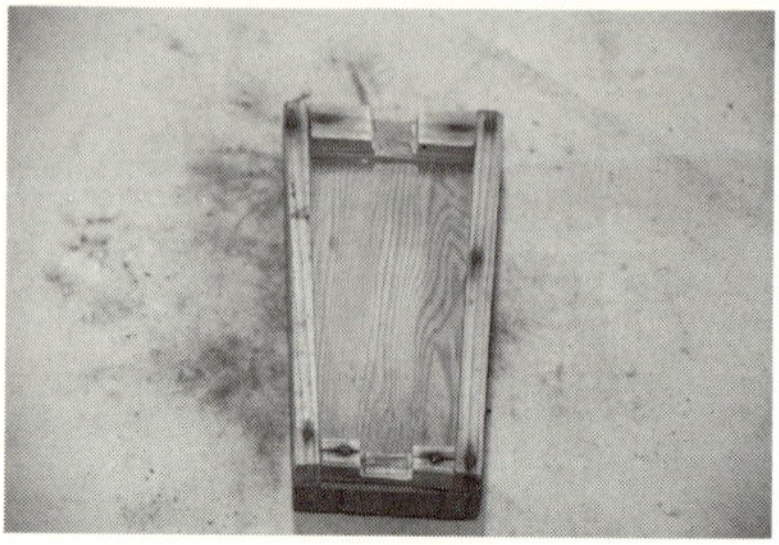
26 五平餅枠

27a のりあぶり

30a おかん用具

27b のりあぶり

30b おかん用具

28 焙烙（ほうろく）

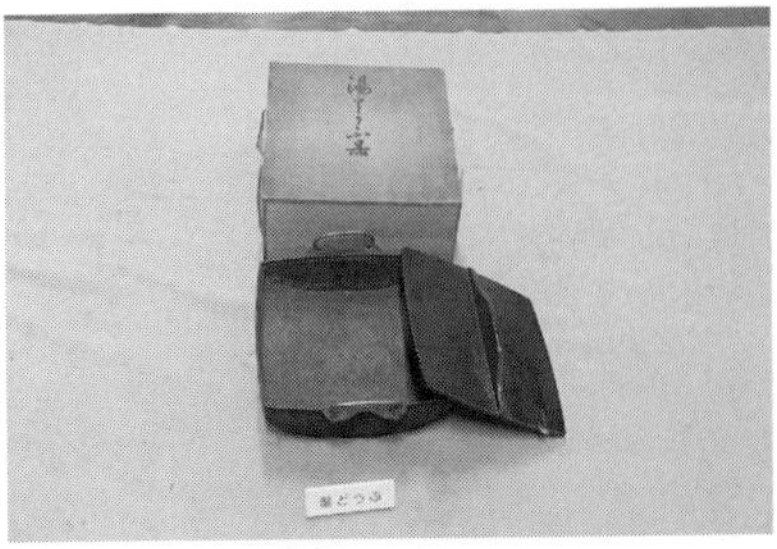

31 湯どうふ器

29 水焜炉（みずこんろ）

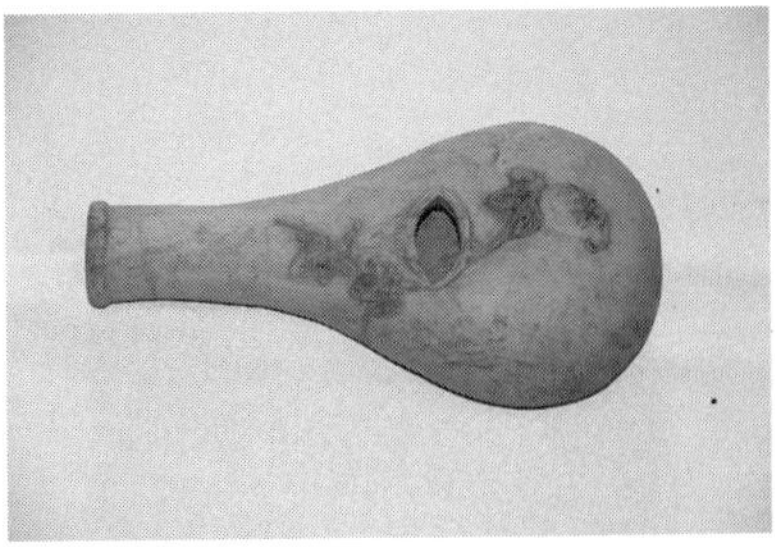

32 胡麻炒り

33 ろじ

37 しめ台

34 洗い桶

38 お櫃

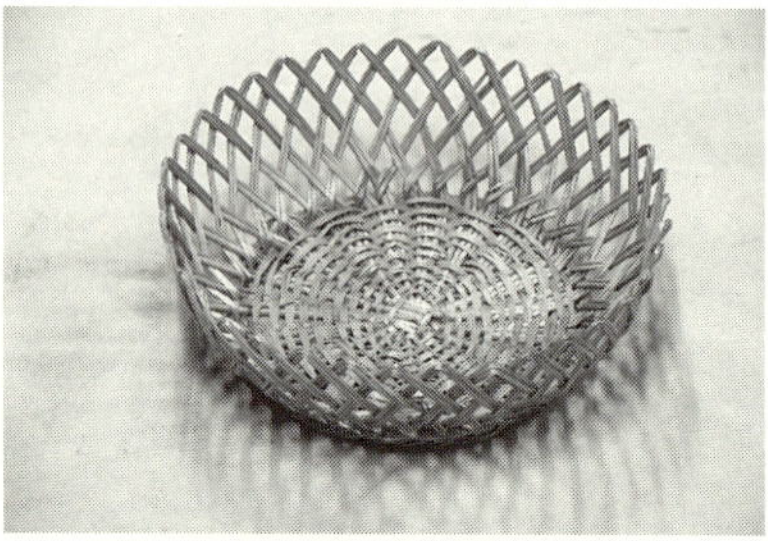

35 簑（やす）

39 おたま

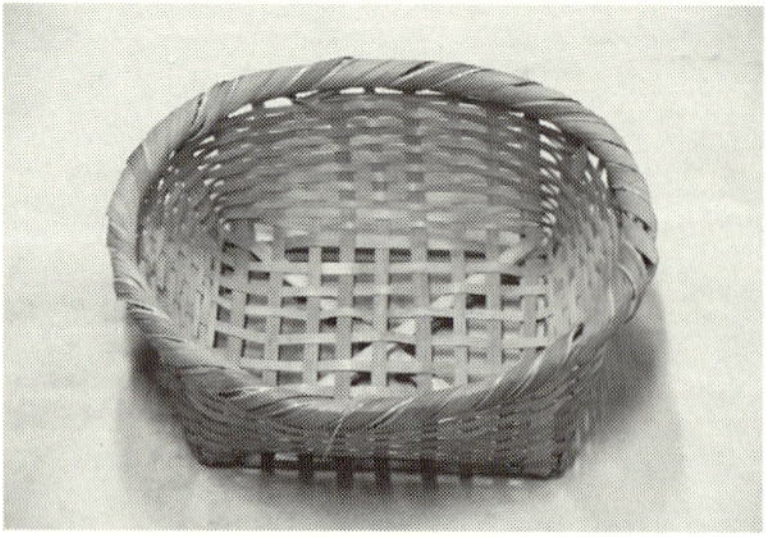

36 茶碗ふせざる

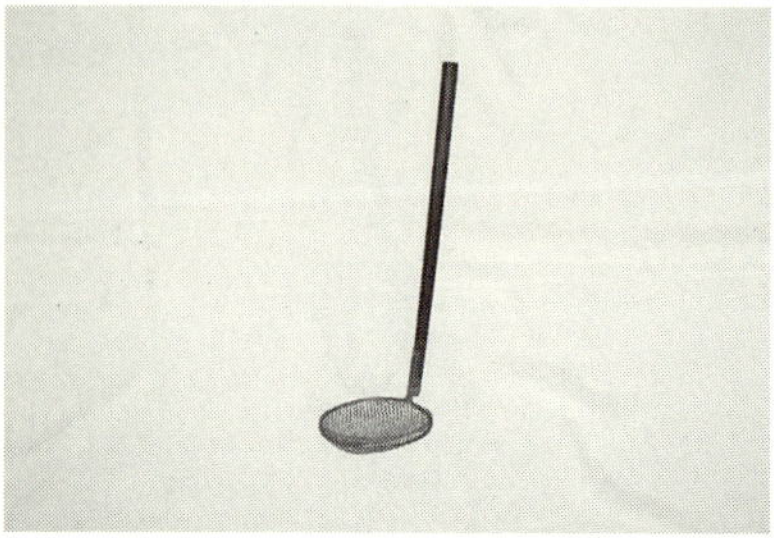

40 おたま

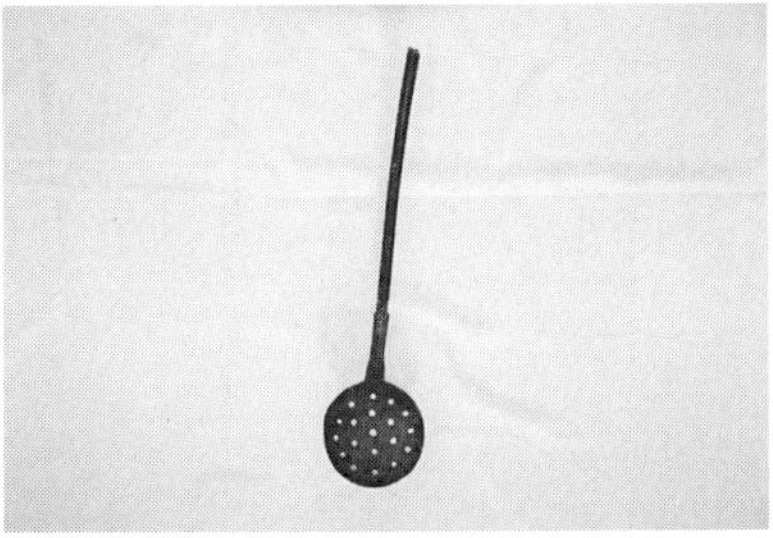

41 おたま

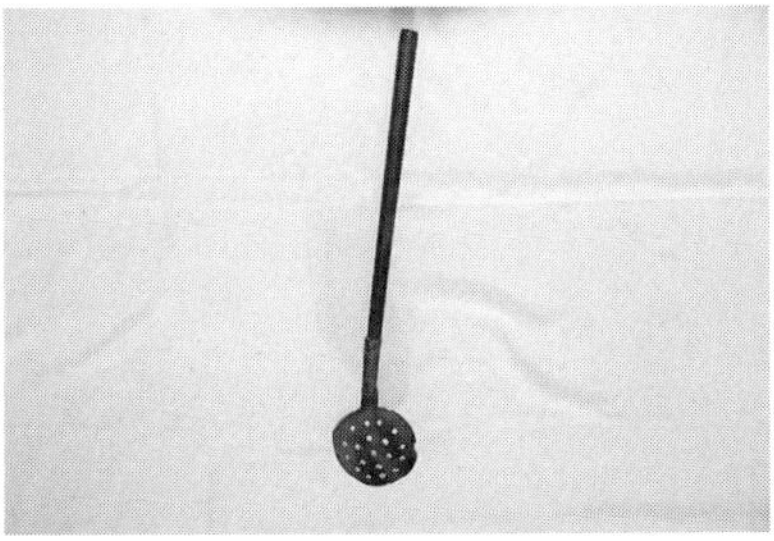

42 おたま

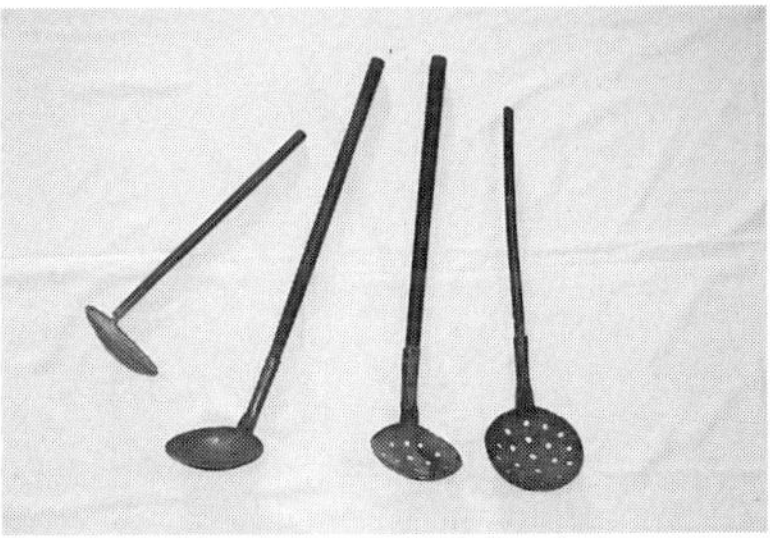

43 おたま（39〜42）

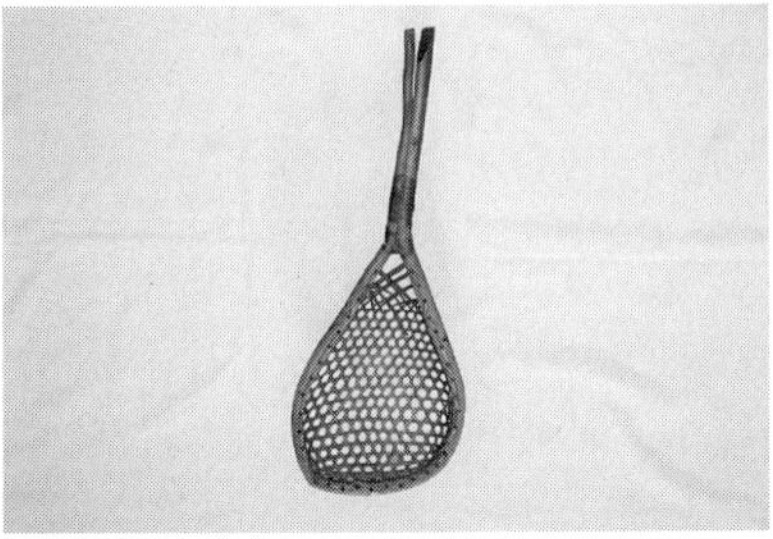

44 うどん掬い

45 五つ鉢

46 七つ鉢

47 摺り鉢

48 篩

49a 食籠（なしぶた）

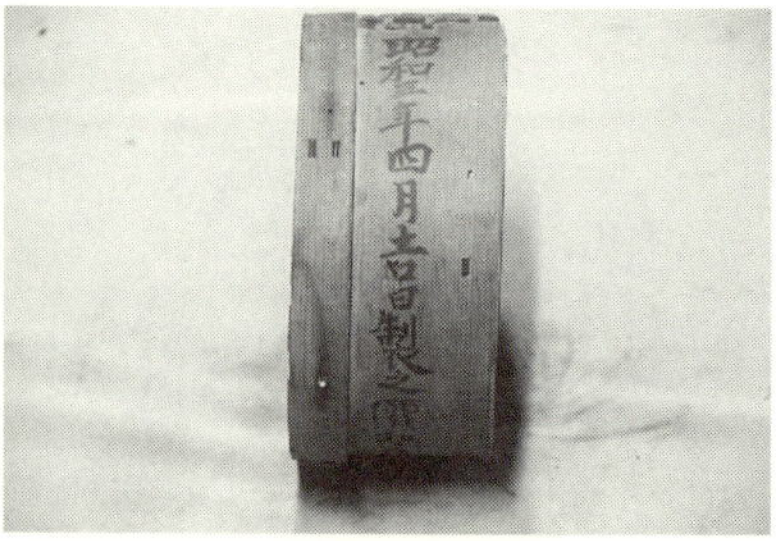
52 フルイ

49b 食籠

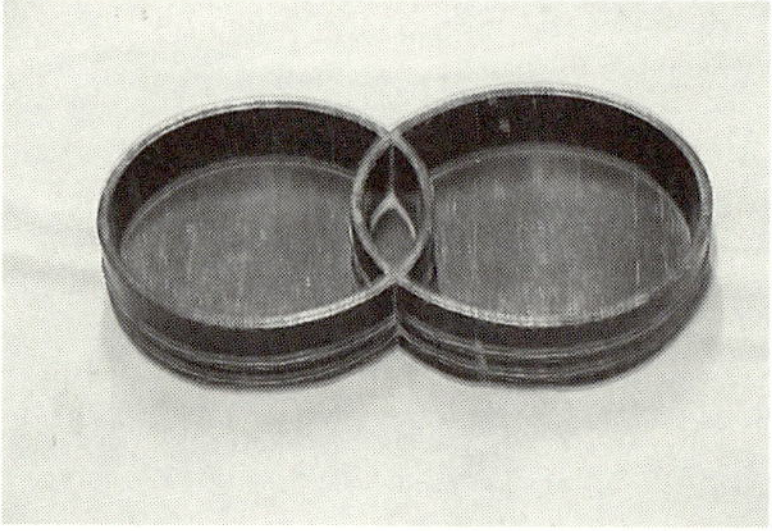
53 鉢

50 曲げ物（重ね鉢）

5　膳卓類

51 曲げ物（重ね鉢）

1a 箱膳

1b 箱膳

3b 箱膳

2a 箱膳

4a 箱膳

2b 箱膳

4b 箱膳

3a 箱膳

5a 箱膳

5b 箱膳

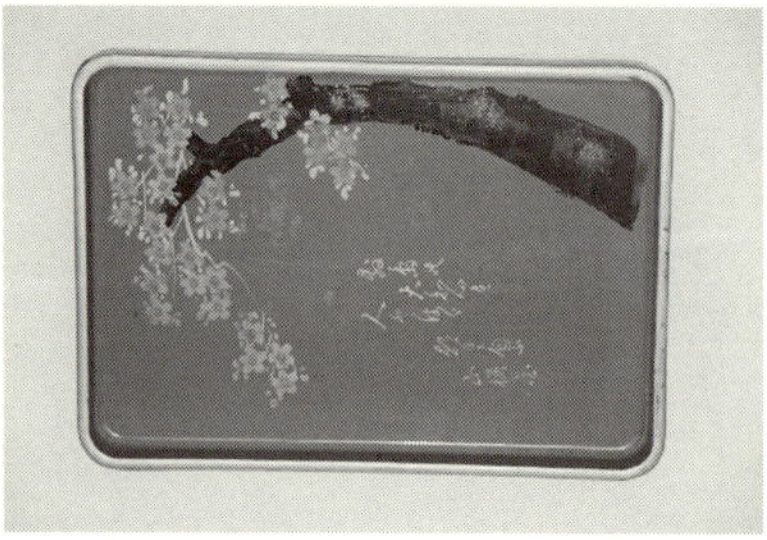

6 盆

7 盆

8 盆

9 盆

6 嗜好品

1 茶壺（信楽焼）

2 茶壺（信楽焼）

3a 茶びつ

3b 茶びつ

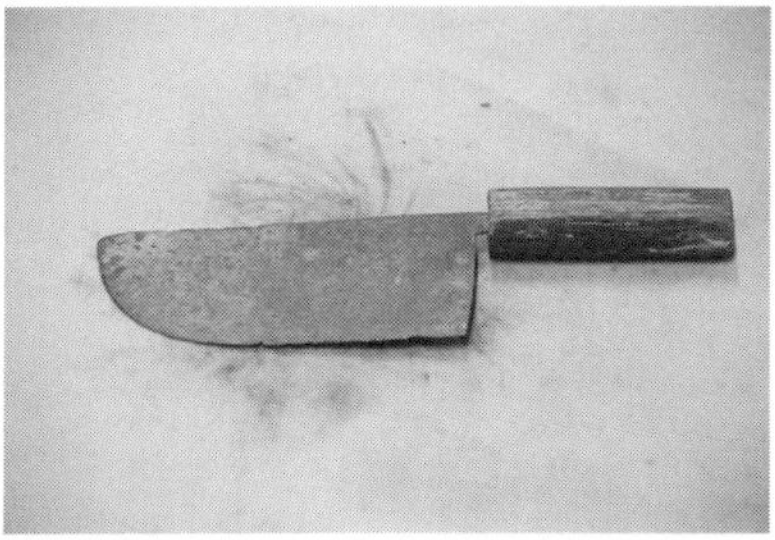

4a 煙草切り

4b 煙草切り

4c 煙草切り

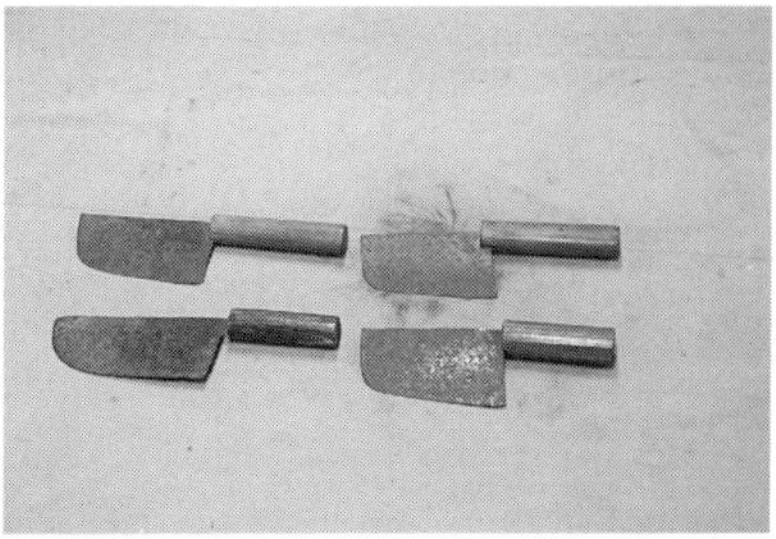

4d 煙草切り

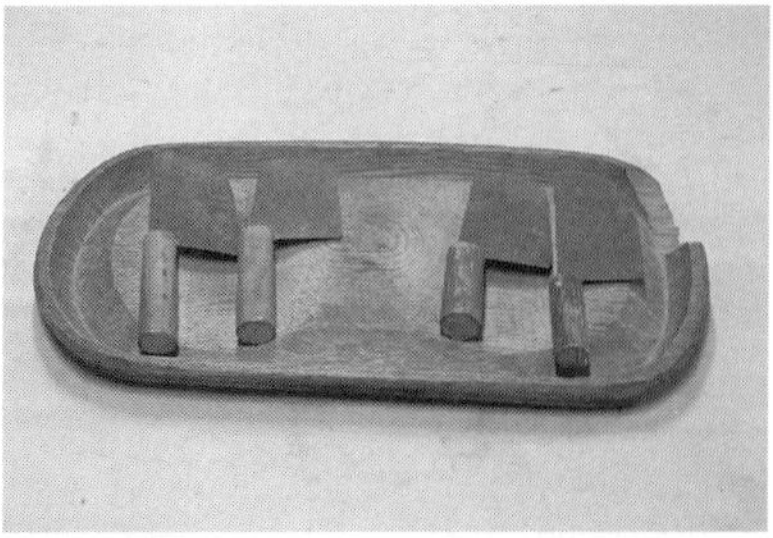

4e 煙草切り

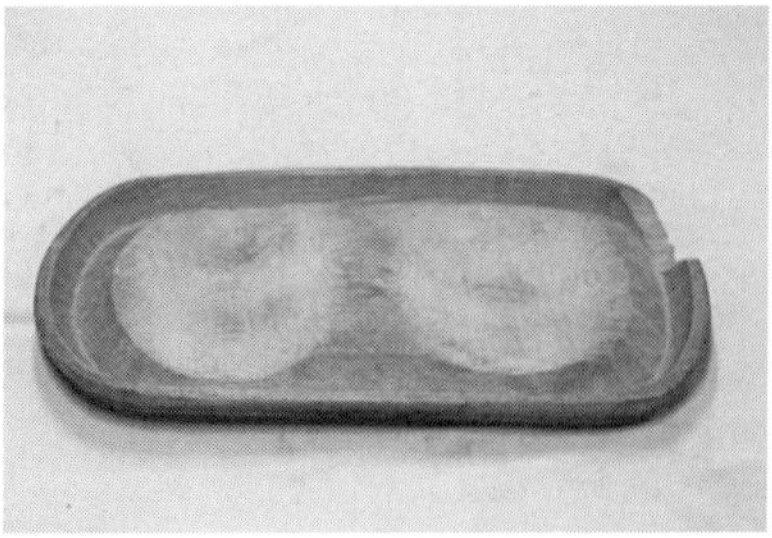

4f 煙草切り

5a 茶器

5b 茶器

5c 茶器

5d 茶器

5e 茶器

6a 匏徳

6b 匏徳

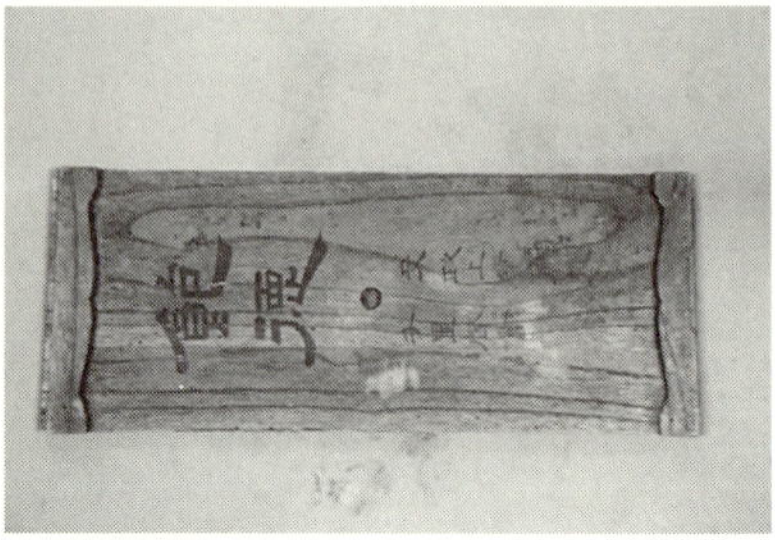
6c 匏徳

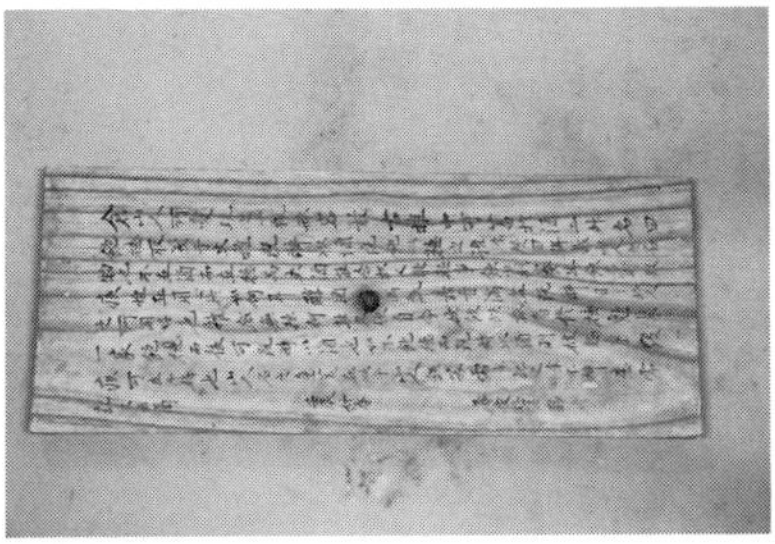

6d 飽徳

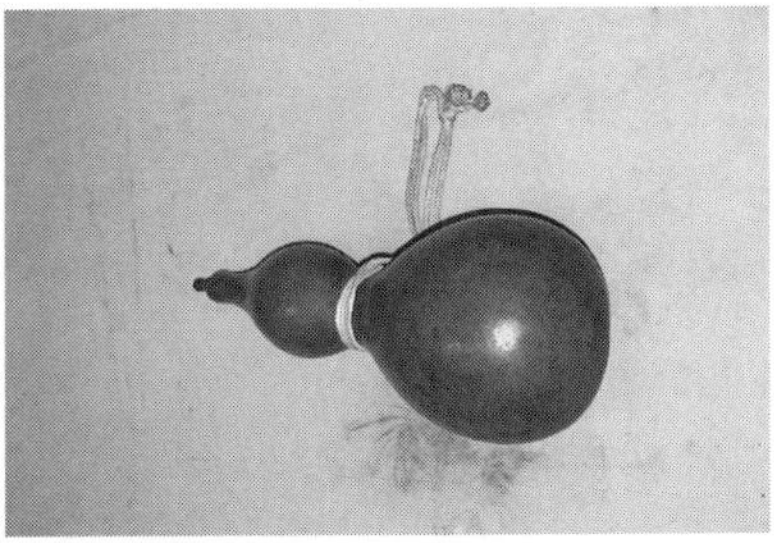

6e 飽徳

6f 飽徳

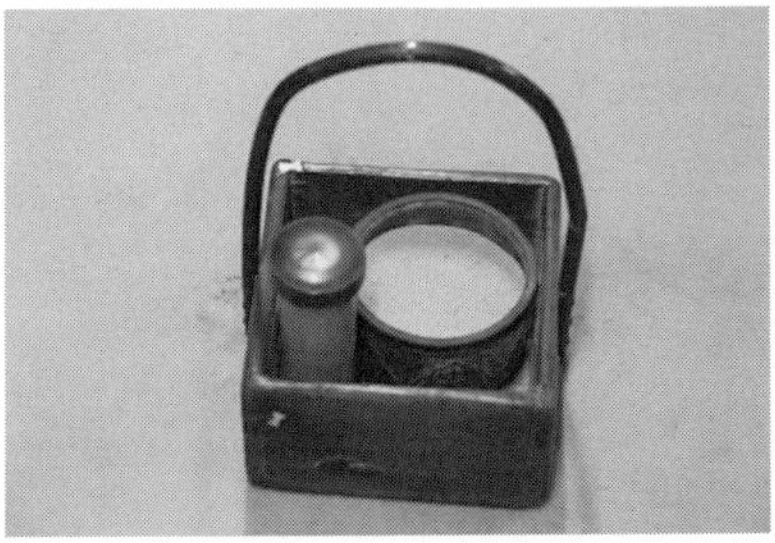

7 煙草盆

8 煙草盆

9 煙草盆

10 煙草盆

11 煙草盆

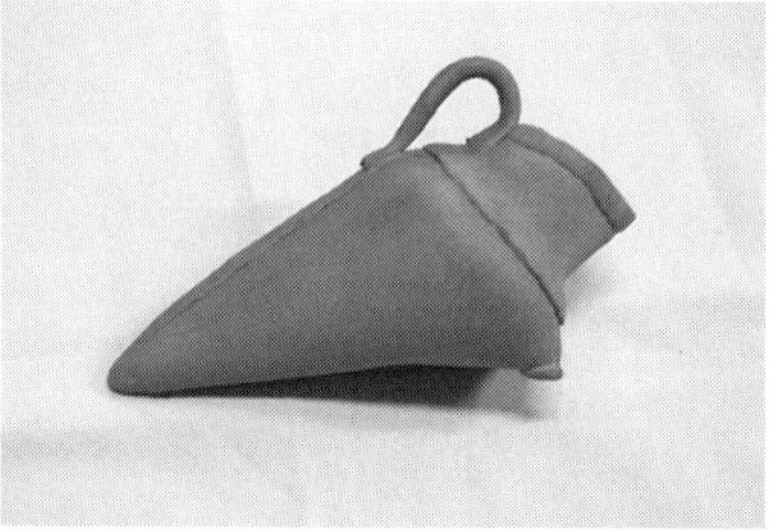

12 いびりかん

13 煙管と煙草入れ

14a 燗壜（かんびん）

14b 燗壜

15 盃洗

16 木杯

17 湯桶

18 湯桶

7　盆

4 盆

1 片口

5 盆

2 盆

6 盆

3 盆

7 盆

8 盆

12 盆

9 盆

13 盆

10 盆

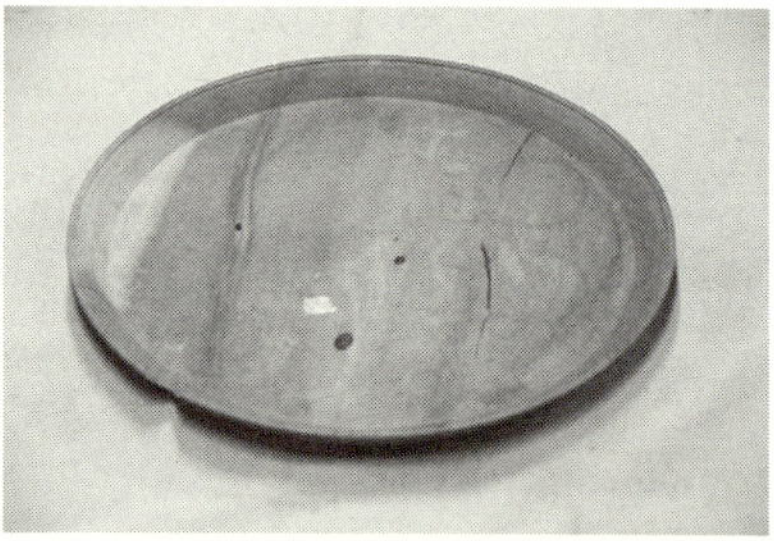
14 盆

11 盆

15 盆

16 盆

17 盆

18 盆

19 盆

20 盆

21 盆

22 盆

23 盆

24 盆

28 盆

25 盆

29 盆

26 盆

30 盆

27 盆

31 盆

32 盆

33 盆

34 盆

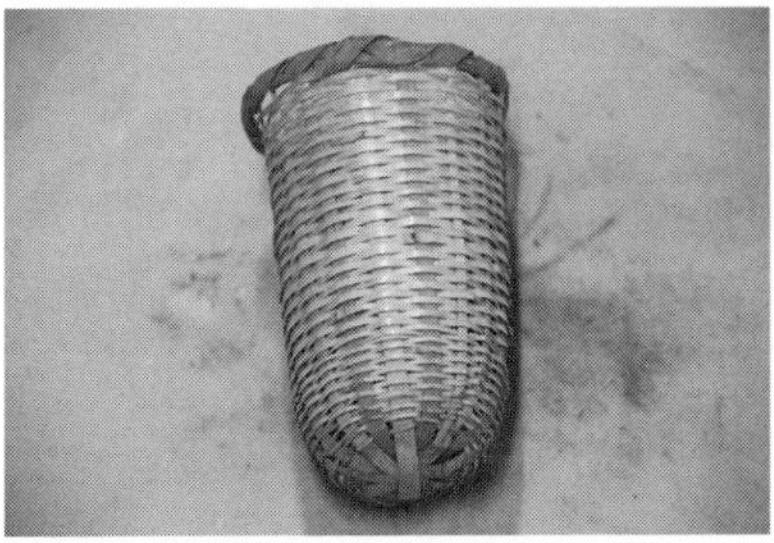
35 びく

36 枡

37 枡

38 枡

39 ねり鉢

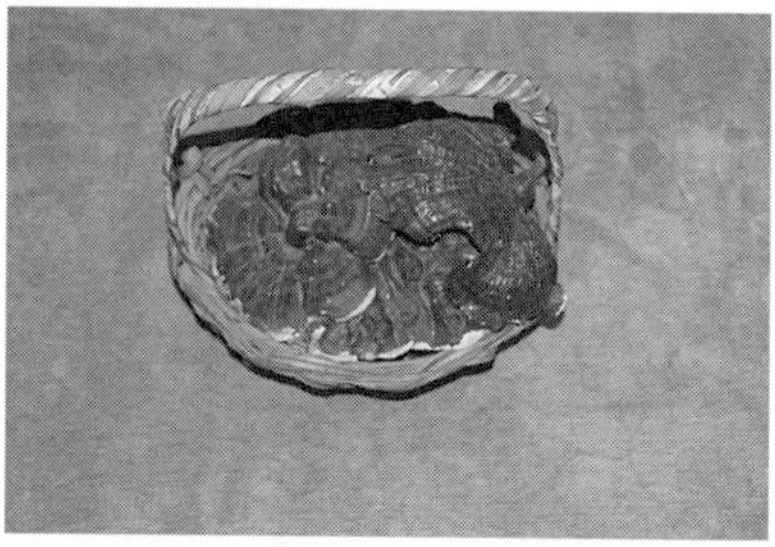

40 万年茸（盆として利用）

民 具 目 録

1　住　居

1－1　照明具

1－1－1　小田原提灯
1－1－2　弓張り提灯
1－1－3　手燭
1－1－4　手燭
1－1－5　手燭
1－1－6　手燭
1－1－7　燭台
1－1－8　燭台
1－1－9　燭台
1－1－10　民芸風燭台
1－1－11　しんちゅう燭台
1－1－12　銅燭台（別府細工）
1－1－13　ランプ
1－1－14　ランプ
1－1－15　石油蒸気ランプ
1－1－16　石油ランプ
1－1－17　石油ランプ
1－1－18　カンテラ
1－1－19　吊りランプ
1－1－20　吊りランプ
1－1－21　行灯
1－1－22　行灯
1－1－23　灯明つけ具

1－2　暖房具

1－2－1　長火鉢
1－2－2　足炉
1－2－3　炭入れ
1－2－4　台じゅう
1－2－5　台じゅう
1－2－6　火箸
1－2－7　五徳
1－2－8　練炭おこし
1－2－9　十能
1－2－10　炭びつ
1－2－11　置きこたつ
1－2－12　置きこたつ
1－2－13　手あぶり
1－2－14　手あぶり
1－2－15　火鉢
1－2－16　湯たんぽ
1－2－17　猫こたつ
1－2－18　猫こたつ
1－2－19　足温器
1－2－20　いろり（自在鉤・火消壺）

1－3　収納具

1－3－1　唐びつ
1－3－2　小ダンス
1－3－3　柳行李
1－3－4　乱小箱
1－3－5　信玄袋

1－4　花　器

1－4－1　花器
1－4－2　花器
1－4－3　花器
1－4－4　釣瓶型花器
1－4－5　大竹花挿（箱）

1－5　寝具その他

1－5－1　箱枕

1－5－2　箱枕
1－5－3　箱枕
1－5－4　箱枕
1－5－5　箱枕
1－5－6　箱枕
1－5－7　箱枕
1－5－8　陶器製枕
1－5－9　陶器製箱枕
1－5－10　蚊帳のつりて
1－5－11　ふとんたたき
1－5－12　蚊帳
1－5－13　麻のれん
1－5－14　涼具
1－5－15　涼具
1－5－16　うちわ
1－5－17　うちわ
1－5－18　うちわ
1－5－19　うちわ
1－5－20　小机

1－6　屋根瓦

1－6－1　屋根瓦

2　人生儀礼

2－0－1　古橋家先祖祭使用膳及楪子
2－0－2　古橋家定紋付膳椀
2－0－3　霊膳供用膳椀
2－0－4　五十年祭・百年祭使用皆朱膳椀
2－0－5　広蓋
2－0－6　広蓋
2－0－7　大鉢台
2－0－8　食籠
2－0－9　硯蓋
2－0－10　硯蓋
2－0－11　高足重
2－0－12　重箱
2－0－13　重箱
2－0－14　盃台
2－0－15　盃
2－0－16　盃
2－0－17　蛤形肴入れ
2－0－18　脚付盆
2－0－19　烏帽子
2－0－20　重箱にかける袱紗
2－0－21　油箪
2－0－22　守袋
2－0－23　初着
2－0－24　喪家提灯
2－0－25　かつぎ
2－0－26　打掛（黒縮緬五つ紋花文縫文様・明治初年）
2－0－27　銚子
2－0－28　角樽
2－0－29　角樽
2－0－30　袖樽（又は指だる）
2－0－31　酒樽（「屋内喜多留」）

3　民俗知識

3－1　教育用具

3－1－1　明治期尋常小学校筆記具（石筆・消布）
3－1－2　庭順往来　享保２年正月吉日　村上勘兵衛板行　文政申年　暉皃
3－1－3　渡辺崋山画「一掃百態」寺小屋の図

3－2　医療用具

3－2－1　薬籠
3－2－2　蘭引き（瀬戸製）
3－2－3　大山式吸入器
3－2－4　薬タンス

3-3　暦

3-3-1　選方明鑑（平安藤村南峯信安著）
3-3-2　文化十四年丁牛暦（伊勢暦）
3-3-3　種まき鑑（明治13年）
3-3-4　早見年中晴雨考（文久３年）
3-3-5　木材標本（木鑑）
3-3-6　唐時鐘平面日時計
3-3-7　唐時計

4　年中行事

4-1　調理用具

4-1-1　柄だわ
4-1-2　のし棒・のし板
4-1-3　豆腐製造用具
4-1-4　豆腐製造用具

4-2　節句飾

4-2-1　節句幟
4-2-2　節句幟
4-2-3　節句幟
4-2-4　節句幟
4-2-5　節句用膳椀

4-3　里帰り雛

4-3-1　里帰り雛
4-3-2　里帰り雛
4-3-3　里帰り雛

4-4　十二支飾皿
（加賀山代窯・九谷美陶園寄贈）

4-4-1　子
4-4-2　丑
4-4-3　丑
4-4-4　寅
4-4-5　寅
4-4-6　卯
4-4-7　卯
4-4-8　辰
4-4-9　辰
4-4-10　巳
4-4-11　午
4-4-12　未
4-4-13　申
4-4-14　酉
4-4-15　戌
4-4-16　亥

4-5　十二支陶器
（瀬戸松葉窯・太田銅吉氏寄贈）

4-5-1　子・恵比寿大黒
4-5-2　丑
4-5-3　寅
4-5-4　卯・布袋
4-5-5　辰・観音
4-5-6　巳・亀
4-5-7　午
4-5-8　未
4-5-9　申
4-5-10　酉
4-5-11　戌
4-5-12　亥

5　社会生活

5-1　防災用具

5-1-1　防災頭巾
5-1-2　電灯遮光用カバー
5-1-3　わらじ
5-1-4　非常用持出し箱
（足袋・水籠など入れ）
5-1-5　水籠
5-1-6　水籠

5－1－7　鉄かぶと（ヘルメット）
5－1－8　放水用具
5－1－9　放水用具
5－1－10　防火用具
5－1－11　非常用提灯
5－1－12　非常用提灯
5－1－13　提灯（金属製）
5－1－14　ポンプ
5－1－15　ポンプ

5－2　備荒貯蔵食品

5－2－1　備荒米
5－2－2　備荒米
5－2－3　備荒米
5－2－4　備荒米
5－2－5　備荒乾草
5－2－6　備荒乾草
5－2－7　備荒乾草
5－2－8　備荒あらめ
5－2－9　備荒あらめ
5－2－10　備荒梅干
5－2－11　備荒わらび粉
5－2－12　備荒竹の実
5－2－13　備荒小豆
5－2－14　備荒小豆
5－2－15　備荒乾鏡餅
5－2－16　備荒凍餅
5－2－17　備荒乾餅
5－2－18　備荒栗
5－2－19　備荒精栗
5－2－20　備荒黍
5－2－21　備荒蕎麦
5－2－22　備荒蕎麦
5－2－23　備荒朝鮮稗
5－2－24　備荒わらびの乾葉
5－2－25　備荒糯籾
5－2－26　備荒籾
5－2－27　備荒籾
5－2－28　貯穀玄米

6　広告・商業

6－1　看板・広告

6－1－1　看板（「愛知県北設楽郡稲橋大字稲橋　味噌溜製造場　古橋源六郎」）
6－1－2　看板（「醤油有」）
6－1－3　看板（「味淋酎」）
6－1－4　看板（表「毛路はく」）（裏「毛路白」）
6－1－5　看板（表「焼酎」）（裏「本直し」）
6－1－6　看板（「三楚有」）
6－1－7　看板（「古橋源六郎宿」）
6－1－8　看板（「古橋源六郎休」）
6－1－9　広告
6－1－10　広告
6－1－11　広告
6－1－12　広告
6－1－13　広告
6－1－14　広告

6－2　計算・計量用具

6－2－1　金銭登録機
6－2－2　算盤
6－2－3　算盤（裏「いちい香油　岡伊製油所」）
6－2－4　算盤
6－2－5　算盤
6－2－6　整理箱
6－2－7　算盤（十露盤）
6－2－8　かけ硯
6－2－9　銭枡
6－2－10　銭枡
6－2－11　銭枡
6－2－12　銭枡

6－2－13　銭枡
6－2－14　貯金箱
6－2－15　銭箱
6－2－16　大福帳　算盤入れ
6－2－17　一斗枡（丸）
6－2－18　一斗枡（角）
6－2－19　帳簿裁判専用書類入れ（大正６年11月　古橋本店）
6－2－20　ものさし
6－2－21　棹ばかり
6－2－22　棹ばかり
6－2－23　棹ばかり
6－2－24　分銅
6－2－25　分銅
6－2－26　分銅

6－3　ラベル・印鑑

6－3－1　伝票版木
6－3－2　十行色板（「六月東屋敷」）
6－3－3　十行色板（「古橋氏」）
6－3－4　十行色板
6－3－5　十行色板
6－3－6　送券　版木
6－3－7　図面
6－3－8　酒ラベル「神寿」
6－3－9　酒ラベル（「玉芝」）
6－3－10　味淋ラベル（「玉乃緒」）
6－3－11　酒ラベル（「神寿」）
6－3－12　酒度数ラベル
6－3－13　伝票
6－3－14　キャップラベル
6－3－15　酒荷札
6－3－16　通帳（通し「現金酒之通」）
6－3－17　商標印鑑
6－3－18　印鑑（「奥三河古橋」）
6－3－19　印鑑（「古橋源六郎」）
6－3－20　印鑑（「速達」）
6－3－21　印鑑（「書留」）
6－3－22　印鑑（「親展」）
6－3－23　印鑑（「至急」）
6－3－24　印鑑（「消」）
6－3－25　印鑑
6－3－26　焼印
6－3－27　焼きコテ

6－4　版　木

6－4－1　版木・摺物（英仏会話篇）
6－4－2　版木・摺物（英仏会話篇）

7　交通・運搬

7－1　籠

7－1－1　弁当箱
7－1－2　弁当籠
7－1－3　おかもち
7－1－4　江戸脚絆
7－1－5　大津脚絆
7－1－6　荷物籠
7－1－7　荷物籠
7－1－8　信玄袋
7－1－9　かばん
7－1－10　籠
7－1－11　バケット
7－1－12　手提げ
7－1－13　瓢箪徳利
7－1－14　道中わりご
7－1－15　手提げ袋
7－1－16　携帯用茶道具箱
7－1－17　小物入れ
7－1－18　手提げ
7－1－19　手提げ
7－2－20　背板（しょいた）

7－2　履き物

7－2－1　鐙

7－2－2　馬のはきもの
7－2－3　馬のはきもの
7－2－4　馬のわら靴
7－2－5　馬のかなぐつ
7－2－6　鞍（安若刻印あり）
7－2－7　水筒

8　衣生活

8－1　着　物

8－1－1　羽織・袴
8－1－2　羽織・袴
8－1－3　雨合羽
8－1－4　胴当て

8－2　化粧用具

8－2－1　柄鏡
8－2－2　柄鏡（「藤原光授」）
8－2－3　柄鏡
8－2－4　柄鏡
8－2－5　手鏡
8－2－6　手鏡
8－2－7　手鏡
8－2－8　手鏡
8－2－9　手鏡
8－2－10　手鏡
8－2－11　手鏡
8－2－12　手鏡
8－2－13　耳盥
8－2－14　金盥
8－2－15　鏡台
8－2－16　鏡台
8－2－17　鏡台
8－2－18　鏡台
8－2－19　鏡台

8－3　裁縫・洗濯用具

8－3－1　手織り機
8－3－2　手織り機（請合　矢作茶屋町西橋屋伝次郎　大伝）
8－3－3　手織り機
8－3－4　手織り機
8－3－5　手織り着物
8－3－6　手織り着物
8－3－7　行李
8－3－8　針箱
8－3－9　針箱
8－3－10　針箱
8－3－11　火熨斗・鏝
8－3－12　御裁縫鏝（アイロン）
8－3－13　アイロン（東芝電気アイロン）
8－3－14　アイロン（東芝スチームアイロン）
8－3－15　アイロン（東芝スチームアイロン）
8－3－16　へら台
8－3－17　盥（たらい）
8－3－18　洗濯板
8－3－19　伸子張具
8－3－20　砧
8－3－21　ふのり
8－3－22　洗濯挟み
8－3－23　絎（くけ）台
8－3－24　絎（くけ）台
8－3－25　絎（くけ）台

8－4　履き物・かぶりもの

8－4－1　カンカン帽
8－4－2　菅笠
8－4－3　菅笠
8－4－4　檜笠
8－4－5　陣笠
8－4－6　陣笠
8－4－7　下駄スケート（イリヤマ古橋家ではイリヤマと称

していいる）
8-4-8　雪靴
8-4-9　草鞋
8-4-10　草鞋
8-4-11　草鞋
8-4-12　竹皮草履
8-4-13　ばうち
8-4-14　爪皮
8-4-15　雨下駄
8-4-16　木沓

9　生産・生業

9-1　染織・機織用具

9-1-1　反物巻
9-1-2　かなもどき
9-1-3　あそびかざり
9-1-4　おさ
9-1-5　めがね
9-1-6　くだ箱
9-1-7　ひ
9-1-8　あぜ竹
9-1-9　裁ち台
9-1-10　かなもどき
9-1-11　かなもどき
9-1-12　かなもどき
9-1-13　筬通し（おさ通し）
9-1-14　縢の繊維裁着（たっつけ）
9-1-15　あそひかけ台
9-1-16　織り付け棒
9-1-17　伸子（しんし）
9-1-18　わく
9-1-19　糸巻き車
9-1-20　縞帳と縞布見本
9-1-21　縞帳
9-1-22　縞帳
9-1-23　縞手本
9-1-24　縞布見本
9-1-25　縞布見本
9-1-26　裂織
9-1-27　麻糸
9-1-28　座繰り
9-1-29　座繰り

9-2　酒造用具

9-2-1　瓶
9-2-2　瓶
9-2-3　陶器酒造樽（「神寿」）
9-2-4　陶器酒造樽（「神寿」）
9-2-5　陶器酒造樽（「神寿」）
9-2-6　大綱
9-2-7　大綱
9-2-8　看板（「三楚有」）
9-2-9　手桶
9-2-10　酒造樽
9-2-11　酒造樽
9-2-12　酒造樽
9-2-13　暖気樽
9-2-14　清酒しめ袋
9-2-15　大団扇（酒づくり道具）

9-3　養蚕用具

9-3-1　腰籠
9-3-2　桑つみ籠
9-3-3　桑つみ籠
9-3-4　桑つみ籠
9-3-5　蔟（ろじ）
9-3-6　蔟（まぶし）
9-3-7　養蚕用　フォルマリン瓶
9-3-8　桑葉載刻器（信濃盛進社）
9-3-9　桑葉載刻器（けばとり）
9-3-10　桑切り俎板
9-3-11　桑切り包丁
9-3-12　まな板
9-3-13　けごはき（羽根ほうき）
9-3-14　切り桑入れ笊（毛蚕用）

9－4　草履つくり用具

9－4－1　草履つくり具

10　木地漆器

10－0－1　漆鉢
10－0－2　漆鉢
10－0－3　漆鉢
10－0－4　漆鉢
10－0－5　漆鉢
10－0－6　漆鉢
10－0－7　漆鉢
10－0－8　漆鉢
10－0－9　漆鉢
10－0－10　漆鉢
10－0－11　漆鉢
10－0－12　手廻し轆轤
10－0－13　足踏式轆轤（伊太郎刻み、解説あり）
10－0－14　木地盆
10－0－15　木地盆
10－0－16　磨漆蒔絵槙杢盆
10－0－17　朝顔研出蒔絵黒呂色春日盆
10－0－18　黒地金蒔絵天目盆
10－0－19　花月台　安政２年
10－0－20　花月台（盆台）安政４年
10－0－21　木地小皿　宝暦６年
10－0－22　蒲萄内朱七ツ鉢
10－0－23　本朱大梅松　吸物椀　安政２年
10－0－24　桑木地門本朱　吸物椀　天明４年
10－0－25　根来椀種　盃洗箱
10－0－26　螺鈿（らでん）
10－0－27　脚足盆
10－0－28　栗木地　摺漆朱竹絵丸膳
10－0－29　栗木地　摺漆朱竹絵丸膳
10－0－30　栗木地　摺漆朱竹絵丸膳
10－0－31　栗木地　摺漆朱竹絵丸膳
10－0－32　栗木地　摺漆朱竹絵丸膳（28～31）
10－0－33　槙木地摺漆蒔絵丸膳
10－0－34　槙木地摺漆蒔絵丸膳
10－0－35　槙木地摺漆蒔絵丸膳
10－0－36　槙木地摺漆蒔絵丸膳
10－0－37　槙木地摺漆蒔絵丸膳（33～36）
10－0－38　丸盆
10－0－39　丸盆
10－0－40　お櫃
10－0－41　桑木地　内朱吸物椀
10－0－42　桑木地　内朱吸物椀
10－0－43　黄色内朱蕎麦椀
10－0－44　黄色内朱蕎麦椀
10－0－45　欅拭漆盛器
10－0－46　木地盆
10－0－47　木地盆
10－0－48　木地盆
10－0－49　木地菓子入れ
10－0－50　木地菓子入れ
10－0－51　木地菓子入れ
10－0－52　蕎麦椀
10－0－53　茶器セット
10－0－54　お櫃

11　食生活

11－1　食　器

11－1－1　破籠
11－1－2　破籠
11－1－3　破籠
11－1－4　汁つぎ
11－1－5　猪口（ちょこ）
11－1－6　うどん鉢
11－1－7　盆

11-1-8　うどん食事用セット（4～7）
11-1-9　三つ丼
11-1-10　三つ丼
11-1-11　茶通（ちゃつ）
11-1-12　杓（金属製）
11-1-13　貝しゃもじ
11-1-14　貝しゃもじ
11-1-15　貝しゃもじ
11-1-16　しゃもじ（木製・「豊川稲荷」）
11-1-17　皿
11-1-18　こね鉢
11-1-19　こね鉢

11-2　飯　器

11-2-1　お櫃
11-2-2　お櫃
11-2-3　くるみ
11-2-4　くるみ
11-2-5　塗櫃（ぬりびつ）
11-2-6　竹製お櫃
11-2-7　竹製お櫃
11-2-8　夏用お櫃
11-2-9　竹製お櫃かけ

11-3　弁当箱

11-3-1　そば重
11-3-2　携帯用食事道具
11-3-3　重箱
11-3-4　弁当箱
11-3-5　弁当箱
11-3-6　弁当箱
11-3-7　弁当箱
11-3-8　弁当箱
11-3-9　弁当箱
11-3-10　弁当箱
11-3-11　弁当箱
11-3-12　漬物桶
11-3-13　漬物桶

11-4　調理調整用具

11-4-1　樽型いろり
11-4-2　煉炭焜炉（長方形）
11-4-3　煉炭焜炉（丸型）
11-4-4　炭火入れ（火消壺）
11-4-5　炊事用具
11-4-6　炊事用具
11-4-7　大釜
11-4-8　大釜
11-4-9　大釜
11-4-10　大釜
11-4-11　大釜
11-4-12　茶釜
11-4-13　茶釜
11-4-14　鉄瓶
11-4-15　鉄瓶
11-4-16　パン焼き器
11-4-17　炒り鍋
11-4-18　大鍋
11-4-19　蒸籠（四角）
11-4-20　蒸籠（四角）
11-4-21　石臼
11-4-22　菓子枠
11-4-23　菓子枠
11-4-24　くりぬき盆
11-4-25　五平餅串
11-4-26　五平餅枠
11-4-27　のりあぶり
11-4-28　焙烙（ほうろく）
11-4-29　水焜炉（みずこんろ）
11-4-30　おかん用具
11-4-31　湯どうふ器
11-4-32　胡麻炒り
11-4-33　ろじ
11-4-34　洗い桶

11- 4 -35　簑（やす）
11- 4 -36　茶碗ふせざる
11- 4 -37　しめ台
11- 4 -38　お櫃
11- 4 -39　おたま
11- 4 -40　おたま
11- 4 -41　おたま
11- 4 -42　おたま
11- 4 -43　おたま（39～42）
11- 4 -44　うどん掬い
11- 4 -45　五つ鉢
11- 4 -46　七つ鉢
11- 4 -47　摺り鉢
11- 4 -48　篩（「古橋勝手用　神坂　古井九造」）
11- 4 -49　食籠（なしぶた）
11- 4 -50　曲げ物（重ね鉢）
11- 4 -51　曲げ物（重ね鉢）
11- 4 -52　フルイ
11- 4 -53　鉢

11- 5　膳卓類

11- 5 - 1　箱膳
11- 5 - 2　箱膳
11- 5 - 3　箱膳
11- 5 - 4　箱膳
11- 5 - 5　箱膳
11- 5 - 6　盆
11- 5 - 7　盆
11- 5 - 8　盆
11- 5 - 9　盆

11- 6　嗜好品

11- 6 - 1　茶壺（信楽焼）
11- 6 - 2　茶壺（信楽焼）
11- 6 - 3　茶びつ
11- 6 - 4　煙草切り
11- 6 - 5　茶器
11- 6 - 6　飽徳
11- 6 - 7　煙草盆
11- 6 - 8　煙草盆
11- 6 - 9　煙草盆
11- 6 -10　煙草盆
11- 6 -11　煙草盆
11- 6 -12　いびりかん
11- 6 -13　煙管と煙草入れ
11- 6 -14　燗壜（かんびん）
11- 6 -15　盃洗
11- 6 -16　木杯
11- 6 -17　湯桶
11- 6 -18　湯桶

11- 7　盆

11- 7 - 1　片口
11- 7 - 2　盆
11- 7 - 3　盆
11- 7 - 4　盆
11- 7 - 5　盆
11- 7 - 6　盆
11- 7 - 7　盆
11- 7 - 8　盆
11- 7 - 9　盆
11- 7 -10　盆
11- 7 -11　盆
11- 7 -12　盆
11- 7 -13　盆
11- 7 -14　盆
11- 7 -15　盆
11- 7 -16　盆
11- 7 -17　盆
11- 7 -18　盆
11- 7 -19　盆
11- 7 -20　盆
11- 7 -21　盆
11- 7 -22　盆
11- 7 -23　盆